教育叢書

林玉体　主編

# 美國教育思想史

林玉体　著

三民書局

國家圖書館出版品預行編目資料

美國教育思想史／林玉体著.－－初版一刷.－－臺
北市；三民，2003
　　面；　　公分－－(教育叢書)
　含索引
　ISBN 957-14-3677-1　(平裝)

　1.教育－哲學，原理－美國－歷史

520.1952　　　　　　　　　　　　　　91019977

網路書店位址　http://www.sanmin.com.tw

© 　美國教育思想史

著作人　林玉体
發行人　劉振強
著作財
產權人　三民書局股份有限公司
　　　　臺北市復興北路386號
發行所　三民書局股份有限公司
　　　　地址／臺北市復興北路386號
　　　　電話／(02)25006600
　　　　郵撥／0009998-5
印刷所　三民書局股份有限公司
門市部　復北店／臺北市復興北路386號
　　　　重南店／臺北市重慶南路一段61號
初版一刷　2003年2月
編　　號　S 52102
基本定價　捌　元
行政院新聞局登記證局版臺業字第○二○○號

有著作權‧不准侵害

ISBN　957-14-3677-1　(平裝)

# 「教育叢書」總序

　　教育是人人關心的課題，但把教育作為大學教授學術研究的對象，卻起步甚晚。高等教育學府中，設「教育學系」、「教育研究所」，及「教育學院」的時間，也比學術上的其他學科遲了很多。更不用說頒授教育學士、教育碩士，或教育博士學位了。此種狀況，看起來甚為荒謬也詭異，在大學院校謀職的學者專家，研究的領域是「上窮碧落下黃泉」，無論天文地理或人文，無所不包，但「大學院校」本身是個「教育場所」，卻對「大學教育」這個議題冷漠對之，或是予以忽略，這是不應該的。「高等教育」這種題材不受學界重視，更不用說是中小學教育了。

　　許多人包括著名的大學教授在內都認為，「教育」沒有什麼；其實，名哲學家康德說過，教育是人類最艱鉅的工程之一。由於世人對「教育」的無知與冷漠，才造成教育的積弊叢生，這是極令人遺憾的！

　　三民書局是我國最具規模的書局之一，對學術論著的出版，貢獻甚大。多年來規劃「教育叢書」，網羅國內名家撰述並評論教育，包括大學教育及中小學教育，學界應樂觀其成，且共襄盛舉。

林玉体　謹識

2002 年 12 月於考試院

# 自 序

美國教育思想，本來是學歐洲的，但經過美國思想家的努力，反倒過來變成歐洲學美國的；且變成舉世尤其是亞洲國家學習的榜樣，臺灣自不例外。這種演變，實在有待國人深思。如能後來居上，自是一大快事！

本書先將影響於美國的歐洲主要教育思想家的教育觀念作一介紹，然後述及美國本土教育思想家的教育著作。研讀本書，相信必能對教育改革，多了一堅實的理論基礎，如能因此加深臺灣教育學者的信心，更是作者的企盼。

數年前，三民書局總負責人劉振強先生約請筆者負責「教育叢書」。三民書局是我國大書局之一，劉先生對出版事業極具創意與貢獻，這是大家有目共睹的事。筆者感於劉先生及三民書局有意推廣並擴充學術界對教育學研究的熱心及抱負，乃聘了約十位左右的教育學術界好友共襄盛舉，著作簽約簽了、飯局也吃了、最佳的稿酬也拿了一半，但令人大感意外的是，「教育叢書」除了筆者之《西洋教育思想史》一書付梓之外，其餘皆損龜。令人甚感不解的是，這些筆者的好友，不知忙些什麼，直到今日也未見有他（她）們交稿的動靜。美國 Harvard 大學著名的心理學教授答應書商兩年內出版《心理學原理》(The Principles of Psychology)，但拖到十二年後才見該書問世，臺灣教育學術界是否要仿此例。

為填補此項空檔，筆者只好勉為其難的將數本有關大學教育之資料加以整理評述，以免叢書只見一冊之孤單。這些教育資料偏重教育史——先以《美國教育史》一書付梓，二是《美國教育思想史》，相信這些資料可以對我國之教改，尤其大學教育的革新有莫大幫助。

美國是當今世界的強國。美國之強，不只表現在軍事、經濟、及政治上，還在文化教育上影響世界極為深遠。但眾所周知，美國是個歷史上極為年青的國家，與西方的英、法、德等國相比，美國只是個小孩；若與中

國、埃及、印度、或希臘相比,更是如同嬰兒。不過,這個信史記載的美國,在不到四百年時光,竟然從蠻荒地一躍而為舉世注目之國。究其原因,不外是「教育」所造成。研究美國教育史對於了解美國以及改善我國地位,都極具價值。

　　伏爾泰 (Voltaire) 曾經說了一句雙關式的俏皮話,他說:歷史沒有什麼,只不過是活人向死人玩弄一團詭計而已。其實他更可以這麼說:活人也向活人耍寶。因為在人類的演進史中,人們如了解人是從何處來又將往何處去,這種歷史也等於在告訴人們,人類發展的可能性及其侷限性。歷史使人領會人們如何為古代的理想而奮鬥,也如何擺脫古代的束縛而追求嶄新的理念,或展示人們如何徒勞無功,一事無成。人們遠離伊甸呢或是向該樂園邁進,甚至告訴人們,伊甸根本不存在,且永不出現。不論何種方式的歷史,歷史總為人們設好舞臺讓人們扮演,歷史在人類事物上就擁有此種力道。

　　就是由於歷史擁有此種超凡的力道,無疑的,這幾年來才引起學界對傳統美國教育史之著作,深生不滿之情。如果吾人把興辦公共學校的緣起、興盛及得勢,就作為教育史的主幹;但在深入探討教育活動的全面時,不把與此有密切相關的政治衝突列入考慮,則傳統教育史的出版,就顯有不足。它在解釋美國教育的過去,十分欠缺;在指示美國教育今後何去何從,也失去指標。它變成一種逼迫式的歷史而非解放式的歷史。它只讓吾人領悟,為某些意識理念而奉獻;卻不能告訴大眾,公共政策的制訂如何形成。在一次史家聚會中,所成立的一組委員會來探討美國史中教育所扮演的角色時,大家討論的結果,得出一項結論,即教育史知識若不完美,則影響所及,將不利於課程設計,及政策制訂;且美國教育機構在處理當前教育危機時,也會束手待斃! 此外,歷史之具有教育意義,在於歷史涉及人們擬「孕育」(conceived) 的行為,而不必在意於人們真正的行為是什麼。因此歷史如不能偶爾也染上一些想像色彩,則歷史研究,將是一個無聊的工作。(Perry Miller, 99, 101)

　　新世界的早期移民來自歐洲,移民對教育的態度各自有異。大致而言,「返觀」當道。不過,新英格蘭地區 (New England) 例外,在那,學校早就

蓋起，旨在打倒老惡魔騙子 (Satan)。這些學校，就是多數美國公立學校的前身。十八世紀末期，歐式教育已功能不彰，美國這個新國家有必要成立不同的學校教育來教養並永續塑造有別於歐洲人的生活方式。宣揚知識學習活動的呼聲此起彼落，諸如 Sunday schools（主日學校），Infant schools（幼童學校），Lancasterian schools（班長式學校）林立，但這些從歐洲移植過來的學校，皆不能滿足於這個新冒出的社會的需求。Horace Mann、Henry Barnard、John Pierce 及其他人乃發起創辦公共學校運動，往前進的力量與往後退的力量兩軍對峙，僵持不下達超過三十年的光陰。到了 1860 年，除了南方之外，往前進的力量獲取勝利。南方最後也亦步亦趨，但卻要等到十九世紀晚期，依靠北方慈善團體的社會再造運動，才有如同北方的成果。公共教育的改善及擴充，與民主及工業社會文明，二者之間息息相關。公立學校之興辦，與美國之進步，相輔相成，且互為因果。全國人民及教師共同促進公共教育，美國才完成了立國的使命。

現時無人可以否認，公共學校教育的建立，對十九及二十世紀的美國經驗而言，扮演核心的角色，否則就是目盲於史實了。但同樣也無人可以懷疑，美國教育的傳統紀年史卻窄化於只重視教育機構之部分，且文字多半是泛道德意味的，內容又有時空錯置之感。其實這種毛病，二十世紀初期的社會科學著作也是如此。此種缺失，造成現在了解當前事物的不幸影響。為了讓政策制定有個更穩固的歷史背景作基礎，教育史研究有必要另起爐灶。

另起爐灶之方式有三：

1. 更廣博更擴充的探討美國史上各時期的教育本質及教育實際，何種正式或非正式的機構支配了美國人的想法、性格、及敏感度；這些機構與社會的關係又是如何，社會如何支持這些機構。如此，吾人之視野就不應該侷限在學校而已，而應注意到也肩負教育任務的其他機構了，如家庭、教會、圖書館、博物館、出版社、慈善團體、青少年組織、農業陳列展覽會、廣播系統、軍事組織及研究單位。其中較突出的現象是十八世紀的報紙，十九世紀的社會福利措施（安頓平民），二十世紀的大眾電視，這些都是評估大中小學（公立及私立）教育當中應列入考慮的錯綜複雜的因素。

這些因素，歷史不可予以刪減或省略，更不可把過去予以簡化到只討論與當前棘手問題有關的過去而已。

2.與教育史有直接間接關係的歷史著作，應在研究之列：如教會史、人口史、及科學史。應利用社會科學方法來研究過去的現象，用比較方法來評價美國的成就。早期的教育史太重視學校組織及結構，現在的研究則比較強調教育的模式及過程。過去的研究較注意於教育目的的敘述，以及正式教育法規的安排，但現在的學者則較關心實際的教育活動；過去的教育史家把政治與教育分開，現在的闡釋者則重新確定二者之間相互纏繞的關係；過去的教育史著作集中心神於美國教育經驗的整體一致性，現代的研究則將此經驗放在一種比較性的視野裡，從中發現與某些歐洲國家的經驗相映成趣。

3.美國教育史家在評斷教育對美國人民心靈及性格的影響時，應該更大膽一些。一種新的教育機構，一種新的課程趨勢，或是一種新的養育子女方式成立後，就左右了社會活動及學術活動。這種評價極為困難，但有必要來著手進行，否則教育史的功能將會減縮。大家或許皆相信會有差別現象出現，但差別在哪兒，這是有必要弄清楚的。

Lawrence A. Cremin 於 1964 年春季發表上述三種論點，使得當時擔任美國史學會的會長 W. Stull Holt 請求他寫作一本綜合性的美國教育史，配合著美國教育部 (United States Office of Education) 成立一百年時出版，經費由兩單位（史學會及教育部）共同承擔，部長 (U.S. Commissioner of Education) Francis Keppel 也到紐約卡內基基金會 (N.Y. Carnegie Corporation) 尋求財政支援，深獲董事長 John Gardner 的慷慨首肯。

把教育史放在文化史的架構上，這是教育史家的一種新嘗試，文化支配歷史及教育。文化內容中的觀念、價值、信仰、及態度，都是影響人類行為的因素。Cremin 及他的老師輩 R. Freeman Butts 早在 1953 年出版的 *A History of Education in American Culture* (N.Y. Holt, Rinehart and Winston) 中，就以①社會背景，②哲學、心理、宗教、及科學的發展，③教育觀點，④教育實際如課程、行政、經費、及教法這四項來評述美國教育史。（該書有日文版，由渡部晶、久保田正三、木下法也、池田稔共譯，書名為《ア

メリカ教育文化史》，學藝圖書株式會社，昭和 51 年）

　　該書共三大冊，第一冊描述舊文明來到新文明的時期，也就是到美國獨立成功，Jefferson 的時代努力興辦教育來真正適合於美國人民的天分為止。第二冊寫這個年輕國家的教育奮鬥，起自 Noah Webster 五花八門的設計，到 William Torrey Harris 宏偉的規劃。第三冊則描述大都會型的美國經驗；一方面，教育建築有巨大變遷，新媒體及資訊系統呈現；一方面，教育性質的基本改造也順勢而生，美國已儼然成為世界的大都會地區，也是文化輸出國。教育是一種經過謹慎思考、系統安排、且長期的努力，來傳遞或引發知識、態度、價值、技術、及感受度，它的速度比人類學家名之為教化，或社會學家名之為社會化，緩慢得多；當然，教化或社會化，也屬於教育中的基本因素。教育，很清楚的會支配個人的生活，這種支配，在當時是既清楚又明白；但其他現象，如政治、商業、科技、地震等，在某種特定狀況下，對個人生活的支配力更大。有人認為這些也具教育性，因為這些也都會影響個人的命運。不過果真如此，則教育史家當無一不學，教育史也將成為一般史了，其實兩者是有別的。

　　教育思想史是思想史的一種，史是一種過去的記載，但有意義的教育史絕不是流水帳，也不是單純的紀年史；過去的教育思想史實，大半都與現代的教育問題有關。鋪陳教育思想史，也可以作為解決當前教育問題的線索。本書之編寫，除了採用 Cremin 的三大巨著之外，兼收集 Cremin 的其他文章，以及許多有關美國教育及文化史的資料。歐洲墾殖美洲之時，恰好臺灣受荷西殖民之際；因此許多資料，可以作為了解臺灣教育思想史的研究參考。

林玉体

序於臺灣師大教育系

2002 年 12 月

（現任考試院考試委員）

# 美國教育思想史

## 目　次

# 第二部　教派主義及功利主義

# 第三部　國家主體性教育觀念的萌芽

## 第四部　品德為主的共和國

## 第五部　進步的國家

# 第六部　充滿知識訊息的社會

# 第一部　虔誠、文雅、及學習

> 議會為求改善學校、師資、及管理人員，乃在擬定的地點劃撥一千畝地給所謂的自由學校，位於 Charles City。空間遼闊，有益健康，安全，既方便又有利潤。任命一位負責人給予 100 £ 8s 6d（一百英鎊八先令六分錢），來教導孩童有關宗教、社會生活、及人文學習的原則。
>
> —— Patrick Copland

## 前　言

當 John Winthrop (1588～1649) 於 1629 年夏季擬抵 New England 時，他的好友 Robert Ryece 給予警告：「一個手不釋卷勤勉於讀書的人，怎能在一塊蠻荒地帶生活？該處既無書也不文明。」他的朋友勸阻無效，二週後 Winthrop 及其他十一人在 Cambridge 共同約定進行新大陸的墾殖事業。七個月後，1630 年 3 月 29 日，Arbella 船於 Southampton 啟航。這批狂熱人士並無意要征服野人，Winthrop 給 Ryece 的答覆，不只說他夢想一個聖經所言的樂土而已，還有個抱負，他希望從英國帶在身邊的書籍作品，經由他來教學，旨在提昇虔誠、文雅、及學習，則可以獲得一塊他認為值得去住的土地。

Winthrop 本人出身書香世家，是 Groton 采邑的封主，也在倫敦的 Gray's Inn（法學院）受過律師訓練，他擬克制野蠻人的威脅，到了朋友深感震驚的地步。北美開墾時期，恰是歐洲印刷術發明之際，Gutenberg 印刷機出世以來二百年，社會大眾比以前更輕易的獲得閱讀資料，而非僅限於教會人士或貴族階級了。人們之需求書以及對書的敬重，是史無前例的，此種現象，也正確無比的表現在英國，尤其用母語出版的書頗為暢銷。在 Tudor 及 Stuart 王朝時期尤甚，下層人民也受感染。書籍的種類及內容的範圍都增加甚多。「吾人處在印刷時代」，1591 年有人如此評論著。任何人皆擬出書，不管他地位多卑微。此時移民到新大陸者，隨身攜帶的物品中，書籍也不

少。他們就比早一百年來美的祖先，較不仰賴口頭訓誨的方式來傳遞固有文化了，因為在貨櫃的船艙裡，除了動植物、種子、犁、及衣物之外，他們還帶了印刷的書。

抵美的歐洲人，不管出身寒微或富貴，均是文藝復興的後代子孫，都延續著那時期的文化遺產，既熱情、變動、擴張、又矛盾也衝突。他們接受巫婆觀念，但也迷戀新科學，相信整個宇宙是巨大又安寧，但又尋覓機會往前推動。他們本作小本生意，卻也企圖作個大資本家；輕信及懷疑、神祕及實用，二者兼具於一身。總而言之，他們是站在現代化門檻的中世紀人。由他們所攜帶的書就可看出端倪，有些書甚具高貴性，有些則頗為低俗。既有希臘羅馬作品，又有基督古典。英國文藝復興之學風，如同歐洲其他各地，是返古瞻舊，典型在宿昔；但仍有一些現代的宗教作品，內容是辯證式的再度定義上帝及人，並給二者之關係重新定位。書籍中有法律、醫學、政治、測量、農業、及品德等手稿。文藝復興的人是今世的，而非只重來生。負笈美洲的人，今世化尤其厲害，他們喜愛詩詞、戲劇、歷史、小說，雖然這種人數量並不多。他們不甘心只是存在，卻願更有教養，也期望藉著書籍而使新世界能與老世界取得連繫。

大部分是透過這些他們所隨身帶的作品以及他們自己寫的書籍、小冊、講道文、及法條，今人才能領會這批移民的所想、所信、所評價、及所企求。但吾人仍不可忽略那些口傳及間接的知識媒體，那對於型塑性格，在早年是一支主幹。此外，初期移民所留下來的稀疏記載，多半殘缺不全，數量及種類皆有所不足。當時買書也非易事，而即令有書，但在荒野中，交通極為不便，書籍也很難流傳，只是有書但沒能普及，則知識之傳播，也是枉然。

幸而有不少證據證明新大陸的人擁書不少。小型圖書室是常有的現象，從他們彼此之間來往的書信、日記、遺囑、及清單中，可看出他們讀過不少書，也珍惜書；聚少數人而成社區之後，書更是凝聚共識的工具，也是教導殖民者了解自己權利並發展出各種制度的主要來源。書中自有品德言行的準則，因此也就必然的影響到教育。舉凡教育成果、過程、機構、及技術，都在討論之列。書籍成為十七世紀教學文獻，殖民者從中思考到良好生活的理念，以及如何透過教育來達成良好的生活。

# 第一章　虔　誠

　　學問好，這是少數人的機運。但沒有人因缺乏能力而不能成為基督徒，也沒有人不會是個虔誠者。我更大膽的加上一句話，沒有人不能成為神學家。因為大部分的人都是天性給我們多少，我們就承繼多少。凡依天性而行，都是最簡易不過的事。至於基督哲學，那是天性之外的地盤，在那，不是植基於完好無缺的本性，卻是一種再生。

　　　　　　　　　　　　　　　　　　　　—— Desiderius Erasmus

## 第一節　Erasmus 及 Tyndale

　　英國在文藝復興時代，有兩個人最具代表性，這兩個人就是 Desiderius Erasmus 及 William Tyndale。但兩個人性格截然不同，Erasmus 是荷蘭牧師的私生子，出身不明，親切，學問好，機智，是當時學界的佼佼者；也是王室至交，主教及宮廷之友，時人擬攀交情或更是阿諛取悅奉承的對象。Tyndale 是英國富農之後裔，嚴肅，缺乏自信，木訥寡言，舉止粗魯，笨拙，反應遲鈍，備受爭議，且是各地擬鳴鼓而攻之的標的；受惑於錯誤的教導卻迷途不知返，經常困於異端邪說而遭迫害，這是他的自承。就吾人所知，這兩個人並未碰過面，但在知識上的見解及關心公共事務，卻大同小異。兩人對英語世界在教育上的影響都非同小可。

　　一、Desiderius Erasmus 第一次抵英是 1499 年的六月。Erasmus 曾在 Deventer 及 Brethren of the Common Life（共生兄弟會）受過教育，汲取完整又徹底的拉丁文知識，其中巧合的是深諳 Lorenzo Valla 的批判思考，也涵泳著共生兄弟會所注入的虔誠精神，注重對基督的模仿，而不是只簽下對教條的承諾或對聖餐恩賜的安排。在巴黎取得神學博士學位，但經驗卻不快樂。大約 30 歲時抵英，當時他已對神學傳統了然於胸，卻頗蔑視神學家。在英受到主人 Lord Mountjoy 之盛情款待，使他有機會與皇室家族認

識，包括 Duke of York（就是其後的 Henry VIII ——國王亨利八世），及一位年輕的律師學徒，名為 Thomas More。他分享了這位英儒的詼諧風趣，並極端的厭惡矯情做作。在牛津，Erasmus 頗注意 John Colet 講學，因為引用義大利人文學者之原文評論方式，於聖保羅 (St. Paul) 書札的闡釋中，造成一股為學的誠摯氣氛，一群學界朋友都感受此作風，包括希臘文學者 William Grocyn 及醫生 Thomas Linacre。Erasmus 致信給學生 Robet Fisher 說：「我未曾有過如此的喜愛，此地有一股既令人歡欣、且也健全的氣息，加上富有人文味，不是過時也非庸俗的那種，卻是深邃正確。遠古的希臘及拉丁學術，我現在沒有失去義大利，卻能親眼看到。當我聆聽我的朋友 Colet 時，似乎聽到了 Plato 本人；而面對享有完美的百科知識之 Grocyn 時，難道不心喜若狂嗎？又有誰能比 Linacre 的判斷更銳利、更高貴完善呢？至於 Thomas More，他人性之溫和、態度之彬彬、品格之令人有甜美及幸福之感，又有何人出其右？」1500 年初期他返回 Paris 時，即以一個渡假學者身分，從事基督信仰的批判工作，為淨化基督傳統而獻身。他費長時期的準備，精通希臘文及希臘文學，然後有三十年不眠不休的學術作品出世，評注與論著希臘及羅馬神父作品的編撰，新約聖經的翻譯及解釋，為學生輯成古今文學。Erasmus 足跡遍歐洲，他不在同一地久留，曾兩度赴英，與當時學者名流書信往來，尺牘累積盈尺。他在有生之年，看到他的友人及門徒登上高位享有專權；但也目睹彼此之仇恨、苦痛、殘殺；這些悲劇也有部分是因他的著作所惹起。1535 年夏天，當他聽到 Sir Thomas More 被處以極刑，倍覺傷感，「我覺得 More 的死，猶如我的死一般。」一年之後他則因痢疾而與世長辭。

　　Erasmus 並不是個形上學家，他的多產作品，內容頗多實際，目的在於擺脫教父哲學的虛幻不實、空洞抽象，而代之以哲人式的基督生活，純樸、理性、不獨斷。代表作《基督武士手稿》(*Handbook of the Christian Knight, Enchiridion militis Christiani*)，出版於 1501 年，時 Erasmus 正在聆聽 Colet 闡釋 St. Paul 的講課；此外，1516 年的《勸世箴言》(*Paraclesis, Exhortation*)，寫在他編輯的新約聖經之希臘文及拉丁文版本中，展現一種新的虔誠心態，不只遠離塵世的僧侶或教徒應虔誠，就是活在這個世界的凡夫俗子也應按

耶穌的格言來過一生。

　　取耶穌為榜樣，為上帝奉獻，這種生活模式，人人可就，也可學。禱告使精神提升，並增進知識，充實理念；知識的主要來源，就是聖經教義，經由 St. Paul 的闡釋，聖者之著作，尤其是 Origen、Ambrose、Jerome、及 Augustine，以及當代哲學及詩詞，皆是不可或缺的。為文之要旨，「並非腦筋機智銳利，卻是心地虔誠；並非為 Sorbonne（巴黎大學）的學徒作努力之用，卻要培養靈魂安寧平和的教徒⋯⋯，並非塑造學問家，卻要使眾人盡可能的過基督式的生活」。

　　將聖經教義譯為母語，也是 Erasmus 的抱負之一，如此才能將基督之光普照世界各地。「我的願望是，令那最底層的婦女，也能讀福音及 St. Paul 的書信」，這是他的名言，常被引用。「這些資料應譯成當地語言，不只 Scots 的人及 Irish 的人能懂、會讀，並且 Turks 及 Saracens 的人也能夠如此。第一步要使他們能夠領會。可能有人會覺得好笑，但一些人可能就著迷了。果真如此，則農夫將在犁田時吟一段聖詩，紡紗女工在穿梭織布時，也會哼上幾句，遊客也會在旅途勞累之時說些聖經故事以減輕疲乏。每一位教徒的談話都從聖經取材，從日常談話中來表達自我」。普及教育的心意，已昭然若揭；基督王國的一統卻因此解體，這倒是出乎 Erasmus 的意料。

　　Erasmus 的作品以拉丁書寫，將聖經譯為英文的就是 William Tyndale。

　　二、William Tyndale 生於十五世紀末，在牛津受教，1512 年獲 A、B 學位（文學士）。1515 年獲 A、M 學位（文學碩士），後赴劍橋充實有關上帝的知識，認識住在該大學地方的 Hugh Latimer、Thomas Cranmer、Stephen Gardiner、及 Thomas Bilney，也親目見到 1521 年火燒 Luther 作品的情景。但一生認定聖經乃是確定吾人意見的依據，尤其碰到非正統的意見時為然。他的此種看法，來自於 Erasmus 上述的書籍。Tyndale 嚴肅的研究 Erasmus，也立下心意要從事聖經的英譯工作，他曾這麼說，要是上帝饒他的命，他就要花數年工夫，使得一個男孩在拉犁耕田時也比他了解更多的聖經教義，這種口吻恰好就是 Erasmus 說的話。他加緊趕工，到 London 見 Cuthbert Tunstall 主教——Erasmus 在評注他的新約聖經時所讚美的重要主教。Tyndale 請求這位最具影響力的主教，能准許他並幫助他來英譯聖經，Tunstall

猶豫不決，建議他另找別人，這實在是錯估當時情勢，因為英譯聖經工作
有如水到渠成，很難阻擋；主教不明就裡，Tyndale 馬上獲得富有的成衣商
人 Humphrey Monmouth 之慷慨解囊，要他立即與 London 追隨宗教改革家
John Wycliffe 的那批人 (Lollardry) 及國際路德教派 (Lutheranism) 聯繫，
Tyndale 遂在 Monmouth 家中英譯聖經。他取 Erasmus 的希臘新約版本，還
於 1524 年赴日耳曼完成此種畢生事業，且與 Luther 碰面，也參考 Luther 的
德文版本（1522 年版）。1525 年 Tyndale 的新約版本開始在科隆 (Cologne)
付梓，但被當地官員逼迫，遂遷至 Worms 完成。此書之流入英國，雖經多
方禁止，但 1526 年春，英國就已在市面上看到英譯聖經。Tunstall 主教馬
上向 Henry VIII 報告，認為該書係顛覆性質，王乃下令在倫敦的 Paul's
Cross 公開燒毀該書；主教也下令 London 商人盡可能收購該書以便使之絕
跡。但拜印刷術之賜，此種企圖無法得逞；Tyndale 的英譯聖經陸續在英國
出現。1537 年，Hereford 主教 Edward Fox 在主教會議上說：「你們成了舉
世聞名的笑料，火炬已舉。光亮驅散了雲層，平民大眾之了解聖經教義，
比諸位還多。」

　　Tyndale 的事業引來全西歐知識界極無情也冷酷的反彈，此種對立，也
顯示出文藝復興與宗教改革在教育上的衝突。Erasmus 稍早對 *Vulgate*（拉
丁聖經）的批評，使教會人士認為「普世教會（指羅馬天主教會）長久以
來竟然使用那種錯誤的拉丁文聖經，真是不可思議」。Erasmus 經由友人
Thomas More 之助，設法取「更佳的聖經教義」，而捨棄較差的譯本，來平
息爭議事項。但是 Tyndale 由於與 Luther 教派有了密不可分的關係，因此
他再怎麼表明其用心，且表明得再怎麼具說服力，教會當局都無法釋懷。
以前挺身而出為 Erasmus 辯護的 Thomas More，卻被 Tunstall 徵募為其麾
下大員，扮演大演說家 Demosthenes 的角色，大力指斥路德為異端。一年
之內，More 發表一長文，名為《對談》(*Dialogue*, 1529)，用辭極為刻薄，
討論「有關 Luther 及 Tyndale 數項極為可惡的教義」。就 More 而言，Eras-
mus 及 Tyndale 之差別在於「動機」，Erasmus 係由 John Colet 所激動，打算
淨化聖經教義本身，促使教會體制內的改造及再生。但 Tyndale 卻受 Luther
所蠱惑，發表了一種未經合法化的非正統譯本，內容充斥著異端邪說，如

擺在未曾受過教養的眾民手中，教會將被顛覆。因之，Tyndale 的罪過，不在於他英譯了新約聖經，而在於他未經授權就擅作主張。

More 指控 Tyndale:「最為邪惡的，莫過於他絕少聽從基督教會的信仰，卻遊走於上帝聖經教義本身，依之作為評斷教會的說法是否正確。」Tyndale 也在 1531 年用同樣尖酸的語氣予以回擊:《敬答 More 的對談》(*An Answer unto Sir Thomas More's Dialogue*, 1531)。他要請求所有基督徒自我批判，想想教皇自己的特別闡釋，是否能「代表教會，其權威能否高過於聖經教義，其教導是否可以等同於聖經教義，是否犯了錯」。此種抗辯，是典型的新教口吻，逃不過主教們及皇帝的耳目。此種紛爭持續多年，且雙方之火藥味有增無減。改變心意的上層人士，少之又少;不過他們伺機而動，在兩極中看狀況而定。Henry VIII 稍早站在 Tunstall 這邊，打壓 Tyndale;但 1538 年卻換了初衷，下令英文聖經應擺設於全國教堂（諷刺的是，Tyndale 也在同時因異端而被處死），其後帝王 Edward VI 及 Elizabeth 也強力予以支持。

Tyndale 雖也言及耕田的男孩，但此種敘述並無民主意味。不過他的英文新約聖經卻為平民而寫，觀點也具高度激烈性，這是不能否認的。使用的字句平易近人，也具優雅美感，實際上已可作為普及教育最強有力的工具了。其後幾乎所有的英文聖經，都取之作為範本。1535 年的 Miles Coverdale 版，是英文出版中最完全者。1537 年的 *Matthew Bible* 多半含有 Tyndale 的文字。1539 年的 *Great Bible*，是在當局授權之下出版的，當局指的是 Thomas Cranmer 及 Thomas Cromwell。1560 年的 *Geneva Bible* 是由逃難於「血腥瑪麗」(Bloody Mary) 者所印的; 1568 年的 *Bishop's Bible* 是伊利莎白主政之下的官方版本，最後是 1611 年的 *King James Bible*。即令是 Rheims-Douay 譯本 (1582 年新約，1609～1610 年舊約)，是由走避法國羅馬天主教 (Roman Catholic) 者所譯，旨在駁斥反對者而出版，也部分依 Tyndale 作品。這些版本皆是教育工具，影響力是史無前例。十七世紀的英國，已是「一本書的人民，該書就是聖經」。

其實文藝復興及宗教改革是二合一，也可以說是同一運動的兩條支幹;多年來二者主力人士尖銳的遭逢，掩蓋了彼此基本上的類似主張。英國是個好例，宗教改革促成了文藝復興的特殊性及奇異性，由 Erasmus 及 Tyndale 的作品，就可以看出來，彼此互補，天衣無縫；二者皆取古典資料作為恢復當今智識活力及社會覺醒之用，二者皆關心教育。Erasmus 捨棄教父哲學家所喜愛但卻令眾人困惑的邏輯，而以原始經典資料之評注代之，對眾人具啟蒙之功；Tyndale 則以聖經研究來取代教會的威權。二者皆具現代化眼光，也是現代化的預言先鋒，要求新自由及新理念，對人類理性深具信心，中世紀基督王國卻認為理性含有顛覆性。二者皆肯定平民的價值，這在歷史上是頭一遭。印刷術又推波助瀾，聖經及書籍廣為流傳。要是一定得指出文藝復興及宗教改革二者有何差異，吾人可以說前者較屬貴族性，後者則具平民味。

# 第二節　流傳於英美的宗教著作

　　Erasmus 及 Tyndale 的作品都是十七世紀美洲移民者最愛的讀物，其中 Erasmus 的《閒談》(*Colloguies*, 1518)，《箴言》(*Adages*, 1500)，《釋義》(*Paraphrases*, 1518～1524)；Tyndale 則經由 Foxe 所著的《殉教者之書》(*Book of Martyrs*)，英譯聖經（*Geneva Version* 以及 *King James Version*）對美洲移民者發生深遠的影響。聖經廣被閱讀、背誦、引用，並作座右銘，先是記憶，而其後則探討其底蘊。聖經變成基督新教者唯一的書籍。

　　十七世紀的歐美兩地人，也是史上第一次那麼認真的研究聖經。因為新教取聖經作為最高權威，且主張人人可以直接與上帝交往，不必經過中介機構（教會）及人物（神父或教宗），聖經本身就是獲救的源泉，也是評斷善惡的標準。人民之了解聖經，並不當它是深邃奧義之所在，卻與日常生活息息相關。大西洋兩岸的出版物，有關聖經的解釋、說明、引申，佔的百分比最高；有人估計，英於 1480～1640 年中有 40% 的出版品含有宗教內容；而美於 1639～1689 年中則是 50%。聖經及有關宗教的著作幾乎到了人手一冊的地步；而有關 Calvin、Luther、及 Knox 的作品，宗教家、神學家、奉獻施捨之士，也到了無人不知無人不曉的程度。尤其側重日常生活起居問題，對生者之勸戒，對死者之撫慰，對行業的指導，對四季之適應，而少涉及各教派對聖經義理之紛爭。

當時流傳於英美兩地的宗教著作有五：

John Foxe 的《行動及不朽紀念》(*Actes and Monuments*, 1563)，一般人皆稱呼為 *Book of Martyrs*（《殉教者之書》）

Lewis Bayly 的《虔誠之實際行為》(*The Practise of Pietie*, 1612)

Richard Allestree 的《人之全部責任》(*The Whole Duty of Man*, 1658)

Richard Baxter 的《窮漢家書》(*The Poor Man's Family Book*, 1674)

John Bunyan 的《天路歷程》(*The Pilgrim's Progress*, 1678, 1684)

這五本就是詮釋十七世紀英、美兩地的「文教」(*Paideia*)，也是殖民地的第一種教育哲學。雖然皆在英國出版，但卻對早期美洲殖民地的影響最大。這五本的內容及風格，大同小異。

1.John Foxe 曾經說過，主耶穌進行真正的宗教改革非用劍，卻是依賴印刷術。他的《殉教者之書》，從 Wyclliffe 到 Cranmer，殉教者為真正的教會犧牲。Foxe 曾流亡日耳曼，朋友罕至，消息幾乎絕跡；1554 年用拉丁寫了一本有關十四世紀晚期到十五世紀遭迫害的教徒，共二百一十二頁；五年後又集了七百頁的大書，敘述自 Henry VIII、Edward VI、到 Mary 之間受難者之故事。1563 年又寫了一本一千八百頁的巨著，呈獻給伊利莎白一世女皇 (Elizabeth I)，除了描寫早期教會史之外，更把 Mary 時代遭殺害的事跡，一一剖陳。該書於 1570 年再版，恰是教皇將伊利莎白女王驅逐出教之年。除了擴增資料記載教會史及英國史之外，還補上更多的殉教者名字，其後數次增訂版直到 1684 年為止。十七世紀之前，該書共賣出一萬本以上，是除了聖經之外最暢銷的書。

活生生的描繪出殉教者被凌虐、毒打、折磨的畫面，封面的圖，主耶穌坐著等最後的審判，塵世在祂的腳下，右邊跪著的是清醒的新教長老，吹奏著勝利的號角來慶賀主耶穌的蒞臨；左邊則是出家的天主教僧侶，也吹奏著喇叭但卻為惡魔撒旦拖到火堆裡。底下有兩教堂，右邊是耶穌教堂 (Church of Christ)，信徒手拿聖經作禱告，有些信徒在通往天堂之途中，上火柱而殉道；左邊是反基督教堂 (Church of Antichrist)，信徒以手握唸珠來祭拜，在彌撒中由上帝轉到惡魔。

本書頁數多，組織也較鬆散。從頭到尾是一本光與暗在英國互鬥的歷

史；也提到基督教創教時代，並交代了英國政教衝突史，但特別指出新教的最後得勝。內容有神學的論戰及異端審判事件，且大量引用教皇的諭令、法規、溝通、及書信。對新教英雄事跡，如 John Wycliffe、William Tyndale、Thomas Bilney、Hugh Latimer、Nicholas Ridley、及 Thomas Cranmer，著筆分量較重；也旁及亨利八世 (Henry VIII)、愛德華六世 (Edward VI)，尤其是「高貴且可敬」的伊利莎白 (Elizabeth)。殉教經過的文字記載，如同戲劇般的出現在讀者的腦海當中，久久無法忘懷；行刑者代表羅馬，殉教者代表上帝宣揚福音，在審判中彼此辯論，以及最後在火炬中贏得痛苦的勝利。這種內容最能讓讀者心神澎湃，即令是受過較少教育的信徒也記憶深刻。第一，Foxe 的著作隱約的宣告，英國就是上帝特別挑選的國家，與上帝訂了合同，變成現代化且具國家民族認同感的地區，好比古代 Hebrews 人民一般，生命共同體的感受，是英國傳教士要深深予以體認的。此種心靈感受，也轉移到美洲的荒地來。第二，面臨高度不利或惡劣的環境，信徒必須抱定英雄殉教精神，新教理念永垂不朽，且也不屈不撓，勇往邁進。新教聯合各教派抵禦共同的敵人──羅馬天主教會，因此清教人士 (Puritan)、安立甘教徒 (Anglican)、保皇黨 (Royalist)、及國會黨 (Parliamentarian) 應團結，一致對外。第三，Foxe 也大膽地提出了教育觀念，認定殉教者就是教師，步著耶穌的路線，剛毅不屈，向全世界宣揚福音，不惜任何代價或犧牲。到美洲宣教，即是受到此種教育精神的感召。

　　2.Lewis Bayly 具清教色彩，著有《虔誠之實際行為》(*The Practise of Pietie*)，當時擔任國王 King James 之子 Henry 的家庭牧師，但 Henry 於 1612 年去世。Bayly 的清教主義從此失寵，但身分仍是國王本人的禮拜堂牧師，還獲 Bangor 主教的職位，直到去世 (1631) 為止。本書絕不涉及那些爭議不斷的話題，卻希望眾人領會上帝的本質，認識自我，為主奉獻服務，甚至犧牲生命也在所不惜。文字簡易活潑，內容生動有趣，範圍包括如何閱讀聖經，如何行善事，如何在教會禱告，如何理家。該書用意直率、實際、具體，對在蠻荒地帶墾殖的人而言，該書所享的權威，幾乎等同於聖經本身。

　　3.Richard Allestree 約晚 Bayly 半世紀才出生，是保皇黨。在保皇黨及國會黨內戰時，由於不屈服於國會黨之下，因此飽受折磨；但在復辟之後，

就被任命為牛津大學基督教會 (Christ Church) 的負責人，也是該大學的神學講座教授 (Regius Professor of Divinity)，其後還擔任 Eton College 的校長。著有《人之全部責任》(*The Whole Duty of Man*, 1658)、《紳士之志業》(*The Gentleman's Calling*, 1660)、《基督虔誠敗壞之因》(*The Cause of the Decay of Christian Piety*, 1667)，以及《淑女之志業》(*The Ladies Calling*, 1673)，這些著作都以匿名發表。在 *The Whole Duty of Man* 中，內容比 Bayly 的書較少喀爾文教派者 (Calvinist) 口吻。共分十七章，每週一章，一年可以複習三次，讀時要大聲朗誦。責任有三個領域：⑴人對上帝的責任；⑵人對人自身的責任；⑶人對他人的責任。舉最後這一項為例：個人對官員、牧師、家長、小孩、兄弟、丈夫、妻子、朋友、及僕人之間，應守分寸。還製作品格表，一有違背，立即記下。重要的是彼此信賴，共具責任感，這是基督社會能團結一致的主要原因。如此的國家必定穩如臺灣的玉山，而非分崩離析。虔誠之心就是新大陸能避免教派林立、各擁山頭、然後各自為政的局面，同時也是抵禦蠻人的最後武器。

　　4.Richard Baxter 是有名的不遵英國國教者 (Nonconformist)，作過 Cromwell 陸軍中的本堂牧師，在壓抑不遵英國國教者的時段裡，地方官員到處尋覓，擬予以拘捕，有一段時間還坐過牢。他著作不少，《窮漢家書》(*The Poor Man's Family Book*) 是其中之一，系統又扼要的道出基督倫理（私德）、基督經濟（家庭職責）、及基督政治（統治者職責）之要項，用語簡單明瞭，不拐彎抹角，不作文字遊戲。即令最無知者也能體會其中意義。本書指導一般人如何成為真正的基督徒，如何與上帝交往，如何與他人相處，又如何自處，以及如何為信仰而死或為宗教心安理得。該書採用對話方式，教師 Paul 與學生 Saul 之間九次對談。附有較長的教義問答書、祈禱詞、及吟詩語句。Baxter 的神學意味較濃，九次對談中有五次談及神學問題，這是他與別人相異之處。他認為對聖經教義若無法較深入的分析與闡釋，則任何宗教行為都是徒然。也因此之故，他的作品較不能普及化。不過該書也流傳很廣，是系統的介紹基督教理論與實際的書，既無傳統教義問答書的簡短，也無玄妙奧義之令人卻步。他認為若把教義予以濃縮精簡，對俗人之成為教徒是不生效力的。

5.《天路歷程》(*The Pilgrim's Progress*) 是墾殖者最喜愛的一本著作，作者 John Bunyan 為大家耳熟能詳，幾乎眾人皆知。他生於 1628 年，是個修補匠之子，早年在「世界無上帝」中度過，卻飽受心靈危機及目睹驚怖事件的折磨。英國內戰期間 (保皇黨及國會黨之戰)，被徵召為國會黨效命，在軍中雖事件迭起，卻對清教主義感觸良多。1647 年解甲歸故里 (Bedford-shire) 繼承父業，與一位極富宗教虔誠之女結婚，妻子介紹兩本書給丈夫，結果改變後者一生，一是 Arthur Dent 所著的《平民步向天堂之路》(*The Plaine Mans Path-Way to Heaven*, 1601)，該書的對話，也就是 Baxter 的《窮漢家書》之範本；另一本書就是 Bayly 的《虔誠之實際行為》。藉著此兩本書加上太太的協助，Bunyan 漸漸陷入信仰世界而成為典型的清教徒，決定一切按上帝之指令生活，這種生活才具合法性。復辟後，Bunyan 被捕入獄，在牢裡度過十二年光陰，在囚監中寫《天路歷程》，1678 年在英國出第一版，三年之後 (1681) Samuel Green 印了美洲第一版，第二版於 1684 年問世。

基督教的朝聖客，從「破壞之城」(City of Destruction) 邁向「天堂之城」(Celestial City)，代表著 Foxe 作品中另一形式的殉教作風。《天路歷程》的故事極為單純，取自日常經驗，只因作者想像力豐饒無比。朝聖客首先是陷入泥淖 (Slough of Despond)，困於疑心堡壘 (Doubting Castle)，且忙於虛幻市集 (Vanity Fair)，卻熱心接受誠懇的 (Faithful)、懷望的 (Hopeful)、及俗世睿智者 (Mr.Worldly Wiseman) 的勸解及說詞，終於抵達朝聖地。故事情節一點都不複雜，故事中的要角個性皆為眾人所熟悉。但作者用字之妙，比喻 (隱喻) 之佳，使故事生動活潑，讀之不忍釋手。作者謙稱該書沒什麼，只是「帶有健全及甜美的福音聲調」(nothing but sound and honest gospel-strains) 而已，其實這才是作者造詣深具天才之故。學者之講道，專為讀書人而設；修補匠的論詞，則適合於新興的平民階級。人人皆可依上帝的旨意過活，更可自我教育及自我糾正。

| | |
|---|---|
| 本書供你參考， | The book will make a traveler of thee |
| 在旅途中的你 | If by its counsel |
| 一切將安好。 | thou wilt ruled be |

| | |
|---|---|
| 本書指導你通往聖地， | It will direct thee to the Holy Land |
| 只要你領會順利， | If thou wilt its directions understand |
| 懶人也不會苟且；盲人呢， | Yea, it will make the slothful, active be |
| 亦可看到愉悅的一切。 | The blind aiso, delightful things to see |

# 第三節　教育作品

這些書本，要人們為上帝付出及奉獻，把事實狀態（實然）的人，及價值層次（應然）的人，作一番剖白；也指示教育帶有雙重任務，其一是經由教育所達成的理想社會是什麼，其二是為達成此理想，教育應採用什麼手段。對前者而言，這些書本已指出一條康莊大道，那就是心靈純正且對上帝虔誠；對後者來說，步驟是承認自己犯了原罪，請求神恩，信仰而得拯救，生活聖潔，最後就是歸諸於上帝的榮耀。朝聖客的心路歷程是條孤單的路，但負責任的家庭、教會、及宗教味濃厚的學校，會持續的給予助力。舉例來說，Foxe 在一開始就堅定不移的要在基督及英國教會二者之間建立一連帶的親密關係，使教會的教導獲得正確性及權威性。Bayly 則向家族建議，養育子女使之為主耶穌服務，且敬畏主耶穌。上帝的榮耀，不只作為私下奉獻之用，還應作公開崇拜，家人必須赴教堂聆聽牧師講道，注意教義闡釋，譴責犯罪者，讚美有德者。Allestree 說到家長應負起教育子女的責任時，講得一清二楚且嚴肅無比。「當孩子能運用理性時，就應接受教導，首先應予關注的是他們未來的幸福，教導要一步一步來，上帝所指令的一切，都在教導之列。這是人類的義務，一定要履行，真的作了，上帝會給予光榮的酬勞，反之則會得懲罰，終生難逃。」Baxter 的教育作法，鉅細靡遺，家庭、學校、教會，三者都負有教導孩子的責任；家長、教師、及牧師都應各盡其分，缺一則功敗垂成，他不厭其煩地作此警告。至於 Bunyan 的諷喻，更充滿了教育意涵。

不過，把家庭、學校、教會的教育職責說得較具系統化的，是其他的著作，為海洋兩岸的人民所詳知。茲詳述如下：

## 一、家長的責任

美洲墾殖區人民最熟悉的此方面作品有三:

1. Robert Cleaver 於 1598 年的《善男信女的家居管理》(*A Goodly Forme of Household Government*),作者是牛津郡的牧師,不遵國教者。該書由 John Dod 所修訂,Dod 是清教徒,廣受新英格蘭人所敬重。

本書以長老立場 (Patriarchalism) 作出發點,認為家庭是國家、教會、及學校的縮影(小宇宙),其中父親是一家之主,他集中扮演家庭、學校、及教會責任於一身。父親對子女的首要任務就是教育,並將教育工作擴及僕役、護衛、及學徒。針對子女之教育而言,家長責任有四: (1)教育子女敬畏主耶穌,接受主的養育; (2)具有羞恥心,討厭罪惡,喜愛德性; (3)作個好模範; (4)遠離懶散,那是一切災禍之母;應該讀點書,且有一技之長。

上述觀點皆取自聖經,任何主張若得不到聖經的支持,則就無足輕重了。孩子必須懂得宗教原則、好品德、行為文雅、敬長尊上,且有正當職業、定額收入,考慮今生也顧及來世,要會寫字及讀書;排除邪惡,必要時要予以懲戒或糾正。不可嬌生慣養,食衣不可過貪,溺愛尤不准許。上教堂及上學校,皆有利無害,孩子除了要遵守、服務、畏懼、喜愛、尊崇、敬重雙親外,還要依隨父母榜樣,謹記格言;有所處分,也得耐心接受。

2. William Gonge 於 1622 年出版的《居家職責》(*Of Domestical Duties*): Gonge 是清教徒,黑丐僧 (Blackfriars) St. Anne's 校長 (rector)。Gonge 的文章較為正式,但風格與內容與上述相同。家長之任務有三: (1)養育責任、供給食物。(2)陶冶並規範責任。(3)信上帝責任。尤重孩童之健康,提供恰當的飲食,適合的衣飾及休閒。其次,職業選擇不可不慎,注意兒童的能力,身心兩者能兼顧,以及孩子的性向及興趣。第三,教師素質關係重大,他們是雙親的代理人,教導孩子認字讀書、品德言行、及虔誠信仰,孩子應以欣悅之情來領教,在婚姻及事業的決定上,要取得長輩的同意。這些要點是 Gonge 的書中比較突出的地方。

3. 在美洲本土第一本討論孩子教養之書,而廣為大家公認的是 Thomas Cobbett 的《親子關係》(*A Fruitfull and Usefull Discourse, Teaching the*

*Honour Due from Children to Parents, and the Duty of Parents toward Their Children*,1656)，極具意義。作者於 1637 年移民 Massachusetts，充當 John Davenport 帶頭的教會牧師。書中提到家長對子女的責任，是「注意緊盯孩子的天資稟賦之優異才華……孩子的性向及能力，如此才能達成有效的教學效果」；不只教導宗教原理，還應訴諸實際行動，常常練習，並替子女尋求「誠實、令人讚美的職業及工作」，立下好榜樣供孩子模仿，孩子應以父母為榮，學習雙親的長處，追隨長輩的告誡、勸勉、及建議。可能是由於當時 (1654)Massachusetts 還未興建學校，所以「學校」二字，在著作中隻字未提，或是學校在教育中扮演次要角色而已，這是清教徒一向的觀點。

## 二、教會的教育職責

　　教會牧師負有教導孩童虔誠之任務，此方面的主要著作，莫過於 William Perkins 的《預言術》(*The Arte of Prophecying*, 1592)。Perkins 是劍橋大學 Christ's College 的寮友 (fellow, 1584～1594)，也是該大學清教徒派的首腦。其講道之說服力，無人能出其右；對「羅馬派」(Romish) 在宗教上走儀式主義，採取最具敵意也不留情的指責，是當時歐陸、英倫、及新世界的重量級學者。

　　《預言術》也就是說教術。講道牧師皆自比為上帝的傳道者，講道傳教是清教牧師最基本也最重要的職責。傳教講道，而非儀式「禮拜」，才是真正基督教會的教育工作，也如此才能獲得上帝的救贖。《預言術》著作本身，即含有教育意義，結構嚴謹，說理取諸聖經權威，風格純樸。牧師的獨特功能有二：講解聖經的文句，並向上帝禱告。講道必先準備，說詞清楚明白，先摘錄聖經中的一段或一句話，據修辭法則予以闡釋，並旁及聖經其他相關部分，然後應用於生活上的一切層面。不可自誇人的智慧，卻應仰賴上帝的啟示。

　　講道時，聽眾良莠不齊、背景互異，因此講道方式也要相應的有所區別。無知、能力低劣者，先背聖經文字；無知但可接受教導者，則利用教義問答書作教材；有知識但不謙恭者，則警告不可內心犯罪意識蠢蠢欲動；謙恭者則獻以福音及箴言書；陷入歧途者則應以糾正。不過要謹記在心的

是，不管講道者說得天花亂墜或動人心弦，引發學童熱切探討上帝的內在真理，才是最重要；但師生所獲得的真理不可與真理本身相混，只有上帝才是真理本身。因此也只有上帝才是真正的教師。

Perkins 在劍橋的一名學生 Richard Bernard 於 1607 年出版《忠實的牧羊人》(*The Faithfull Shepheard*)，除了發揚其師之論點外，更提及牧師的個人操守條件，即成熟、溫和、節制、謹慎、好客、有禮、正直、聖潔、禁慾、品德無瑕疵、為真理獻身、教法靈巧；知識上的條件是，修過文法、古文、修辭、神學、及文雅科目。聖經及字典不可或缺，解釋應符合教會之評註。這些要件，墾殖地的牧師也都知悉，定期造訪教區內的各住家，熟悉住民名字及背景，視察是否家居生活合乎規律，啟迪無知者，勸戒迷惘者，鼓勵服從之士，安慰病痛，譴責流浪客，並接納懺悔之人。

## 三、教師之職責

至於教師之職責，殖民者先熟悉的書是 John Brinsley 的《文法學校的慰藉》(*A Consolation for Our Grammar Schools*, 1622)。作者在 1619 年或 1620 年之間，因不遵英國國教而免牧師及教師職，只好由 Leicestershire 來到 London 自力謀生，從事演說、寫作，或家教工作。該書卻由新大陸的 Virginia 公司 (Company) 所注意。Brinsley 提出教師在增進虔誠上有雙重職責：一是用直接手段教導年幼者閱讀聖經，二是採間接方式，選一些人予以教導成為教士，來教導他人閱讀聖經。他提出警告，對岸的天主教耶穌社非常有規律的進行學校教育工作，旨在「毀了所有的基督教堂，讓真正的知識學習全都絕跡，再度引入他們的傳統學習，即是惡魔附體似地盲目崇拜」。英國幾乎「被此種火爐燒成灰燼」(Consumed by their furnace)，幸而上帝的介入才神奇似地救了英國。在這塊淨土（指美洲）上，教師應向學童指示光明的前途，邁向天堂之路前進。

Brinsley 的擬議，美洲墾殖人士有了回響。其中最令人感到興趣的，是 Harvard 大學校長 Charles Chauncy 於 1655 年的畢業典禮致詞，這是殖民初期最早的文獻。1638 年 Chauncy 移民到 New England，先是教會牧師，後接掌在麻州劍橋市這所新成立的學府，直到去世 (1672) 為止。但由於對洗

禮式 (baptism) 採取非正統見解，引發了熱烈的爭論，終於導致他的去職。
他確定的認為，在 New England 這塊新天地上，不只上帝賜建一些機構來
教導子女，還有榮幸設立一所大學來培養新生代的牧師及教師，「除了主耶
穌先前的恩寵派遣一群耆老又虔誠的教徒之外，還奮力挺向這塊葡萄園地。
……上帝先前給吾人之恩，吾人不可或忘，藉此來提升知識及真理的探討，
並且也促使我們的子弟及年輕人成為先知，成為聖地人民 (Nacarites)。」❶

---

❶　本書敘述到外文的地名、人名、機構名稱等時，除了國人已十分熟悉者譯為中文
　　外，餘皆保留原名，一來譯者不保證譯音正確，二來也沒有必要。此外，有些外
　　文並不怎麼艱深，凡受過高中以上教育者，大概也能了解。為了讓讀者趁閱讀本
　　書之便也能稍悉英文，因此也不譯為中文。至於書名，也儘量保留原名，不予以
　　中譯；尤其在譯過一次之後，凡再出現者，則多半存原名。

# 第二章　禮儀的教養

　　紳士是指人的自身，不必外加。不管他是裁縫師、擠奶匠、成衣工人、或是雜貨商，善行是紳士堅信不移的最高幸福。人當中，最厭惡無教養者，此種厭惡之情大過於人之敬畏上帝。教育是紳士的第二性，善的先天種子埋植在其中，可以改善自己，不會墮落。教育不只是附補上去的，且也是裝扮成彬彬有禮所不可或缺。無補就無成 (No complement gives more accomplishment)。

—— Richard Brathwaite

## 第一節　歐洲治者之教育

　　早在 1515 年，Erasmus 被邀到 Burgundy（法東部）加入 Prince Charles（其後成為 Emperor Charles V 帝王）的宮廷裡，時這位年輕王子只有十六歲，Erasmus 當時功成名就，一切極為順遂，他的希臘文及拉丁文新約，新版 Jerome 聖經也大功告成，換換跑道更令人著迷。此外，接受邀請也是一大好機會來達成政治及社會的改造，這是他和 Colet 及 More 等人經常討論不休的。樂觀的夢想若能成真，也是一大快事。他為此寫了一本《基督王國之治者教育》(*The Education of a Christian Prince, Institutio principis Christiani*)。本書應受教育研究者注目，Erasmus 旨在將中世紀的「治者通鑑」(prince's mirror) 轉換為文藝復興的「禮儀範本」(civility book)，這是一本教育理論及實際的著作。除了塑造英才性格之外，還談及治國之術，教育涵蓋在其中，猶如 Plato 的《共和國》(*Republic*) 一般。

　　該書之內容及討論的主題極為廣泛，為建立一個富有公義之國，治者須了解達成和平的技巧，稅收的基礎，工商業的獎助，法律的制訂，條約的談判，立法、行政、及司法的責任，以便導入黃金時代的來臨。政府開明又有人道精神，一方面根源於基督的哲學，因為基督是最完美者，古今無出其右；

一方面也求助於古代的智慧，特別是 Plato 及羅馬晚期的 Stoics，為了達成此宗旨，教育就是最要緊的工具。

在世襲制度之下，「統治者是天生，別無選擇；吾人能夠作的就是小心的聘請教師來教導未來的統治者。王子如生下來即個性品德良好，則應感謝上蒼，也祈求上蒼。好的部分絕不可讓它消失，平庸者則只好透過反省來予以改善，那是吾人能夠善盡的職責。」治者之師更應品德高超，生活純淨，態度和藹可親。這種教師不是為私利卻為公益，是為全國福祉來教導一位未來的統治者，其重要性不可等閒視之。

此種任務之達成，教師必須恩威並施，寬嚴並濟；太過嚴肅是不合乎理性的，而太過放任更非得宜，應介於這兩極當中，聽取古代 Seneca 的箴言吧！責怪但不吹毛求疵，獎助但不阿諛取悅，束緊但不束死。利用各種方式使之聰明、伶俐、榮耀，且富有情操。知識學習方面，在通曉語文後，就應學舊約的箴言書 (Proverbs, Ecclesiasticus)，所羅門智慧 (Wisdom of Solomon) 及福音 (Gospels)；從 Plutarch、Seneca、Aristotle、Cicero、及「最尊貴的古代教材」Plato 中選取精讀資料；最後是古代史家及聖經其他章節，也應列為研讀對象。教師應謹記於心的是，這些材料皆作教訓用途，謹慎使用，並帶批判性，「王子一拿起書，並非為了好玩取樂，卻擬在閱讀中改善自己。」這是 Erasmus 特別提醒的。

王子在處理政務上，不只維持現狀而已，還應擴充國家繁榮。教育的角色又由此凸顯出來，教育旨在使全民奉公守法，馴順不叛逆。只要心甘情願接受治理，則法條規定或懲罰要項可備而不用。治國者此時應該要操心的是，確定孩童是否學了基督教義，並品嚐優良的文學作品。教育人人成為好人，整個社會就是個好社會。這種話等於是 Plato 的口吻。好人是「一種上帝的創造物」(a sort of divine creature)，Erasmus 如此稱呼！

本書的寫作，正值 Erasmus 的影響力達到顛峰狀態的時候。他希望治者心目中有一個和平的世界，使真正的宗教及人文學習洋溢其間，完全按照聖經及古典來治國，就可以變成公義之國。這種說法與中世紀政治學說大相逕庭，中世紀的治者一心一意戀著戰爭、罪犯、及不義之事，這是難解的天道 (providence) 造訪罪惡意識者無可救藥的命運。此種背景，也是

Niccolo Machiavelli 寫作《君王論》(*The Prince*, 1513) 一書的主要源泉。

沒有任何證據證明 Erasmus 讀過 *The Prince*，也沒有事實說明 Erasmus 擬對該書有所答覆。Machiavelli 草擬該書於 1513 年，當時他被逼在 Florence 政治舞臺上下野，該書於 1532 年才出版；他的歷史觀認為，歷史動態是由無可控制也無法了解的力量來宰制；同時也悲觀的看出，歷史演變是人的實然生活與應然生活兩相衝突的結果。他採取非常務實也冷酷無情的角度來看政治學，要求君王應奪權並擁有權力，最好的範例就是 Cesare Borgia。Erasmus 則不然，他相信理性終將戰勝一切，政治不得違反道德；王子奪權也好，繼承權位也好，都應以正義為治國指標。基於此一觀點，論著中有一半的篇幅談及教育，以戰爭當結尾，對戰爭，他是充滿遺憾之情的。Machiavelli 則用一半的文字來討論戰爭，卻對教育隻字不提。

法王 Charles 到底接受 Erasmus 該書的影響有多大，吾人僅能猜測；歷史事實告訴我們，似乎不大。不過該書也提供給十六世紀歐陸著名統治者的教育，如西班牙的 Prince Ferdinand，Württemberg 的 Prince Ebehard，William V 之子 Duke of Bavaria。該書與 Thomas More 的《烏托邦》(*Utopia*, 1516) 更有關連，Erasmus 及 More 兩人志同道合，共為人文化的基督社會奉獻，兩人也共商多年，相互交換意見及心得。不過，*Utopia* 的見解較為激烈，認為公義社會之達成，若無重大變遷使人人平等，則將功虧一簣。所以 More 沒有 Erasmus 樂觀。至於對教育的重要性，則兩人是異口同聲。

Erasmus 的《基督王國之治者教育》最重要的影響對象，就是 Sir Thomas Elyot 的巨著《治者之書》(*The Boke Named the Governour*, 1531)，該書可能是第一本用英文寫的教育作品。Elyot 的早年生活，吾人所知不多，其父是個傑出的法學家，他也上過法學院 (Inns of Court, 1510)，可能於 1519～1524 年之間獲牛津大學學位，當過 Oxfordshire 及 Wiltshire 的司法長官。本書分成兩部分，第一部分之中有一冊，討論「公共福祉」(public weal) 的性質，及治理者應受的訓練；第二部分有兩冊（第二冊及第三冊），涉及治者應有的德性及風範。公共福祉也就是社會福利，必先以法治且配合理性為前提，在最高統治者之下，由於他無法永生，也不可能知悉一切，加上國家幅員若遼闊，他絕無法同時事必躬親，盡改全部不合理的措施，

或平息大家的紛爭，因此權宜之計，必須授權分層負責，減輕他的工作負荷，治者一人之下的眾官之教育，才是該書所關心的對象。

當時士紳之知識大為低落，常表現出自負及貪婪的習性。由於家長之疏忽並欠缺優良教師，Elyot 希望進行教育改革工作，依循人文主義路線，士紳之子在幼年時應由護士照顧，學會說清楚有禮的英語及純正優美的拉丁語，行為舉動絕不可「近乎罪惡」(resemblance or similitude of vice)。

七歲時禮聘家庭師傅教導，離開女性隊伍。這位家庭師傅「了解古文，有宗教情懷，孩童以他為榜樣，變為較溫和莊重；如果知識淵博，則更為上選」。師傅的首要職責，就是型塑孩子的品格。先領會孩子的天性，鼓勵且讚美他的優點，糾正他的缺陷。不過上課時應佐以快樂的休閒，如彈奏樂器或繪畫雕刻，只要孩子喜歡此道，皆無不可。一旦孩子學會英語「品詞」(part of speech)，則正是家長或師傅要選聘一位精通希臘及拉丁文教師的時刻了，然後注意性情之冷靜清醒，心地之善良，使之生活中規中矩，做人和藹可親，又具耐性沈著；指導孩子接觸古希臘及拉丁文學，開始研讀希臘文的《伊索寓言》(*Aesop's Fables*)、Lucian 的對話錄、Aristophanes 的喜劇，然後以古典詩詞大家 Homer、Virgil、Ovid、Horace、Silius、Italicus、Lucian、及 Hesiod 的著作研讀作收尾。十四歲開始研究邏輯、修辭、地理、歷史、及道德哲學。

體育並未予以忽略，作為讀書休息時之用，摔角 (wrestling)、跑步 (running)、游泳 (swimming)、劍術 (fencing)、騎術 (riding)、打獵 (hunting)、獵鷹 (hawking)、射箭 (shooting)、舞蹈 (dancing) 皆包括在內。

主德有智 (wisdom)、勇 (courage)、義 (justice)、節制 (temperance)，這是 Plato 說過的；附德 (subsidiary) 有莊嚴 (majesty)、高貴 (nobility)、親和 (affability)、敦厚 (placability)、慈悲 (mercy)、人味 (humanity)、仁愛 (benevolence)、恩惠 (beneficence)、慷慨 (liberality)、友誼 (friendship)，這就含有基督教精神了。

滿足上述條件者，皆應從政為官吏，為百姓及國家謀最大的幸福。

Elyot 的教育計畫，靈感來之於古代及當時英國的階級社會 (Tudor England)，其中古羅馬時代 Plutarch 的《兒童教養論》(*The Education or*

*Bringinge Up of Children*) 就提到上述的教育諸項要點。Elyot 也將該書譯為英文，至於建議教希臘文先、拉丁文後，那是學 Quintilian 的《辯學通論》(*Institutes of Oratory*)。其他如 Cicero、Seneca、Isocrates 等人的作品，皆是 Elyot 所喜愛者，更不用說 Plato 及 Aristotle 這兩位先賢了。

Erasmus 之著作影響了 Elyot 之教育觀念，自不在話下。「拉丁作品中從未有過一本書頁數雖不多，但在字裡行間、在文體之美妙優雅、在道德勸戒上，擁有這麼豐富的內涵」。這是 Elyot 在《治者之書》一書中對《基督王國之治者教育》的評價。Elyot 與 Erasmus 皆希望透過教育來培養治者，從而建立公義的社會。在政治權力世襲的制度之下，王位已定；但經由教育可以使王國具有人文氣息 (Erasmus 的主張 )，或使官吏變成彬彬有禮的紳士 (Elyot 的希望 )。Erasmus 胃口甚大，他希望有個「大同世界」出現，Elyot 則眼光只及於「國家」，較適用於 Tudor 時候的英倫。此外，Elyot 借重於古代哲人智慧之處，多過於 Erasmus 之仰仗基督，因此前者較有俗世色彩，後者則染有宗教意味。

More 的《烏托邦》與 More 的一群知識界朋友，也支配了 Elyot 的理念。Elyot 本與 More 是知交，對政治領域是聲氣相投，Elyot 是晚輩，比 More 年輕約二十歲。1510 年之後數年，Elyot 夫婦是 More 家中的常客，夫人 Margaret 也在 More 的「學校」中與孩童一起學人文科目，在法學及政治活動上，兩人並肩攜手合作，親密關係溢於言表。More 遭處死刑時，Elyot 公然寫信給 Thomas Cromwell，反駁 More 的罪名。Elyot 從 More 處學到對文學及知識之虔心研究，在古典作者中，他對 Plato 及 Lucian 情有獨鍾。《治者之書》(Elyot) 可以說是步著《烏托邦》(More) 的腳步，二者皆半官方的代表著 Tudor 王朝的政策，深信堅強有力的王朝，必須有一群治者予以襄助，這群治者享有專權，但應接受恰當的教育，如此的社會，就可以達到社會公平及公共幸福，政權也才能為全民所愛戴。

義大利文藝復興的文人，除了 Machiavelli 的《君王論》影響 Elyot 之外，Baldassare Castiglione 的《郡守之書》(*The Book of Courtier*, 1528) 也與 Elyot 的理念有些關係，雖然此種說法比較具有爭議性。《君王論》雖晚到 1532 年才正式出版，不過手稿抄本已四下流通。其中一冊，早見於 Thomas

Cromwell 的圖書館中，Elyot 很可能看過該書，且 Cromwell 本人也擁有一冊《郡守之書》。即令 Elyot 未過目《君王論》，至少他也知悉該書的主張。他與 Erasmus 同，是完全反對該書主張的。但《郡守之書》則不然，Elyot 與 Castiglione 之觀點則大致雷同，其實，那也是當時流行的觀點。兩人皆熱愛音樂、繪畫及雕刻、體育、競技及舞蹈，也迷於古典，心儀高貴情操及品德之善良。但兩人也有分道揚鑣之處，Castiglione 所強調的軍事輝煌戰功及靈巧，不出現在《治者之書》一書中，治者 (governor) 是個莊重的官員，他的一言一行，背後都以公共福祉為念；郡守 (courtier) 則類似國家顧問，但同時也是機智及風尚之人，豪俠義氣、技術高超。在英國 Henry VIII 主政時，治者 (governor) 是恰當的角色；而在 Elizabeth 繼位時，最具代表性的一本教育作品，是 Roger Ascham 的《學校教師》(*The Scholemaster*, 1570)，本書顯然受到 Elyot 的影響，尤其對貴族及王室子女的教育，是兩者關注的重點所在。治者 (Governor) 加上郡守 (courtier)，是 Elizabeth 時代士紳教育的楷模，英國也在此時經過這些學者的努力鼓吹，變成一個很富有人文氣息的國家。

治者教育的重要性既被提及，治者的資格就是要經過教育，而完成相同教育的人也可以成為治者。因此教育觀念有了重大改變，教育不只「肯定身分」(confirm status)，也「授予身分」(confer status)。類似中國過去「布衣」可以「卿相」一般，貴族不可以只是貴族而已，貴族之享有統治權，除了世襲身分之外，還應接受教育；而平民若也能接受與貴族相同的教育，則也有資格成為貴族，步上統治之路，不管出身多寒微。只要研究法律，上過大學，探討人文科目，既有閒暇又不必勞動，就可以享有紳士之頭銜。「民主」教育的曙光，已漸漸露了出來！

# 第二節　殖民地治者的教育

墾殖於美洲的人民對於上述著作之內容，熟悉度很高；不過他們對古典文學及世俗職務之領會，並沒有比「虔誠」的宗教信仰來得低，大西洋兩岸的學者皆是如此。在 New England 及 Virginia 的學校教師，以 Cicero

及 Quintilian 的作品當作教本的狀況，極為平常，當中含有極重的希臘羅馬成分，圖書館藏的是 Plato、Aristotle、Plutarch、Seneca、Homer、Virgil、及 Ovid 之著作，這是古代的；至於當代的學者之代表作，如 More 的 *Utopia*，Machiavelli 的 *The Prince*，Castiglione 的 *The Courtier*，Sidney 的 *Arcadia*，也廣為人知。除此之外，有兩個人的作品也不可小覷，都以教育理念及實踐為內容：

1. Henry Peacham 的《完美紳士》(*The Compleat Gentleman*, 1622)：Henry Peacham 生於 1576 年的 North Mimms (Hertfordshire)。求學於劍橋的三一學寮 (Trinity College)，主修歷史及地理，當過家教，喜愛寫作；1613 年抵歐洲大陸，到過荷蘭、法國、義大利、及西伐里亞 (Westphalia)，1615 年返 London，本書即在該地完成。

觀點與 Erasmus 及 Elyot 相同。公義的社會必須奠定在先天的稟性 (nobility) 加上後天的教養 (civility learning) 這種基礎上。前者可遇不可求，是遺傳得來的；但應使他出類拔萃，成為萬獸中的獅子，群鳥中的老鷹，哺乳類中的鯨，百花中的玫瑰，碎石中的鑽石，礦物中的金銀；後天的教養則賴環境，坐擁書城，則名譽倍加，「如同最鮮明的色彩在萬綠叢中一點紅一般，馬上凸顯出特色而贏得眾人的喜愛與驚嘆，精緻他的技巧，生活形象大好，也為後代子孫增光」。

其次，家長及主人之職責是，及早籌劃，適合兒童個別能力及天分上的差異而找指導者，千萬別選擇年紀太老又性格極端的教師——太嚴苛或太縱容皆不宜。入大學求學，慎選伴侶，善用時光，徹底研究聖經教義；讀書材料以拉丁及希臘文為主，但還應包羅廣泛的題材；在英文教學方面，要求說話及書寫正確流暢，尤其對非英語學生為然；歷史（對本國史尤不可陌生）、地理（描繪地球表面的主要及熟悉部分，用輪廓或圖畫予以標示）、幾何（此科太重要了，缺乏它，我們幾乎不能吃麵包、睡得乾爽、買賣或其他任何貿易）、詩詞及音樂（可以緩和讀書之苦）、繪畫寫生 (limning)、油漆（作休閒用途）、紋章 (heraldry)（臂章顯示身分，予以擦拭，配合恰當衣飾的穿著）、體育（健全的心靈來之於體力的充沛、精力的旺盛）等科目都極具重要性。此外，還提及友誼、節儉、飲食定時定量、誠實可信，

及旅行的價值，這些都非傳統科目。

這些說法，都十足的代表了文藝復興時代人文教育的理念。先天的家世，配合後天的人文學習，才是最理想的紳士資格。紳士雖旨在服公職，那是學以致用的所在，不過紳士也應保存自我並實現自我。

2. Richard Brathwaite 是與 Peacham 同時代的人，受過牛津及劍橋大學的教育，卻熱愛文學，參加過英國內戰，著有《英國紳士》(*The English Gentleman*, 1630) 一書，強調品德是士紳標誌也是最重要的記號，比位高權重還有價值。頭銜及家世並不打緊，那都是假象，只有教育和虔誠才是關鍵。1631 年又出版《英國淑女》(*The English Gentlewoman*)，但該書較少為殖民地人士知悉。不管男紳或淑女，皆依聖經過虔敬的生活，然後出來為大眾做事。最恰當的紳士職務，就是充當駐外使臣、軍事指揮官、或民事法庭法官。

## 第三節　家庭的教育職責

More 的 *Utopia* 描述一夫一妻制的家庭，是大英國協最基本的生活核心，也是社會上扮演最主要的教育功能所在。殖民者從法文、拉丁文、及英文中讀到 Jean Bodin 的《福利國六書》(*The Six Bookes of a Commonweale*, 1576)，該書認定家庭是幸福之搖籃地，更是真正的教導場所。父親「有權指揮孩子」，父子關係形同君臣、主僕、將帥與士兵、領主封邑對佃農。父教子中最要緊的，就是畏神。Thomas Hobbes 於 1651 年的《巨靈》(*Leviathan*)中亦如是說。父親雖已放棄對孩子的絕對宰制權，卻不會忘了聖經中要求給予孩子享受教育利益。父親以此為榮，這是孩子欠父親的。

James I 登基之前四年 (1599)，為其子 Prince Henry 寫了一本《皇恩》(*Basilikon Doron, Royal Gift*)，只印七本，且置於皇室親信手中，不意其後卻在民間流傳。王很不悅，乃於 1603 年公開出版其著作。該書最能代表王的作風。夾雜著真才實學與假道學，正確判斷及愚不可及，理性及偏見，浮華與謹慎等，James 此種性格被評為基督王國中最聰明的傻瓜 (the wisest fool)。該書分成三部分，一指帝王對上帝的責任，二指為政的任務，三指

個人行為。這在當時都是傳統看法，皆從 Erasmus 及 Elyot 中取材。

1.帝王對上帝的責任：喜愛上帝，依上帝之法而行，因此要求其子 Henry領會聖經及其禁令，「以虔敬及聖潔之心來研讀聖經，對不解之處，要以讚美及嚴肅之情待之，只能怪己力不足；可以領會部分，則以欣悅回饋之，然後用戒慎恐懼的態度向較難處進軍，細細咀嚼原文深意，因為聖經本身就是最佳的解說者。不應稍越雷池一步，採幽尋祕，那是無禮不敬的企圖，以為人力勝天（上帝）。只要上帝要我們了解的，都啟示在聖經本裡，勿妄圖作一些口舌論辯，那對聖經本意之深悟，無補於事」。分辨上帝之律令及人之法規，實質與形式，宗教情懷及世俗口味二者之間的差別。

2.為政的任務及個人行為：父親 (James) 要孩子 (Henry) 是一個好學生，以正義及平等來治理國事，首先制訂並執行善法；其次，自己生活合乎上帝的要求，以此為人民的表率，節制、公義、寬厚、豁達、慷慨、有恆、人性化、中道精神，是治國的金科玉律。此外，還應了解百工技藝、喜愛讀書、追求知識、領會萬宗歸流，一致百慮。學科項目雖多，但卻相互連貫、左右銜接；其中有主軸，不是支離破碎不相連繫。透徹了解此一重點，讀書研究就輕鬆愉快，而非痛苦折磨。

「國王猶如在臺上演一齣戲，他的一言一行，即令最不顯眼的地方，都在百姓的眾目睽睽之下。」「Henry 飲食要節制，說話平易可懂，誠實、自然、合宜、乾淨、簡短、以英語發言；避免賣弄辭藻、裝模作樣、粗魯，慎防拍馬屁者，戒除暴力。閃躲游手好閒的女伴，付出的愛要量力而為。」這是父教子的數項要點。

另一本廣為流傳於殖民地的此類型書，由 Francis Osborne (1593～?) 所作，書名為《獻給兒子》(Advice to a Son, 1656)，作者之子在牛津求學。在英國內戰期間，作者屬於國會派。本書討論的範圍很廣，孩子不應花太多時間學習音樂，因為要彈奏精巧，必費時費錢，得不償失，不必太認真。精選數本讀物，融會貫通，總比遍讀萬卷但出口平庸來得好，優先性是極為重要的。不可因讀書而荒廢了家產的處理。最後又以實用的觀點談到愛情、婚姻、旅行、政府、宗教。以旅行為例，十七世紀的一般觀念認為，旅行本身就有價值，他並不以為然。由於主張不隨俗，他出版該書也不敢

署名。

不似 Basilikon Doron 之道德說教，Osborne 倒教導其子的處事原則。面臨多事之秋，要迎頭趕上。娶個好太太，但在婚姻發生麻煩時，真正能夠減緩困擾的是有個大莊園；在當權者面前，謙恭沈靜；信仰上偽裝而不被發現，總比公開的褻瀆神明較少危險。心要軟，在發脾氣時也不可口氣太硬。聽從這些勸言，年青人必大有前途。

名作家 D. Johnson(1709～1784) 有一次與 James Boswell (1740～1795，為前者寫傳) 聊天，提到 Osborne 時說：「這個冒失鬼，要是現在有人這麼寫，就會有孩子向他丟石頭。」但 Boswell 卻認為本書活潑有趣，言人之所未言，觀察入微。在新世界的環境屬於流動性的時代裡，要出人頭地就得講求實用。

家庭承擔實用教育是責無旁貸的，社會及學校可作輔助之用。Osborne 本人並未入學，因此自認損失不少，認為在學校友伴的「給與取」(give and take) 中，可以獲益良多。父親聘私人教師在家教導其子，這是上層階級的慣常習性。殖民地的父親無法送子弟入校，因為學校未立，孩子之教育只有求之於家庭一途。

Roger Ascham 的《學校教師》(The Scholemaster, 1570)，就是指私人教師的教導職責。Ascham 先在劍橋的 St. John's College 教導希臘文，聲名大噪；1548 年被宮廷禮聘為女王 (Princess)Elizabeth 的私人教師，雖教不到兩年，但從此一生與王室結下了緣，在女王於 1558 年登基後，就變成陛下的拉丁文祕書。在本書中的序言裡，作者說，1563 年有一次在溫莎堡 (Windsor Castle) 共享晚餐，大家聊到教育採寬嚴兩方式有何優劣時，女王大臣之一 Sir Richard Sackville 聽到 Ascham 發表己見中，提出「獎比懲更能引導孩子一心向善」的看法，遂向 Ascham 請求幫他找一個家教來教導他的孩子，並慫恿他寫成書。Ascham 恭敬不如從命，但該書到他去世時才問世。

本書是英國文藝復興期間最基本的英文教育著作，分成兩部分，一談倫範，二談方法。就第一部分而言，Ascham 希望「英國年青人，尤其是紳士，也是貴族，必先有好教養，以便作為判斷知識的基礎。秉承真誠心意，當奉召為王為國服務時，就可以運用並安排所有經驗，斷定何者為優，何

者為劣；按規矩，守法則，依循智慧、知識、及品德來行事」。本書所言的 Schoolmaster，其實指的是家庭教師 (tutor)，於任教的時間，應有所限制；最好是孩童接受過雙親明智又良好的管教後，才開始執行家教任務，到孩子上大學前即停止。此段時間卻是關鍵，所以教師一方面思慮周全，且也飽學，如此才能勝任愉快。

教師（家庭教師）應該和藹親切而非令孩童恐慌，慈祥而非打罵，鼓舞而非懲罰，讚美而非斥責，耐性而非暴躁。Ascham 深信：「一年的讀書勝過二十年的經驗，且讀書所得，較為安全可靠」。但他並不要孩童因「埋首書堆，伏案尺牘」(poring on a book) 而失去休閒的正當享樂。他也了解旅行有擴展視野之功效，但他反對到義大利旅行，且對該地的一切他都排斥。學拉丁文，應該運用「雙重翻譯」(translatio linguarum, double translation)，先由拉丁經文譯為英文，然後再由英文譯回拉丁文，這對初學者極為管用，對高年級生也具「模仿」(imitatio) 之功。取作為範本的，以 Varro、Caesar 最為典型，最後則以 Cicero 的文體作取法的最高對象。

Ascham 的寫作及理念源泉，來自於他在劍橋任教時的名學者 Sir John Cheke，及日耳曼 Strasbourg 古文學校 (gymnasium) 名校長 Johannes Sturm，後者是 Ascham 與之通信數年的好朋友。追溯古代，則 Plato、Xenophon、Plutarch、Cicero、及 Quintilian 影子仍在；當代學者如 Erasmus 及 Elyot，也都影響他很深。Elyot 的 Governour 說明了「理想」，即好出身配合好教養，二者合一就是「士」(civility)。The Scholemaster 就是實現此理想的手段。大西洋兩岸的人民，取 Ascham 的教育著作，作為最佳的導讀書。

Tutor（家庭教師）同時教的學童數量少，且只限於家庭中進行而已。不過家庭中的教師之教學，與學校中教師之教學，兩者之差距，只是程度問題而已，並非性質問題。因為在正式的學校教育中，也多採取個別式的指導，方式與家庭中一對一的方式沒什麼兩樣。當時類似現代大班教學的型態還未出現。就是這個原因，John Brinsley 於 1622 年出版《文法學校的慰藉》(A Consolation for Our Grammar Schools)，雖然涉及的是文法學校之教育，但也對 Ascham 敬重得無以復加，佩服得幾乎五體投地。他強烈要求文法學校教師應採用 Ascham 的方法，「士」中有虔誠（上帝），或把「士」

融入於虔誠中，是 Brinsley 心目中文法學校的重要理念。具有這種理念的英人移民到新大陸後，為新世界「大放異彩，點燃光明，也是建立國家的基柱」；也給印地安學童從野蠻過渡到文明。美洲墾殖人士寄望殷切的是設立學校，送孩子入學，接受類似 Brinsley 的教育想法。事實上，這些新移民的此種盼望，也瞬即實現。

# 第三章　學問的演進

*For my way of discovering sciences goes far to level men's wit, and leaves but little to individual excellence; because it performs everything by the surest rules of demonstrations.*

　　我所發現的那種探討學問的方法，可以使眾人心智拉平，也很少訴諸於個別的傑出才華。我的方法的每一個步驟，都按規行事，並且可以展示出來。

—— Francis Bacon

## 第一節　Thomas More

　　人文主義的改革者有破也有立，他們譴責當時的學風是虛誇不實，偽善冒充，耍文字遊戲是高手，對實際生活卻毫無助益；好辯最精，也是最愛。他們期盼有個新社會的來臨，眾人可以知德兼備。Erasmus 的《蠢者之讚》(*The Praise of Folly, Moriae eucomium*) 及 Thomas More (1478～1535) 的《烏托邦》(*Utopia*)，最足以具備這種雙重特色。

　　根據認識並喜愛這兩個人的 Richard Whitford 說：「這兩個人在天才、性格、口味、及學問上極為相似，就是同卵雙生子也沒有這麼相像的。」二者互補也相互影響，程度之深，無以復加。More 的機智，可以在 Erasmus 的 *Folly* 中分辨出來，該書書名的拉丁文，就是開 More 名字的玩笑，也是雙關語；而 *Utopia* 中 More 的自言自語，其實是與 Erasmus 交談。

　　1. *The Praise of Folly*，寫於 Erasmus 第三度造訪英倫時，即 1509 年夏季。國王 Henry VII 於去年四月去世，年青的 Henry VIII 登基時，一群人文學者齊奏上帝的讚美詩，歌詠才德兼備的黃金時代來臨。William Blount（即 Lord Mountjoy）於 1509 年 5 月 27 日寫信給義大利的 Erasmus 說：「喔！我的 Erasmus 啊！你能想像到此地所有的人多麼慶幸有這麼偉大的王子嗎？

……他像一個英雄，現在更在展現自己的才華。他的舉止多麼的明智，他喜愛公義和良善，對讀書人是很親切的。我敢發誓，你不必展翼飛翔，就可以看到這顆新又熠熠發光的星。」Erasmus 在羅馬接到信，即注意新王即位的消息。三十年前，他倆曾見過面。由義大利返英的長途旅行，難免疲累，還好在途中他都以世上種種蠢事自娛。一到英國，馬上到 More 居於倫敦 Bucklersbury 的家，乃起草 *Folly*，日以繼夜，且將初稿於每晚念給 More 及一群朋友聽。一週完成，但 1511 年才出版，即大為轟動，Erasmus 的國際聲望，也因此鵲起。

諷刺戲謔，*Folly* 是第一級的，卻可以有許多解讀。就字面來說，本書大肆鞭伐傻瓜的流行，其中所伴隨的愚蠢行為，卻是俯拾即是，如酗酒、無知、自私、奉承、遺忘、懶惰、尋樂、發狂、任性、暴躁、愛睡等。家庭、朋友、教會、學校、工藝、學術研究、專業工作、及國家最高的諮詢者，都是傻瓜當道。「任何社會、任何婚姻，缺乏愚蠢，就既不愉快也不能持久。一個民族長期忍受其君主，主人容忍僕人，女僕人忍受其女主人，教師忍受學生，朋友忍受友人，妻子忍受丈夫，佃主忍受佃農，伴侶忍受伴侶，寄宿客忍受寄宿客，除非他們彼此之間相互交替著錯誤，有時是因為使用了甜言蜜語，當時則聰明的眨眨眼，有時也浸在渾渾噩噩的愚蠢中，自得其甜美之樂而自我安慰。」

早在 1494 年，Sebastian Brant 就為文寫詩，《一船的笨蛋》(*The Ship of Fool, Das Narrenschiff*) 極盡諷刺之能事，共一百一十二種蠢事。Erasmus 則挪揄當今，指桑罵槐式的朝向學者及教會中人。「不是有哲學家堅信他們的智慧足以統治世界嗎？查查歷史、問問史家吧！要是君王之治國法規乃是移請哲人或書蟲來訂定，則正是國家的大害。而手握『邏輯屠刀』(logic-choppers) 者，不也信誓旦旦的說，該門知識可以使人真正成為人嗎？那麼，回想一下，『不必費口舌之爭，只依賴天性及本能的時代，不就是興盛繁榮的黃金時代嗎？』這個世界尊師重道嗎？看看他們的命運吧！教師在他們的學校裡是飢寒交迫、貧及髒交加呢！——我說『他們的學校』(their schools)，其實應該說『他們的知識工廠』(their knowledge factories) 或『他們的磨坊廠』(their mills)，甚至可以說是他們的『屠場』(their shambles)——裡

面有一群孩童。人們回報學生嗎？算了！看看學生受到多大的折磨，孩童承受的苦是：加了作業、改了功課，擦掉文字又恢復過來，作完作業又須重作。以此向友人展示，如此行事一共九年，但自我從未滿足過。他們所得的代價，只是一個空獎，就是讚美——少數人的讚美。神學家曾教導人們獲救嗎？那麼瞧瞧那批滿嘴說希臘話者，簡直是個白頭翁 (gracklelike)，不停的啄著聖經的闡釋，又常用我的 Erasmus (Greekling)，帶頭者就是如此。」

這種口吻，Erasmus 希望透過尖酸刻薄的調侃，使大吹大擂消失於無形，煙消雲散，無影無蹤。

Erasmus 自導自演的芒刺很多，朝向挖苦的那一方刺去。蠢者嘲笑當時讀書人的空泛不實，淺薄浮誇；也無情的指責讀書人葬送健康與享樂，而一味地尋求宗教大道理。殊不知那是與智慧絕緣的。執著於信仰者，是文學研讀的頭號敵人，那些最虔誠者，可能是蠢者之最。「他們傾家蕩產，無視於壞人行惡，儘受人騙，敵我不分，閃過快樂，習於挨餓，不眠不休，安於淚眼、苦工、與責罵，蔑視生命，視死如歸。總括一句話，他們全然麻木於一切感受，似乎魂已不附體而另有居所了。這是什麼？不就是瘋了嗎！」知識追求當中所獲得的最好智慧，就是體認出知識有其極限，並非知也無涯。本書出版後，批評者如潮，他答覆說，該書與他以前的著作，用意無別，只是用誚罵的方式來進行而已。引了 Horace 的一句話：「微笑說出真理，難道有錯？」真理是什麼，他口才便給的說，知及信（宗教）是互補的，各自有獨立功能，但皆不能自我充足。

2.*Folly* 與 *Utopia* 的出版，間隔五年，兩位該書的作者五年的交情也極為融洽，雖然各自發展不同的事業。Erasmus 為學術，More 為仕途。1516年兩人又相聚在 More 家。稍早數月，Erasmus 接受一職位，作為 Prince Charles 的顧問；More 則為 Henry VIII 王朝服務。取 Plato 的 *Republic* 作典範，在 *Utopia* 的人皆受公正的法律、健全的機構、及系統的教學所調教，看輕錢財，具正確合理的價值判斷。這種素養：「部分來之於後天的教育，生活於福利國協中，政府行事遠離 More 所言之愚蠢；部分則來之於閱讀好書所得。」如同 *Republic* 一般，在 *Utopia* 裡，先天與後天二者之分野並不

明顯。教育應二者兼備，家庭與教會也要合作，共為教育而努力。

在福利國協裡，牧師應負孩童的教育責任，老寡婦或年紀較大的婦女或單身漢，也從事此種教育工作。在 Utopia 中，負教育任務者最光榮的，是一方面注意孩童的品德操守，一方面則關心自己學問的演進。灌注給孩童的觀念，尤宜謹慎，面容慈祥可親。在 Utopia 裡的人民還須學農業及其他適合於個人天分的技藝；及早接觸文學並終生不渝。為大人著想，破曉之前有公共演說，任何男女皆可參加。部分人可以免於勞動，專心於學問，從中挑選出駐外使節。牧師、高級官員、及政府首長，猶如 Republic 中的哲人王一般。學者是精於作事也富有知識者，如此不只是治理國事的好人才，也可以在音樂、辯證、幾何、天文學（有別於占星術）上與古人比美。但不能如同當代的邏輯學家一樣的徒作口舌爭辯，或為神學上的小事作吹毛求疵的論證，倒應熱心探討幸福的性質。深信靈魂不朽，若具有上帝的靈，則一生即能享福。

根據 Utopia 的闡釋者 Raphael Hythloday 所說，在 Utopia 的人渴切能熟悉希臘文，「因為拉丁文沒什麼，且莫說歷史及詩詞了。大家還以為這皆是拉丁學術中最受推崇的呢！」倒應認識 Plato 的作品、Aristotle 的書。其他如 Theophrastus 論植物學、Hesychius 及 Dioscorides 之字典，Plutarch、Lucian、Aristophanes、Homer、Sophocles、Euripides、Thucydides、Herodotus、Herodian、Hippocrates、及 Galen 之種種論文，皆應涉及。但在埋首古書之餘，仍應細心探討大自然，如同大匠師一般。大自然的造物主創造了機巧的自然奇觀，只有人類才有能力觀賞，且人類如製作工具，則可利用大自然而有利人生。

Utopia 可以說是英國在文藝復興時期最偉大的教育作品。如同 Folly，挖苦教父哲學之「澎風水雞刣無肉」；也提出學問應建立在宗教原則上，更應受神學之約束，光賴理性是既不足又脆弱。除此之外，該書在教育上及經濟上的觀點，都是極不尋常的。Cicero 曾說，要真正成為人，就必須接受後天文明的陶冶。More 設計一種社會，使每個人皆能符合 Cicero 所認定的真正的人。這種教育，第一，適合於個人之天性，知悉吾人皆是上帝的子民；第二，利用知識，實際有利於社會。最終目的，使英國人成為既是

基督徒又是 Cicero 的人 (Christian English Cicero)。

　　Erasmus、More、及一群人文學者，陸續出書討論更多的教育細節。他們利用各種機會相互討教，在 More 的家，Erasmus 就說：「我們可以講 Plato 的學苑 (Academy) 再生嗎？二者相比，我的說法錯了，因為後者的主科是算術、幾何、倫理，但前者比較夠資格稱之為一種學校來討論基督信仰的理論與實際，男女兼收，皆無疏忽於廣博的閱讀，只是前者把虔誠列為重點。」More 所謂的「學校」（前者），學生就是他的子及孫，也是各年齡階層的友伴；研究拉丁及希臘文學、邏輯、哲學、及數學，閱讀聖經並及於古典的聖經闡釋；進行正式的辯論，且雙重翻譯。最後這一項，Roger Ascham 廣為弘揚。More 的長女 Margaret Roper 與其父之通信，足以證明此項事業之有成。

　　3.St. Paul's School (聖保羅學校)：1509 年 John Colet 重整位於倫敦的 St. Paul's School，注重知識的增加，對上帝與主耶穌的崇拜，培養孩子過善良的基督生活及禮儀。本校財源主要是 Colet 的家產，並由倫敦的 Mercers' Company（綢緞公司）負責管理（不是教會團體）。John Colet 畢業於 Oxford，因博學多能，口才犀利，人格一致，而贏得 Erasmus 的敬重。1518 年 Colet 制訂的校規是：「來自於各種族及各地的學童，皆無差別」，旨在接受古典拉丁的洗禮，學習 Cicero、Sallust、Virgil、及 Terence 的筆調風格。Erasmus 為該校寫一本有韻的拉丁教義問答書 (Catechism)，書名為《基督徒之信條》(*Institutum hominis Christiani, Institution of a Christian Man*)。另外，在「文法」上推薦 William Lily 的 *Lily's Grammar*，自己也寫《教學法》(*De ratione Studii, On the Right Method of Instruction*, 1511)。他對該校之關注及付出，使得 Colet 希望 Erasmus 要是可以擺脫「劍橋人」的話，應該到 St. Paul's 來教導該校的老師。

　　4.兩大學之改造只是局部，或胎死腹中，也不起眼：⑴Oxford 在 1490's 年間有 Colet、Linacre、Grocyn 等人之努力，稍有人文味。但 1504 年 Colet 到 St. Paul's 主持校政後，人文氣息就告終止。幸而 1517 年 Corpus Christi College 以人文理念重整學寮規則，讓學生所獲得的知識既對教會有益，也對國家有利。第一位人文學教師（拉丁）是 Colet 及 Lily 的學生，名叫

Thomas Lupset；第二位則是鼎鼎大名的西班牙人文學者 Juan Luis Vives，1523 年抵校主講拉丁文、希臘文及修辭 (Rhetoric)，時僅三十一歲，卻早已贏得 Erasmus 和 More 的稱讚及友誼，且經由 More 之介紹，主教 Cardinal Wolsey 及女王 Queen Catherine 也對他甚具敬意，後者還聘 Vives 去教其女，即 Princess Mary（瑪麗公主）。由於 Vives 及 Catherine 皆來自西班牙，因皇室婚變而遭池魚之殃，1526 年被 Oxford 解職，1528 年不得不離開英國。不過他的數本著作卻廣受重視，評價頗高，如 Catherine 授意寫的《女基督徒之教育》(De institutione feminae Christianae, On Education of a Christian Woman, 1523)，為 Princess Mary 及 Charles Blount (Lord Mountjoy 之子) 的教育而寫的《教導年輕人的正確方法》(De ratione studii puerilis, On the Right Method of Instruction of Youth, 1523)，以及編纂一本小冊的道德格言書《智慧入門》(Introduction to Wisdom, 1524)。Vives 與巴黎的名流 Guillaume Budé 及荷蘭的 Erasmus，三人號稱為「文壇三傑」(triumvirate of letters)；也可以與 Erasmus 及 Ascham，三人共享「教育三雄」(triumvirate of pedagogy)。從鉅觀而言，三傑及三雄皆從事文藝復興的國際化及大同化；從微觀來說，則特別使英國文藝復興化。Erasmus 及 Vives 皆非英人，到英國也不只是為旅遊當過客而已，兩人對英國當時及其後的學問演進及教育變遷，都有著深遠的影響。

(2)劍橋：1503 年 John Fisher 為校長 (chancellor)，特別要求學問的重要性，最突出的具體作風就是任命 Erasmus 主授希臘文，聘 Lady Margaret 作神學教授。1512 年校長致信給 Erasmus 說：「本校經費雖拮据，但什麼錢皆可省，卻一定期望閣下來校任教，這是本校必要之舉。」Erasmus 在劍橋未及三年，影響力卻非同小可，他之蒞臨，使該大學從此在中世紀與現代之間有了清楚的分水嶺。

# 第二節　Francis Bacon

　　人文學者虔心於學問及知識研究，但他們終究落入一種兩難的維谷中，這種西方學術傳統的困境，即在知及德的兩極裡搖擺不定。Stoic 曾警告過，

一心一意追求真理而不及其他,則容易深陷毫無成果的泥淖中而不知自拔。文法、歷史、及詩詞,研究這些,本身的價值很高,不過,卻無補於品德的提升。舊約聖經也有箴言:「智慧太多,苦惱更多。」「雄心」(Temptation) 與「沈淪」(Fall) 故事,都為人文學者所熟悉。而早期聖者之諷刺性警告,他們也悚懼於心。Jerome 作夢的故事,常被引用,他被上帝判以是個 Cicero 迷,而非教徒;Augustine 也有名言佳句,認為學問帶有「徒勞及奇妙企盼」之意,其實可以說是「色瞇瞇的眼睛」。

其次,人文學者對知識的性質,看法也深具矛盾性。一方面他們認為知識低於品德,Erasmus 就嘲笑那些搞科學的人:「真理之獲得要靠人這個種屬的特有天分,但卻是惡的,追求之,對人有傷害,不但無助於幸福,且正是一種阻礙。」因此之故,他常把自然學者及醫生,拿來與占星術者、邏輯學家、及神學家同列,後者都承辦著教父哲學的學習活動,好比供應的餐點極為貧乏一般;另一方面,人文學者也深悉大自然是上帝所造,認識宇宙也等於認識上帝。因此「寧可細心謹慎的來讚美並觀察上帝的傑作,也不願作個毫不會推理的野蠻禽獸,在面對如此巨大及神祕的壯觀奇景時,卻是既愚蠢且渾然不覺」。

人文學者如抱定心意來研究自然,他們也會發現古人在這方面極具智慧。古人如同當代的道德學家及神學家,對自然界極為沈迷與讚歎。該智慧留存於中世紀,尤其來之於亞里斯多德。十二世紀時,阿拉伯人譯了亞里斯多德的作品後,亞里斯多德再生;但經數次傳遞且不恰當的闡釋後,亞里斯多德的精神慘遭破壞,也滋生很多錯誤。文藝復興學者極力避免重蹈覆轍,乃希望透過古籍原典的探討,而非採用偽書或冒牌貨,來重振真正的古風。1406 年 Jacobus Augelus 將 Ptolemy 的《地理學》(*Cosmographia, Geography*) 從希臘文譯為拉丁文,1475 年刊印出版。同時,Alexander 的學者也將 Ptolemy 的作品——天文學、數學、及地理學納入材料裡。並且 Erasmus 的好友 Thomas Linacre 更將 Galen 的解剖學及生理學論文譯為拉丁文,如《身體各部分器官之功能》(*De utilitate partium, On the Use of the Parts*) 及《論自然官能》(*De facultatibus naturalibus, On the Natural Faculties*)。

　　這些作品對人文學者的影響而言，卻是弔詭的。一方面這些作品傳遞了最佳的古典學術，但也顯示基本上的不足；同時，原先欣喜若狂於古代學術的那些醫生、地理學家、及天文學者，不得不忙於作改正、修飾、並擴充古籍的工作，這就是十六世紀科學的重要發展了。Nicolaus Copernicus 於 1543 年寫了《天體運行論》(*De revolutionibus orbium coelestium, On the Revolutions of the Celestial Spheres*)，利用新數學的演算結果以補 Ptolemy 的不足；Andreas Vesalius 於同年 (1543) 也寫了《人體構造》(*De humani corporis fabrica, On the Structure of the Human Body*)，替 Galen 補上新資料；John Dee 及 Gerhardus Mercator 利用航海者帶回的資料予以「大偵探」(the great reconnaissance)，重新修正 Ptolemy 的地圖。

　　理念的散佈，無政治疆域的限制，時人又通悉共同語文（即拉丁文）。在 1550's 及 1560's 年代的英人熟稔哥白尼學說，是透過 Robert Recorde 在他的英文作品《知識堡壘》(*Castle of Knowledge*, 1556) 中談及哥白尼；John Dee 至少擁有兩本《天體運行論》在他位於倫敦附近 (Mortlake) 的圖書館裡，該館影響了許多人。Dee 的一名學生 Thomas Digges 英譯該書。William Gilbert 也將自己對磁力的發現，拿來證明哥白尼的地球繞日的運行論。John Dee 往返於兩岸，1547 年從法返英，帶回了 Mercator（繪製世界地圖）的地球儀，次年在巴黎講授數學，他的圖書館變成新科學中心。Vesalius 則是最傑出的解剖學家，其後 William Harvey 於 1600～1602 年中，於 Padua 大學大量吸收此類知識。

　　擬將古籍予以修正的人文學者，發現古人並非包山包海的盡悉一切，古人對真相的誤解不少。航海家利用指南針及日規，總比亞里斯多德的三段論式及 Ptolemy 的解釋，更能找到陸地或水源。解剖學者將人體置於解剖室，看出 Galen 經常把動物組織與人體組織之雷同性，作誇大的比較。1572 年，天文學家發現一顆新星，1577 年也出現一顆新彗星，當時伽利略的望遠鏡還未製造出來，他們就強烈的質疑亞里斯多德，因亞氏認為月亮以外，天體恆靜不變。John Dee 及 Thomas Digges 希望，以星球之出現及一年後之消失，來印證哥白尼學說，此種努力雖告失敗，但卻為十六世紀晚年的學術活動鋪了路。當時學界利用新方法及新工具，就可以突破古人

的知識藩籬，超越祖先的智慧。William Gilbert 於 1600 年寫道：「早年那批哲學界的先父們，以及亞里斯多德、Theophrastus、Ptolemy、Hippocrates、Galen 等人，他們應享榮耀，因為後人從他們當中繼承了許多知識。但我們這個年代的人也發現了許多，也給人類帶來許多光明。」今天要是他們還活著，也理應欣然的同享光彩。

　　培根 (1561～1626) 這位律師、散文家、國會議員、皇室的學術顧問，開始籌思徹底的學問改造計劃。由於政壇上的攀交，深受伊利莎白女王的寵愛；但在 James 登基時，卻未獲青睞，只獲封為爵士 (knighthood，又譯為騎士)，培根稱呼為「幾乎等於是出賣節操的頭銜」(almost prostituted title)，乃向堂弟 Robert Cecit 說他要棄政從文，事實上，他從未遠離政治圈，倒是他也提筆寫了《學問的演進》(Advancement of Learning, 1605) 一書，該書獻給 James，這是培根一向的作風——取悅於當道。國王的反應如何，不得而知。培根於 1607 年入王宮，被任命為副檢察長 (solcitor general)，1613 年升任為首席檢察官 (attorney general)，1617 年又被拔擢為國璽官 (Lord Keeper)，1621 年位居大法官兼上院議長 (Lord Chancellor)，但因訴訟事件時被政敵指控收取賄賂而下臺。同時他也著手撰寫《新工具》(Novum organum, New Instrument)，卻因分心寫 New Atlantis 而擱置一旁，到 1620 年才完成著作。New Atlantis 取以前的大法官 More 的 Utopia 作模範。下臺後，開始大量為文著書，計有《亨利七世王國史》(Historie of the Raigne of King Henry VII，1622 年呈給王子 Charles)；《學問的演進》之修正版及《散文》(Essays, 1625) 也出版。1626 年與世長辭，死於科學實驗中。在一次寒冷的天氣裡，他擬實驗冰凍能否保存肉類不壞，乃把雪放進雞體內，結果感冒而永別人間。

　　三十一歲英年時，培根就致信給其舅舅 Lord Burghley：「我要把一切知識劃入我的版圖。」為學求知的最終目的，在於獲取權力，其實是恢復人被創造時的最初狀態。培根說，人不可能是上帝，但卻可以指揮自然，可以主宰一切，如同亞當在樂園時一般。此種抱負，表現在他的全部著作中，稱之為《大復元》(The Great Instauration)。《大復元》不曾完成，不過《學問的演進》是此部巨著的綱要。《學問的演進》分成兩部分，一是為學求知

的必要性，二是知識的再生。自古以來，有人以為讀書有害於品德及為人，培根認為恰好相反。Solomon 王及神父們不是學富五車嗎？還鑽研別教書籍呢！再看亞力山大大帝或凱撒，軍事技巧及治事靈活，不也是一流嗎？不過並非一切為學求知皆善，因讀書而致病並心神發狂者亦有之。只識字而不求內容，但求文體之美而忘了具體的實在，徒勞於爭議，喜於知識的空談而不實用；在迷信及魔術中打滾，想像凌駕過理性；誤扭曲之事實為真理；最糟糕的是，人們求知之旨意並不高尚，只在口技上取勝，或好奇及貪婪之滿足，而非「為上帝之光輝及解脫人類的痛苦」。所以為學求知之目的，機構及組織，有必要大變。他向國王 James 提議建個永恆的紀念碑 (immortal monument) 來獎助文教，王並無反應，還好其孫 Charles II 極力贊助成立皇家學會 (Royal Society)。

Novum Organum (《新工具》) 注重實驗及觀察，就可以在自然界中取得知識，根據少數原則，自然現象就可獲解釋，且人人皆懂。並且，個別的實驗導致公設之發現，而公設之找出，又可指示另外個別的實驗；如此日以繼夜，可以「拉平人人之才智」(level men's wits)，只要能操作簡單實驗又按照程序一步一步來，一個業餘科學家與神祕兮兮的魔術師以及手不釋卷的讀書人，都可以升為高官。經過這道程序，「自然的子宮裡」(womb of nature) 就會生出「許多祕密，極具用途，或與現有人類所知的相同，但並不平行（類似），盡力發揮想像力，就可看出前人所未發現之處」。將自然的奧祕徹底予以領會並利用，則人就可以回到原本駕馭自然的原始狀態，那是神的指令。

1627 年的 New Atlantis 也在描述此種境界。一群學有專精者共同在號稱為 Solomon's House，或叫做 College of the Six Days' Works（六天工作室），探討上帝的奧祕。培根所想像的儀器，該處應有盡有，以便作實驗來探究底細之用，如深底洞來研究礦物，高塔來觀察天候，大田園以便作農業用途，釀酒屋、烘焙屋、廚房來料理食物，健康室來處理疾病，藥房以便分配藥劑，熔灶、望遠鏡屋、音響室、香料房、發動機座，以便研究物理及心理現象。另有一間數學室，陳列「精緻設計」(exquisitely made) 的數學及天文儀器。最後很特別的，還有「感官錯覺室」(house of deceits of the senses)，供作研究幻覺、鬼靈、錯覺用途。

專家學者分工合作，各有所司。實驗、報告、出外蒐集資料及事實、觀察地表的一切現象，是知識研究無限的寶藏。分類、組織，培根稱之為「帶來光明的商人」(merchant of light)。探討「可利用的萬物，且對實際生活有關」；理出頭緒，發現定理及格言，培根稱之為「自然的闡釋者」(interpreters of nature)，研究者造訪陌生地時，這群 Solomon's House 的人就使用擴音器來聆聽，利用望遠鏡及顯微鏡，使得視力更為敏銳，還練習用鳥的羽翼來飛行，且在海底潛水。Faust（浮士德）的夢想可以實現，長生可期，天國樂園在地球上出現。

書中也痛斥當時學風，強烈要求大、中、小學教育的徹底改善，教學方法也得變革，觀念尤待更新。培根認為新的為學，旨在了解「因果，萬物的奧祕，擴展人類王國的疆域，並影響於一切」。讀書必能實用於人生，抱有同情、謙卑、無私的心理。新的教育既以造福人群為職志，培根預期，此種努力持續的結果，且成為大家的共識，則不會因天生貴族而趾高氣揚，或有學究式的孤傲，卻是在品學兼修之下，共為人類福祉的改善而奮鬥。此種說法的功利取向極為顯著，現代精神已昭然若揭。英國在文藝復興時期，這種觀念是主流思想。科學限定在實用，純數學變成烏有。培根與 More 有數點相同，二者共同希望建立一個理想樂園，由學者來治理，為了上帝的榮耀，來研究大自然的一切。二者體認人的潛能及其極限，二者了解教育就是創造且維持良好社會的最主要工具。培根一群人在 1660 年組成的皇家學會 (Royal Society)，就如同他的 Solomon's House 或 More 的 *Utopia*；培根取法 More，在教育設計上唯 More 馬首是瞻。十六及十七世紀的英國文藝復興時代，為後人留下了不少分殊又豐富的文化遺產。

# 第三節　散文及對話

美洲墾殖人士早就熟悉 *The Praise of Folly* 及 *Utopia*。十七世紀時，培根的 *Advancement*、*Novum Organum*、*New Atlantis* 也家喻戶曉。皇家學會 (Royal Society) 成立後，兩岸學者互通訊息，較有組織，也較具系統，學問

的演進日新月異。

學術性的研究及著作之外，廣受美洲新移民喜愛的是散文 (Essay) 及對話 (Colloguy)，這種性質的書因印刷術而流傳於眾人手中，欣賞程度介於上層知識分子及下層販夫走卒之間。其中以 Erasmus 的《對話》(Colloquies)、Montaigne 的《散文》(Essay) 及培根的《散文》(Essay) 最受歡迎，其影響力勝過純學術著作。內容描述活生生的人情世故、喜怒哀樂、眾生百態、優劣長短，盡在其中。

1. Erasmus 的《對話》(Colloquies)，集俗套語之大成。Erasmus 在 1490's 年代時研究神學，乃以教導拉丁文作為外快，本書就是基本語言練習的對話，內容是片語、格言、及日常生活的問候句。1518 年在英出版，本書老少咸宜，知識分子及目不識丁者皆可用，在英國成為暢銷書，供學生作模仿、記憶、收集、分類之用。旨在使用更佳的拉丁文，並增進學童品格。從 Aristophanes、Cicero、Homer、Lucian、Plato、及 Plutarch 中取材。1526 年版的 Colloquies，Erasmus 說：「蘇格拉底把哲學從天上帶到人間，我甚至把哲學帶進遊玩、非正式的聊天、或飲酒團體裡」，其中有幽默、戲謔、懸疑不決，在各次的對話中出現，不是以善惡這種抽象話題為對象，而是每天生活所面臨的禮儀、婚姻、運動、酒店旅舍、葬禮、拍賣馬匹、上教堂或乞食等。他暗含著對教育的痛斥，尤對冬烘先生不容情。學問不可能速成，為學之道也非易走，成功之路只有陶冶、訓練、虔心一致、勤勉用功、毅力十足。這都是任何人可以做得到的，說完美無瑕的拉丁文，浸入基督道德的滋養，因學問的精進而驚喜！

2. Michel de Montaigne 的《散文》(Essays, 1580, 1588, 1595) 同樣的扣人心弦。美洲墾殖人士閱讀流暢的法文原版，John Florio 也在 1603 年作了詼諧的英譯。花了二十年的功夫始完成的作品，內容是作者的反省思考及各色各樣的觀察，發覺一個深具信仰基礎的人，也難免在內心底處容受了所有的吊詭、荒謬、變化莫測，刻畫出人的生活實情。Montaigne 宣稱：「吾人最偉大也最光榮的傑作，就是規規矩矩的生活。其他事，如求官為名位、金銀財寶、住家豪華，頂多都只不過是附帶或道具而已。」

1571 年 Michel de Montaigne 從公職退休，過一種「自由自在、平靜無

擾、休息清閒」的生活，終於完成了《散文》一書。他出身於富豪之家，家族於 1477 年被封為貴族。Montaigne 小時接受家教學拉丁文，上學於 Collége de Guyenne（位在 Bordeaux），在 Toulouse 大學習法律。畢業後，先是政府官吏，後成為市議會議員。其父去世後，經濟獨立權操在他手中，發覺仕途升遷無望，乃決定棄絕官場，在自家圖書室旁書房的牆上油漆一行字，就是現在也覺新鮮：「公元 1571 年，三十八歲，二月最後一天，Michel de Montaigne 的生日，公職及官場打滾既覺疲累，但還健在，因此退休到未曾耕耘過的知識繁榮園地，處在寧靜又自由不受打擾的情境裡，度過已剩一半的餘生。要是命運允許，他將完全寄住在這塊甜美的老家，與世無爭，獻身於自己的自由、寧靜、與閒暇裡。」

此種自由自在的新發現，Montaigne 的真意如何，吾人不得而知。他可能志在寫作，開始擬訂一系列的計畫，記載簡短軼事、觀察、及評注的工作，採 Stoic 文體。他失去一生至友 Étienne de la Boétie (1563)、父親 (1568)，然後可怕的連續發生其兄弟及五位孩子離開人世，只剩一子，而他自己也與死亡擦身而過，腦袋裡難免都在想著命運、痛苦、及死亡。漸漸的，他的《散文》(essai) 慢慢成形，是他對人生的一種判決。1578 年他寫道：「判決是一種工具，適用於一切，也無所不在。因此我此處所談的，乃將判決作為一種檢驗，任何處境皆如此。但把判決作為一項主題，我倒一無所知。即令本散文提到判決，聲音似乎來自於好遠的淺灘，但卻又發覺其深超過我的高度，我仍站立岸上，紋風不動。體認出我無法跨過彼岸，這代表一種判決，這是最令人自豪之點。有時面對一個空而不存的主題時，我試著去瞧瞧是否可找到在某處有個實體可以支撐，可得幫助；有時我也進入被視為高貴又為大家所熟悉的主題，但無法有新的發現，老路已踏，只好步上先人的後塵。判決在此時應該扮演的角色，即在選擇最佳途徑，在數以千計的路途中，判決其中一條作為最明智的抉擇。」判決就是一種智慧，含有蘇格拉底式的自我認知，也染上活生生的懷疑論色彩。為學就是此種智慧的一部分。Montaigne 在書中撿拾古代名言佳句作為人生判決的參考，雖非盡汲古人精華，但卻也對讀古書而缺少判決力的書呆子，盡其無情批評之能事。

　　1581～1585 年重返政壇，擔任 Bordeaux 的市長，仍不忘發展他的理念。不過這在他的生涯中，卻對人生觀有了重大的改變，從悲觀的死亡陰影中過渡到信心滿滿的對生命充滿寄望；本來是心中苦痛煎熬的，現在則正面且成熟的承受人生的悲歡離合；並且也將原來瞧不起平民那種「粗魯的笨拙」，改為慈悲為懷的體認人人具共同且一致的感受。人文色彩擴大為人道精神，與 Erasmus 一般，他樂觀的說，人人皆可成為完人 (*honnête homme*)。

　　《散文》中有一文論〈兒童之教育〉(Of the Education of Children)，廣受十七世紀的讀者所喜愛。他指出所有學科中難度最高的是孩子的教養問題。(I. Kant 其後呼應此種論調。) 與 Ascham 相同，Montaigne 重述人文學者的看法，認為教育應適合學生的能力；但有別於 Ascham 的是，Montaigne 發現兒童的獨立性，容易由教師的權威所沖淡。他偏愛廣博的見解，所以旅行及歷史研究是重要的學者活動，以便了解各地人種、各國風土民情，及歷代不同的理念。「對人的認識越多，判決就更有令人驚奇的表現。」「我們都擠在一團，以自我為中心，視野受束，目光如豆，眼界只及鼻子。」他最關心的是判決力的培養，青年人一旦形成了判決，則學習邏輯、物理、幾何、修辭等，就可以提供判決的資料，並在最重要的項目上提供幫助，即好好的活。受過教育的人，應該作個獨立的道德人，知悉自己的限度，警覺於自己服公職的可能性，這就是 Montaigne 的理想目的。

　　3.殖民地人士閱讀 Montaigne 的《散文》，開始內省，尋求自我教育，來作為獲得品德及幸福的鑰匙。看了培根的《散文》(1597, 1612, 1625)，使用自我觀察法，對人類事物可以尋求到客觀的洞見，這也是自我教育式的科學要求。兩人的《散文》皆在三十多歲時完成，其後畢生盡瘁於斯。

　　培根用格言式的英文、雋永式的語態，最足以引發討論並普及知識。透過培根自創的寫作方式，用來研究人類行為，就如同探討無生命的自然一般，既科學又客觀。前後的散文比起來，後散文較為凌亂與冗長，但皆是科學研究的新工具。如同他的先輩 Erasmus 及 Montaigne，培根檢驗了許多令人深感興趣的人類情緒、情調、及處境，如愛妒、美醜、大膽與狡猾、好運與歹運。他只處理人類可以左右或改變的事項，每個討論主題，他希

望是個客觀者，只作事實描述，並不作價值判斷；只及實然 (are)，不及應然 (might be)，這就與 Machiavelli 相似。利用歸納資料，就可以刺激探討之心，然後引導出新資料，再由新資料中生出新命題。

《散文》中，教育論題時隱時顯。討論〈讀書〉一文，下述格言是經常被引用的：「歷史使人明智，詩詞使人靈巧，數學使人敏銳，自然哲學增加深度，道德理論使人嚴肅，邏輯及修辭可作辯論用途。」「有手藝的人看輕讀書，純樸者則渴望讀書，聰明人利用書籍。書並不教我們書的用處，無書也可有智慧，智慧超越書之上，靠觀察就可贏得智慧。」

〈論習俗與教育〉一文，他說習慣越早培養越佳。不過他說的如下話，倒是智者之言：「習俗可以使不同習俗的人變成單純化且分離化，此種力量蠻大。不過習俗在相互交流、融合、及協和上，力量更大。因為榜樣具教導作用。伴侶有令人舒服之功，競爭比賽促使行動加速，榮耀感帶動大家的振作，這是習俗之力最得意之處。」〈論旅行〉一文，更指出旅行的教育價值，可以親自體認外國的經驗、豐富外文知識、促進師生感情（教師帶隊）、領會當地招待之主人如何好客；〈論父子關係〉一文著墨不多，也無神學或虔敬方面的裝飾，只是道出養兒育女的常識之見而已。

上述這些教育命題，雖稱不上作為一部系統的教育哲學，但培根也指出一個人之所謂受教育，除了靠教師、書籍研究、及學習之外，大半是仰賴經驗，細心的觀察，及用心的思考而來。此種說法恰好很合美洲新大陸墾殖人士的胃口。十八世紀，在美洲被恭奉為現代世界的領航人共有三位，一是培根，一是「無可匹敵的牛頓」(the incomparable Newton)，一是「偉大的洛克先生」(the great Mr. Locke)。

## 第四節　邏輯的重要價值

哈佛 (Harvard) 的課程把當時劍橋大學的文科科目都包括在內，傳統的前三藝 (trivium)——文法、修辭、及邏輯——是課程的核心，另外加上數學及天文、三種哲學（自然哲學、道德哲學、心靈哲學）、古代語文（聖經語文，即希伯來、希臘、及羅馬語文）、文藝、及神學。大學圖書館原是由

John Harvard 捐贈的四百冊，到十七世紀末期漸漸增加為三千冊，包括的種類很多，代表不同思想派別。此外，學生私下也擁有不少書籍，學門領域也極為寬闊。這些書皆代代相傳。

最受歡迎的學者是 Petrus Ramus、Johann Heinrich Alsted、及 Bartholo-maüs Keckermann，從中也可看出早期 Harvard 對知識學習的定義。雖然1700 年以前，師生皆熟悉亞里斯多德及笛卡爾 (Descartes) 的邏輯，但 Ra-mus 的邏輯卻廣受喜愛。Ramus 的角色頗受爭議，自 1536 年成為巴黎大學的教授之後，直到去世時 (1572 年死在可怖的 St. Bartholomew 大屠殺中)，他的邏輯，對為學讀書者甚有幫助，取代了十六世紀以前亞里斯多德在邏輯上的地位。1543 年出版《辯證教育》(*Dialecticae institutiones, Education in Dialectic*) 及《亞里斯多德評論》(*Aristotelicae animadversione, Remarks on Aristotle*)，伴隨著 Rodolphus Agricola 及 Johannes Sturm 的作品，把邏輯看作是訓練發明的基本工具 (系統的發明及教材的分析)，並視之為處理論題的手段；修辭則僅作為安排格式之用，文法更只作字源探討及字句排列而已。不過，這在教學上很具實用，可備緊急之需。因為知識材料之累積越來越多，缺乏「方法」，就失去為學的經濟及效率性。邏輯應改頭換面，從純粹的理論科目，搖身一變而為一門探究真理的工具學科。其後培根更發揚光大，離中古教父哲學越遠。

Ramus 的一群人 (Ramism) 強調，學科與學科之間的密切聯繫，注重百科式知識，但彼此並非孤立，而是相互有關。

另外一位影響美洲移民的法國學者是 Pierre de la Primaudaye (1545～?)，1577 年著《法國學術界》(*The French Academic*) 於巴黎，流傳於法、英、及殖民地，內容包羅萬象。出生於新教家庭，還在法國宮廷做事，為亨利三世、四世服務，該書於 1586 年英譯於倫敦，除了有聖經教義之外，還探討行為準則、散文論著選、及學校教科書。本書分成四冊，第一冊討論「人及所有行業」，提及聖經及古典語文；第二冊及第四冊討論人及上帝的關係，其中有解剖學、生理學、哲學、及神學；第三冊在描述整個世界，天文學、自然史、及自然哲學是主幹。第一冊以對話題材出現，有四個主角，都是年青人，其父告誡他們不必成為「大雄辯師，說話靈巧的邏輯學

家，學富五車的律師，或尋幽解奧的數學家，卻要過個好生活，依品德途徑而行，按出生到現在的經驗，且佐以上帝的榮光，考慮自己及國家的福祉及利益，來作為行動標準」。四位年青人接受一位「善良又高貴的老人」所監管，教導他們「古代聖賢的道德哲學，了解並尋覓歷史真相，那是生活之光」。經過六、七年的學習之後，各自的父親會來造訪，看看學習成果。其餘三冊不採對話方式，文體則模仿 Cicero 及 Quintilian。直到十八世紀時，本書在新世界是最受歡迎的著作之一。

# 第二部　教派主義及功利主義

> 我想我從未有過更感傷心的離開一個地方。在我看來，美洲是一所最佳的學府，可以精研基督。

—— George Whitefield

## 前　言

George Whitefield 是一顆冉冉上升的明星，當他於 1731～1738 年之交的冬季抵達殖民地時，即受人注目。曾擔任過安立甘教會不起眼的職務 (deacon)，卻是隻初生之犢，也是 Oxford 大學美以美教派 (Methodist) 學生的輔導官，早就與 John and Charles Wesley 兄弟共同關照那些英格蘭與威爾斯地區無家產的貧窮人，此種業務，終於成立 Methodism（美以美教派），那是大西洋兩岸的主要宗教勢力。自信上帝之靈已深深附著在他身上，Whitefield 到處講道，一個教會接著一個教會，馬不停蹄，勸導人民信仰基督，募款興辦慈善學校，教導 London 及 Newgate 無知的遊民，盛況空前。「人民緊握教堂裡的風琴臺，向教堂之臺階攀升，使得教會因人氣之旺而溫熱起來，屋樑掉下水氣猶如落雨一般，此種景觀真是奇妙。」這是他在 1737 年所寫的日記。「有時很多人會離開，因為座無虛席；也有許多人湧進，我要走到桌子讀祈禱書或講道，都倍感困難。」

Wesley 兄弟召喚 Whitefield 於 1736 年到 Georgia，幫助 Methodist 創教者來改宗異教徒，也創辦一所孤兒院，收容不少殖民地上的單親或無親孩童。1738 年的 5 月 7 日到達 Savannah，他精力充沛，熱心十足。洗禮、佈道、傳播教義問答書，設立至少三所學校。為了擴建孤兒院，他返英募款，8 月 28 日啟航，眾人皆感戴他的奉獻情懷。他的日記如此寫著：「我的心滿滿的，我首次有機會嚐到一種滋味，祈禱時淚流盈眶。」「我想我從

未有過更感傷心的離開一個地方。在我看來，美洲是一所最佳的學府，可以精研基督；並且我有個大願望，Savannah 必有好前程，我留在那裡越久，宗教禮拜聚會將越多人參加。」

　　Whitefield 在其後的 25 年內，數度往返英美，是一位眾人嚮往又崇拜的英雄式教師，他辦的基督學校，變成最強而有力的教育機構，由於具有原創性及分殊性，也因之有淡薄的矛盾性。在一望無垠的新世界裡，歐洲各角落來的逃亡者皆在尋覓新生機會，埋下新種子，塑造自以為是的真理，以此來教導下一代。不過經過時間的洗禮，種子、真理、教派都開始變遷。同時，在人口較多的市鎮如 Boston，New Haven，N.Y.，及 Philadelphia，也呼吸了老世界的新哲學思想。洛克及牛頓走在前端，門徒及損益者步其後塵，一切盡在挑戰中。舊有觀念動搖了，轉型了，這些皆是常事。一旦與新哲學理念接觸，調整了真、善、美的想法後，人們又擬將這些想法傳給他人知悉，以為如此方能得救。眾說紛紜，百家齊鳴。在如此不諧和的論調中，新的虔誠主張出現了，新的生活型態也冒了出來。美洲的確是個好學校來鑽研基督真理。不過，在該學校裡的師資、學生、及課程，也都常在變動中；且基督的意義為何，人們實有必要予以定義，並重新再定義。

# 第四章　理性化的虔誠

> 基督教在基本上是一種生活及行為制度，旨在教導我們如何成為好人，並指示我們變成好人的必經途徑。

—— Jonathan Mayhew

## 第一節　John Locke

洛克 (1632～1704) 的宗教著作中，涉及基督教王國的大分裂時，立場是有點弔詭的。他認為，教會是教徒純自由也自願的團體，大家共同在教堂裡拜神，根據自己的靈光來了解上帝，透過說服而非逼迫方式入教。教會高層及政府官員要負高度責任來容忍宗教教義的紛爭，除非傷害到個人及社會本身，否則不得予以取締。不過人性本墮落，這也是不能逃避的事實，且個人對真理之領會又有重大懸殊。基督教義之「正統闡釋」，難免還是爭端四起。

把基督教置於新又健全的基礎上，是洛克撰寫《人類悟性論》(*An Essay Concerning Human Understanding*, 1690) 的主要目的。書之首頁「給讀者之信札」(Epistle to the Reader) 中，他提及二十年前，一次朋友非正式的談天說地，談到的主題與本書毫無相關，「卻發覺大家困在當兒，四處碰壁。大家迷惑了一陣子之後，也得不到解惑之道，我突然想起，可能是我們大夥都走錯路了。在吾人擬研究什麼之前，有必要先來檢驗吾人自己的能力，是否領悟力或悟性足以承擔研究的重擔。」本書即以探討悟力為主。友人之一的 James Tyrrell 其後說，Locke 的 *Essay*，環繞著道德及啟示宗教問題。Locke 的真意，是擬檢驗「信仰、意見、及同意 (belief, opinion, assent) 的基礎及程度」。吾人是否有能力認清宗教的本質，或依理性可以上達基督信仰。不過，整本書並不在於回答這些問題，卻儘在掃除思路上的碎石，釐清觀念。涉及「信仰」與「理性」二者之關係時，他做了如下的分辨：有些命

題係依理性 (according to reason)，根據感覺 (sensation) 及反思 (reflection) 而來並予以演繹者；有些命題則超乎理性 (above to reason)，理性無用武之地；有些命題則違反理性 (contrary to reason)，與早有的既清楚又明辨的觀念作對。Locke 自己舉例，一個上帝的存在，此種理念是來自於理性；多神存在，則違反理性；基督復活 (resurrection of Christ)，屬超乎理性。信仰與理性不應對立。一神之存在，理性很清楚的告訴我們是如此；如由上帝處得到的命題，透過特有的傳訊通道，此種真理的發現，稱之為「啟示」(revelation)，那是超乎理性之上，也由它來掌控。可見理性與信仰並不衝突；大家誤以為對立，其實並不然！信仰只不過是使「心思 (mind) 更堅定的確信，心思若能好好規範，就不得不仰賴健全的理性，不能與理性作對，這也是吾人的義務」。

這裡當然也出現了搖擺不定的現象，咬住了數代以來 Locke 的門徒及批評者。第一，Locke 深信上帝是個啟示者，聖經是上帝的文字。這種說法，他是四平八穩的站在古典的新教觀點上。「神聖的經文 (Holy Scripture)，目前對我來說，是我表達意見的指導者，將來也如此」。1697 年他寫信給主教 (Bishop)Edward Stilling Fleet 時如此說：「我也常要聆聽之，它含有無誤的真理，也與關懷一切事務的最高點有關。我但願能夠這麼說，它沒什麼奧祕可言，我認知了它，也常常敬畏之。當我要證據時，也有足夠的事實來作基礎好讓我相信，因為上帝如此如此說過。每當我的想法與神聖經文有所牴觸時，我就立即自讉自責，停掉了我的意見。」這就是洛克在對上帝虔誠一事上的「常識」。第二，洛克在 *Essay* 中討論到宗教的重要事項時，他坦率的確信：「理性一定要成為吾人的最終裁判，一切皆如此。」洛克在理念的「新思惟」(new "way of ideas") 上，持懷疑論調，也是個自由宗教氣息的「寬容分子」(latitudinarian)；但卻常常說，一切皆已安排就緒，不必擔心什麼，吾人就依傳統基督的神祕去過活，不必對它有什麼批判。

洛克續在一本較不為人所熟知的著作《基督教的合理性》(*The Reasonableness of Christianity*, 1695) 中，又把他在 *Essay* 提出較斯文的「理性虔誠」(rational piety) 重述一遍。他的努力是將宗教經文 (scripture) 作「慎重又無偏的探討」(attentive and unbiased search)，以便了解基督宗教。他的結

論是，相信基督，依據上帝啟示於基督的道德行為來過活，這是基督徒的基本任務（義務）。並且如同先哲 Erasmus 所說，基督教裡的道德，與古代傳流下來的道德，二者並不矛盾，不過古代道德只攫取了部分真理而已。

「蒐集所有哲學家所提的道德法則，與新約裡的道德律兩相比較，將會發現前者比主耶穌所做的道德律，以及使徒所教導的行為準則，缺了許多。學寮裡聚集的是一群無知者，還好，他們是能通神意的漁夫」。也如同 Erasmus 在 *Enchiridion* 以及比 Erasmus 更早的 Arerroists 所言，雖然理性到頭來必然會確認啟示真理，但絕大多數的人無心也無耐性來使用理性，只好委託啟示來獲得道德及宗教上的真理。「最大的部分，吾人不能知，只好信。因之我得要問：是否有一個人從上帝那兒來，他享有神力，對神跡完全領會，清楚了解，道德規則及服從律令既明確又直接了當，難道他不該來啟迪大眾，使他們行得正，履行該履行的職責？還是他與眾人在那裡使用人類理性原則及一般觀念，來進行說理論辯呢？」洛克寫該書，只是純作學理探討，並非企圖提供每一位信徒什麼實際的信仰指引。任何人讀了該書，就如同看過 *Essay* 一般，可按各人的理解而予以不同的評價與解讀。不過洛克在思維底層裡，透露出強調自由意志反對命定論的 Arminianism 意味──人生雖苦，工作也艱辛，但只要信仰堅定，信徒就可往長生不朽之道邁進；關鍵在於「只要行得正」(as if they were rightness)，及 Latitudinarianism（寬容主義、自由精神）──信仰的前提是任務在身，抱著耶穌的訊息，實現新約的旨意。這兩種基本主張，都在英美社會裡普遍受到歡迎。

除了上述兩本著作之外，若還想從洛克的著作中汲取更多的虔誠教育，就得取之於也差不多在同時出版的《教育論叢》(*Some Thoughts Concerning Education*, 1693) 了。該書是洛克流亡荷蘭而在大力撰寫 *Essay* 時，致信給 Edward Clarke 討論有關養育 Clarke 子女的問題所孕育而成。原始信件，內容較無系統化的組織，也常重覆。他本人也以為該書信與 *Essay* 無涉，如同 *The Reasonableness of Christianity* 一般，其實卻正是 *Essay* 當中重要的環節，也表現出洛克在知識論及人性論中的主張。該書似乎與《治者之書》(*The Governour*) 的精神一脈相承，是說明紳士教育的論文，不過仍蘊含有宗教虔誠的意旨；與 Bayly 的《虔誠之實際行為》(*The Practice of Pielie*) 互

通聲息，只是洛克較無 Bayly 那種 Calvinism 式的直嗓子，對品德涵養較持冷靜、理性、及仁慈立場。洛克說及品德時，明白的指出就是信基督，也行基督。「任何一位士紳，如在意其子的教育，除了留給他遺產之外，還應賜他品德、智慧、養育、及讀書 (virtue, wisdom, breeding, and learning)。我置品德於首位，把品德當成一個人或一個士紳所最應具備的條件，也是他最受別人尊敬或喜愛的絕對條件，更是他本人能否被接納或容忍的要素。無德，則我想他既不幸於此世，也當不幸於來生。」

養德之所在，是家庭。*Thoughts* 一書中少提學校及教會。學校及教會是有倒刺的，洛克視之如刺蝟，避之唯恐不及。德「育」之法，是要配合兒童的心靈發展階段，把兒童當兒童看待，而非大人的縮影；「對上帝有個正確的信念」(a true notion of God) 是核心。此觀念與其後的《基督教的合理性》(*The Reasonableness of Christianity*) 彼此呼應。家長應及早向孩童說明 Lord's Prayer（主禱文），Creed（使徒信條），及 Decalogue（摩西十誡）；然後教導角帖書 (hornbook)，初級讀本 (primer)，聖經詩篇 (Psalter)，新約及舊約 (Testaments) 及聖經 (Bible)，最後取聖經作系統性的研究，以作為萬德之基。德「育」中，實踐重於理論，行為強於德目。善於利用獎賞及羞恥感，以強化德育效果，盡量避免體罰孩子。最後養成自覺、自律、自主。如此則讀書求學及成就，才有意義。「克制自己的慾望，讓胃口接受理性指揮。一旦作到此點，又形成習慣，則難關已過，且大功告成。」

# 第二節　殖民地教會之宗教教育

1697 年洛克發表《基督教的合理性，第二次論證》(*Second Vindication of the Reasonableness of Christianity*)，其中說：「我確信我是個基督徒。」在所有基督教會裡，他選擇安立甘 (Anglican)，早年也受該教會洗禮。不過當他討論宗教的虔誠及教育時，他的論點，一點也無教派偏愛；反而有點英國及殖民地社會當時的商業味及「離經叛道」色彩，而非堅守國教及上流社會的擺形式架子。就是這種特色，使得洛克較為墾殖地的人民所熟悉，其中 Isaac Watts、Philip Doddridge、及 James Burgh 宣揚洛克的學說最力。

Watts 屬「獨立教派」(Independent)，後二者歸長老會信徒 (Presbyterians)。三人並非照洛克的單全收，卻都作了重大修正，尤其在神學及教會的陶冶上。儘管如此，洛克的寬容態度，及慈愛胸懷，加上教育改革的念頭，三人是恭維不已。

1.Isaac Watts (1674～1748) 是三人中影響力最大者。生於「非英國國教徒」(Nonconformist) 的家庭，遭受過迫害，上述實科學校 (Academy) 接受教育，接觸到笛卡爾及洛克作品，也進入了自由探討哲學的世界。擔任過 London 貴族但卻「反對英國國教者」(Dissenters) Sir John Hartopp 之子的家教。由於健康因素，其後的四十年人生，幾乎過的是半退休生活。不過，他的著作及通信，卻在教會世界及教育圈內大有影響。不管私人信件或專業討論，都表現出他對這兩方面的獨到見解。作為「公理教基金董事會」(Congregational Fund Board) 及 Coward Trust (信託基金會) 的一分子，他經常推薦教師到英國各地的 Academy 任職，課程設計、科目擬定、教科書選用，他都參與其間。同時他也與殖民地的領導人物及其友人，對殖民地事務極為關注，與 Cotton Mather 通信約十年。1724 年，Watts 寫了 *The Arian Invited to the Orthodox Faith*（反對耶穌為神者，也可算是正統信仰者），令 Mather 沮喪透頂。為 Harvard 及 Yale 的圖書館奉獻心力，也為 Harvard 的 Hollis 數學講座出錢找師資。懇求大家捐資為 Indians 人作佈道傳教工作。1740's 年代時還介入 New England 的 revivalism（宗教復甦運動）熱門爭辯。

透過寫作，尤其是他的讚美聖詩，兒童讀物，以及邏輯，教育學及教育政策，使他的影響力大增。就讚美聖詩而言，他使英國新教主義的禱告文有了重大興革，導致 Psalms of David（詩篇）基督教化也國家化。文字之使用，「適合於民俚能領會的程度」(level of vulgar capacity)，用字遣詞別具一格，為大眾所喜愛。

為兒童而作的，主要為《聖歌》(*Divine Songs*, 1715) 及《教義問答書》(*Catechisms*, 1730)，不但形式變了，內容也換了，較偏重慈愛式的宗教虔誠，以及親切的教學觀念。《聖歌》取法於 John Bunyan 的《男女孩之書》(*A Book for Boys and Girls*, 1686)，該書流傳超過一世紀之久，也是一種《神

聖寓意畫》(*Divine Emblems*)。過去，神學或宗教的兒童讀物，一向都是說
教式的，一板一眼，且內容多半恐怖驚懼，文字也不活潑。Watts 的《聖歌》
一出，一改舊觀。試取數則如下：

| | |
|---|---|
| The praise of my tongue, | 讚美話由我口說出， |
| 　I offer to the Lord. | 對象是主。 |
| That I was taught and learned so young | 年幼時有機會學，有機會讀， |
| 　To read his holy word. | 主的神聖文字。 |
| | |
| That I am brought to know, | 現在我知情， |
| 　The danger I was in. | 危險已面臨。 |
| By nature, and by practice too, | 來自天性，也來自後天， |
| 　A wretched slave to sin. | 原罪困境令人厭。 |
| | |
| That I am led to see, | 我也已了然， |
| 　I can do nothing well; | 單靠己力是徒然。 |
| And whither shall a sinner flee, | 原罪者何處能逃？ |
| 　To save himself from hell? | 離開地獄獲救多困難。 |
| | |
| Dear Lord, the book of thine | 親愛的主，聖書指示， |
| 　Inform me where to go, | 何處我該走。 |
| Fro grace to pardon all my sin, | 原罪榮獲寬恕， |
| 　And make me holy too. | 天恩重塑我聖潔。 |

另：

| | |
|---|---|
| What blest examples do I find | 我發覺最具神意的佳例， |
| 　writ in the word of truth,. | 書寫於真理的聖書裡。 |
| Of children that began to mind, | 當孩童開始運用心思之際， |
| 　Religion in their youth! | 宗教就應及早落底。 |
| | |
| Jesus, who reigns above the sky, | 天界之上，耶穌掌控， |

| | |
|---|---|
| And keeps the world in awe. | 整個世界顫怖驚懼。 |
| Was once a child as young as I, | 年幼如我的孩童， |
| And kept his Father's law. | 天父之法得遵從。 |

又：

| | |
|---|---|
| Let love through all your actions run, | 讓行動中洋溢著愛及仁慈， |
| And all your words be mild; | 訓誡不慍不火； |
| Live like the blessed virgin's son, | 生活如同貞潔聖母之子， |
| That sweet of lovely child. | 大家都成甜美且可愛的孩童。 |

如與 Michael Wigglesworth 在 1662 年出版《死亡之日》(*The Day of Doom*) 相比，上述的文字，太具有親切的親和力了。Wigglesworth 的書是美洲本土第一本暢銷書，描述「最後的審判」(Judgement Day)，悲慘又陰毒，上帝的詛咒令人驚怖，罪人的訴求毫無結果，煉獄折磨，慘不忍睹。Watts 的《教義問答書》(*Catechisms*) 與 John Cotton 的《美洲嬰孩的精神奶粉》(*Spiritual Milk for American Babes*)，也有天壤之別。兩人皆同意孩童應受主的養育及訓誡。但 Watts 的主是仁慈的，養育及訓誡也較溫和，且一視同仁。孩童不管其出身高低，社會階級之貧富，屬英國教會或反英國教會，嬰孩受洗與否，都可同唱《聖歌》。

Watts 寫的教科書，尤其是邏輯 (*Logick*, 1725)，《心靈的改善》(*The Improvement of the Mind*, 1741, 1751)，加上教育政策的著作《論兒童及年輕人之教育》(*A Discourse upon the Education of Children and Youth*, 1753)，在美都洛陽紙貴，再版多次。內容在於推薦 Locke 的教育主張，探討知識的用處，持經驗主義的途徑，實利的角度來進行教育活動，鼓勵自我教育。此種教育觀點，尤對中下階層的職業教育，大有助益。

2.Doddridge (1702～1751) 也生活在反英國國教的家庭裡，他的祖父 John Doddridge 曾當過大學校長 (rector)，但被驅逐出外，外祖父 John Bauman 是個逃亡在外的路德教派牧師。如同 Watts，Doddridge 17 歲時在反英國國教的 academy 求學，接受 John Jennings 的教學，時為 1719 年。Jennings 本人雖是「獨立教派」，不過學校內折衷色彩濃，好多學生包括 Doddridge 在

內，都領到 Presbyterian Fund（長老教基金會）的獎學金。如同 Watts 的教師 Thomas Rowe 一般，Jennings 執著於「研究探討的最大自由」(the greatest freedom of inquiry)。四年課程中，經文研讀取 Hebrew、Greek、French、及 English 版本，古典文學則用傳統的 Latin 及 Greek，還選用當代學者的著作，如法人 Hugo Grotius 的《論戰爭法及和平法》(*De jure belli ac pacis, Concerning the Law of War and Peace*, 1625)，F. Bacon 的 *Essays* (1597, 1612, 1625)，John Tillotson 的《講道》(*Sermons*, 1695～1704) 及 J. Locke 的《人類悟性論》(*An Essay Concerning Human Understanding*)，及其附屬作品《悟性行徑》(*Of the Conduct of the Understanding*, 1706)。Doddridge 在 Kibworth 接受此種教導，閱讀了許多書，六個月內他讀了六十本，有些是節本。將這許多書予以了解，並佐以經文的闡釋。

在 Jennings 處接受正式教育之後，Doddridge 擔任神職 (1723)，其師突然去世而他又染上天花 (1723)，遂決定繼承師志，寫作有關神職人員的教育論文，引申其師想法。由於與 Watts 之交情匪淺，長篇大作竟然落在 Watts 手中，其時 Watts 的影響力是紅遍半邊天，Watts 深喜其想法，Watts 也獲 Doddridge 之敬愛，雙方共為基督教之實踐而努力，情如師徒。經過 Watts 的提議，兩人在 1729 年 7 月蓋了一所新式的「實科學校」 (Academy)。

在英國，Doddridge 是廣為人知的「溫和正統」("moderate orthodox") 之宣傳者，接受洛克在 *Essay* 所持的「想法」("way of ideas")，比其師 Watts 更邁向於肯定洛克在 *The Reasonableness of Christianity* 所說，不可獨斷且應仁慈的理論。Doddridge 在神學講學上說到：「洛克先生及他的一群人堅持的一項重點，認為基督的唯一基礎，就是基督是個救世主 (Messiah)。但是這些字的引申卻產生一些問題，回答這些問題，我們這麼說就夠了，那就是任何時候，如提及有個基督這個人，他的尊嚴及施展的力道，可以鼓勵人類把他們的心靈奉獻出來供他來照顧，也接受他的管轄，那麼有此種說法的人，就獲准由使徒予以洗禮，也夠資格成為基督徒。」

他所創辦的 academy，名聲四播。教學以英語為工具，學習範圍廣，包括史地、現代語文、及自然科學；當然傳統科目如邏輯、修辭、哲學、數學、及神學等也並列。尤其最困難也最爭議的哲學及神學問題，皆可在

相互尊重又彼此探討的精神下予以討論及爭辯。同時，他也是傳播福音的熱心工作者。

在殖民地，Doddridge 是家曉戶喻的人物，他出版許多暢銷書，討論實踐神學的事，勸導人們如欲成為基督徒，必須行善事，為大眾謀福利。討論孩童教育的書有給家長看的，也有些是兒童讀物。

1732 年的《講道》(Sermons) 在英出版，在美則問世於 1763 年。沿襲舊風，討論清教式的虔誠，但內容及風格則代表作者之特性，除了重述虔誠乃是上帝特別賞賜給人類的品德，孩童應劍及履及的實踐外，在字裡行間中一再的透露出心胸開闊的宗教色彩——寬容及自由。如「服從雙親」(obedience to parents)，「仁慈廣被」(benevolence to all)，「勤勉」(diligence)，「一致」(integrity)，「自律」(self-denial)，及「謙恭」(humility)，這些格言，幾乎皆取自洛克。教學技巧亦然，只是少提羞恥心作為教學動機。家長教導孩子，要簡單清楚；嚴肅、仁慈、及耐性，勿給孩童作不到的要求。棍子只能偶用，用時也要寬大為懷，且視之為最後一招。整個教學情境必須洋溢著禱告氣息，央求上帝予以幫忙。

另一本書是《原則》(The Principles)，寫於 1743 年，首度在殖民地出版則在 1754 年，包括有 24 課「清楚明白又簡易的韻詩」(plain and easy verse)，仿 Watts《聖歌》方式，讓學童讀唸起來覺得有趣。不過地獄中可怖的詛咒、譴責、斥罵，在上帝面前抖顫，卻也一覽無遺。兇猛之火，青面獠牙的惡魔，無望的靈魂，都歷歷在目。只是這些怵目驚心的畫面之後，緊隨的是基督的救贖以及福音的普施大眾，孩童只要信基督、懺悔，則人人得昇天堂。Doddridge 本人的教學，溫暖親切，涉及死亡、原罪、及最後審判，他的口氣也與先人不同，如：

| | |
|---|---|
| Awake, my soul, without delay; | 醒醒，我的靈，莫躊躇； |
| That if God summons thee this day, | 上帝召喚若在今日， |
| Thon cheerful at his call mayest rise, | 起身應召，樂在其中， |
| And spring to life beyond the skies. | 生命展現生機，遠及天空。 |

Doddridge 對 Locke 的《基督教的合理性》(The Reasonableness of Chris-

*tianity*) 的觀點，毫無異議。其師 Watts 則不然，卻認為洛克的該本著作，使「福音的光輝黯淡下來，也使基督教沈淪下去」(darkened the glory of the gospel, and debased Christianity)。

3.James Burgh (1714～？) 則無條件的支持洛克看法，且推薦該書是現有書籍涉及真正宗教的性質、特色、及證據中，最好的三、四本之一。生於 1714 年，是牧師之子，曾就學於 St. Andrews U.，擬繼父職，但生病遂無法從己願。改行當教師，在 1747 年設一所 academy。同時發表《教育想法》(*Thoughts on Education*)，兩年後發行於殖民地。教學最成功之時是 1754 年，又出版《人性尊嚴》(*The Dignity of Human Nature*)，廣為殖民地知識分子所閱讀，被公認為反對英國國教的教育論文中最有代表性也最豐富的一本書。

Burgh 的 *Thoughts*，其實就是 Locke 的 *Thoughts*，因為內容上正是討論年輕人的品德教育及宗教教育。依 Burgh 的觀點，教育有兩大因素，其一，知育，「獲得有用的知識以便過舒適且正派的生活」；其二，德育，「準備來世過永生。」除了一般古典語文及文學之課程外，也有文法、拼字法 (orthography)、母語之讀寫、法語、繪畫、音樂、數學、天文、解剖、歷史、傳記等。視學童為理性的人，鼓勵學生講理，對人及物之判斷正確。以自由及虔誠為最高價值。書末並提出要求，希望家長或教師給孩子一信，指出真正道德行為的方向，以謹慎作為座右銘，以基督教箴言作為中心德目。Burgh 本人即以七年後出版的 *The Dignity of Human Nature* 作為給學生書信之賀禮，卻有二十萬言之多。該書有四部分，分別涉及：細心、知識、品德、及啟示宗教。第一部分是智慧的獲得，以便處理日常事務及家庭養育事宜；培根式的精神，以及功利主義的色彩，盡在其中。第二部分是課程，採用洛克的 *Essays*，師生皆管用。第三部分及第四部分是道德哲學及神學，重視理性，非只是文字口舌之爭，卻具意義性及樂觀進取性。他預期人類在今生都過得有尊嚴，來生都能得救。融會宗教上的虔誠 (piety) 與世俗上的禮儀 (civility)，二者合一，各人各盡道德本分，運用上帝所賜的理性來過此世一生。

# 第三節　Cotton Mather

Cotton Mather (1663 ~ 1728) 於 1706 年的日記上如此寫道:「很少重要的新書從國外進來，不過我致力於精讀這些新書。」事實上他確實精讀不少書，不只神學方面的著作，且也包括政治學、醫學、及自然哲學的作品，熟悉牛頓及洛克的觀點，尊稱洛克是「現代的理性主義者」(modern rationalist)，希望教會同仁要研究實驗哲學，向「無可匹敵的牛頓先生」(incomparable Mr. Newton) 學習。Cotton Mather 是當時 New England 最博學多聞的人，而當時的氣氛是不穩定的，異見協調並不容易。

Cotton Mather 生於 1663 年，是 Increase Mather 的長子 (Increase Mather 當過 Harvard 校長)。當時 New England 最顯赫的兩家族，就是 Mathers 及 Cottons。Cotton Mather 在家接受教育，也上過 Boston 拉丁文法學校 (Latin School)，在 Ezekiel Cheever 之下學習。12 歲時以最年幼的學生身分入 Harvard。由於口吃不敢當牧師，遂打算從醫。不過 1680 年時幫他爸爸在 Boston 的第二教會 (Second Church) 作助手，卻表現得令人讚賞，在 1685 年受聖職，終其一生，都在教會服務。

1680's 年代時，他介入 Massachusetts 之政爭，是反對皇家總督 Sir Edmund Andros 的要角。1692 年的巫術師審判中，他也扮演核心角色，贊成嚴厲的考驗罪犯，比法院要求的還嚴苛。他一心一意有個雄心要繼承他的父親為 Harvard 校長，但 1707 年輸給 John Leverett，1725 年也敗在 Benjamin Wadsworth 手下。政場失意，轉向在學術著作上下功夫，1700 年之後，出版近三百本書及小冊，慎重其事的要當皇家學會 (Royal Society) 會員，不眠不休的為巡迴佈道及向印地安人傳播福音而努力。1728 年去世，友敵皆同聲讚美他學識之淵博，信仰之虔誠，慈善事業之施恩眾人，以及為基督作嘔心瀝血的服務。

在教育上，他展現出驚人的多才多藝以及廣角度的考慮，是教育思想的介紹者及傳遞者。體認到教育面無所不包，家長、教師、牧師、師傅、鄰居的各種組合會等，都具有教育責任。1699 年發表《秩序井然的家》(A

Family Well-Ordered)，1702 年寫《論養育》(Cares About the Nurseries)，1708 年出版《兒童教育》(Corderius Americanus: An Essay upon the Good Education of Children)，1710 年也出書 Bonifacius。他體會到文學作品也具教訓可能性，遂於 1702 年寫《基督美洲大事記》(Magnalia Christi Americana)，好讓 New England 的人認識該地的過去歷史。1721 年又出書一本，書名為《基督徒哲學家》(The Christian Philosopher)。既看重教育的重要性，也了解教師培養的必要價值。海洋兩岸皆銷售不少他的著作，是英美兩地最為人所知的殖民地學者。

對 Mather 來說，虔誠之教育地位仍居第一。1690 年他說：「讀書之用途，好比一個溺水者攜帶著一袋黃金一般，在湖水氾濫成災又燃燒著熊熊烈火的硫磺裡，越沈越深；有了主耶穌基督的知識，就可以得救。」處於教派林立的環境，他持寬容態度，有歐洲啟蒙精神，至少新教各教派皆應共存共榮。虔誠必須實際訴諸行動，以仁慈之心作為發動機，使社會再生；用人道關懷立場來處理宗教事務。這也是他向擬從事牧師職務者的建言。各種信仰的人可以齊聚一堂，大家都是上帝的子民，相親相愛。

Mather 自信是個「明理」的人，但他對「理性」的定義卻不一。有時認為理性是先天的，有時則相信知識來之於經驗，有時則又說理性須遵守最終極的道德律。他用理性來驗證 Calvinism，但不予以批評。深信 Locke 所說的話，認為教義及基督教是超出理性之外，但並不與理性相衝突。1711 年的日記上寫著：「一種想法常在我心，現在我要把它存於心中；一種指令也常駐我心，那就是理性之光，也是上帝之光；理性律法就是上帝的律法，理性的聲音是上帝的聲音。我們從不必運用理性，但我們卻需要上帝，服從理性規章也等於服從上帝。」

討論到教育時，Mather 散發著虔誠風味。教育的目的在於使孩童準備信仰基督，而了解聖經是唯一途徑。在《兒童教育》一書中，他說：「吾人對神聖經文 (Holy Scripture) 的領會，目的乃在於了解宗教規則，培養一位聰明又有宗教氣息的人，以便獲救與濟渡。神聖宗教的規則都在上帝的神論中，我們必須與神聖經文會通。」因此，家長、師傅、牧師、及家庭教師，都應該「及早教導孩童了解神聖經文的知識，然後才能超生」。兒童一定要

熟悉聖經的部分歷史，才能在講解聖經時，學到正確的宗教意義；經文的知識也不可或缺，唸一本好的教義問答書，對此極有幫助。經文的訓令更要知悉，以便行為得當。履行義務，既知也會行，否則就是蠢蛋了。虔誠對 Mather 而言，是行為，也是知識。

虔誠的實用觀並不新穎，William Porkins 等人早就提及。比較新穎的觀念，是虔誠不只是個人的，還應是社群的。團體社會的虔誠，對人類之邁向上帝，更趨近一大步。Mather 在 *Bonifacius* 特別指出，眾人之仁慈祥和，是社會改造的一大動力。英語世界在 1680's 及 1690's 年代時，此種期求，慢慢形成火候，那是來自一股清教徒的努力，擬重振復辟之前的善良道德風氣，去除淫亂，禁絕對神明的不敬，透過立法及教育來達成此目標。雖然不見得成功，但 Mather 深悉他們的努力，也與他們有深交，乃在美殖民地上發起同樣運動。以社區為主，大家彼此互勉，日日行善。就個人而言，心理上的改宗信仰，使個人與上帝接近。就社群來說，也是如此。改宗基督，是要藉助外力的。此種宗教信仰在心理上的變革，猶如學習活動在心理上的濡化一般。改宗信仰，由上帝所引發，注入神恩於人心中，沒有上帝之幫助，人是無能為力的。教育上亦然，過程也是先由外往內注入，來引發內心中早存的觀念，一引發之後，好比板機已扣，則連發子彈就發射出來。個人一旦受神的啟示，就會日益精進的大顯內心已藏的聖源之心。同理，此種個人的改變，可以影響社群；而此一社群的改變，更可影響鄰近社群。

首先，家長最應承擔孩童的教育責任。培養善良的孩童，是家長最大的心願，使孩童變得可愛，彬彬有禮，為社會提供服務。教導孩子有價值的知識，慷慨大方，舉止優雅，心中有上帝，孩子就不會步入敗壞之途，且有能力來抗拒不當的誘惑，這就是家庭教育的成功。

其次，社區的人們應定期聚會，不只檢討教義的正統精神是否遭受破壞，且糾舉社區個人或家庭之敗德壞行，彼此互動合作，互補盈虧，共信共勉。尤其要規勸有誤入歧途之跡象者，抱著一個信念，人人皆可為聖人，個個社群也可成為世外桃源。此種樂觀主義，影響其後美殖民地人民的心態。

虔誠帶有理性化，但虔誠之有成效，更需要情愛化 (affections)；Mather

對虔誠的闡釋，二者得兼。前者影響了 Jonathan Mayhew 及 Charles Chauncy，後者則影響了 Jonathan Edwards。

## 第四節　Samuel Johnson

Cotton Mather 的世界是環球性的，他從英倫及歐陸獲取最新的知識；在他多產的著作中，常予以引用，重新整理，或反駁外來的論點。不到一百英里之外，比他年歲稍小的 Samuel Johnson (1696～1772)，求學於一個初創的大學（位於 Connecticut 的 Saybrook），內心世界則較屬地方型，唸過 Latin、Greek、及 Hebrew，在家先受其祖父之教育，後經過數位文法師之啟迪，14 歲時入大學 (1710)，4 年後獲學士學位。聆聽過新哲學中的笛卡爾、洛克、及牛頓，也受到警告認為這些新哲學是顛覆性的，「很快帶來新的神學，會敗壞純樸的宗教」。

1714 年時對 Saybrook 來說有件大事發生，因為 Connecticut 書商 Jeremiah Dummer 從英進口七百本書，放入圖書館內，這是殖民地史無前例的，對高等教育的影響太大了。Johnson 自己也回憶著，他醒覺了，「閱讀這麼多最好的英詩及散文，心情非常愉快。」從而接觸到哲學家及神學家，莎士比亞、米爾頓、Norris、Boyle、Newton、Patrick、Whitby、Barrow、Tillotson、South、Sharp、Scott、及 Sherlock 等。這些觀念之注入，他的「心如淺灘，是容易氾濫成災的」。這種心情感受，變成美國學術史的一章。Johnson 及其同學 Daniel Browne 在大學搬到 New Haven 之後 (1717)，留為大學之教師，馬上引入了牛頓及洛克的思想，也帶來哥白尼的天文學體系及數學。Johnson 本人熱衷於探討 Euclid 的代數及二次曲線（錐線法，conic sections）。

1722 年謠言滿天飛，異端言論充斥於校園內（後改稱 Yale，以紀念慷慨的捐款者）。校董乃作了全面性的調查，結果證實了校董最壞的打算，不只 Johnson 及 Browne，且校長 Timothy Cutler 都有過錯，校長於 10 月 17 日去職。一個月之後，三人回英，Browne 還因天花去世，Cutler 其後擔任在 Boston 新成立的基督教會 (Christ Church) 牧師，在他任內是 New England

的安立甘教派 (Anglicanism) 最具戰鬥力的中心。Johnson 也在 Connecticut 的 Stratford 作安立甘教會 (Anglican Church) 的負責人，加入當時神學的論戰，感傷於異教徒之日眾，背叛者日多。許多人假借 Locke、Tyndal、及 Bolingbroke 的說理，卻驕傲自滿。1728 年 Johnson 閱讀了英哲 George Berkeley(1685～1753) 的《論人類的知識原則》(*A Treatise Concerning the Principles of Human Knowledge*, 1710)，又在隔年於 Berkeley 來美時親自拜訪這位英國哲人（Berkeley 來美的目的，是希望在 Rhode Island 建一所大學），確認了他的擔心，即理性如無信仰予以約束，則是極為危險的。從此乃依 Berkeley 的觀念論來批評牛頓及洛克，終其一生，除了 1754～1763 年擔任 King's College 校長之外，都住在 Stratford，也都堅守觀念主義 (idealism) 主張。不過，有時為了維護正統，甚至說出反科學的話來。

　　Johnson 的主要作品，是一生研究及反省思考的成果，書名《哲學要素》(*Elementa Philosophica, The Elements of Philosophy*, 1752)，是在美洲英語區的第一本哲學教科書，也是指導其子及他人孩子的教育書籍。知識範圍包羅萬象，Johnson 稱為「百科」(*cyclopedia*)，涉及對今生幸福有用、也為來生幸福有用的一切，即文法、修辭、演說、歷史、詩詞、數學、機械、地質學、天文、自然史、形上學、及道德哲學。後兩科是給較成熟的學生（16 歲或 17 歲）研讀的，又分 *Noetica*（心靈哲學）及 *Ethica*（道德哲學）兩部分。本書觀念取自 Berkeley，但仍有自己的觀點，尤其是教育及慈愛的理性觀 (benevolent rationalism)。在 *Noetica* 裡討論心靈的成長，希望到至善的境界；涉及觀念的性質，獎賞懲罰、羞恥、犯罪的教育功能，道德訓練的特色，課程的內容及次序。「兒童作為一個人，重要性比我們所認為的還大。兒童之好奇、喜問，好比對一切皆陌生一般，吾人應給予多多少少的縱容；在教導及養育他們時，應如何公正、耐性、及照顧；處理兒童問題時，又應如何端莊、威嚴、及統整一致；最後，吾人又如何在兒童面前注重言行，免於缺陷犯錯，作出有害及不雅的舉動，這些都是教育上亟待解決的問題。」*Ethica* 則描述耶穌是上帝派遣下來的最偉大也是第一個教師，擁有神威。教會是「基督的學校，不朽的靈附著於肉身上，接受養育與訓練，為永恆的光輝鋪路」。人人對上帝、對別人、對自己，皆有虔誠義務。

既理性又帶有人味的意旨，也顯示在他的其餘著作中。1716 年的講道，以合理的服從為講題 (Sermon upon the Reasonableness of Religion and Obedience)。1765 年出版《教義問答書節本》(Short Catechism for Young Children)，另有未出版的吟遊詩 (rhapsody)，可能寫於 1763 年，稱為「拉菲爾，或英屬美洲的天才」(Raphael, or The Genius of English America)。一再的警告人民，不可有「精神上的傲氣及自負，也不應鍾情於奇特性與新鮮性」。這種語調，皆有洛克的氣息。Raphael 詩尤其值得一提的是，把重點放在培育下一代向殖民地效忠，將英、美兩地作分辨。此種「獨派」的自我意識，已在醞釀。

## 第五節　John Witherspoon

對 Samuel Johnson 而言，George Berkeley 哲學使他在洛克的理性主義 (rationalism) 困境中提供一條解決的出路，尤其是洛克哲學鼓舞大家在涉及宗教問題時，採取「高高翱翔」(high soaring) 及自滿冥思 (conceited speculations) 的態度。但對 John Witherspoon (1723 ～ 1794) 來說，Berkeley 的觀念主義 (ideali-sm) 卻是一種透過形上的推理，「狂野且荒謬的企圖，來搖撼常識原則；除了讓一般人聽了之後，瞧不起常識概念之外，什麼也沒得到。並且我堅信，就是對那些自以為能接納其說的人而言，也不能產生悔悟。」不過如同 Johnson，Witherspoon 也對當時非正統的宗教想法深以為苦，也與 Johnson 同，想經由教學來力擋此逆流。

1723 年生於蘇格蘭，當時恰好是蘇格蘭啟蒙運動發酵時代，Witherspoon 在此種學術氣氛中長大成人。與 Johnson 一般，他早期就接觸過洛克作品，然後讀 George Berkeley 及 Thomas Reid 的書，擬解決洛克所未曾解決的問題。Edinburgh 大學首度介紹洛克學說的教授是 John Stevenson。在他指導下，Witherspoon 研究了洛克的《人類悟性論》(An Essay Concerning Human Understanding)，不到 20 歲 (1743) 就取得神學碩士學位，其論文屬於知識論領域，把古典學說，洛克及 Berkeley 作一折衷，結論是心靈為永恆，性質是神聖，預定可得不朽的福助，但有個基本前提條件，是「今生

尋求走上帝所指派的正路」。

　　獲得學位之後，由長老教會受證教學，且正式成為牧師。認為人本具「道德感」(moral sense)，也就是良心 (conscience)，依據良心就能分辨正誤及優劣，這是行為準則的基礎。並把經驗哲學 (常識說) 與 Calvinist 的 piety (虔誠論) 二者合在一起，在當時神學思潮漸漸步上開放之時，提供一條合理的通路。認定 Berkeley 思想帶有懷疑論色彩，而唯實哲學的常識觀，肯定不疑的確信感官經驗及實體世界的實體性。作判斷乃是心靈的基本職責，但判斷之根據，並非把各種觀念作一對比，詳看其同異，卻要直指本心。

　　1730's 及 1740's 年代時，因長老教會的大覺醒而將教會分裂為二，一是「新光」(New Light)，一為「舊光」(Old Light)，兩派各自設立實科學府 (academies) 來培育牧師。College of New Jersey 是 N.Y. 的「新光」宗教會議 (Synod) 於 1746 年設校，先設在 Jonathan Dickinson 的家，位於 New Jersey 的 Elizabeth Town，然後輾轉到 Princeton 的 Nassau Hall。1766 年之前，該校是宗教論戰的中心戰場。「舊光」感於「新光」之威脅力日大，期望把大學改弦更張，立下一個「更佳的根基」(better foundation)，「新光」派識破其計謀，適時的推選 Witherspoon 為校長，在 Benjamin Rush 的再三督促之下，Witherspoon 於 1768 年 8 月抵 Princeton 上任直到去世，長達 25 年之久，使該校的教育規劃成為美國教育史重要的一頁。Witherspoon 先是拒絕接受校長職，繼而猶豫不絕，但終於首肯，他不但重組美國長老教會，且對建立美利堅合眾國貢獻良多。他之來美，「時間恰當，地點也對，作風也應該」(at the right moment, to the right spot, in the right way)。

　　Witherspoon 在 Princeton 先是個教師，後作為校長，遂擔任當時校長職務之一的道德哲學之講課，對象是大四學生，這才發揚了他的雄辯長才。當他抵達 Princeton 時刻，當時的師生都偏向 Berkeley 的觀念主義聲音，他有意用 Reid 及蘇格蘭的「常識觀」予以取代。採行唯實論 (realism) 而非觀念主義。整個聖經經文與健全的哲學並不牴觸，但理性本身卻應植基於某些第一原則，聽從常識觀的指令。換句話說，理性之前，是一種本能的感性。經由感性，義務之履行可以增強，那就是道德義務感。Witherspoon 闡釋此種道德義務感，把神學研究訴諸行為力量，不只人對上帝，人對自我、

及人對他人有義務，且對政治、經濟、及司法，也應發揮道德義務感。

　　教育上，Witherspoon 的觀念，散佈在各種講道及神學演說中，也有一文論及口才。當行政主管時所發的各種大學函件，也可看出他的教育主張。此外在《賓州雜誌》(*Pennsylvania Magazine*) 及《美洲博物館》(*The American Museum*) 兩個刊物裡，他也寫「教育書信」(letters on Education)，主張虔誠及文學應合而為一，二者互為影響，關係密切，不可分離更不應對立。大學課程應拓寬，除了傳統的古典研究及哲學科目外，他還要求學生研讀英國及法國的語文及歷史，善於口才及辯論。在 Nassau Hall 的地下室進行的文法學校教育，他極力支持；不擬升學者也是校長注意的對象。在教育書信中，明顯可以看出洛克的影子，以健康及注意個別性情作為施教的基礎。父母帶有道德權威，施之於孩童身心上，技巧千變萬化。

　　尤為重要的是，Witherspoon 的教育面增廣不少，服務公職不亞於選擇教會工作。他的努力沒有白費，畢業生中有一位是日後的美國總統，即 James Madison；一位副總統，即 Aaron Burr，十位內閣官員，六十名國會議員，三位最高法院大法官。不過他也體認到教育的限度。總之，他當校長有行政魅力，也是新共和國在哲學及政治學上的領袖人物，更塑造了十九世紀的美國教育。


　　美洲殖民地的人讀 Johnson 及 Witherspoon 的書，不及看 Locke、Watts、及 Doddridge 的人多。不過，在面對日益增長勢力的宗教懷疑主義時，Johnson 及 Witherspoon 發出的保守論調，都廣獲支持，傳統的教育主張及智慧也流傳於殖民地帶。除此之外，甚受新大陸人民喜愛的書，是 *The Practise of Pietic*，*The Whole Duty of Man*，*The Poor Man's Family Book*，及 *The Pilgrim's Progress*；而 Daniel Defoe 的 *The Family Instructor* (1715，第一次殖民地版於 1740 年)，Robert Dodsley 的 *The Economy of Human Life* (1750，首次殖民地版於 1765 年)，及 Samuel Richardson 的 *Pamela* (1740，首次殖民地版於 1744 年)，都是用小說方式來描述傳統的虔誠精神。光看這些著作的書名，就知道書的內容及用意了。

　　此外，Benjamin Franklin 及 Thomas Jefferson 的虔誠要求更為平民化，

前者以 Poor Richard 為著作中的主角來作功利精神的代言人，認為品德好
並會貿易買賣，是兒童最佳資產。後者則強調世俗化的虔誠，走上共和革
命的政治途徑，虔誠已非教會的專利職責；尤其培養虔誠如走傳統方式，
更非教會所獨享，也非教育的主要目的。教育人民虔誠，另有其他機構、
活動、及組織，且教育宗旨，已非只虔誠一項而已。

# 第五章　知識的用途

> 滿腹經綸的知識，要是不知道在生活的處理上如何予以應用，則一點意義也沒有。

—— William Smith

殖民地上，出生率高，移民也眾，但還是地廣人稀。相對於歐洲國家而言，廣闊的土地，無窮的資源，工商業之發展，都無比神速。在新大陸的人民，比較勤奮，吃苦耐勞，因為人人皆是主人，人人為己而活。

> 只學習有用的知識，大部分並沒有大用。

—— Benjamin Franklin

## 第一節　英美的接軌

洛克在《教育論叢》(*Some Thoughts Concerning Education*) 中提出教育目的有四：Virtue, Wisdom, Breeding, Learning。

Virtue（品德）—— 信基督過善的生活

Wisdom（智慧）—— 善於處理事務

Breeding（教養）—— 為己著想，也為他人著想

Learning（學問）—— 藏書多，皆屬有用

其中 Learning 位居最後。Locke 顯然具有功利思想，他所安排的課程，尤見實用特色。兒童先不費力的學習讀書寫字，以母語為主，材料先是角帖書 (hornbook)，初級讀本 (primer)，詩篇 (psalter)，最後則為聖經 (Bible)。然後用口語說話方式來學拉丁文，及至少一科現代語，即法語，而非用傳統的文法教學方式。不注重古語及玄奧的哲學，而建議算術、幾何、天文、地理、編年史、解剖學、歷史學，以及「其他有關事務的知識，可以完全用感性來接受，而非用記憶」。他也建議一些較抽象的知識，如倫理學、法

律學、邏輯、修辭學、自然哲學作為學科。除了讀書之外，他還要求學生
應及早學舞蹈、音樂、防衛擊劍、騎馬、手工、種花植草、焊接、金工、
簿記學。最後，旅行的價值，包括有利於學習外語，增進謹慎小心的品德，
提升智慧，都有助益。「看過不少人與各種不同脾氣、習俗、生活方式的人
說話，發現各自有別，尤其與教區或鄰近教區的人會商，更能拓展視野。」
如此一來，可以敢於運用自己的理性來教導自己的小孩，而並非完全仰賴
老祖先的方式。

　　洛克的教育理念含有濃厚的文藝復興時代人文教育思想，Montaigne
及 Bacon 的想法，都深藏於其底下。反權威、反機械的記憶、反文字、反
冬烘先生式的知識，贊成因材施教，以鼓勵代替斥責，教育方法不可一成
不變。歷史科教學，要求學生了解時間的重要性；哲學科的研究，則重視
自然秩序，即由已知到未知，此種推理法則來自於「無可匹敵的牛頓先生」。
在牛頓的曠世名著《原理》(Principia) 裡，早已表明得極為清楚。洛克也明
白的表示，教師要求其徒讀書要按部就班，既有系統又有規律，教師本人
需品德端莊。但有一事不可忽略，學徒不可完全依賴教師教導，最後總該
自我研究。「沒有一個人在知識上或學科上所獲得的傑出成就，都是仰靠
師傅的陶冶及調教而來。」在此，他的《悟性行徑》(Of the Conduct of the
Understanding) 就可以補 Thoughts 的不足，學徒應該冒險的向知識新領域
進軍。

　　強調人類的「悟性」(Understanding)，洛克的著作 Conduct 就旨在訓練
悟性，依悟來行「行」，則效果大增。他循著 Bacon 的路子，譴責大學裡所
進行的傳統邏輯教學。其實，推理應先根據在一個簡易穩固及清晰不過的
基點上。知識之獲得，有害的一面應予以消除，如成見、情緒、快感、偏
見；有利的一面應予以加強，如客觀、觀察、分析、擇善固執。這也是步
培根後塵。迷戀古代及風雅現代，皆非辦法。「一種意見如果非經由古人說
出則不准說出，認為古人就是知識的巨人」，洛克對於此種說法深感悲痛。
「另外一種意見也同趨極端，凡是古人所留的皆予以蔑視，只一味看重現
代人的發明與發現，而把過去的基礎與發明全擺一旁，認為凡叫做老的，
必定是過時的廢物，真理也發霉而腐臭了。」

　　在 *Thoughts* 及 *Conduct* 兩書中，洛克皆認為人受天性所左右，但大部分卻是教育的影響，因此他費力的指出正確栽培及練習各種天生的官能及力量的方式，缺乏練習則能力萎縮，以後很難復甦。至於後天栽培及練習的方式，那純粹是經驗式的。既倡言經驗的中心價值，他極力反對以任何方式來剝奪個人的親自觀察。「眼見為憑」(Knowing is seeing)，「因此也不可用別人的眼（觀察）來代替自己的眼，有此說者，簡直是瘋了。」他確信凡是經過眼睛所見的，就不必花許多文字來告訴我們什麼為真。至於提到反省思考 (reflection) 的價值，他說超越出一大堆簡單事實之外，盡情的予以探究其意，也應知道新知識或新行動的真正原則，要建基於最簡單的事實上。「具體及特殊的事實，是建立自然知識與人文知識的基礎，此種基礎最為準確無疑。」

　　*Conduct* 與 *Thoughts* 一樣，全書充滿實用功利味道。讀書或學習都在為任何職業作準備，不管該職業是公職或教會職。讀書或學習只不過作為一般人素養的基本要件，養成彬彬有禮的紳士風範。因之，真理的檢驗效標就是實用，範例及榜樣最有用處。他遂不容情地與教父哲學、邏輯的耍技，以及讀死書式的學者切斷關係，因為這些人滿口的爭論，但卻判斷力奇差。知識的實用性，也不是要精於某一學科，甚至全部學科皆精通，而在於發現某種能力，當他在未來的生活上遇到必要而應藉助於知識時，該種能力就可以使他獲得該種知識。洛克與培根同，讀書學習乃為了「世界所有」，也是為了「世界所享」(of the world and for the world)。如此，人就可以在世界裡，越知悉生活，也越生活得豐富無比。

　　1704 年洛克去世，他的知識實用觀點也遍及英美兩地，殖民地人士也熟悉於他的 *Essay* 及 *Thoughts*，兩著作暢銷於美洲各地，書中內容成為書信往返及雜誌期刊的討論話題。他的 *Conduct* 也在 1714 年出版的「洛克全集」(Collected Works) 中出現。洛克遂與培根、牛頓並列，時人通稱三大學術界傑出人物，是「培根爵士、無可匹敵的牛頓先生、偉大的洛克先生」(Lord Bacon, the incomparable Mr. Newton, and the great Mr. Locke)，三人不只在智育上各領風騷，且也在品德的領域（宗教）上分佔鰲頭。

當時英國有三本風行的雜誌刊物，將 Bacon、Boyle、Newton、及 Locke，比美於古代的 Homer、Plato、Aristotle、及 Cicero。這三本刊物的名稱分別是：*The Tatler*，《旁觀者》(*The Spectator*)，及 *The Guardian*。

*The Tatler*，1709 年由 Richard Steele 主編，單張不摺疊，兩大欄，正反面皆印；一週發行三次，一份一頁。Steele 是 Dubline 人，牛津出身，以「人類所作所為，我們皆可豐收」(What mankind does is great for us) 作為雜誌座右銘；另取詩詞、國內外新聞、英勇故事、娛樂消遣等等，作為討論要項，結果讀者大為喜愛。看者越多，支持者越眾，連政壇名流如 Joseph Addison、Jonathan Swift、John Hughes、Eustace Budgell、及 William Congreve，都獻金贊成或樂與為文共襄盛舉。1711 年由 *Spectator* 接手，每期只討論單一主題，訂戶有五百之多，有時甚至取 Queen Anne 或英國男女名流作為批評對象；又涉及傳統及習俗之改善，風尚偏愛之檢討也不例外。本刊物變成咖啡屋及起居室大家議論紛紛的雜誌。1713 年又由 *Guardian* 續辦，但只辦到 1713 年 10 月 1 日即停刊，刊出 175 期。

一開始之時，創辦此類刊物者的用意，是道德的說教，也是一種自我意識的內省。比如說，*The Tatler* 第一期，就對政治人物給予「訓勉」(instructing)，期求他們要有為公服務的精神，「公而忘私」，為國犧牲。第三期企盼大家的禮儀應改革，不可褻瀆神明。最後一期把辦此雜誌的目的作一回顧，希望國人了解「生活中的主要情趣，是真實、無邪、榮譽、及品德」。

*The Spectator* 是取諷刺型，但也明言有用的知識以及可信賴的品味標準之價值，同時嘲笑那些荒謬、誇大、及虛矯言行。*The Guardian* 則大聲疾呼勤勉及謙恭之重要性，歌頌勇敢又聰明、善良又虔誠；公然反對魯莽、懶散、虛假、及懦弱。有人心地為惡，對神不敬，他們極感遺憾。

雜誌也提到教育，毫無疑義地認定讀書學習在生活事務上的重要角色，但對冬烘先生式的學習，卻不容情地予以抨擊。Addison 仿 Erasmus 口吻，說他很想把哲學從寺院祕室、圖書館、中小學校、及大學中遷出，讓哲學存在於俱樂部、公共聚會、茶坊、咖啡屋中。他與 Steele 一再強調實用知識可以保證使個人及社會團體皆能雙贏，經商是一種正當行業，他們鼓舞紳士們考慮做生意。讀書識字是一種有教養的標誌，至於教育機構，他們

支持洛克的說法，家長是家庭教育的負責人，學校教育太過專橫了，應予以排斥。其實，在咖啡屋中如果好好談談，也具教育價值。皇家學會 (Royal Society) 也扮演重要的教育角色，但他們深怕此一機構會變成賣弄科學的一群行家及新式冬烘先生的聚會所。科學巨匠如不走實用路線，則要予以拒絕。許多家庭裡，都存有此種期刊雜誌。

在殖民地上，為洛克的學習理論廣為宣傳的是 James Burgh 及 Isaac Watts。Burgh 於 1754 年出版《人性尊嚴》(*The Dignity of Human Nature*)，孩子從六歲到成年，設計一系列的學習計畫來完成教育，「現在絕非放任大家成為無知的時代，一個人如果認為他對人類還有一點貢獻，在談話中還能引人注意，就絕對要下定決心費力改善自己。目前我們發現，在店內、在帳房裡，就可以找到比以前在大學裡更為真正的知識。因為從前那一大堆知識都僅表現於非常繼妙精微的分辨功夫，勞苦的發表巨著提出大論文，為了一個字大家爭得面紅耳赤，堅持不相讓。知識的廣為流傳，普及於世，成為家喻戶曉，那是要拜 *Spectator*、*Tatler* 及 *Guardian* 的功勞。這三本雜誌刊出令人稱羨的短文，使得充滿知識的論題，經過文字流暢、才華洋溢的作者寫出，就一清二楚，免於如同教父哲學家的搬弄拉丁文及邏輯，搞得像垃圾一般，而是用大家熟悉的格調，普通人依一般經驗就能體會的方式，呈現在世人面前。」

人之所以有差別，知識的有無是一大關鍵。Burgh 更說，人人皆有道德義務來擴大知識範圍，並提升心靈的高貴性。為達此目的，就要精挑細選人品甚佳的教師來進行教學。教師應有好教養，通曉一切知識，不可有外務，一心一意只做教學工作，照顧年幼的下一代。「把有用的、能增光彩的知識，依學童的年齡、能力、未來的發展潛能，教給他們。尤其應該教的，是對今世生活有實用、對來世生活能幸福的那些知識。」Burgh 更以牛頓為唯一思想家，牛頓哲學是「知識的頂點與終極，是人類能力所能抵達的最高限」。

年輕人應運用理性作正當的推理，有兩本書非讀不可，一是洛克的 *Essay*，一是 Watts 的 *Logick*，後者可以使讀者如同割穗般的將學術論點收成在眼前，該書取材自 Aristotle、法哲學家 Jean Le Clerc，及洛克的 *Essay*。

Logick 廣為殖民地的大學及 Academies 所使用，充當教本，是邏輯的入門書，也是引入 Essay 的重要著作。Watts 另一本 The Improvement of the Mind 對洛克觀念的普傳，更居首功。該書於 1741 年首次出版，那是 Logick 的引申，目的在於運用理性於日常生活上。Logick 一書旨在使理性（知識）廣為人「知」，Improvement 一書則使理性（知識）廣為人「用」。Watts 費心力涉及多元的人生，一般男女都能運用理性來做判斷及領悟之用。邏輯教學旨在使用理性來獲得有用的知識，一切知識也因此皆可流通。他提出一系列的格言，學生如依該格言，保證可以在領悟力上大見改善，任何人皆管用。其中有五種格言位居第一，即觀察 (observation)、閱讀 (reading)、授課 (lectures)、談話 (conversation)、及系統的研究 (systematic study)；每一項都有基本原則，不可違背。比如說在觀察時，不可匆匆的據少數資料就遽下結論。閱讀的原則是：不應僅知悉作者的觀點，卻應予以批判及讚美評價。至於「授課」，Watts 的意思是口頭教學，以免「冒失的年輕學徒」(pert young disciples) 自以為比師父還聰明，而沾沾自喜。在「談話」一項上，他要求避免引發激動，甚至激動到血脈賁張地步。最後「研究」一項，他看中的是沈思，但要避免沈迷於單一學科，或一科一下子全部讀完，或同時學太多不同科目，而應有空檔作休息時間。除此之外，另有專章討論注意力的集中、記憶力的增強、各學科的性質、以及各學科在各種專業上的利用。

　　Improvement 的第二部分是 Watts 晚年所寫，但卻在他死後才出版 (1751)。提出知識的實用性轉移到其他領域的原則，「要是把知識保存並隱藏起來，則除本人獲利之外，一無是處。即令本人藏有該知識，但若不把該知識獻給他本人或獻給世界，藉由交流轉移而普及於他人，則該知識也極為貧乏及狹窄」。因之講道及教學最有必要。教導之技巧（簡易、清楚、明晰），偏見的模式及克服偏見的方法，教壇播福音（智比知更重要），以及為大眾寫書的原則，他都一一提及。

　　Watts 的兩書（Logick 及 Improvement）與洛克的兩書（Essay 及 Conduct of the Understanding）是殖民人士最喜愛的四本與教育有關的著作。Watts 另有一書，也出版在他去世之後 (1753)，書名為《論兒童及年輕人的教育》

(*Discourse on the Education of Children and Youth*)，再度強調年輕人及兒童為此世或來生，都應學習與他們職位及身分有關的必要知識及有用知識。包括：

　　⑴宗教上的正確訓練。

　　⑵理解力、記憶力、判斷力、理性力、良心的系統培育。

　　⑶讀寫拼音的基本訓練。

　　⑷人類行為及自律的培育。

　　⑸謀求正當職業及工作。

　　⑹增加生活光輝的學科，如歷史、詩詞、繪畫等。

這六項，家長必須認真關照。在自由與權威、放任與節制，二者之間應走「中道」(middle way)，那是洛克的口吻。功利的語氣，不慍不火，此種格調自然適合於殖民地人士的口味。他們希望經由此一途徑來提供子女最佳的教育，在新社會中一展長才，也因此來建設一嶄新社會。

# 第二節　自學成功的典範

　　Benjamin Franklin 在他的《自傳》(*Autobiography*) 中，有一段做了一個回憶：「這個時候，我看到一本怪雜誌，名為 The Spectator，這是第 3 期，以前從未見過。我買了下來，讀了一遍又一遍，很喜歡，我認為寫得真好，也很想若有可能，應該模仿模仿。既有此想法，我把紙拿出來，把每個句子中我有的短短感觸寫下；寫了幾天，然後就擬把短句寫成完整的段落，寫長一點，把意思說完整，並使用手頭上恰當的文字來完成此項工作。」Franklin 當時約為 14 或 15 歲，作哥哥 James 的學徒，哥哥是 *The New-England Courant* 的出版商。Franklin 的努力立即有了表現，1722 年 4 月 2 日，*Courant* 上有個無名氏投稿，筆名 Silence Dogood（默默行善者），挖苦的敘述有關政治、宗教、儀態、教育等，並且在哥哥因為太直率批評權貴而被短暫囚禁時，把攻擊對象指向印刷自由上。不過小至了解 Franklin，大至領會十八世紀的美國，Franklin 的該種努力，表明了一種時代趨勢，Franklin 本人就是最佳的通例，他是自我調教、自學成功的典範。美國之形成，也

是自我塑造的。

　　Franklin 的自傳，人人皆知，因為他的自傳寫得很引人入勝。生於 1706 年的 Boston，家世信新教，父親經商，是家中幼子，其兄長皆當過學徒。但 Ben（Benjamin 的暱稱）似乎比較會唸書，被他的父親認為是「絕無僅有唯一可以為教會服務者，猶如十中才有一個的稀少」。8 歲入學於 Latin 學校，上過 George Brownell 的課，這位教師以精於教寫字及算術聞名。不過兩年之後，父親認為還是當學徒為佳，先在自己經營的製蠟燭工廠做事，後在其叔 Samuel 的製刀工廠及其兄 James 的印刷工廠簽約當黑手，他學會印刷。1723 年解約，流浪到費城一段時間，甚至到倫敦，還在那開印刷廠兩年，又回費城。1728 年終於在費城與 Hugh Meredith 開印刷工廠，共同買下《賓州公報》(The Pennsylvania Gazette)，經營甚為成功。但同夥的 Hugh Meredith 酗酒成性且又好賭，迫使他不得不獨資辦理。1730 年，年僅 24 歲的 Ben 已擁有 Gazette 及印刷工廠，並且他的名字變成家喻戶曉、童叟皆知。殖民地人士知他的大名，連歐洲人也不例外。

　　經商賺了大錢，他漸漸對公共事務及政治發生興趣。做過地方會議代表，也是殖民地代表 —— Georgia、New Jersey、Massachusetts 派駐倫敦的代表。獨立革命成功後，變成新共和國駐倫敦及巴黎代表，及制定美國憲法代表，與歐美重要哲人及科學家保持學術聯繫並通信。1790 年去世，是舉世公認的偉人之一，為全美及全球的人所敬愛。

　　Franklin 的自我教育對他影響很深，也影響下一代不淺。據他的自傳所述，他的一生即是一系列的計畫、實驗、與觀察，該自傳本身就是一本教育作品，也可以說，他在敘說一串的教育問題，是一本行為手冊。他提及四本書給他的印象最難磨滅，即 John Bunyan 的 The Pilgrim's Progress，Cotton Mather 的 Bonifacius，The Spectator，及 Daniel Defoe 的《論設計》(An Essay upon Projects, 1697) —— Defoe 提出各種不同的社會及經濟振興方案。Franklin（用 Dogood 作筆名）的閱讀甚為廣泛，手不釋卷，且終生學習。Thomas Tryon 的《健康、長生、及幸福之路》(The Way to Health, Longlife and Happiness, 1683) 使他偏愛素食；讀到洛克的 Essay，又產生對經驗知識的喜好，年紀輕輕就擬作一個「道德的完美」(moral perfection) 人，

舉出十三種「主德」(從節制到謙恭)，安排就緒，每週都有重點，盡力去履行，十三週作一圈，然後再從頭來，一年四圈。此種耕耘，使他刊行《窮漢理查的年曆》(*Poor Richard's Almanack*)。發明賓州壁爐，設立費城的academy，實現了電的實驗，這一切皆由他的「自我教育」(self-instruction) 來完成。知識從經驗來，經驗可以是史無前例，也未可料知。這位蠟燭商之子，上學不超過兩年，卻是學問淵博，在政治及學術上極為傑出。

自我教育也包括他的其餘人生活動。1727 年，他組成一個「繪仙會」(junto)，是個「相互改善的俱樂部」(club for mutual improvement)。此靈感可能來自 Mather 在 *Bonifacius* 一書中提到的「睦鄰會」(neighborhood association)，也可能因讀了洛克計畫在英組成一個相互激勵的學會而產生。junto 共存在 40 年，對 Franklin 的教育大有助益。與 Mather 一樣，他也與名流學者通信，請教各種問題，以解心中之惑；與 Anthony Benezet 討論奴隸制度，向 Noah Webster 請教「正字法」(orthography)，跟 Peter Collinson 研究電學，與姊姊 Jane Mecom 探討人的性格類型，也向 David Hume 挖掘英國語言之學問。制憲制度的知識來自 the Due de la Rochefoucauld d' Enville，印刷技巧來自 William Strahan。1731 年成立費城圖書公司 (Library Company of Philadelphia)，代表互助教育的向外擴充，也是繪仙會擬增加他人教育機會的表示。每三月一次聚會，各會員提出「探討知識真理的問題」，如「為公共安全及寧靜，私人並無犯罪卻也因此而死，此是公正之舉嗎？」「當政府企圖剝奪選民權利，則臣民若有能力予以抗拒，這是正當的嗎？」「夏天之際，大酒杯內有冰水，杯外卻出現水露，這是何因？」1743 年，他的《增進英屬美洲殖民者實用知識之草案》(*Proposal for Promoting Useful Knowledge Among the British Plantations in America*, 1743)，導致日後成立了美國哲學學會 (American Philosophical Society)，仿英國的「皇家學會」(Royal Society)，Franklin 擔任會長到 1790 年去世 (繼任者是 Thomas Jefferson)。目的在使繪仙會變為更具正式也更具聲望的組織。

他自己的經驗，是自我教育就可以成功。他也希望別人能夠如此，榜樣取自 *Poor Richard's Almanack*，1732 年 12 月創刊，Franklin 經營 25 年之久，「我盡力辦得既有娛樂性又具功用性」。日後回憶到此刊物時說：「由於

需求量多，我也收穫不少，年出售近萬本，讀者太多，本地區鄰近很少沒有該書的。我認為本書是普及有用知識給一般人的最佳管道。他們很少買其他書，日曆上重要日子，我就在日曆紙上找個空白處寫上一些格言或座右銘，鼓舞大家勤勉節儉，那是致富也是操守的良方。」「貧賤使人不易誠實，猶如空袋難以直立一般。」(It being more difficult for a man in want to act always honestly, as it is hard for an empty sack to stand upright.)

「格言文字」(proverbial sentences) 就是日後十八世紀在美國風行的《箴言》(Adagia)，有人強調「謹慎」(prudence)，有人重視「智慧」(wisdom)。Franklin 的格言，文字簡潔有力，又有押韻，是神來之筆，意義又豐富，讀者琅琅上口，久久不能忘懷。如：

> The doors of wisdom are never shut. （智慧之門永不關閉。）

> Most of the learning in use is of no great use.（大部分正在用的知識，並沒有大用。）

> Experience keeps a dear school, yet fools will learn in no others. （經驗教學可以使學校變得可愛，只是蠢蛋卻不屑於向經驗學習。）

有此種論調者，無可避免的將會與當時的學校教育措施相衝突。Franklin 早年就如此了，1722 年默默行善者 (Silence Dogood) 報告，Dogood 太太夢到一座廟，入口處有兩名守衛站崗，一名為「富」，一名為「窮」。只有「富」這位守衛所甲意者方可入內，入內後有個莊嚴又有氣派的王座，寫著「學問」(Learning)，週邊還環以各種語言所寫的書，右手邊坐著「英文」(English)，面露微笑，穿著也標緻秀麗；左手邊坐著拉丁、希臘、希伯來 (Latin, Greek, Hebrew)，性格內向，臉上蓋有面紗。所有入廟者皆擬升上該王座，但都無功而返，只好自我滿足的坐在腳下，與「懶惰夫人」(Madam Idleness) 及婢女「無知」(Ignorance) 為伍。一覺醒來，Dogood 太太原來所作的那一個夢，夢的是 Harvard College。

數年之後，Franklin 在費城立足有成，提出《賓州年輕人教育草案》(Proposals Relating to the Education of Youth in Pennsylvania)，此文獻早在 1743 年便草就完成，但在 1749 年才正式出版。該草案之主要目的，在「尋求接

受良好英文教育的方法」。他擬了一個學校計畫，要求學生住宿，教師應有好學問，精通語文及科學，尤其英文。課程方面，希望學生能夠學習「任何有用、任何可以增光彩的一切學科，以便將來從事職業之用」。此種敘述，現在已成典範。他又詳列細目，所有學生必須寫一手好字，學會繪畫、算術、計數、幾何、及英文，從 Tilloson, Addison, Pope, Sidney, Trenchard, 及 Gordon 處學文法；會寫論說文及書信。教以修辭、歷史、地理、倫理學、自然史及農藝、商業史及機械原理。教學方式應該包括到鄉村訪問農莊，作自然觀察，以科學儀器來進行實驗，及體育活動等。所有一切都在培養一顆仁慈善良的心，Franklin 認為這是好教養的基礎，並能提升服務情懷，那是「重大目的也是學問的歸趨」。

其後，Franklin 費力把該《草案》(Proposals) 改編為《英語學校的理念》(Idea of the English School)，1751 年出版，課程延為六年，即六個年級。把 Proposals 中的科目通通包括入內，特別指出 logic 應取 Johnson 的 Noetica，倫理學應選 Johnson 的 Ethics Elementa 為教本，這兩本書，Franklin 也在不久之後予以出版。教學目的並不在於培養專業學者、詩人，或科學家，而是造就能處理日常事務的公民。「如此的教學，年輕人離校後就能學會任何行業，從事任何工作，尤其是各行業所需要的語文」；並夠資格在「履行公民職責時稱職如意，對自己及社會兩皆得利」。

此種構想對當時尤其對美洲而言，皆極為新穎，但這並非 Franklin 的原始創見。在 Proposals，他自承其理念來自 Milton 的《論教育》(Of Education, 1644)，Locke 的 Some Thoughts Concerning Education，David Fordyce（Aberdeen 大學教授）的《教育對話》(Dialogues Concerning Education, 1745)，Obadiah Walker（私人教師）的《年青人的教育》(Of Education, Especially of Young Gentleman, 1673)，Charles Rollin（法國學校校長）的《文學教學法》(De la Maniere d' Enseigner et d' Etudier les belles-letters, The Method of Teaching and Studying in the Belles-Letter, 1726～1728)，以及 George Turnbull（安立甘派牧師）的《細察全部文雅教育》(Observations upon Liberal Education in All Its Branches, 1742)。這六本書中，洛克的書給他的影響最大。不過在公民教育上，取材於 Milton；歷史及科學之教育，則向

Rollin 學習。此外，他與眾多學者通信，他們的想法也融入 Franklin 的 *Proposals* 中。

當然，*Proposals* 中仍有 Franklin 的獨到心得。他審視殖民地特殊狀況，加上那些「巨人」的先見，他的計畫由 Poor Richard（他的筆名）所提出，仍可看出 Franklin 的高瞻遠矚。有人批評該課程是狹窄的職業化、粗糙的唯物主義性，甚至有反智色彩；但事實上，這一切皆非事實，只能說該計畫是反學究性的。他希望把教育變成眾人化，對個人及對全體皆有幫助，絕對不把科學束諸高閣，享受虛假的莊嚴。哲學不能親近人群，極為不該；所有學科都應與人人發生友愛關係，且為人群服務，而不是放在王宮或廟宇供少數人頂禮膜拜，使一般人望之卻步。其實科學及哲學，人人皆有能力予以了解及領會，且將科學及哲學訴諸人生之大用。

## 第三節　Smith 及 Morgan

1750's 及 1760's 年代，費城變成教育論戰及革新的重鎮，不僅是因為 Franklin 提出各色各樣的教育計畫也進行教育活動使然，也因由歐洲陸續湧進不少思想家來該地所致。傳統精英式的古典教育，正面臨新式民主型態職業教育的挑戰，彼此的衝突也很激烈。費城作為雙方的實驗場，提供一個廣泛的機會，來印證雙方的理論及擬議。不止 Milton、Locke、Watts 這些英格蘭人，且歐陸的 Rousseau、Rollin、Fénelon，以及來自蘇格蘭的 William Robertson、Lord Kames、William Cullen、及 Adam Smith 等人，都支配了費城的教育措施，且蘇格蘭的啟蒙運動 (Scottish Enlightenment) 給殖民地教育的影響，更是不可小覷，其中兩位蘇格蘭教育家的書更是非同小可。

一、William Smith (1727～？) 生於 Aberdeen，家道小康，屬小地主，畢業於 Aberdeen 大學的 King's College，曾在倫敦作過事，1751 年移民到紐約當家教，出版一本小冊子，名為 *A General Idea of the College of Mirania* (1753)，立即受到紐約及費城市民的注意，其中包括 Franklin。1753 年 4 月 19 日，Franklin 寫信給他：「我收到了你討論教育的一篇文章，仔細研

讀，你的意見我很有同感……你若方便，在返歐之前來一趟費城，我將極為高興在費城與你見面並同你談談。你定居於英格蘭時，我也想與你通信。認識有學問的人及有公共精神者且與之通信，是我一生中最大的享受之一。」

Mirania 是新世界中的一塊地方，是十七世紀英國人最早殖民之地。到了 1740's 年代，居民已變成強有力且該地繁榮茂盛，面積遼闊，生產各種必需品以及生活奢侈品，延續此種佳境，有必要設計並執行一些計畫，來培育一群精明幹練、品德端莊、及勤奮的公民，且對日趨奢華之生活予以節制。年輕人應及早分辨真假，研究的對象應與家庭生活及工作緊密有關。因此應該興建一講習所，學科分成兩類，一是學術專業類（神、法、醫、農學）及公職，一是機械專業類，如貿易等。頭三年兩類皆接受同樣學科之學習，消除偏見，鼓勵「不可分離的友誼及聯繫」。然後分別接受兩種不同的課程，貿易類的學生入六年制的機械學校，形同費城新設的英文學校；學術類則入五年制的拉丁學校，其中四年念拉丁，少許時間學英文及寫作，第五年分為拉丁及希臘文班，然後又接受四年的大學課程：

第一年：數學教授負責教代數、幾何、天文、編年史 (Chronology)、航海、邏輯、形上學、實際測量（時間及天候允許時）。

第二年：哲學教授負責教導倫理學（依 Plato、Locke、及 Hutcheson 理論），物理學，自然史，機械及實驗哲學。

第三年：修辭及詩詞教授負責教導雄辯術，品味鑑賞及評析之典範（依 Cicero、Quintilian、Demosthenes、及 Aristotle 的著作。）

第四年：校長本人負責教導農業及歷史，前者包括衛生、化學、解剖；後者包括倫理學及政治學。

上述課程，非旨在培養詩人、雄辯家、及科學家，卻要求是個處理生活事務以理為依歸的大學生。擁有「滿腹經綸的知識，要是不知道在生活的處理上如何予以應用，則一點意義也沒有」。大學生應精於寫作、說話、行動、及生活。簡言之，他們住在 Mirania 成為負責的公民，愛鄉土又操守良好。

Smith 的 *Mirania* 是把十八世紀的教育改裝，將原本的虔誠、禮儀、及學問，予以正式化及學校教育化。不過新成立的 King's College，首任校長是 Sumuel Johnson，而非 Smith；並且 Smith 有機會來實現他的教育理想，然而地點並非紐約，而是費城。該教育設計與 Franklin 的 Academy 關係密切。承擔該工作始自 1754 年，與 Francis Alison 共事，發展成一所高等學府，把 academy 轉型為 College of Philadelphia，也成為首任校長。在 1756 年 8 月 12 日的《賓州公報》(*The Pennsylvania Gazette*) 公佈課程，展現了 Smith 原先的構思。基底是聖經經文及古典，然後是廣泛的現代科目，如培根的 *Essay* (1597, 1612, 1625)，Hutcheson 的《道德哲學體系》(*A System of Moral Philosophy*, 1755)，Watts 的 *Logick* (1725, 1741, 1751)，《本體論概要》(*Brief Scheme of Ontology*, 1723)，Locke 的 *Essay* 及《政府雙論》(*Two Treatises of Government*, 1690)，Newton 的《原理》(*Principia*)，Pufendorf 的《自然法及國家法》(*De jure naturae et gentium*, *On the Law of Nature and Nations*, 1672)，及 Sidney 的《政府論》(*Discourse Concerning Government*, 1698)。

1753 年 Smith 母校的 Marischal College, Aberdeen 也因蘇格蘭的唯實論 (realism) 而進行課程改革，從具體到抽象，從特殊到一般，從個別到普遍，變成他畢業的 King's College, Aberdeen 教育的主幹。Smith 讀過 Franklin 的 *Proposals*，不過 Smith 仍有他的創見。他目睹中部殖民地區的分殊性，教育責任就應把重點放在「公共教育」上。此種見解，比 Horace Mann 其後的努力與看法，早了一百年。

Smith 本人並非是個能力超強的教師，學術造詣也平平。時人描述他是個「傲慢 (haughty)」、「主觀意識強 (self-opinionated)」、「半調子學問 (half-learned character)」的人，晚年又熱衷於政治及法律的紛爭。不過，博學多聞如 Thomas More 者，在他出版 *Utopia* 的世紀裡，又有多少人認得出他的才華呢？

William Smith 在 College of Philadelphia 擬議的課程 (1756)

| 年級 | 學期 | 講課 I | 講課 II | 講課 III | 私下時間 |
|---|---|---|---|---|---|
| | 第一學期 | 拉丁及英文練習 | 算數、小數、代數 | Homer, *Iliad*, Juvenal | *The Spectator, The Rambler* 月刊雜誌, 作為改善知識及生活之用。 |
| | 第二學期 | | 繁分數、開方根、方程式, Euclid, *Elements*, 使用 Edmund Stone 教本 (I-VI) | Pinder, Cicero, Livy | Isaac Barrow, *Geometrical Lectures.* Ignace Gaston Pardies, *Short, but Yet Plain Elements of Geometry and Plain Trigonometry.* Colin Maclaurin, *A Treatise of Algebra.* John Ward, *The Young Mathematicians Guide.* John Keill, *The Elements of Plain and Superficial Trigonometry.* |
| 一年級 | 第三學期 | 邏輯、形上學, William Duncan, *The Elements of Logick.* Jean Le Clere, *Logick.* 或 Jean Pierre de Crousaz, *A New Treatise of the Art of Thinking.* (全年) 不定期作辯論 | Euclid, *Elements*, (教本同上, VI-X) 對數, Henry Wilson, *Trigonometry Improved.* Henry Sherwin, ed., *Mathematical Tables.* | Thucydides, or Euripides Dionysius Periegetes, *Geography* (E. Wells 譯) 全年不定期演說 | Isaac Watts, *Logick, Philosophical Essays on Various Subjects*, 及 *Brief Scheme of Ontology.* Locke, *An Essay Concerning Human Understanding.* Francis Hutcheson, *Metaphysical Synopsis.* Bernardus Varenius, *A Complete System of General Geography.* (由 Peter Shaw 校對) William King, *An Essay on the Origin of Evil.* (E. Law 評註) |

| 年級 | 學期 | 課程 | 古典 | 教科書 |
|---|---|---|---|---|
| 二年級 | 第一學期 | 邏輯、複習、航海、日晷義；平面及球面三角學 | 修辭, the Preceptor (Robert) Longinus. | Gerhart Johnunes Vossius, *Elements rhetorica*. Roné Le Bossu, *Traité du Poéme 'Epique*. Dominique Bouhours, *The Art of Criticism*. John Dryden, *Select Essay on the Belles Letters*. Joseph Spence, *An Essay on Pope's Odyssey*. Joseph Trapp, *Lectures on Poetry*. Dionysius of Halicarnassus, *De structura ationis liber*. |
| | 第二學期 | 二次曲線, 微分；Euclid, *Elements*, (教本同上, XI–XII), 建築, 礮壘學；David Fordyce, *The Elements of Moral Philosophy*. (作為其後修倫理 *Philosophy*.)；John Rowning, *A Compendious System of Natural Philosophy*. | Horace, *Art of Poetry*. Aristotle, *Art of Poetry*. Quintillion；Cicero, *Pro Milone*. Demosthenes, *Pro Ctesiphon*. | Demetrius Phalereus, *De elocutione sive dictione rhetorica*. Famianus Strada, *Prolusiones academicae oratoriae, historicae, poeticae, etc*. Archibald Gregory, *A Treatise of Practical Geometry*. Charles Bisset, *The Theory and Construction of Fortification*. Thomas Simpson, *Elements of Plane Geometry*. Colin Maclaurin, *A Treatise on Fluxions*. (微分) William Emerson, *The Doctrine of Fluxions*. |

| | | | | |
|---|---|---|---|---|
| 三年級 | 第一學期 | Francis Hutcheson, A Srort Introduction to Moral Philosophy. Jean Jacques Burlamaqui, The Principles of Natural | John Rowning, A Compendious System of Moral Philosophy. (光、色) Optics. John Keill, An Introduction to the True Astronomics. | Epictetus, Enchiridion. Cicero, De officiis, Tusculanae quaestiones. Xenophon, Memorabillia. Denys Petan, Rationarium temporum. | Samuel von Pufendorf, Law of Nature and Nations (Jean Barbeyrac 評註) Richard Cumberland, A Treatise of the Law of Nature. John Selden, Of the Judicature in Parliaments. |
| | 第三學期 | 學之用）不定期辯論 | (The Properties of Bodies. The Mechanic Powers. Hydrostatics and Pneumatics.) (流體力學及氣壓學) 不定期演説 | (注重說話流暢) | (Isaac Ware 譯) Richard Helsham, A Course of Lectures in Natural Philosophy. Willem Jakob Gravesande, Mathematical Elements of Natural Philosophy. Roger Cotes, Hydrostatical and Pneumatical Lectures. Desaguliers, J. T. Pieter van Musschenbroek, Elementa Physicae. John Keill, An Introduction to Natural Philosophy. Benjamin Martin, Philosophia Britannica. Isaac Newton, The Mathematical Principles of Natural Philosophy. Colin Maclaurin, An Account of Sir Isaac Newton's Philosophical Discourses. Jacques Rohault, Natural Philosophy. (S. Clarke 評註) |

| 學期 | 科目 | 補充科目 | 指定讀物 |
|---|---|---|---|
| | Law. 民事史 | my. | Montesquieu, *Spirit of the Law.* Algernon Sidney, *Discourse Concerning Government.* James Harrington. Seneca. Francis Hutcheson, *A System of Moral Philosophy.* John Locke, *Two Treatises of Government.* |
| 第二學期 | 法律及政府概論，貿易商業概論 | 蔬菜史，動物史 | Plato, *Laws.* Hugo Grotius, *De jure belliac pacis.* Richard Hooker, *Of the Lows of Ecclesiastical Politie.* Joseph Justus Scaligeo, *Opus novum de emendatione temporum.* Robert Dodsley, *The Precepter.* Jean Le Clerc, *Compendium historiae universalis.* |
| 第三學期 | 準備考 B.A. | Hermann Boerhaave, *A New Method of Chemistry.* (Peter Shaw 評註)，化石史，農業史，學法文　道德及物理方面的作文及演說。哲學 | David Gregory, *The Elements of Astronomy.* John Fortescue, *A Learned Commendation of the Politique Lawes of Englande.* Nathaniel Bacon, *An Historical and Political Discourse of the Laws of Government of England.* F. Bacon, *Works.* J. Locke, *Several Papers Relating to Money, Interest and Trade.* |

Charles Davenant, *Discourse on the Publick Revenues, and on the Trade of England.*

Joshua Gee, *The Trade and Navigation of Great-Britain Considered.*

John Ray, *The Wisdom of God Manifested in the Works of Creation.*

William Derham, *Physico-Theology.*

N. A. Pluche, *Spectacle de la Nature.*

Guillaume Rondelet, *Libride piseibus marinis.*

Bernard Nieuwentijt, *The Religious Philosopher.*

Holy Bible.

天天念聖經

二、John Morgan (1735～？) 是 Smith 的學生，也是 College of Philadel-phia 的第一屆畢業生。其實他早在 10 或 11 歲時，即在 Maryland 的 Notting-ham 上過 Samuel Finley 的 Academy，先學英文，後學古典、數學、及自然科學。年屆 15 歲 (1750) 為學徒，接受 Dr. John Redman 之指導，在倫敦及愛丁堡習醫，從 Leiden（荷蘭）大學獲得博士學位，論文是寫有關 pus（膿）的實驗。該大學有位名教授兼名醫，是荷蘭的 Hermann Boerhaave，精於生物學及化學，所以 Morgan 在該校吸取了最好的英歐兩地的醫學教育。

在愛丁堡，他與由美來此的學生交談，乃下定決心要為美建立一所第一流的醫學教育機構。他的同學兼朋友也是費城人 William Shippen, Jr. 於 1762 年返鄉，立即開課講授解剖學，很想在費城設立一所獨立的醫校。Morgan 被推為皇家學會 (Royal Society)，倫敦醫生皇家學院 (Royal College of Physicians of London)，愛丁堡醫生皇家學會 (Royal Society of Physicians of Edinburgh) 會員，1765 年返費城。他擬議的醫校是附屬在 College of Physicians 之下，立即被選為該大學的教授，主教醫學理論與實際。四週後，即五月底的畢業典禮，他發表了〈論美國設立醫學院〉(Discourse upon the Institution of Medical Schools in America)，是他享受最大勝利的時辰。

Morgan 的 Discourse 中有兩大主幹。第一，診斷殖民地的醫學困境；第二，提出藥方予以治療。首先他發現醫學人員欠缺專業訓練，在藝徒制度之下，藝徒訓練藝徒，訓練者本身可能就是資格及條件不夠者，結果以訛傳訛。醫生既要動刀，也要弄藥方，醫、藥不分。補救之道有二：第一，內科、外科應予分開。內科屬 Physic（藥），外科是 Surgery（醫），而藥學也應獨立。第二，醫學人員之教育，應紮根於文雅教育；研究藝術、科學、語文、以及系統的醫學專業訓練，包括解剖、生物學、化學、物理學（生理學及病理學），且需實習。如此才能理論與實際相互搭配，且從客觀具體的資料，演進到抽象的真理，醫學之進步才可望達成。

Discourse 可以說是殖民地醫學教育的大憲章。雖然他主張內科、外科、及藥學應三分，在當時並不實際，不過他的醫學教育看法立即受到重視，費城及紐約都受影響。一件更具意義之事，他的 *Discourse* 之論點，並不只局限在醫學教育而已。在當時，大學分科並不如其後那麼細，但分科設系

卻是其後大學教育的必然走向，蘇格蘭大學在這方面是先驅，而十八世紀的美洲殖民地之科學，已在費城及紐約兩地分由 William Smith 及 John Morgan 的領導之下，漸漸脫離業餘色彩，而兩地之大學也分設醫學院來專研各種科學。美國獨立戰爭之前，科學研究之成績，大半是醫學院教授的功勞。

# 第六章　風範禮儀的自由化

如果單只信賴統治人民的統治者，則社會將敗壞沈淪。倒是人民
自己才是最安全的受託人。為了使他們更為安全，他們的心靈改造就
應該到達某種程度，這雖然不是最重要的，但卻是最基本的。憲法的
修正案一定要有助於公共教育的舉辦。

—— Thomas Jefferson

## 第一節　理性與自由的奠基

洛克 (John Locke) 的政治理論中，一再的強調政府組織理性化角色的
重要性。任何政府要是有權要求人民必須服從，但卻沒有經過人民基於自
由意志之同意，則人民簡直就是「處在戰爭武力之下的直接奴隸」(direct
slaves under the force of war)。不過，除非提供給人民的觀念或文字是具有
廣博性及選擇性，否則都將了無意義。洛克在他的《政府雙論》(*Two Treatises
of Government*, 1690) 一書中正好在處理此一問題。該書是討論上一代為下
一代負教育責任的最重要著作，他說：「Adam 生下來之時是個完人，他的
身心都擁有理性及力量，因此自他有生命的一刻開始，他就能自我維生，
自我保存；依據理性規則的指令，來駕馭自己的行動，因為理性早由上帝
植栽於他心中。」不過洛克接著說，Adam 的後裔，當降生而為嬰孩之時，
既無知識也無悟性，因此顯然沒有能力管制自己的行動，他也不是自由身。
父母就有責任了，家長應準備子女迎向自由。首先在孩子不能運作理性時，
家長要以身作則的來運作理性，但更為重要的是要用理性來教育他們，一
旦孩子到了不需家長而擁有理性的年齡時,他們同樣也是擁有權力的時辰，
此種權力不管是明是暗，公開的或私底下的，他們有權同意政府的措施。
要是他們寧願過自然狀態的生活，與同伴為伍，則他們也有權不同意政府
的措施。換句話說，人們有了理性，就有了自由；根據自己的意志，人的

自由或行動的自由，皆植基於理性，依理性來教導他自己，制定法律來管制他自己，也自己了解他離開自由意志有多遠；在他依理性作導向之前，如任由他去，自由毫無限制，這並不是他的天性所應享的特權，也不應准許他擁有此種特權。也就是說，他不能以為這就是自由了；卻是幫他推入禽獸群中，把他放棄了，使他停留在悲慘可惡的狀態裡，那是不配稱為人的，而形同豬狗了。洛克也同時指出，官員有權對待人民，猶如父母有權對待子女，主人有權對待僕役，地主有權對待奴隸一般；但二者之權力運作是有區別的。

洛克在這種政治論點上隱含了一項教育問題，但他卻未曾將它弄得很清楚。該問題是：就一般人而言，人們可以接受教育而步上理性化的程度有多深。一方面，洛克的一向主張是他把教育分成兩種層面，其中一層面是職業教育，另一層面是文雅教育，這也是教育史上的老話重提；前者的對象是平民，他們可以在「工作學校」(working schools) 中受職業訓練而得利，加上基督教原則及初等數學，就是教育的全部了；後者是少數有閒階級的教育，在職業訓練及宗教陶冶之上，補以悟性的培育。這種區分，在他的 *Essay* 中早就提出過。大多數人對於理性初步原則，竟然顯現出「無可克服的無知」，他極感失望；他也用極為明顯的 Averroist 口吻，在他的《基督教的合理化》(*The Reasonableness of Christianity*)，說出最大多數的人是不知「知」，只能「信」；並且在他的《悟性行徑》(*Of the Conduct of the Understanding*) 中也說，一般所言之知識及科學，是「只有清閒及生活安適者」的本分工作，他人不能問津。

另一方面，洛克也有一項堅持，他相信上帝賦予人類潛能，所以上述的二者分野可以縮短。在 *Essay* 中，他說：「上帝提供給人各種官能，若這些官能又認真的予以運用，當人們在進行職業工作時，能被允許有休閒時間，就足以引導人們走該走的路。」在 *Conduct* 一書中也言：「有許多事例證明，極低賤的人，在宗教感及悟性上有極佳的心靈條件。」因此可以樂觀的說，有更多的人會成為「理性的動物及基督徒」。萬能的主在創造萬物時，人的心性與其他被創造物沒有兩樣，但教育的結果，差別就出來了，悟性上的內容及特性大為不同。解析到最後所得的結論是，人仍然是生來「即

保存著他們是個理性的被創造物」。在《教育論叢》(*Some Thoughts Concerning Education*) 中更清楚的說：「我們所遇到的人群中，不管他們是誰，好或壞，有用或無用，十分之九乃由教育所造成。」他向 Edward Clarke 建議，紳士教育的正確方式一旦設了起來，紳士的所作所為「可以使所有的他人井然有序」。

此處所提的雙面價值或曖昧處，當然與洛克的政治理論不無關係，洛克在較廣泛的政治學說上也有此項搖擺不確定性存在。但他的著作，使得英國精英分子所形成的 Whiggism（自由主義）獲得助力；同時，在美洲更為革命性分子所組成的 Whiggism 也得到了更大的鼓舞。潛能上如果終於能夠使人變成真正的理性動物，則這種人非但在社會上形成一股勢力，他們也可以行使純正的同意權，是否同意某種政府之統治；同時也積極的採取行動，來負責組成政府。這群人決定在他們參與政府運作時，可以將他們的偏愛或真理超越在眾人之上，這群人是洛克所認為的政治上的精髓，不能隨凡俗之見而起舞。因之政治之格調較往昔為高，先知先覺之見領導了後知後覺及不知不覺者。洛克在十八世紀英國盛行慈善學校運動時，被目為精神導師，他也與 Franklin 或 Jefferson 站在同陣線上，幫助教育的普及化及平等化。每一位後繼者皆取洛克學說的一部分，作為理論及行為的根據。美洲人比較喜愛的是取樂觀功利的立場，希望眾人參與公共事務，他們用雙手勞動，他們也找時間來思考基本的自然法則，人人皆依自然法則來行事，自然法則又到處可見。洛克的著作當中，美洲人較熟悉的是 *Essay* 及 *Thoughts* 兩本，而非 *Two Treatises*。

洛克的著作可以說是英美兩地的思想主軸，該思想主軸也是基於長遠的歐洲傳統。1640's 及 1650's 年代，環繞在 Samuel Hartlib 四周的一群人，他們的作品更可看出洛克思想與大英國協 (Commonwealth) 時代 (1649～1660) 有關。文藝復興時代的 John Milton 不拘泥於教條之放任主義 (latitudinarianism)，由後來的洛克所追隨。不過，Milton 比較傾向人文色彩，洛克則較具功利實用性；前者主張一種完美的通識教育，培養人們「作事公正，技巧高明，且慷慨大方，公私兩相宜，或戰或和皆可適用」。Petty 堅持上流社會之子弟「也應在年幼時學習一些斯文的手工製作」(some gentle

manufacture in their minority)。洛克其後也主張貴族子弟應學一項或兩三項
手藝。Dury 指出教育有四項目的，即虔誠 (piety)，健康 (health)，儀態 (man-
ners)，及學問 (learning)，這與洛克的說法若合符節；洛克恰也說出品德
(virtue)，智慧 (wisdom)，教養 (breeding)，及學問 (learning) 是教育的四大
目標。Hartlib 於 1650 年擬議為倫敦的貧苦兒童設置「工作屋」(workhouse)，
也比洛克在 1697 年設想的「工作學校」(working schools) 早了半世紀之久。

　　不管如何，要政府扮演更積極或重要的教育責任，這一點洛克並未想
到，或許他是忽略的，Commonwealth 時代的人倒想到了，這是較為突出的
觀點。在 Hartlib 的朋友中，Petty 推荐設立「文字上的工作屋」(literary work-
houses)，為七歲以上的所有學童開放，「不可因貧窮或雙親無能力而予以排
拒。不出多久，則現在荷鋤頭者，可能也適宜於主掌國家大政。」Dury 更
持一種看法，國政要健全，則「所有臣民在年幼時，應該接受適合他們能
力的學校訓練，還應指定一些視導官來視察這些學校的教育措施，不可以
有任何人欠缺品德教養。適合於他們的各種不同職業，根據學童的性向，
以便培養以後作為國家的公職人員，或當技術職業工，或從事人文學科之
研究，或作宗教預言的神職工作」。在 Hartlib 一群朋友圈之外，James Har-
rington 更在《海洋大英國協》(*The Commonwealth of Ocean*, 1656) 中指出，
一個健康的政府，必須密切的與年青人的教育緊密結合在一起。教育不只
是父母親的責任，且更是公共政府官員最恰當的關懷所在。一種一致又自
由的學校制度，應該讓全部學童從九歲到十五歲都能入學，貧苦者免收學
費，其他則視父母收入而定。政府官員應負起重擔確保設立足夠的學校，
家長真的送子女入學，以及學童日漸進步。

　　Charles Hoole 也建議全部學童在學會讀書時，應該都入文法學校或寫
字學校，「才不會徒費光陰，懶散成習」。Hoole 有點冬烘味的擔心，學童的
惡作劇或頑皮，使學校重點並不放在培養好公民上。

　　洛克對於上述的論點，似乎並未考慮到。不過，作為一位自由主義的
哲學家，此種考慮卻是多餘的。

# 第二節　實用及經驗教育的訴求

《教育論叢》首次出版於 1693 年初期，不出數個月 (1694)，一位愛爾蘭的洛克愛慕者 Robert Molesworth 也出版了一本立意極佳的論文，《丹麥1692 年紀事》(*An Account of Denmark, As It was in the Year 1692*)，似乎註定引發大西洋兩岸的高度興趣。該書在討論絕對主義的自然史，同時也作了歷史分析，政治評論，以及自由的呼籲。他相信在一個政體上如欠缺自由，那是一種病，該種病與一般的病一樣，若擬下處方予以診治，就需謹慎的研究。該書內容不是光從書名中就可以看得出來，其實卻是一本教育論著，從古代教育說到現代，也從丹麥說到英國。

生於 1656 年 Dublin 的 Molesworth，其父是富商，支持國會派的 Cromwell，也是個地主，在家及 Dublin 的 Trinity College 受過教育。由於政爭，他雖激怒了 James II，卻贏得了 William of Orange 的喜愛，後者立即於 1689年派他到丹麥從事私人任務，且於 1692 年奉派為正式的英國駐丹麥大使。不過 Molesworth 似乎冒犯了丹麥宮廷，遂被驅逐出境。作為一位 Whig 且具自由思想的民權黨員，反對王權及國教而主張國會為最高權力，(十九世紀末轉化為自由黨，和 Tory 對立)，他的 *Account* 在某方面來說，傾瀉他心中的不滿。他極鍾情於 Commonwealth (大英國協) 時代的共和精神，感傷於英倫自由之腐蝕，也憂心於丹麥自由之消失不見。

在《丹麥 1692 年紀事》一書的序言裡，他說：「良好的教育與公義的政府，二者不可分割。有思想的英人將會發現，自己及後代要享自由之福祉，必須採取實質的手段，來進行年青人的良好教育。」討論到年青人良好的教育，他嚴厲的譴責當時英國的方式，錯把教育的辦理及管制，置於教會人士手中；「天主教的國家」(popish countries) 就因為仰賴教會人士來辦理教育，因此教導出一群奴隸式的年青人。他說這是盡人皆知的事。而新教地區的君主卻也步其後塵，只要到歐陸去旅行，就可體認到「外國的君王認為臣民一定要無條件的服從，這是君王的個人利益；而所有的教士也各為自己自認崇高的利益著想。這些為政者及教會的領袖應知，年青人的

教育為公共自由奠下基石；但現有方式的教育，所培養出來的年青人，日後就是唯一的辦理教育者，恰好就是在埋葬教育，除非他們違背了此種命運安排，且把教士的性格轉化為真正愛國者，否則必然是如此」。

Molesworth 又堅持著說：「好學問乃是抗拒暴政傳染病的解毒劑。」但好學問涉及自由、法律、及愛國主義；理性及公正的這些大原則，必須由政府的全部要員謹記在心。古人在這方面瞭然於胸，他們把學苑置於哲學家手中，這批哲學家富有公義精神，為教育奉獻。道德配合對國家的義務感，以法規的遵守與保存，以及公共自由為目標。相反的，當前的教士階級，他們在中小學校及大學院校，尤其是耶穌社，卻一再強調文法的精熟，文學體裁的優美；但對理性之改善，正義之愛，自由之價，卻輕描淡寫或予以忽略，倒比較中意養成盲目的服從及權威。「我不得不承認，若在我們的學校裡頭，教導年青人能夠領會作者的心意，也能知悉字尾變化，他們的教育含有善良格言，史家著作又充滿了高貴的人物，學童腦中的文法及名言佳句猶如鐵錘打進心中一般；又如果在我們的大學裡，大部分的活動是提供給年青人珍貴又廣博的知識，年青人接受這些教育之後，都曉得國家的法律及事務，交談流暢，理家又富實用知識，常常能用腦筋來處理一切。年青人的熱情漸褪，他們的判斷漸趨成熟，足以作各種觀察……時，就送他們到國外；我可以這麼說，我也不得不相信經由此種制度的設計，他們將運用相當程度的領悟力來想東想西；回到家時，已充分了解他國政府的憲法，且更有堅定的決心來維持本國自己的憲法。」這將是好公民的教育成果。

Molesworth 的 *Account* 在殖民地帶是一本廣受注意的參考讀物，該書也與 Algernon Sidney 的《論政府》(*Discourses Concerning Government*, 1698) 相連。Molesworth 及殖民地人士很看重 Sidney 的該本著作。培養明智及謹慎的公民以作為正義的國民，都是兩本著作的主旨。不過就 Whig 的傳統而言，Commonwealth 時代流傳最廣也最受殖民地人士熟悉的兩本論文集，作者卻是 John Trenchard 及 Thomas Gordon。

Trenchard 與 Molesworth 屬同輩，皆在 Dublin 大學 Trinity College 接受教育，但在 Dublin 大學時兩人並未曾相遇，倒是在 London 認識，時為

1690's 年代；以律師身分及獨立自主心態，Trenchard 批判常備軍制度不符自由政府原則。1719 年，與 Thomas Gordon 合作，共同寫作許多政治論文，主編週報，名為《獨立的民權黨》(*The Independent Whig*)，出版一系列的文章如 *Cato's Letters*，都變成「真民權黨」("real Whig") 的傳統，在十八世紀的美洲，甚為顯明；Gordon 來自 Scot，受過法律訓練，在 London 教英語。

　　*The Independent Whig* 及 *Cato's Letter* 兩書，皆反羅馬教派主義 (anti-clericalism)，學校教育最擔心受「羅馬教宗」(popishness) 的污染，任何與羅馬天主教有關的皆應予以排斥。「古代人接受哲學家的教育，現代人則由牧師負責教導。前者認為他們有責任教導學童有用於鄉土的知識，後者則卑躬屈膝，依教會團體的規章行事」。接受羅馬教會教育的結果，蠻橫及不幸之餘，還有一股瘟疫流行，產生了錯誤的知識，無止境的冥想及教父哲學般的只重教條約束，卻取代了實用的知識；也無法促使工人、商人、做生意者、及年青的士紳能夠彼此作適當的交談。此種論調，多麼的含有洛克主張。真正的品德、智慧、及教養，無法由穿僧侶袍服的學者或僵化腦袋的冬烘先生處獲得，也不能在教會辦的學校或大學中學到，卻是從活生生的「寄居於大自然中」(abroad in the world)、「沈思的閱讀」、以及與「各色人等」(all sorts of men) 交談中獲得。學童從具體經驗及理性之運用來證實真理，情願依理行動。單從此種廣泛的教育，才是自由民最具價值、也最能賜給自由的教育。僧侶之所作所為，不只是侵蝕了自由，且更糟的是想盡辦法要壓抑他人。

　　此種論調，又是多麼的含有殖民地人士 Whig 的口味，他們認為 Trenchard 及 Gordon 近在眼前，而 Oxford 及 Cambridge 則遠在天邊了。

# 第三節　哥倫比亞大學的創辦

　　精讀 Trenchard 及 Gordon 著作的美洲讀者中，以下述三人最為熱衷，這三人就是 William Livingston、William Smith, Jr.、及 John Morin Scott，皆是紐約市人，生辰（年齡）及能力方面，這三位皆約略相同，結成一體，

既年輕又聰明。受過 Yale 的教育，奉獻於長老教會，執業律師，喜愛寫作，立下心意為殖民地的文化提昇而付出一切。三人中，Livingston 最為年長，生於 1723 年，其父希望他唸法律或經商，但他卻偏愛文學與政治；William Smith, Jr. (勿與 William Smith 混在一起，這位是 *A General Idea of the College of Mirania*, 1753 的作者)，生於 1728 年，為 N.Y. 名律師之長子；John Morin Scott 晚二年出世，是 N.Y. 富商之獨子。三人皆在 Yale 成為莫逆之交，對 N.Y. 發生的許多事件頗為關注，利用 William Smith, Jr. 之父的律師事務所作為律師藝徒的聚會所在。不過，文化復興之心意都在三人心中孕育出來，還集合有心人士共同組成下述團體：

1. 1748 年促進有用知識協會 (Society for the Promotion of Useful Knowledge)，被批評者貼上一標籤，稱呼該俱樂部為一本正經的哲學家協會 (Society of Sage Philosophers)。

2. 紐約社會圖書館 (N.Y. Society Library) 晚數年成立，為大眾開放。

3. 號召發行《獨立反射體》(*The Independent Reflector*) 刊物，1749 年即有此構想，Livingston 當時寫給 Yale 同窗，擬「設計出版週刊，仿《旁觀者》(*The Spectator*) 方式來糾正同胞的品味，並作心靈的改善工作」。Smith 及 Scott 皆支持其事，三年之後終於如願以償。這三位同窗個性上都屬尖酸刻薄之類，當時 N.Y. 正熱烈討論政治及宗教事務，他們反羅馬教派主義 (anticlericalism)，也擁護設立大學事宜。

早在 1749 年，Livingston 就向議會請願，提出一說帖，《紐約區設立大學院校事宜》(*Some Serious Thoughts on the Design of Erecting a College in the Province of New York*)，共九頁，其中並無隻字提及宗教教派的紛爭事宜，以免使這所擬議的學院捲入痛苦的漩渦中。他倡議在 N.Y. 中興建大學，旨在作「知識的公共討論場」(public seminary of learning)，如此則「好處多多」(numberless advantages)。不過，1751 年，大學的董事會成立時，成員大都屬於英格蘭教會 (Church of England)，而三一教會 (Trinity Church) 也介入權利爭執，當堅持校長非安立甘教 (Anglican) 不可時，情況即大變。有異議者群起非難，長老教會走在前端抗議，以為此舉不只使大學在 Anglican 掌握之下，連整個政府體系都屬 Anglican 勢力範圍。英格蘭教會

(Church of England) 在整個殖民地上就變成「可怕的獨裁」(monster tyranny) 了。三人（三雄）不計後果的為文指責，並起身迎戰。《獨立反射體》(*The Independent Reflector*) 的文章，大部分就是這些內容。1752 年 11 月 30 日第一次出刊，時 Livingston 為 29 歲生日，基於自由的爭取，遵守非教派的諾言，向公共罪惡及腐化作十字軍式的抗爭。總而言之，該刊物的主旨在於移風易俗，向同胞指出幸福樂利之路。痛責稅收之不公，說明限制王權之利，抨擊無限制移民之不智，尤其是重犯之移轉來新大陸，販賣公職之危險等。

1753 年，*Reflector* 的注意主力，轉向新設的大學，時間並非湊巧，因當時該新大學正在操心課程的規劃，*Reflector* 之文章希望所有新教教派都站在平等立場共同參與校政，特許狀不必求之於英國王室 (Crown)，卻應由當地人民議會來授與，校政監督應由世俗人士掌控而非操在教會人士手中。校長由校董選出，也向校董負責，大學內不能硬性規定信仰某一特定教派，師生可以自由選擇到任何新教教堂，無神學教授之設置，如有神學科目，也不在正式課程之列。師生皆不受任何限制可借閱圖書館之任何書籍。*Reflector* 文內作一結論：「讓我們奮力使本大學建立在一個寬廣、宏偉、及普遍的計畫上。」(on an ample, a generous, a universal plan) 也「勿讓文學之席位 (the seat of literature)、繆思女神（掌管詩歌、音樂、舞蹈、歷史、藝術及學術之神）之處所 (the abode of the muses)，科學之饗宮 (a nurse of science)，轉化為固執的修道院 (cloister of bigots)，迷信的棲息處 (a habitation of superstition)，魔鬼專利的苗圃 (a nursery of ghostly tyranny)，或說一些怪異難懂的猶太法學之學府 (a school of rabbinical jargon)。單是人民議會 (legislature) 就足以有權來指示本大學設立的方向。本大學設於議會手中，比放在教派手裡較為安全，沒有比這更令人放心的了，教派皆飢渴的作權力欲的爭奪，一心一意擬掌控他人」。

*Reflector* 的焦點轉向教育了，首先提議設立鄉鎮的文法學校，來作為大學之基礎教育。主張大學生之入學，不分教派，如此方可廣招學生。

1753 年 11 月 22 日本雜誌停刊，在教育上的影響如何，很難作精確的評估。1754 年英皇室來了特許狀，准許設立的大學名稱為 King's College

（Columbia 大學的前身），選了 Samuel Johnson 為校長，這些事實都證明了 *Reflector* 的呼籲未見成效。不過 Johnson 校長的安立甘教派 (Anglicanism) 色彩並不在本大學出現，本大學倒有 *Reflector* 精神，其後設立的紐約州立大學 (U. of the State of N.Y.) 更為世俗化，可見 Livingston 及其友伴的努力沒有白費，其原則已成為該大學的心臟。

## 第四節　William Douglass

　　紐約的三雄，首先是取《旁觀者》(*The Spcetator*) 作為改善同胞品味並提升性靈的期刊範本；不久，時移勢轉，他們又視《獨立民權黨》(*The Independent Whig*) 為楷模。同時，Boston 的書商 Samuel Eliot 及 Joshua Blanchard 決定編一本《美洲雜誌及史科年刊》(*The American Magazine and Historical Chronicle*)，內容老少咸宜，是大眾化讀物，包羅萬象，應有盡有，既有學術知識性，也富娛樂性；既有嚴肅面，也有輕鬆面；Jeremy Gridley 為主編。本雜誌不學 *The Spectator* 及 *The Independent Whig* 的方式，卻取《紳士雜誌》(*The Gentleman's Magazine*) 及其競爭對手《倫敦雜誌》(*The London Magazine*) 為學習對象。這些雜誌大都轉載其他刊物上的文字，有詩詞、各地消息等，對啟迪大眾，功效不小。1746 年 1 月號，該雜誌擬把過去的文章輯成小冊 (by parcels)，出此種主意的人是醫生 William Douglass (1691～　？)。這位醫生學習胃口大，通曉百科知識是他的研究目標。生於 1691 年，是 Scotland 人，在 Edinburgh 接受過大學教育，也在荷蘭的 Leiden 及 Utrecht 大學完成醫學博士學位 (1712 年)，在法國的 Paris 及 Flanders 執壺後返英開業，開始過收入豐厚生涯。但經由友人 Elizeus Burgess（曾是 Massachusetts 之候補總督）之關說，他立即移民來新大陸闖天下 (1718 年)。一到美後，就大肆旅行，行跡遙遠，甚至到英屬及法屬西印地安地區，最後定居於 Boston，經常造臨 Richard Hall 的咖啡屋，那裡聚集了一群上下階層的人民；精明的投資於土地與金錢，然後積極的參與地方公共事務。

　　終其一生，Douglass 就是個終生職的作家，一心為同胞之改善長期奮鬥。上述 1746 年 1 月號 *The American Magazine* 的一文，主題是〈北美英

屬殖民地在歷史及政治上的過去、現在、及未來之改善縮影〉(A Summary, Historical and Political, of the Beginnings, Progressive Improvements, and Present State of the British Settlements in North America，以下簡稱〈縮影〉)，署名 W. D.，M. D. 就是他本人。他不斷的與住在 N.Y. 的友人 Cadwallader Colden 通信，其實早在 Edinburgh 時兩人即過從甚密。寫作範圍甚廣，從預防注射到經濟上的通貨膨脹，他都有興趣；喜歡蒐集各種資料，歷史文件、法律檔案、土地界線、天候、出入口、宗教習俗、糖業製造、漁業、及植物學等，這是他的私人嗜好以為自娛之用；擴充知識領域，陶冶性情，正是十八世紀風雅習尚之典型。加上一些友好鼓吹，他立即善加整理並發表他的資料，「供作公利用途，也方便於未來史家之取材」。為未來著想，同時也擬糾正大西洋兩岸的人民，對有關殖民地的生活言行所產生極為離奇古怪的印象起見，他的作品，非但是第一本英屬北美的歷史，同時也是殖民地人民意見的雜集，其中更顯示出作者本人的怪癖。不過無論如何，該作品是一位長期住在英屬北美的人，依他的住民觀點而寫的史書，因此意義較為特別。

　　一般而言，他的〈縮影〉(Summary) 既冗長，組織也不良，又常有離題及教條式的訓令；不過，卻含有銳利的洞見火花及獨立判斷。對改宗異教或蠻荒人士的努力，尤其對印地安人的福音傳播上是失敗的，因為那種任務，需要的是「長途跋涉、費力吃苦。而一般的英人，非但未帶來基督教的善良，卻教給他們歐洲的罪惡。舉例來說，白人教給紅人如何醉酒、如何賺取私利；分送給紅人的東西，是酒精飲料多過於福音書，因之毀了且繼續毀了更多的印地安人。英人之此種罪過，比西班牙人還重。因為英人更不人道，更殘酷的虐待印地安人。在變更紅人改信基督的過程中，西班牙人只不過毀了他們的肉體，我們是將他們的身心二者皆予毀壞」。有人 (John Eliot) 多年來譯聖經為印地安語 (Algonquien)，但印地安人不識字；有人 (David Brainerd) 也與印地安人住在一起。但「真正又渴切的福音傳播工作」(true & zealous missionary) 所展現出來的，卻是「熱情不足、心意轉變」(weak enthusiastic turn of mind)。至於羅馬天主教的福音傳播工作，倒是全心全力投入，但卻配以商業興趣及教會利益。這種冷嘲熱諷，也直接指向

宗教上爭論不休的話題；堅持信仰啟示論者，只不過暴露出自相矛盾的荒
謬意見而已，然後頓然說出，所有宗教信仰皆善，都要求人們行善。他也
不容情而隱約的指名道姓，批評某人居無定所，既無常識也無品味，寫的
東西只不過是聖經經文中引發某人狂喜的部分，卻是某人扭曲其意的表達。
至於 S.P.G.（基督教福音傳播會）他也不放過，這群人都住在大都會，是
最有錢也最文明的地帶，似乎他們的工作對象只針對那批較有耐性、較開
通的不遵國教人士而已。「如能使後者上禮拜堂作儀式，而說出正經八百的
話，就是功德圓滿。」

　　《縮影》一書中也精準的描述哈佛及耶魯，順便更提及 Virginia 及 New
Jersey 的大學，建議 S.P.G. 應該廣設鄉鎮的工人學校，收容紅白學童入學，
嚴厲指斥 Bishop Berkeley 決定要把他擬設的大學設在 Bermuda。長文討論
孩童的養育，應參考 Locke 醫生的見解，如健康的處方是「不准搖動嬰孩
搖籃，因為擔心如此一來，對頭部的震動會傷及腦力，導致於判斷力的減
弱」。教導孩童語言方面，「五歲之前，孩童可以重述主祈禱書，精確的用
五種熟悉的語文說出來，即 Greek、Latin、English、French、及 Dutch」。
教義問答書的內容必須理性化，以培養獨立的心智，如同 Douglass 本人一
般：

　　問：你何時生？
　　答：我生於 1745 年 7 月 25 日，但我怎麼生，我如何降生於世，
　　我已忘了，因此無法奉告。

　　最令人感到興趣的，莫過於他也有簡短的描述廣設公立學校事宜，仿
New England 之實際作法，但顯然在許多方面還超出 New England 的措施。
他認為：

　　年輕人的教育，應有公共學校之興建，在每一市鎮或鄉區成立，
　　教導英文之閱讀、書寫、及算術；在城市則應設文法學校來教導古典
　　語文，即希臘及拉丁。大學院校則要學習希伯來語文，以便研究神學。
　　鄉村市鎮學校經由地方法院立案，大學院校 (Scholaillustris) 是文學及

科學學府，則由國會授權。北美大陸中心（不是 Dr. Berkeley 所擬設校的地點，Bermuda）應設最高學府，由全部殖民地人民設董事會予以規範，使年青士紳開始攻讀神學、法學、及醫學等專業，同時也學習現代工商貿易及旅遊所通用的語文，如法文、西文、及荷文；至於其他奇妙的學科如數學、純文學，也不可或缺。士紳習慣作體育運動用的騎術、劍術、及舞術，都應有機會練習；中小學到大學，大學到出外旅行，旅行到營商做生意，都是文雅教育的進階。不過由於效果不彰，導致與旅遊之聯結，大半闕如。

在每個大都會都應有工作坊，規定閒暇懶散者必須習於勞動；給予工作，比施捨救濟供飲食，對窮人較有實益。老年、傷殘、及無法救治的貧苦人家，則應設立救濟院；尤應設孤兒收容所，收容雙親已逝或無力養育的子女；這些學童皆是國家的孩子，他們的學習，除讀寫之外，不應側重那種無實用的學習，卻要強調勞動及謀生。一般而言，這群貧苦孩子應委諸於恰當的主人來管教，供作藝徒或僕役之用。

〈縮影〉於 1755 年出版後，另有再版，一是 1757 年於 Boston，一是 1760 年的英國版。本書是全殖民地的通觀史，雖內容多有舛誤，禁不起現代批判家的眼光來檢驗。不過作者在教育上的建議，卻擁有權威地位，這是不容否認的事實。他長期留在北美，親歷其境，為文指出感受及構想，自有不可磨滅的價值。

# 第五節　Thomas Jefferson

Thomas Jefferson (1743 ～ 1826) 擁有一本 Douglass 的〈縮影〉，但不知是否讀過。不過，在教育計畫上，兩人所見相同。Douglass 作品中提到，他的想法來之於前人者如下：宗教觀念學洛克，教育原則來自孟登 (Montaigne)，麻州政治的想法取自 Mather。Jefferson 則閱讀過 Plato、Euripides、Cicero、Virgil 等人的作品，也涉獵過文藝復興時代的學者之著作，Erasmus、More、Machiavelli、Bodin、及 Shakespeare；「閱讀 Shakespeare 名劇之一的

《李爾王》(*King Lear*)，則對兒女所產生的孝順印象，比閱讀全部卻枯燥乏味的倫理及神學著作，更為有效。」當代人如 Sidney、Harrington、Locke、Molesworth、Trenchard、及 Gordon，法國人 Montesquieu 都是他的最愛。他的興趣多方，閱讀廣泛，借用 Bacon 的百科全書式知識，取《學問的演進》(*Advancement of Learning*) 為榜樣，作為分類他的圖書館藏書之依據。

Jefferson 生於 Virginia 的墾殖之家，他幸運的獲得當時人民所能接受的最佳教育，家教教師稍悉拉丁及希臘文。1758 年，年屆 14 時上過圓木學校 (log school)，奠定了他終生喜愛古典的基礎。二年後，他入學於 College of William and Mary，學過自然哲學、數學、科學、法律、及政治學。進入 Bacon、Newton、及 Locke 的世界，「人類史上最偉大的三個人，別人無出其右。」在政治觀點上，堅持法律的普效性及自然權力說，Jefferson 也成為美洲啟蒙運動的最佳人選。

1776 年在制訂 Virginia 憲法時，他把「充分及自由的宗教意見，皆可表達。」條文入憲，但是印刷自由卻未獲通過。其後他與友人陸續提出許多法案，其中認為最具價值的，莫過於「知識的普及於大眾」(More General Diffusion of Knowledge)。這種態度，就與以前的州長 Berkeley 大異其趣了。此外，他強烈主張英國國會無權干涉殖民地的內政。「獨立宣言」(Declaration of Independence) 中明言：「全民生來即平等，上帝賦予全民某些不可讓渡的權力，即求生、自由、及追求幸福。為獲得此項權利，政府因而組成。基於被統治者之同意，政府才能享有權力，任何政府若毀了這些宗旨，人民有權予以廢棄或終止政府，重新組成新政府。以這些原則為建基根據，集結政府之力量，以便最有效率的滿足人民之安全與幸福。」仿 Molesworth 及 Montesquieu 的口吻說，共和國政府應進行公共教育，人民才會將公益置於私利之上。Jefferson 更認為要是不能讓公眾領會力提升並普及，則這些話都是紙上文章，形成空談。「知識的普及於大眾」法案，就有必要提出且讓它通過，時為 1778 年秋，他正在詳讀 Molesworth 及 Montesquieu 的文章。該法案之前言極為冗長，但有必要全文抄錄於下：

　　某種政府形式，吾人考慮計量的結果，總比他種形式較能保障個

人可以自由運用人們的自然權利,同時也較能使人民免於沈淪與墮落。不過經驗告訴我們，即令是政府的組織形式設計得最好，政府在一旦擁有了人民的授權且經持續漸進的運作之後，難免流於專橫極權，事實呈現的就是如此。吾人相信，阻止此類事情發生，最有效的方法就是採最實際的措施來啟迪人心，數量越大越好，尤其是給人民事實知識，那是歷史所告訴我們的，因為其他國家以及其他時間都出現過。人民就能充分領會，政府無論採取任何形式都會有流弊，人民就應立即使出渾身解數、運用自然力道來擊敗該流弊；此外，人民在良法美意及誠實行政之下，最能享有幸福。組織政府的形式及成員，若既聰明又老實，則人民相對成比例的就會過好生活，此種事實也為一般人所接受。因此為了提升公共幸福起見，要求組成政府成員的官吏，既有好品德及天分，就理應接受文雅教育，方足以保護人民享有神聖的權利與自由；他們在接受此種教育責任時，並不考慮他們的財富、出身、或其他偶有的特殊條件而有不同的對待。不過，絕大多數的人民由於貧窮而無力接受教育，因此最好以公款來教育他們，這總比將人民之幸福委諸於能力薄弱及品德操守有污點者，好得多多！

確認了此項信念，該法案提議將 Virginia 劃分為數百部分，每一部分都有一所學校，教導讀、寫、算、及歷史（古代英國史及美洲史）。自由民的學童，男女皆免費接受三年之教育，其後則由私人負擔費用，或在稅收支付的公立學校就讀，並接受公家代表來視導。此外，也擬議在公家視導之下，全州設立 20 所文法學校，教導拉丁及希臘語文、英文文法、高級算術；收容資質優秀學童入學，收取學費。基層學校畢業生品學兼優但家境清寒者，應給予更多之教育。每年定期考試，來汰選出「少數精英秀異分子」(least promising genius of disposition)。最後，本法案也提供每年 10 名獎學金，給文法學校學生入 College of William and Mary 就讀，住宿及穿著免費，為期三年。1785 年，Jefferson 在他的《Virginia 州記事》(Notes on the State of Virginia) 一書中說：「整個教育計畫的最終目的，是讓全州的學童能讀、寫、算，每年選 10 名最優秀具有天分者，再學希臘、拉丁、地理、

高級算術，然後再每年挑 10 名傑出者，除了再接受上述科目之外，依學生天分給予更多的學科教育。至於富裕人家之子弟，則必須繳費入學。本法之一般目的，是教育措施必須依年齡、能力、及個別差異來進行，導向人人有自由，有幸福。不過本法中最重要也最合法的，莫過於人民都安全的以自由的保護人自居，因為這是最高無上的目的。」

自由價最高，但保護自由或追求自由，不是靠別人，卻應仰賴自己。補充上述法案的，就是「修正大學法」(Bill for Amending the Constitution of the College of William and Mary)，主旨有三：1.提供更多經費，大學更應向公眾負責，立法機構應精選視導官，免受原先立校特許狀的皇室及教會之拘束；2.課程擴充範圍，應包括倫理學及文學、美藝、歷史及法律、數學及醫學、自然哲學及自然史、古今語文；3.將印地安教學之教授席位（即 Brafferton 教授席位，依 Robert Boyle 遺囑而設）轉換成為佈道團 (mission)，詳查各種族群及部落之法規、語文、宗教、及習俗；此外更在 Richmond 設一所大型公共圖書館，由公家來監督。

「宗教自由法案」(Bill for Establishing Religious Freedom) 的提出，使整個教育法案完美無缺。良心方面的事，如以威力行之，這是違反基督教精神的。「無人可以接受強迫上教堂或支持任何宗教崇拜，或到任何宗教地點，聽任何教會人士講道；任何人的人身或財物，不受強力驅使、限制、騷擾、或加重其負擔，更不可因他的宗教意見或信仰而受苦受難。不過，所有的人都應有自由來肯定自己的宗教看法，經由論證來維持本身的宗教意見，不可因個人的宗教主張而減少、擴大、或影響他們的公民職權。」宗教自由法案與教育措施，二者不可分割，乃是 Jefferson 計畫中的主幹。

第一，他認為一個理性的人需要接受教育來獲得宗教上的真理，就如同接受過教育才能得到政治上的智慧一般。第二，基本教育應由公家政府所設的學校來辦理，這比國定教會來得更為恰當。第三，知識普及之後，各教派教會都可私下盡力提供各種教義，人民在多種選擇之下，更能知悉宗教真理。

在年青人的教育上，Jefferson 似乎不像他的「導師」洛克一般的注重家庭的重要性。Jefferson 的用心，是要將教會的教育角色轉移到學校上，

尤其是正規及有系統組織的學校教育。其實 Jefferson 也清楚的了解，最好的教育，也可擺在社會生活上，讓年青人在整個大世界中過活，參與公共事務；而強有力且自由的報紙刊物對他們的啟迪，也功不可沒。這方面，他與 Franklin 是異口同聲的。

有趣的是 Jefferson 對於取得公民權資格的看法是極為寬大的，凡是白人皆可為公民，不管他住家在何處，只要有意願住在美洲，即擁有公民資格。至於有色人種倒是純然被拒絕。Jefferson 本人反對奴隸販賣，也清楚了解奴隸制度之殘酷，他贊成漸漸的解放黑奴措施，但他並不接受黑人享有完全的公民權，認為他們身心二者皆低劣，所以他的法案對象並不包括黑人在內。不過其後他也提議用公款且依黑人之天分來教導黑人耕種、手藝，或學科知識。總而言之，他本人對黑人的情愛，比一般白人尤其是住在 Virginia 的白人，是較為仁慈的，但是若與 John Woolman 或 Anthony Benezet 相比，則較為嚴苛。

Jefferson 的教育計畫，在 Virginia 並不發生實效，只通過宗教自由法案，那也是經由七年的激烈爭辯後所得的結果；其他法案都在提出時即遭否決。他本人終生繼續鼓吹，曾向 Washington 說，「普及知識法案」，議會代表都熱心支持。「在戰爭中，除非發生了極端貧困的資源，否則無法阻止本法案訴諸實施。」數年之後 William Wirt 這位外來的觀察家，倒提出此法案未能通過的真正理由，他說：「本法案對共和國而言，是多榮耀、多穩固、也多安定的一件計畫；如果你要問為什麼未獲通過，我以一個外來人的身分可以這麼回答，這麼廣泛的宏觀愛國觀點所提出的法案，整個國家並未感受到它的意義，那些有權投票予以採納的人也未深悉其價值，我想除了這個理由之外，大概沒有更好的理由來加以說明！」

# 第三部　國家主體性教育觀念的萌芽

經驗一多，也在比較清醒之際，我希望現代人要集中心思來考慮教育的許多益處。我此處所說的教育，範圍很廣，不是只稍稍唸過 academies（實科學校）就算數，好多人都這麼認為。此種學校遍佈各地，左鎮右鄉皆有，在那裡，一兩個人學了 Latin，有時學 Greek，加上地球的知識，Euclid 的頭六本書，就認為這是學問的全部了，也以此來與人交談。若要求學生在世界舞臺上，保有一種品味，但與勤奮的追求隔絕，這是綽綽有餘，但要是想在學問位階上稍盡棉薄，則顯然不足。

一般人民接受啟迪，則身心的迫害及專制就會消失，如同惡靈在陽光出現時就不見一般。(Enlighten the people generally, and tyranny and oppressions of body and mind will vanish like evil spirits out the dawn of day.)

—— Thomas Jefferson，1816.4.24 致信給 Poplar Forest

## 前　言

1787 年的憲法 (Constitution) 提到，「為永遠團結一致，建立公義，確保國內安寧」，首任總統 George Washington 任命兩個祕書長來歸納兩種不同的意見，一是財長 (Secretary of the Treasury) Alexander Hamilton，一是國務卿 (Secretary of State)Thomas Jefferson。前者主張中央集權，全國分成兩類人，一為少數，精英、「富有又出生優秀」(rich & well-born)、是治者；一是多數人，「騷亂且變動不居」(turbulent & changing)。前者深信新共和國之國政應仰賴寡頭來治理 (oligarchic control)，依財力及身分來定社會階級；後者則不懼平民，國政不只要維持安定或遵守秩序而已，還應尊重各州的自主權，聆聽人民的意見，享受個人的自由及幸福。

Alexander Hamilton (1755～1804) 常引用 David Hume (1711～1776) 的警告,「在設計任何政府組織時,……都要考慮到把每一個人視同為一個騙子,這個騙子的行為除了私利之外無其他目的。基於此,吾人就必須管治他的私利,也要他一定為公益工作,不管他是貪得無厭或是什麼雄心壯志。」

Jefferson 喜歡稱呼「一種有用的美國教育」。America 這個字,從殖民地的美洲變成獨立政體的美「國」。「美國教育」包括的重要成分是古典科目、數學、倫理、政治學、民事史、動物學、解剖學、開刀醫學、商業、法律、農業、現代語 (尤其是法、西、及義大利語文)、自然史 (包括植物學)、自然哲學 (包括化學),以及任何一種「最高位階」的學問。1800 年的總統選戰後他與 John Adams 漸行漸遠, Benjamin Rush 試圖促使兩個元老重修舊好, Jefferson 在此種特別狀況中曾修書給 Adams, 其中說:「閣下是否曾經想過對人類事務真有用處的一些特殊學問, 這些學問又用什麼方式組合起來, 使教授們利用最合理的經濟條件, 作為恰當的省視?」Adams 回信說:

> 文法、修辭、邏輯、倫理學、數學是不可忽略的, 不管我們的友人 Rush 了; 古典是不可或缺的。自然史、機械學、實驗哲學、或化學等, 至少也應學學其根底, 這也是不可或忘的。地理、天文、即令歷史及年代學, 雖然我有一點受到 Pyrrhonism (懷疑主義) 的影響, 對後二者存疑, 但我仍認為不可遺漏。神學, 我擬交給 Ray、Derham、Nieuwentyt、及 Paley, 而非交給 Luther、Zinzendorf、Swedenborg、Wesley、或 Whitefield、Thomas Aquinas、Wollebius 去處理。形上學則置於唯物論者 (Materialists) 及唯靈論者 (Spiritualists) 的霧中, 與 Leibnitz、Berkeley、Priestley、及 Edwards 也糾纏不清, 我還可以再加上 Hume、Reid。如再准許讀些東西, 則可再添上浪漫情節的小說。至於音樂、繪畫、擊劍、舞蹈、及體育, 我怎麼說好呢? 語文有東方也有西方, 法文、義大利文、德文、俄文、梵文 (Sanskrit) 或漢文?

Adams 所列舉的, 無疑的是當時傳統的科目。革命戰爭那代人當中最足以代表的兩個人, 就是他及 Jefferson, 二者皆趨向實際, 二者皆嚐過殖民時代活生生的生活, 現已垂垂老矣! 他們也細心謹慎的將歐洲古老教育

予以精挑細選，卻認為那是古董了，與自由民之關係少。現今的美國所要的是，品德及才華兼具的「自然貴族」(natural aristocracy)，他倆自認身負職責，提供一種有用的美國教育來提升國民生活品質，為這個共和新國奉獻。此種教育要廣博，無所不包，但焦點應放在是否有立即性、具體性、科學性。至於形上學，Adams 用幽默的文筆說，把它「置於唯物論者及唯靈論者的霧中」好了。

　　彼此注重實用原則，但是細節上則相互有重大差別。功利主義到底應發揮到何種地步，Adams 曾提到，除了少數人要深造之外，Rush 要將 Greek 及 Latin 悉數去除，但這兩科若真的沒了，Adams 則甚感傷心。同樣，Noah Webster 要依語言學的單純化性質，來重新制訂文字及拼音，但 Boston 教士 John Sylvestor 及 John Gardiner 則予以指斥，認為此舉形同粗糙俚語似的蠻人說話。此外，那些學科應予加強，各人也吵翻天。Jefferson 及美國哲學學會 (American Philosophical Society) 的朋友都大力推薦自然史，Jefferson 還在他的《Virginia 州記事》(*Notes on the State of Virginia*, 1785) 中把該科列為核心；但 Adams 及美國文理科學院 (American Academy of Arts and Sciences) 的同僚，則鍾愛自然哲學。最後，知識大眾化到何種程度，也爭議甚多，若是說一個自由社會需要普及知識，則該知識是指那一科目，普及給誰，用什麼方式來普及，全人皆應受共同教育呢，還是應有差別性的教育？如是後者，則差別的根據又是什麼？

　　革命時代，大家都認同功利主義，但也因此種共識而滋生一些教育觀念上的緊張，此種現象都持續存在於十九世紀。在中小學校裡，不停的爭論應設什麼科目，可設什麼課程。校外則有許多教育團體或機構，如圖書館、巡迴講座 (lyceums)、及博物館等，紛紛爭取經費、財源、及顧客，提供活動設計來吸引大眾的注意。表面上的嘩眾取寵或較深層的價值考慮，二者也搖擺不定。此種發展，也順著社會及經濟條件的不同而隨時調整。當時名道德哲學家 Francis Wayland 說過：課程規劃，應由市場需要來衡量。果真如此，則教育要是有什麼優點與好處，得想辦法來吸引學生及支持者，這對辦教育的人是一項殘酷的考驗與挑戰。教育到底是什麼，美國教育又具何種特色，這些問題都困擾著教育思想家，美國教育學者除了操心前者之外，還得解答後者。

# 第七章 「美國教育」的展現

在我們國家內，什麼時候設了一所學府，我們第一個要問的是，除了我們所有人都共同需要的知識之外，何種知識是我們人民所需要的，以便使他們做事完美無缺，有能力依原則行事，發展他們的智能潛力，運用他們的才華，為己也為國家爭取最大的福利？不管此種知識是什麼，都應該大方慷慨的提供給任何階級的人，而非僅限定給某些階級的人。

—— Francis Wayland

## 第一節 上帝的王國

太平盛世將在美國開始，這是 Edwards 說的。當我第一次聽到這話時，我想那是一種天方夜譚；但自從神意的指示發展以來，以及當時所有存在的各種表徵，卻都支持這種說法。

—— Lyman Beecher

無止境進步的觀念，來自於英人 William Godwin 於 1793 年出版《政治正義論》(*An Enquiry Concerning Political Justice*)，指出人類在現有進步之下，更求進步。「沒有一種科學不能有不斷增加的新科學，沒有一種藝術不能有更高的完美……。其他學科如此，道德難道不也一樣嗎？社會機構也是如此啊！……此種任務在處女地的國家，資源無限，機會無窮，比較容易達成。」這個處女地的國家，無疑的就是美國。

當大家在思考為這個新國家設計一個國徽時，據說 Franklin 想描繪一幅摩西從法老處帶水下來的圖，而 Jefferson 則比較甲意展現以色列兒童在荒野中，白天由雲引導，黑夜由火柱領行的畫面。這些構想皆未被接受。美國的國家徽章，最後是出之於 Charles Thomson 及 William Barton 之手。

一隻大家熟悉的老鷹口中含有一片橄欖樹葉及一枝箭,背面是一座金字塔,蒼穹有巨眼俯視,且寫著兩句箴言: *annuit coeptis*(上帝支持我們的任務),及 *Novus ordo seclorum*(一個嶄新的年代已經開始)。

在上帝監視之下的新時代,用 Virginia 的口語來表示最為恰當。Virginia 人說,美國人想的是他們自己,美國的命運也掌控在人民手中。聖經的暗喻,既不作為修飾用,也非小心翼翼做教訓用,本身就是精髓。十九世紀的美國人,宗教的語言及實質,都涉及美國人個人經驗以及公共經驗的意義。在事實層次上,什麼叫做美國人,法國人 Michel Guillaume Jean de Crèvecoeur 在 1780's 年代時寫道,作為美國人很簡單,他要擺脫舊有偏見及思考方式,並且從新政府及新生活模式中接受新的想法。但是美國的佈道家並未忘記他們的歷史責任——把社會中的一般價值觀念說得清楚且予以讚美——他們並不滿意這位法國人所說的,卻挑起一種責任感,認為有必要扮演特殊角色,在這個新國家中為人類歷史及上帝歷史,型塑出一文教昌盛地——*Paideia*。假如美國能在地球上建立一個上帝的王國,則美國人的價值觀及願望,絕對不可任憑運氣擺佈,卻要細心的予以定義,且強力的予以培育。

承擔定義及培育的重擔,就落在教育上了,也是建國初期中任何教派的佈道師之首要任務。在一股傳道、出版小冊、進行知識深度的研究、以及提出烏托邦式的構想之洪流裡,佈道師試圖決定美國公民素質的實質內容。他們也構想出教育上的安排,以便準備學生未來作為負責的公民。在一個多元的社會裡,人們早就料想到,國定宗教必遭到唾棄。這當中難免冒出對立的論戰,保守的 Timothy Dwight 抨擊 Thomas Pine 是「異教徒」(infidel),而福音傳播的健將 Lyman Beecher 指斥 William Ellery Channing 為「異端」(heretic),通神意的 Joseph Smith 更痛責整個異邦世界。不過更具意義的是,倒有個共識存在,1840's 及 1850's 年代時,新教的虔誠精神變成統合美國本土化的主力。向美國人教導此種虔敬精神,是各類教育機構的基本職責。美國社會融合交會而滋生的此種虔敬心,為全民一致追求。概念既為大家所熟知,指標又是大同至福境界。實質及精神,都為各黨派、各教派、以及各幻想社會所分享。

　　早期此種教育哲學及教育政治學的討論，今日對美國人來講，可以說語多虛假，也太受狹隘的神學所限。不過對十九世紀的美國人來說，卻是既恰當、且也絕對正確。因為兩千年以來，西方人的公共價值觀，都透過宗教語言及範疇予以詮釋，上帝既交代人類需創造「一個嶄新的時代」，則人們將持續運用各種論調來界定人是什麼，以及人將是什麼。這就很少令人感到訝異的了！

# 第二節　Benjamin Franklin

　　Benjamin Franklin (1706 ～ 1790) 的《自傳》(*Autobiography*)，人們早已極為熟悉。在 1771 年夏天於 England 的 Twyford 度假時，即開始以寫回憶錄方式來教導其子 William 及其後他的「後代」(posterity)。回憶錄寫到 1730 年時，述及費城成立圖書館事情。四十多年後，殖民地脫離英國獨立，Franklin 被指派到法國當美駐法代表。1782 年 Quaker 一名商人 Abel James 早獲《自傳》的一部分，從費城寫信給他，希望完成自傳工作。Franklin 猶豫再三，向密友 Benjamin Vanghan 討教，Vanghan 熱情十足的回以肯定的答案，認為 Franklin 的一生是自我教育的典型，也是新共和國各種訊息與事務的寶藏。「所有發生在閣下身上的一切，都與這個新興民族的處境及作風，完全密切契合，鉅細靡遺。並且在這方面，我並不認為 Caesar 及 Tacitus 的傳記，在人性及社會的評斷上，更饒興趣。」這是他的好友 Vanghan 的觀察。Franklin 於 1784 年在法國的 Passy 完成《自傳》的第二部，1788 及 1789 年在費城完成第三及第四部分，1790 年 4 月 17 日去世前數月，則校對了所寫的《自傳》手稿。

　　無論從何種標準來說，這些手稿文獻皆彌足珍貴，體裁內容既坦率無保留，也極為純真。表達了一個孩子，家庭本經營蠟燭業，雙親「貧窮，也是無名小子，卻躍升為家道小康富足，且在世上享有某種程度的聲望。」教育是此種改變過程中最重要的工具，從他回憶幼小時在父親住處就細讀 Plutarch 及 Defoe 的作品，到 Boston 當學徒的生涯，後在費城投資作各種事業，都描述出他自我運思計畫，並懸個高遠的理想作為追求的目標，其

中最頂重要的莫過於「道德的完美」(moral perfection)，他認為這是「最大膽也最用心的計畫」(the bold and arduous project)，也是大家所熟悉的「品德之美」(the art of virtue)。生命中的最後二十年，他希望能「隨心所欲而不踰矩」(wished to live without committing any fault at any time)，行為端莊正派，每日遵守自訂的十三條德目作為座右銘，這十三條如下：

1. 節制 (Temperance)

Eat not to dullness. Drink not to elevation. (不可吃得槌槌，勿喝得醉醺醺。) Weare taxed twice as much as by our Idleness, three times as much as by our Pride, four times as much by our Folly. (懶散，課稅兩倍；驕傲，課稅三倍，愚蠢，課稅四倍)。

2. 沈靜 (Silence)

Speak not but what may benefit others or yourself. Avoid trifling conversation. (除非對己對人有利，否則沈默不語。勿作無聊的談天說地。)

A word to the wise is enough, and many words won't fill a Bushel. (對智者而言，一言已足夠，多言不能裝滿一大桶。)

3. 井然有序 (Order)

Let all your things have their places. Let each part of your business have its time. (東西安頓，物歸其所；處理事務，井然有序。)

4. 決心 (Resolution)

Resolve to perform what you ought. Perform without fail what you resolve. (理該作的事，下定決心去完成。既決心已下，不成不休。)

5. 節儉 (Frugality)

Make no expense but to do good to others or yourself: i.e., waste nothing. (除非對己對人有好處，否則不虛耗分文，即不浪費。)

Rather go to bed supperless than rise in debt. (寧可餓肚子上床，也不早上起來時一身債。)

6. 勤勉 (Industry)

Lose no time. Be always employed in something useful. Cut off all unnecessary actions. (不虛擲時光，常作有益之事。不作非必要的活動。)

The used key is always bright. （鎖匙常用，永遠發亮）。

Many a little makes a mickle. （積少成多）。

7.真誠 (Sincerity)

Use no harmful deceit. Think innocently and justly; and, if you speak, speak accordingly. （不作有害的欺騙。思想，純潔公正；說話，也如是。）

8.公正 (Justice)

Wrong none, by doing injuries or omitting the benefits that are your duty. （勿犯錯，不作傷害他人或遺忘有益他人之事，那是你的責任。）

9.適度 (Moderation)

Avoid extremes. Forbear resenting injuries so much as you think they deserve. （不趨極端，克制自己勿報復你認為該受報復者。）

10.清潔 (Cleanliness)

Tolerate no uncleanness in body, clothes or habitation. （不容許身體骯髒不潔，衣裳或生活起居皆如此。）

11.平靜 (Tranquility)

Be not disturbed at trifles, or at accidents common or unavoidable. （勿為瑣事煩心，也不為大家都會面臨或無可避免的意外而不安。）

12.貞潔 (Chastity)

Rarely use venery but for health or offspring; never to dullness, weakness, or the injury of your own or another's peace or reputation. （除非為了健康及生育後代，否則勿常性交；勿笨拙、軟弱，也不可傷害你自己或他人的平和或名聲。）

13.謙卑 (Humility)

Imitate Jesus and Socrates. （學耶穌及蘇格拉底的模範。）

他自備一本道德筆記，集中心力每週練習某一特定德目，精審自己的行為是否有差池並記載下來。十三週作一週期，然後重新來一次，如此一年重覆四次。為了增強效果，他作如下的設計，如有任何品德上的缺點，他就在表上作記號；最後的理想，是一切皆無缺點。

| | | 節制 | 沈靜 | 井然有序 | 決心 | 節儉 | 勤勉 | 真誠 | 公正 | 適度 | 清潔 | 平靜 | 貞潔 | 謙卑 |
|---|---|---|---|---|---|---|---|---|---|---|---|---|---|---|
| 節制　不可吃得撐撐　勿喝得醉醺醺 | 週日 | | • • | • | | | | | | | | | | |
| | 週一 | | • | | | | • | | | | | | | |
| | 週二 | | | • | | | | • | | | | | | |
| | 週三 | | • | | | | | | | | | | | |
| | 週四 | | | • | | | | | | | | | | |
| | 週五 | | • | • | | | | | | | | | | |
| | 週六 | | | • | | | | | | | | | | |

　　Franklin 草擬了上表後，就開始檢視自己的一言一行，他最先非常驚異的發現，「錯誤累累」(fuller of faults) 比他所想像的還多；還好他也發現，散佈於表上的點越來越少。在「井然有序」項目下，他犯了許多沒改正的錯；但在「節制」、「真誠」、「公正」、「勤勉」、「節儉」、及「謙卑」上，都有進步。他最後說：「大體而言，雖然我還未抵達完美境界，那是我奮力以求的，但已離不遠了。不過我如此做，總比不如此做，來得較為幸福，也成為較好的人。就如同有人想仿摹本來寫好字一般，雖然不能寫得如同摹本一樣的漂亮，但如果用了力，寫字的手勢比較正確，又持之以恆，寫的字就比較好看也比較上道了。」

　　在《自傳》中除了這種設計之外，還有其他設計頗富教育意味，也提供給吾人不少殖民地時代的教育實情，道出了十九世紀美國本土的教育史。歷經相互改善的扶持社團，設預約借書的圖書館，成立美國哲學學會，興建費城實科學校，編富有訓誨意味的報紙及年曆等許多十八世紀的新發明，Franklin 描繪出一個「新興民族」(rising people) 的理想，作為美國獨立後使用的教育便覽手冊。自傳或回憶錄內容所提供的，都平易近人，切實可

行。「先有」一百英鎊，則要二百英鎊就比較容易；金錢本身是具有生產性
質的。這也就是格言「萬事起頭難」，「好的開始是成功的一半」的意思。

　　《自傳》於 1791 年出版時，是法文版，而後於 1793 年改為英文版，
但只有第一部，那是在 Twyford 所寫的，第二部及第三部直到 1818 年才問
世，第四部則等到 1828 年才付梓，是法文譯為英文；在內戰之前，再版數
次，甚受注目。自我決定，自我教育，無師自通，就是 Franklin 成名的捷
徑。從他製作的勵志表中可看出，只要自己勤加修為，終能為己及為社會
貢獻一己之力。在〈致富之道〉(The Way to Wealth) 中，除了要求冷靜清
醒、勤奮、及儉省外，更不可不自量力，以為人定勝天。「我的教義，朋友
啊！是理性與智慧；但最重要的，不能太仰仗你自己的辛勤與儉省，以及
謹慎小心，雖然這是很好的，但沒有上天的賜福，則一切皆空，因之訴求
祝福吧！虔誠的、謙恭的，對於有求於己的人，勿忘給予救濟、安慰，並
施予援手。」

　　十九世紀自力圖強而有成者，多半受 Franklin 的影響，但他們多半轉
換為較抽象化的術語。超驗主義者 (Transcendentalists) 將自我教育予以心
靈轉化，取名為「自我教化」(self-culture)，作為個人上臻人性化及社會邁
向進步的必經過程。William Ellery Channing 在 1838 年的〈自我教化〉(Self
Culture) 一系列演講中就說：「一個人盡其所能的開展他的所有資質潛力，
尤其是最高貴的那種，以便成為比例勻稱，精力充沛，精緻傑出，以及幸
福的人，這都要靠自我教化才能有所成。」這當中包括有道德的（解決良心
與欲望的衝突），智識的（追求真理），社會的（轉化情緒成為理性的定則），
及實際的（適合於個人的行動）因素，各階層的男女皆管用。格言取自書
本、報紙、學會、社團、名人，以及參與公共事務或作雜工的經驗。Channing
向 Boston 的工商技藝人士發表第七次演說，借用 Franklin 的話：「你們有太
多的缺點要糾正與補救，補救之藥方並不是放在投票箱內，也不是運用你
的政治力，而是靠你對自己及對孩子那股忠誠的教育上。」Franklin 的自我
教育是世俗化的，適合於一般平民的生活；Channing 卻把它宗教化了，特
別強調人的神聖天性。

　　新興的印刷業也宣揚自我教育的理念，格調不是放得如同 Channing 那

麼高，但影響力卻最大。一方面既有基督教的虔敬心，一方面也有通俗化的拜託勸戒。William Andrus Alcott 所提的許多建言，對年青人尤有益處。Yale 醫學院出身，當過教師，他浸潤在改革呼聲高唱入雲的時刻，尤對教學及衛生之改革最為熱衷。1838 年出版《年青人指南》(*The Young Man's Guide*)，1846 年就已達 18 版。信筆拈來，就從「高氣質的重要性」寫到「罪犯行為」；且重印美國憲法，要年青人徹底予以研究，充分予以了解，以便成為「既聰明又有用的公民」。他的建議直截了當、詳細、實用。在〈改變心智〉一文中，要求培育觀察的習慣，談話的規則，消化讀物、看地圖、讀報紙的方法，參加辯論社及座談會的好處。提供廣博的閱讀資料，以便自我進修，不只讀、寫、算，還有史、地、生物、地質學、及化學。史、地之研究要配合日報所載的時事事件之時與地，從船貨物品的計算來提供算術技巧。報刊雜誌如有嘲弄宗教者，就要敬而遠之，更不要看一些「墮落」的刊物。隨時寫日記，記載天天進步的狀況。1849 年出版一本《致妹妹書，或婦女之使命》(*Letters to a Sister; or, Woman's Mission*)，也用同樣的口吻作要求：「女子的大任務就是理家」，因此該讀生物學、地質學、衛生學、語言學，還有化學。1856 年，他的另一本書《從小樹苗到大橡樹，或出身卑微者終於出頭天》(*Tall Oaks from Acorns; or, Sketches of Distinguished Persons of Humble Origin*)，描述的對象包括 Benjamin Franklin，他向讀者說，Franklin 在道德層面上不是如同 Johann Friedrich Oberlin、Martin Luther、或 John Harvard 那般的屬於「升天」(elevated) 的人，不過，卻在各種層面上是個偉人。

小說佈局及情節內容中敘及自我教育而有成者，對大眾的影響力也不容小覷，Horatio Alger (1832～1899) 是箇中翹楚，他是 New England 的牧師兼作家，從 1867 年發表一系列小說以來，到一次世界大戰，銷售量已超過一億冊，以描述阿傑英雄 (Alger hero) 為主作為題材，借用 Franklin 所建議的自律格言來自我教育，儉省、勤奮、冷靜、清醒，終於由一貧如洗到腰纏萬貫；說明從鄉下困苦生活到城市大都會繁榮富貴的過程，這也是 Franklin 在〈致富之道〉中所寫的一般。*Alger* 小說共 108 部，主角是「衣不蔽體的 Dick」(Ragged Dick)，上過主日學校，勤於讀寫算、文法、地理、

法文、數學、及聖經經文。教育仍然是提昇自己的不二法門。

讓我們再度引述 Franklin 在 1758 年的《序言》(*Preface to Poor Richard Improved*) 中的許多警世格言，這對於進德修行頗有幫助。其中數條是：

God helps them that help themselves.（神助己助者）。

The sleeping Fox catches no Poultry.（睡狐抓不到家禽）。

There will be sleeping enough in the Grave.（在墳墓中可以睡個夠）。

臺灣現在的人，尤其是年青人，晚上睡、白天也睡；下課睡，上課也睡；眾人皆睡我也睡。大清早搭公車或火車，也照睡不誤。年青人啊！光陰寶貴，應該多珍惜可用的歲月。要睡，在墳墓中就可以睡個夠。雅典人說，連白天也睡，是死亡的徵兆。

If time be of all things that most precious, wasting time must be the greatest prodigality.（若時間是一切最應珍惜者，則虛擲光陰是最大的揮霍）。

A life of leisure and a life of laziness are two things.（休閒生活與懶散生活，這是兩回事。）

Lost time is never found again.（時機一失，永不復得）。

Early to bed, and early to rise, makes a man healthy, wealthy, and wise.（早睡早起，健康、富足、又聰明）。

A small leak will sink a great ship.（小裂罅，沈大船。）

# 第三節　Noah Webster

1785 ～ 1786 年的冬季, Noah Webster (1758 ～ 1843) 在費城首度會見 Benjamin Franklin。這位雄心萬丈的年青律師，到處演講希望形成一種純淨化的美國語言，在費城裡他尋找當地最具聲望的人物，其中包括醫生 Benjamin Rush, 大法官 Andrew Bradford, 費城大學校長 John Ewing, 以及 Benjamin Franklin。當時 Franklin 恰好成功的完成駐法大使使命返回故里，

Webster 請求 Franklin 支持他最近出版的一本書，書名是《英語文法架構》(*Grammatical Institute of the English Language*)，以便介紹給美國大眾時增加聲勢，簽署支持雖未果，但 Franklin 同意 Webster 所作的英語精確化工作。Webster 的演說反應甚為熱烈，1786 年 3 月 22 日寫信給出版商說：「我正在做普及知識工作，為 New England 的光榮而奮鬥，即令費城人比較吹毛求疵，也承認我的說法新穎，且設計可嘉。」渴切、衝勁、豪氣干雲的擬在文學界大展鴻才，Webster 自覺「有得忙了!」

　　生於 1758 年的康州 West Hartford，上過 Yale，革命時還當過民兵。隨著時尚，唸法律時當過家教以便謀生，1781 年穿上法袍之前，還在康州的 Sharon 以及 N.Y. 州的 Goshen 學校任教，時介於 Cornwallis 在 Yorktown 投降及巴黎和約之間，他自認他的新式教學對新國家極為管用。「一顆星星」照亮了美國社會，1783 ～ 1785 年之間，作品的成果之一，就是書名極富高調的《英語文法架構，包括教學法體系摘要，以及為美國英語學校設計的英語教學法》(*A Grammatical Institute of the English Language, Comprising an Easy, Concise, and Systematic Method of Education, Designed for the Use of English Schools in America*)。

　　該書除了語言拼音及拼字教學之外，還有地理報導，其中對康州的部分最多；另有年代資料，記述美國從 1492 年到 1783 年的重大歷史事件。在發音上重視正統，消除各地方言的南腔北調。尤引人注目的是，在序言裡提到新國家文化獨立的目標：

　　　　美國的光榮黎明，已在有利的時光中及令人垂涎的條件下降臨。展現在個人眼前的是如果將世界過去的經驗，不分青紅皂白的把歐洲的政府架構，歐洲人的儀態口味以及文學形式，完全接引過來，作為建構美國各種制度的基礎，則我們很快就會發現，穩固且長久的大廈無法建立在古代已腐朽的樑柱上。「美國人」的任務，就是要從各國的智慧作品中精挑細選，來奠定我國的憲法根底，去除別人的錯誤，勿把外國的敗壞、罪惡、及阻擋引入國內；增進愛國精神及高尚德操，提昇知識，美化學問，普及萬眾一心志向，淨化「語言」，增加人性及

這個新誕生國家的崇高尊嚴。

Webster 書中所提的文法，仍然取自 Donatus 以還 Latin 文法書所提的規則，沒什麼大變，倒是在讀本中，大量用美國本土教材當教科書資料，如「哥倫布的眼光」(The Vision of Columbus)，選自 Joel Barlow；「Canaan 的征服」(The Conquest of Canaan)，選自 Timothy Dwight；「美國危機」(The American Crisis)，附上 Thomas Paine 所寫的序言：

> 在選材時，並非沒注意到美國的政治利益。國會中不少叫座的講稿演說，寫在革命開始之際，內容如此高貴、公正、以及表達對自由及愛國情操那種獨立的氣息，我不得不將這些摘取過來，希望灌注於年青下一代的心胸裡。

政治獨立與文化獨立二者不可分，這是 Webster 在道德層面上希望國人不可或忘的。1785 年他在《美國政策一覽》(*Sketches of American Policy*，共 48 頁) 中說，希望有個強有力的中央政府，不要如同邦聯 (Confederation) 那麼軟弱。國家有必要「在最高的領導階層上有超強的力量，授予權限可以立法，一方面尊重各州，一方面各州也要守法」，讓全國團結一致，有必要透過教育，如此才會祥和。

> 科學使人解放，獲得自由，排除了最根深蒂固的偏見。每一種偏見，每一種反社會的情愫，都是一種敵人，不利於友善的交談，且在對立時火上加油。

更為重要的是，獨立國家應發展國格。「只會一味的模仿外人習尚、語言，甚至缺失，沒有一樣比這更荒謬的。將我們這個初生的政府置於一旁，認為只有能力提供歐洲式的享樂風尚。但沒有一樣比作為歐洲人的猴子，更是美國人當中最為卑鄙也最為人所瞧不起的。一個美國人不應問，什麼是 London 及 Paris 的風格，他要問的是，什麼才適合於我們的國情，什麼才對我們有尊嚴。」

兩年後，恰是美國憲法在各州討論甚為火熱之際，Webster 寫了六篇文

章交給《美國雜誌》(*The American Magazine*) 發表，沒有題目，當時他是該雜誌的主編。他倒出乎常情的謙虛起來：「我並不認為我能夠對一般教育這種長年題目提供什麼新的觀念，只是認為美國年青人的儀態舉止，應該有可能予以改善。我們的民事法律還未鞏固的建立下來，我們的國格還未塑造，這是一件巨大工程。學制應予規劃，詳予研究，不只作為普及科學知識之用，還為美國年輕人的心裡植下品德的根基、自由的原則，並鼓舞他們建立富有公正及自由理念的政府，這是吾國永不可侵犯的精神。」

知識作為建立品德及自由的根底，Webster 這種看法，基本上就是功利主義的主張，也是 Franklin 的模式。他相信每一個美國孩童都應學會說正確的英語，寫正確的英文，具備實用的算術、歷史、地理、及當地政府的基本知識。此外，也得研究一些日後生活的準備知識，擬種田者需學耕稼，想作生意者要熟悉現代語言、數學、以及工商貿易基本原則，打算從事學術研究者應精通古典語文；應給婦女特別機會來學詩詞及文學。他嚴詞譴責傳統課程只以 Latin 及 Greek 為重，其實花在這兩科的時間很多，收穫卻少。他同時也不滿過去將聖經當為學校教本，因為太過熟悉反而易引起蔑視之心。尤應注意的是，美國的教科書應針對美國教育而編。最後，牢固不拔的堅強性格之訓練，最不可或缺，學術教育必須與此相佐配。

此種教育又如何來進行？家長要承擔部分責任，公共報紙負責另外一部分，而旅遊美國各地也分擔一部分。年青人可以檢視各地各州的山川風土人情、河流、土壤、人口、全國商業利益之增加狀況、居民精神及作風之異同等；各地公立學校更責無旁貸，一年至少上課四個月，聘當地最優秀的人當教師。「學童領會各種知識，尊長敬上，守法蹈矩，盡道德或社會義務，了解歷史，知悉當地之交易、政府組織、及自由原則，馴服蠻野之性，培育善德及良行。」

整個論文之主旨在於強調美國的特質，為新人民而設計新教育，拒絕歐洲敗壞式的價值觀念、作風，及制度。「美國人啊！解脫心靈的枷鎖，像一個獨立的個體來行動吧！你們作孩子，時間夠長了，受高傲的家長之控制及威權也夠多了。現在你們自有自己的利益來維護，來控扼。你們這個王國已興起，要靠你們的奮力來支撐，塑造國格，透過你們的智德來予以

擴充。為達到此目的，有必要進行廣博的政策計畫，學制就奠定在這個根基上。」這是 Webster 的結語。

　　奇怪的是，他除了說及古典語文之外，就不再提及高等教育問題。數年之後，他經驗了一種宗教上的改變，遷往麻州居住，生活更為儉樸，參與 Amherst College 工作，他才又注意高等教育這個領域。但此時年歲已大，觀念趨於保守，說的話不再是共和國的語調，倒像一位 Yale 復甦者的福音傳播師。1820 年 Amherst 奠基典禮上，Webster 說：「本學府的目的……是作為使徒任務的副手，在建立並擴充救贖主的王國 ── 真理王國。這是一項重大工程，把人們從無知及墮落中提昇出來，啟蒙他們的心靈，拔擢他們的品格操守，並指導他們邁向幸福及榮耀之路。」Amherst College 創校用意，在於提供文科教育給牧師來宣揚福音，在課程及行為上完全地走正統路線。Webster 及其他創校者，都希望本校扮演一項重要角色，即阻止「普遍瀰漫在劍橋的過錯」，使之無法蔓延。他們指的一所罪惡學府，當然是指唯一神教 (Unitarian) 派的 Harvard。要注意的是，Amherst 雖走正統之路，但並不與 Webster 早年所提倡的美國獨特教育，風馬牛不相關。因為一位在 New England 產生復甦者，他一定是個道道地地的美國人，在維護自由上，意義比維護一所福音傳播的學院更是他的職責。一種真正的文雅教育，一定有兩個因素，一是受宗教感召的基督教精神，一是古典教育的實質內容。要是說 Virginia 大學之感召是 Jefferson 實現共和國教育的極致，則對 Webster 而言，Amherst College 之成立，也是他實現理念的顛峰成就。

　　如同 Jefferson，Webster 認為公共教育的層面要廣博，不單只指學術而言。1828 年他為「教育」下定義時，並沒有含學校活動在內，而是指：「把藝術、技藝、科學、道德、宗教、及行為原則注入於心中。」把孩子教好，是家長及監護人最重大的職責。他雖熱愛律師工作（簽名常是 Noah Webster, Esq. Esq. 是 Esquire 的縮寫，是「先生」的意思），但認為他本質上是個教育工作者，常利用各種可資利用的教育工具來教導他的國人。作過班級教師，除了《文法架構》一書有好多版本之外，還出版學術教科書，如《有用知識之要素》(*Elements of Useful Knowledge*, 1801 ～ 1872)，涉及歷史、地理，及動物學教材；《學校用途傳》(*Biography for the Use of Schools*,

1830)、《美國史》(*A History of the United States*, 1832)、《教師》(*The Teacher*, 1836) 作為拼音讀本之教師手冊,《實用科目手冊》(*A Manual of Useful Studies*, 1839),是一典型的百科全書。他還編輯許多期刊,如《美國雜誌》(*The American Magazine*, 1787 ～ 1788),《美國 Minerva 女神》(*American Minerva*, 1793 ～ 1797,Minerva 職司技藝及戰事)。《論壇報》(*Herald*, 1794 ～ 1797),《商業廣告》(*Commercial Advertiser*, 1797 ～ 1803),及《觀望者》(*Spectator*, 1797 ～ 1803)。發行許多演講集及論文集,選輯在《驅使者》(*The Prompter*, 1791),仿 Poor Richard 方式,是一本暢銷書。1799 年還協助成立 Connecticut 文理科學院 (Academy of Arts and Sciences),這些都具教育意義及特質。不管他的身分是課堂內的教師,校外的律師、新聞業者、或政治人物,他都不眠不休的在教,他所教的不外是美國共和精神,那是特有的美國文化。一位好公民,就是接受此種文化所涵養的人。

作為一個教育工作者,Webster 一生中最足以自豪的就是他的字典,從他的字典中可以看出他對教育的想法、目的、及過程。對他來說,共同語言不只是文化的核心重點,也是社區生活及國家穩固的基礎。1789 年他在《論英語》(*Dissertations on the English Language*) 一書中,他說:

> 從政治角度來看,發音相同,這太重要了。因為各地方腔調不同,不只聽起來像是陌生人在說話,對培養社會感情也有不幸的後果。所有的人皆有地方情,導致他們認為他們的說法最沒例外;傲慢與偏見,也容易促使他們瞧不起鄰近地區人們的說話。如此,首先是發音稍有差異,極易激起笑柄,對陌生人的奇特性予以嘲弄,此習慣一養成,就易流於蔑視,既缺尊重性,則友誼只虛有其表,社會交往也流於形式了。
>
> 上述的現象,對個人、小社群、及大社區而言,也是真的。小事情如取綽號,或說話音調粗俗,都會在各州居民中生出不協和的氣息,這在小私人公司或公共場合裡,皆常發現。為了政治上的和諧,有必要先使語言統一。
>
> 吾國既已獨立,我們的榮耀,要求我們要有自己的體制。政府組

織是如此，語言也莫不如是。

抱著此種情操，Webster 的第一本著作就是拼音書，這是一點也不意外的。而接著不久，他又忙於想「編輯一本字典，來完成一項使命，即教導國民學習語言」。但這也得等到 1800 年時，他才著手進行。1806 年終於有所成，《簡要英文字典》(*A Compendious Dictionary of the English Language*) 出版，收集的字有五千之多，比當時英語世界中最具權威的字典還多，那是 1755 年由 Dr. Johnson 所編。Webster 的字典，許多字是美國的新語 (neologisms)，如 wagon (馬車)，plow (犁)，mold (鑄模)，ax (斧頭)，labor (勞力)，honor (榮譽)；在拼字法 (orthography) 上有了稍許修正，如 musick 中刪掉 k，honour 中刪除 u，theatre 改寫為 theater。發音力求一致及標準化，成為「New England 士紳所共同發出不含劣質語言的發音」。他還另有雄心，擬編出一本正確英語用法的字典，該字典在 22 年後出版，即《美國英語字典》(*An American Dictionary of the English Language*, 1828)，兩大冊，共收七萬個項目，三萬個定義，包括美國境內的特殊公式、法律、習俗、觀念。他一再的提及，如果美共和國要生存下來，則有必要把語言純淨化並一致化。他將此書獻給美國民眾，「渴切的盼望來改善自己，增進幸福，持續增加財富，累積知識，提升道德及宗教情操，以及吾國的榮耀。」本字典確是他的鉅著，不管就實質內容或外表形式而言，都具有教育意涵。

評論或釐清他的教育理念所產生的影響，在他的教育作品中似乎至少有兩個相互矛盾的說法存在其間。第一，Webster 重覆的希望發展出一套嶄新又獨特的美國文化，但在實際作法裡，他卻借用了歐洲尤其是英國文化中最好的部分。他當然認為美國文化不能憑空而起，他不只一次的建議國人應廣泛的汲取全球的智慧，選擇具價值部分移植到本國來。他所反對的不是借用，而是盲目的模仿。不過毫無疑義的是，在 Webster 的知識裡，有濃厚的歐洲傳統。他的字典、文法規則、和科學材料，大部分取自英國。第二，Webster 的思想，曾有長時的演變，年青時觀念最激進，老年時則為保守作風。我們早已提過，改變並不如一般人所想的那麼大，如同當時許多聯邦黨 (Federalists) 的人一般，Webster 看出共和國的安全及健康，全部

得倚賴公民要有能力來把個人的需欲與社會的福祉,二者協調得恰到好處,也寄望中央政府強有力的來仲裁內部的衝突。從頭到尾,他都看出教育扮演舉足輕重的角色,來促進「團契感」(sense of community),也就是他所說的「一體感」(uniformity),該字眼可以使上述兩種衝突的化解變成可能。

即令 Webster 的理念中似乎有點不一致之處,但影響力則遍佈各地。十九世紀他的拼音書賣了數百萬冊,全美各角落皆可看到該書被美國人採用,連印地安人擬製作 Cherokee 字母時,也參考仿照。他的《美國字典》(*American Dictionary*),不只為美國人使用,連英國人也照用不誤。學問本由英轉美,現有由美轉英現象了。不過,Webster 企圖標準化及純淨化語言作為統一國家的想法,效果卻只是短暫的,無法持久。語言的地方色彩太過濃厚,導致《美國字典》出版後三十三年 (1861),南北美國人在醉心於拼字、拼音、及字意定義上尋求「一體」的努力中,爆發出兄弟鬩牆的血戰,這大概是 Webster 始料所未及的吧!

## 第四節　Amherst College 及 Francis Wayland

創建 Amherst College 時, Noah Webster 是背後的主力之一,其後變成一所大學院校機構。雖然 1821 年他辭去 board of trustees(董事會)的主席職務,四年之後,該學府獲立校特許狀,也擁有權力來授予學術的學位,但他仍與該學府保持密切聯繫,歡迎學生隨時到他家;與教師私誼甚深。如同 Jefferson 一般,該校對他而言,是老年中的一個孩子。

一獲立校後,在 Heman Humphrey 當校長時 (1823 ~ 1845),快速成長,教授中 Edward Hitchcock 是地質專家,還擁有化學及自然史教授頭銜;Nathan W. Fiske 及 Solomon Peck 任教古典;Samuee Worcester 是修辭學家,兼管圖書館;以及 Jacob Abbott 是數學及科學專家。周遭環境雖屬正統,該校於 1820's 年代晚期仍大膽的作為改革的先鋒,介紹新課程及新科目,引發了大眾對高等教育極大的關注與興趣。改革的主力,來自於教授,當中 Abbott 起帶頭作用。當然,學生數之增加,以及學科之分門別類,也是改革非進行不可的壓力因素。教授們的改革理由,是認為大學院校沒有

配合社會及經濟在訂了 Treaty of Ghent（1814 年英美兩國簽和約）之後的快速發展。他們直接坦率的提出，傳統課程及科學課程，他們並無特別偏愛，也不吹毛求疵；大多數學生可以在這兩種學門上獲益，此種說法他們也不表異議。但他們不滿的是，不管學生的社會期望或職業導向如何，完全要求他們非修讀兩類型課程不可，還是不對的。他們暗示，除非學校本身考慮到一種新類型學生之需要，（這群學生人數漸多，他們志不在於作學術研究，卻喜歡作生意、耕田），則社區中對本學府斥資金錢者以及學生本身，都會離本學府而去。

教授們所倡議的是，要面對「改善、快速進行」(the rapid march of improvement) 的挑戰，既要有持續性也要有變革性。所有學生的入學資格仍一如舊慣，強調拉丁及希臘文，及四年的古典及科學科目，然後授予學士學位，這種制度，仍然維持。但要規劃一種新的課程與傳統有別，即較重視現代面及國家認同性，比較「適合於一大群年青人的口味以及未來他們所擬追求的，讓這群年青人接受文雅教育的利益。」因之以法文及德文來取代拉丁文及希臘文，強調英文學、現代史、民法及政治法、及自然科學；課程深度及廣度比照古典科目及科學科目，但不授予學位。此外，成立一個新的學系，即教學之科學及藝術系，旨在培養師資；另一系也在規劃中，即工學 (mechanics) 理論及實用，不只提供給「許多學生練習及娛樂用途」，還可因「維護本校各種建築，且設備及傢俱受到修補」而受益良多。

董事會接受教授的提議，同意增設兩個新的學系以便增加新的財源；1827 年及 1828 年的目錄中，也宣佈開放平行課程 (parallel course)。學生興趣被引了出來，改革之風氣也瀰漫在校園內。但學生之熱度不久即消失，因為他們發現修完現代課程之後，領的是一張證書，價值不同於一個學位。1829 年，董事會放棄了此種實驗，只有法文還留在課程表內。

1820's 年代 Amherst 所扮演的戲碼，是偏愛改革及課程更新。而董事會謹慎細心的接納與放棄，以及革新的功敗垂成，這些都是內戰之前，美國高等教育的一景。改革的呼聲此起彼落，全國皆有回應。高等教育應配合共和社會的發展及需要，受到歐洲當代大學的觀念及作風所啟示，改革的項目從傳統科目的變革，平行科目的介紹，新學系的規劃，新學科教授

的聘請，到新學府的興建，不一而足。事實上，1820's 年代可以說是改革先後的分水嶺，十年之中，可以看出 Jefferson 在 U. of virginia 的變革，准許學生在該校八個學院中選科上課；George Ticknor 也在 Harvard 努力革新，把課程按性質分別設立在各學系之內，許可學生有些選科權；Eliphalet Nott 也在 Union College 力圖振興，設置平行課程，強調現代語言及自然科學；James Marsh 在 U. of Vermont 也著手更新，分科設系，放寬學生的選課尺度。即令那些自認是保守之士，也用改革之名來抵制改革；其中常被引用的 1828 年之《耶魯報告書》(*Yale Report*) 就是代表，該報告由校長 Jeremiah Day 及 James L. Kingsley 所執筆，他們主張課程改革要走漸進式而非激進式，認為大學的目的是「為優異傑出教育奠定基石」；達成此目標的最佳方式，就是提供一個統一科目，包括古典、數學、及自然科學。該報告特別強調知識性學術文化的價值，套用 Day 的用語，即是「擴充心智力，灌注知識於其中」(upon expanding the powers of the mind and storing it with knowledge)。但吾人應該謹記於心的是，Day 及 Kingsley 強調奠基，然後更實用及更專業的學科研究，如法律、醫學、或神學，或「作商品販賣、機器操作、或農作耕稼」，就可在其上發展出來。

　　溫和式的改變比較能得逞，*Yale Report* 變成最後在課程改革中的主要勢力。1830's ～ 1850's 年代的大學院校裡，課程改革不外是文學院文科本身的改革，也就是說，在四年制文學院之外，另設科學及技術學院，科學學社，以及其他特殊知識領域的團體，如費城的 Peale's Museum (博物館)，Boston 的 Lowell Institute (科學)，及 Washington 的 Smithsonian Institution (綜合學科)。不過，即令 *Yale Report* 是主流勢力，但個別學府的改革壓力仍持續存在，且該報告也無法阻止更大規模的學術改革。「心靈的行進步伐」(the march of mind，是當時的用語)，要求高等教育接受實際用途的考驗，該用語是牧師 (Reverend) James M. Mathews 在 1830 年秋季於 N.Y. 的聚會中向一群文學家及科學家所說的開場白，大家當時正在討論紐約市立大學 (U. of the City of N.Y.) 事宜。該大學即其後的 N.Y. U.，經過四天的論文發表、報告、及討論後，Mathews 對實用的效標說法，廣為傳統人文及改革派所接受；但該句話應作何解釋，且如何予以實現，則眾說紛紜。

　　提出最具綜合性、最廣泛的改革計畫者，應算是當過 Brown U. 校長超過二十八年以上的 Francis Wayland 了。生於 1796 年的 N.Y. 市，成長於 N.Y. 州，上過 Union College，那時是 Eliphalet Nott 當校長，大受校長的影響，終生成了 Nott 的追隨門徒。在 Troy 向 Moses Hale 及 Eli Burritt 兩位醫生學醫，但 1816 年受宗教感召成為教徒，還上 Andover 神學院 (Theological Seminary) 研究神學，1817 年回 Union 成為講師直到 1821 年，然後到 Boston 第一浸信教會 (First Baptist Church) 擔任牧師。1825 年參加 Amherst College 的董事會，1826 年又回 Union 但停留不到一年，當時他已是浸信教 (Baptist) 名牧師，也因 Nott 等人的推薦，遂接 Asa Messer 之後成為 Brown 大學校長，1855 年退休，校長當了 28 年之久。

　　由於受教於 Nott，Wayland 一當上校長後，即從事教育改革。他的前任 Asa Messer 在當校長之初，即面臨學生的管教問題；1812 年的戰爭後，學生之間還只是開玩笑太過分而已，1820's 年代卻演變成暴力十足的騷動；且由於教義上的異論嫌疑，使得校園事件一發不可收拾，導致 Messer 的辭職。Wayland 立即採取行動，收拾殘局以恢復秩序，重新訂定校規，要求教授住進校內，隨時勸導學生言行，馬上向校長報告缺課犯規者，校長有權開除犯過學生，並通知家長。Wayland 的師生住宿政策，損及醫學教授的利益，他們不願放棄在 Providence 開業的鉅額收入，醫學院實質上受創最深。

　　除了收復管教權之外，Wayland 還要重振學術研究雄風。他下令各生每天增加背誦課，除了「古典語文」(learned languages) 外，課堂內不准使用教本，用意是師生皆應熟悉教本材料，上課時間是供師生用自己的話來討論及評論。Wayland 有次這麼說：「讓我們不要忘了，教師的職責是書本合起來之後，就是教師教學開始之點。心向著心，這種行動最能激起漣漪，引發覺醒；以範例來解說推理力及通觀範疇，學生說不會思考也是不可能之事了。教師此種任務，最為高貴也最受尊崇。」他特別強調圖書館應予擴充，任校長之初，只有六千冊而已；他還設計一個報告表，向家長陳述子弟每學期的表現及成績。

　　學 Nott 的樣，他以身作則，召集全校學生上禮拜堂，向大四學生講解

道德哲學，到學生住所探望學生起居，他無處不在。有一名學生回憶著校
長上任時的狀況：「Dr. Wayland 的個人榜樣及影響力，立即給此大學注入
一股新活力。一位大人物的力量，堅毅意志力，馬上被大家感受出來，他
不用教科書就可上課，也引出了一股嶄新的興趣。」

不過 Wayland 一開始，並不以為進行教學及訓導方面的改革為已足，
他還擴大領域去思考一般性的學習問題，他自己回憶初當校長時的狀況：

> 此時開始作為一名獨自耕耘的教學工作者，我深深的感受到兩件
> 事頗為重要。第一，每種學科在教導理論時，皆應付諸實際；第二，
> 教學過程中，盡可能的要考慮整個社區的需要。對我來說，前者作為
> 智育訓練是最為重要的，任何一門學科的抽象原則，如只作為孤立不
> 相聯屬的真理來予以學習，那是會很快遺忘的，但若應用於實際存在
> 的經驗上，就可牢記在心了。還不只是如此而已，當理論與實際結合
> 為一，心靈就產生一種習慣，即依據規則來行事。如此，心靈就與宇
> 宙兩相和諧，因為宇宙是有法則的。

> 就第二點來說，若是教育對社會中的某一階級人士有好處，則它
> 對全部階級的人也有好處。這並不是說，所有的人皆應學相同的科目；
> 只是說，每個人都應有機會在自己所選擇的人生道路上，來研究對自
> 己最有利益的學科。

理論與實際兩相搭配，又注重普及教育，Wayland 作了多年的校長，
發展出一套史無前例的廣博科目，那是新的工業化國家也是新的共和國所
需要的。這種構想與作法，散見在他的年度報告及其他即興式的寫作中，
但綜合在三本文獻裡。一是 1842 年出版的《美國當代學院制度概況》
(*Thoughts on the Present Collegiate System of the United States*)，當年他去過
法國、蘇格蘭、及英格蘭。二是 1850 年的報告書，以委員會主席身分向
Brown 董事會報告，評量課程的改革。三是 1854 年在 Union College 發表
演說，慶賀 Nott 擔任校長五十年，講題是〈美國人所需要的教育〉(The
Education Demanded by the People of the United States)。

分析 New England 的政治經濟發展，Wayland 的規劃植基於此。他看

出自革命成功之後，該地區有兩項基本上的變革，一是政治自由，二是工商長足進步。他說：「我們當中任何一個，都是自己前途的建構者。確定了此項特權的同時，也得承擔作個自由民應盡的責任，在每個人身處的領域裡，為了自己也特別為孩子，追求最能獲得成功的知識。」除此之外，New England 及 Brown 大學所在地的 Providence，由於快速的經濟發展，因此產生一種新興的個人；教育他們，有必要另行安排。「文明的進展，恰如沿著實用技藝的路線行走。蒸汽、機器、及商業活動人員，已形成社會上的一種新階級，他們是舉足輕重的。目前，純作學理研究者已越來越少，從事實際實業操作者，則大量增加。」此種變遷已給教育帶來危機，症狀之一是 New England 入大學的學生數與人口增加數，二者相比，不成比例。他的規劃，就是治療病症的處方。

初等教育方面，Wayland 接受 1830's 及 1840's 年代 New England 的作法，每一位公民都受一般性的英語教育，隨時進行教育改革。讀寫算的能力，以及一般知識的學習，就是小學教育的重點；而良師的選擇及訓練十分重要，良師的影響力絕不限於教室，也不限於校區而已。他說：

> 教師在師生關係結束之後，成為學生之伴侶及友人，鼓勵並指導那些擬自學的人；對社區發表演講，使社區人士增加對學術的認識；設立圖書館及其他改善公共知識之方法。教師對整個社會，功勞太大了，他的辛勤帶給大家的福利，難以估計。

教育如普及，則眾人會要求接受更多的教育。本來未被挖掘的人才，未經開發的能力，一旦被發現之後，更多教育的呼聲就喊叫出來。因此高等教育應早日規劃，但不能像歐洲及美國傳統的大學院校那般，只滿足於少數擬作學術研究的人之需要而已。除了學生日後作律師、醫生、牧師、及教師之外，另還有為數難以計算的「生產專業人士」(productive professions)，也應列入高等教育的對象。

固定化（僵化）的課程，四年制的古典、數學、自然及道德哲學，修完後可得學士學位，每生皆唸相同學科，進度也相同，此種制度應予廢除。取而代之的是課程大幅度的擴充，修讀時間也長短不一。除了傳統科目外，

另有化學、物理學、地質學、英語文及修辭、政治經濟學、歷史、法律、及教學術；農學、應用化學、應用科學，「既實用，也准學生選修，學生只修他所選修的科目，除此之外，沒有別的!」但一選就要精通。教授及董事會有權來決定哪些科目或哪些科目的組合，可以授予學位。

在 Wayland 的設計裡，有三項原則，一是課程的廣博性，包含全部社會的智能需要。二是社會各階層的人都可入學。三是各生都可自由選擇科目，決定求學目的。高等教育人人可入，則高等教育的性質必與過去大不相同。Wayland 說：

> 為吾國設計的高等教育制度，先得建立一個自明的格言，即非只為某一階級的人而設，卻為全民而設。大學不是為一個派系或一個門閥而開，卻為全社會開放。在此種基礎上，我們的教學是提供給全民任何一個人的。在我們國家內，擬設一所學府時，我們第一個要問的是，除了我們所有人都共同需要的知識之外，何種知識是我們人民當前所需要的，以便使他們做事完美無缺，有能力依原則而行，發展他們的智能潛力，運用他們的才華，為己也為國家爭取最大的福利？不管此種知識是什麼，都應該大方慷慨的提供給任何階級的人，而非僅限定給某些階級的人。不過，這些知識在教學時，不只要增加知識而已，卻應增加並擴充心靈的原有能力及技術。當全國普遍設立此種學制時，我們就可以向全球展示自由制度所產生的正當結果。不務此正業，那都是一種羞恥且也是一種笑柄。

Wayland 的改革中還有一點值得注意，要是大學院校真的變成公共機構，則應廣設在社會任一角落。取 Boston 的 Lowell Institute 為例，他描繪的大學院校不只為所有學生開設廣博課程而已，且還向全民普及最佳的思想、說法、及發現。小學教師既可跨出教室門檻來提升鄰近地區的文化水平，則每一個大學院校「更應該成為資料情報的重鎮，傳送該資料給全民，普及各種各類的知識之光，讓全民皆能有最佳最正確的感受」。大學大眾化，不是時髦，也不是流行，更不是迎合大眾口味，卻具有高格調。「大眾化 (popularity) 之所以有價值，是因為大眾隨著我們走，而非我們向他們追

逐。」並且，一個人「不必為大眾化操心，只要誠信純樸、仁慈熱心的辛勞工作，使他的同胞更聰明、更幸福、更美好，則最後就能得到大眾化的目的。」

　　內戰之前，高等教育改造所提的設計中，Wayland 的規劃，最廣為人知。Philip Lindsley 在 U. of Nashville 也在一系列的演講裡為 Tennessee 州提出一套完全的學制，從幼兒學校到大學院校，甚至專門性質的學校（法、醫、軍、神、農、工、海上科學等），科目五花八門。在 Lindsley 的規劃裡，小學不只教讀、寫、算、史、地，且也包括所有知識，如物理、天文、力學、經濟學、甚至倫理學、修辭、政治、經濟、地質、化學、礦物學、及生物學。大學則要求「教導各種學科的教學法」，以及任何人人想學的學科。大學圖書館應擁有「所有現代或古代語言的資料，凡是現存者，都應有一本或數本」。實驗室應藏有「活的實物或保存的標本，包括植物、動物、及礦物，地球上稀有者，水陸裡的植物」。大學應有植物園、天文觀測臺、發明用的儀器、及藝術作品。此外 Nott 的一名學生，1852 年擔任 U. of Michigan 校長的 Henry Philip Tappan，也為 Michigan 州擬定一套學制，仿普魯士制度，側重百科知識，准許學生選科，注重資料中心的圖書館、實驗室、觀測室、博物館、及美術工藝館，依此來擴充人類的知識及領會領域。三人皆重知識的實用性，但 Lindsley 的學制只限公立學校，Wayland 則放在自由市場上，Tappan 則較學術取向。三人皆希望擴充人類知識的範圍。不幸，三人的課程改革在當時各自的學校內皆沒成功，Wayland 的改革由 Brown 大學董事會 (Corporation) 所接受，時為 1851 年，但後任校長 Barnas Sears 認為太理想化而予以放棄；Lindsley 則因籌不到改革所需的款項而望錢興嘆；而 Tappan 則因與攝政會發生數次令人不快的政治摩擦而被迫於 1863 年辭職下臺。不過，這並不代表興革無望，大學院校透過兩條管道，持續進行課程改革。第一，既存的原有課程如語言、科學、及道德哲學，繼續擴充範圍。第二，增設專屬的學府，其後成為大學的一部分，如工程、法律、醫學、農業等學府，以及圖書館、博物館、植物園、科學學會等。大學院校小變，高等教育則大變；1880's 及 1890's 年代之前，二者各自孤立，俟現代化教育的大工程師如 Daniel Coil Gilman、Charles W. Eliot、

Nicholas Marray Butler、及 Willian Rainey Harper 來臨時，二者已合而為一，大學變成綜合性的高等教育學府了。

## 第五節　　Smithsonian Institution

1838 年夏季，在總統 Martin Van Buren（1782～1862, 1837～1841 為第八任總統）指示下，國務卿 John Forsyth 發函向全國重要大學校長、教授、及公共事務的人徵詢，該信首先說到：「根據已故倫敦 James Smithson 的遺囑，一大筆的財產要贈給美國，其目的，遺囑上寫得一清二楚，即在 Washington 地方設立一所機構，取名 Smithsonian Institution，來宣揚並普及知識給全民。」該信繼續說道：

> 在美國國會法案中，1836 年 7 月 1 日通過接受這筆捐贈，誓言遵守該捐贈者之信託，由國會負責其事，按生息的總數約十萬英鎊，總統急切的擬呈獻給國會予以考慮採取行動。動用此筆款項之前，就商於學術工作者，提供意見幫他做判斷有關於公共教育之事；如何運用其生息，以便能實現捐贈者的遺志，且對人類最具意義。

隔年秋天，第一位回信者是 Francis Wayland。Wayland 說，美國已不需要再建設新的大學院校或專業學府；倒應設立一所機構，學術科目的深度高於大學院校；有古典及哲學科目，供成年人研究之用。除了「法律及醫學的哲學原則」之外，還有 Latin, Greek, Hebrew, Oriental（東方）語言，學術用的現代語言，數學，天文學，土木工程及軍用工程，戰爭術（程度在西點之上），化學，地質學，礦物學，修辭及詩詞，政治經濟學，語言學，解剖學，歷史，以及各國法律。

不到一個月之後，Forsyth 又從 John Quincy Adams 處獲得一封完全不同的回信。Adams 是前任總統，現在是眾議院議員。他說該款無論如何，不該設立中小學校、大學院校、或教會機構、或任何年輕人的教育機構。因為設立這些，「完全是美國人民本身應承擔的神聖使命，應由美國人民自己出錢，自己負責辦理。外國人的施捨捐款移做此用途，不值得」。倒應把

該款項用在興建大天文觀測臺之用。「規模最大，設備最齊全」，可以與英國格林威治天文台 (Greenwich Observatory) 或法國經緯度觀測局 (Bureau des Longitudes) 相比，將觀測所得之資料予以出版，並根據這些資料發表年度的航海年鑑。

Adams 又送來第二封信。不到一個月，Richard Rush 寄給 Forsyth 的信到了。他是律師兼外交官，是促使該筆款項由英轉來美的主力人物。他也認為把該筆款項用在興建一般性的大學院校，或用在小學教育或給予年輕人一般性的教學，並不是善用 Smithson 遺產的最妥當方式。他倒希望設立一個機構，使住在地球上各角落的美國人都送種子及樹苗到這個機構來予以繁殖，然後散播至全國各地。全國及全球各地的傑出學者，大家發表公開演講。學者由總統及參議院任命，然後在該機構附設的出版社予以出版演講內容，銷行各處。

其他回信也如雪片飛來，報紙、雜誌、國會開會，都在討論此事。大家興致勃勃，全國陷入辯論當中，但焦點集中在國會。用什麼方式來「宣揚並普及知識給全民」，最符合 James Smithson 的遺囑及美國人民的需要；什麼知識對新興的共和國最具價值，大家意見紛歧。從 1838 年此案開始在國會討論起，到 1846 年國會通過法案來興建 Smithsonian Institution 止，有人甚至還說，該遺產捐贈對美國這個新國家，是一種侮辱，乾脆退回。不過，最後還是折衷妥協各方意見，以四種模式來興建該機構。

第一種模式就是設立一所國立大學，多多少少按 Wayland 的構想。此擬議早在 1838 年就由 Rhode Island 州參議員 Asher Robbins 所提出。Robbins 的想法與 George Washington 當總統時早就提出的國立大學主張相連。但他警覺到此種構想在半世紀以來引發了不少衝突，因此他只輕輕一筆把往事交代了事，不願重挖瘡疤。他倒提議設立一個由國會資助並經營的獨立學府，教授皆是舉世聞名者；課程是科學，文學，及藝術。Robbins 說：

> 關於科學科目，只限定吾人所說的正科學，是指純原創性的科學而言；加上一些實用性的分支，現在不用多提。也排除那些學究性的知識 (professory learning)。文學呢！只選擇最好的文學作品。藝術也是

指那些由最完美的文學所滋生且可以再生的；充分練習，定時按規定又辛勤的耕耘，以便使藝術技藝力提升。入學之前的預備條件應予以規定。本學府並另設一個預科，附屬於本學府之下。

第二種模式是設立一個國立農校，這在早期辯論中早已由 Charles Lewis Fleischmann 提出。當時負責提出計畫以便運用 Smithson 捐款者是 John Quincy Adams。Fleischmann 建議的機構，展示出在任何情況下，都可從農業研究中獲取最清楚及最恆久的利益。基礎的學系就是 agronomy（土壤學）、農業學 (agriculture)、蔬菜栽植學 (vegetable production)、動物飼養學 (animal husbandry)、及農村經濟學 (rural economy)；附設的學系是獸疾術 (veterinary arts)、農業機械學 (agricultural technology)、森林學 (forestry)、農業建築學 (agricultural architecture)、及農業工程學 (agricultural engineering)；另有化學、自然哲學、礦物學、地質學、植物學、動物學、氣象學 (meteorology)、數學、及繪畫。最後，有個農場，一個植物園，一座圖書館，一個化學實驗室，一個博物館陳列農業儀器、動物骨骼、昆蟲標本、及種子標本。開始時，學生不超過一百人，入學時年齡至少十四歲，且體力旺盛足以從事農業耕種工作。

Robbins 及 Fleischmann 的模式，具有教學機構性質。Robbins 的設計包括全部的文科及理科，Fleischmann 的規劃則集中在實用科學及農業技術。而 Adams 的構想，顯然又別具一格，那是一座天文觀測站；1840 年還以 Smithson 捐贈委員會主席的身分向眾議院提出報告，陳述兩項原則來使用該筆款項：第一原則，該筆款項的本金應永遠保存，只使用生息部分。Adams 解釋道：「知識之增加與普及，與時並進，但機構一設就了事，組織一立也就完備。捐贈的大部分金錢，應該僅限定用在非常狹小的範圍，無法與龐大的計畫來增加且普及知識相比擬。」

第二原則，捐款基金的任何一部分，本金或利息，皆不可用來設立大中小學校、教育機構、或教派機構之用。「因為這些機構都作教學用途，只在傳播已有的知識，而非在於發現新真理，或發明新儀器來擴大人類力量。」基於後項原則，Adams 的委員會遂推薦設立天文觀測站，繼續作星球天空

之觀測，並把觀察結果予以定期出版。不過，天文觀測站只不過是一種開始而已，還要設立「一座植物園，一系列的櫥櫃來陳設自然史跡，一個礦物、無脊椎貝類 (conchology)、及地質的博物館及圖書館。在基督教世界裡的文明國家，這些機構早就存在，吾國不能全部缺乏。」任何人類知識皆不能免，但最立即具有實用價值者，應屬「實用天文學」。

與 Adams 的提議有點類似的，是 1844 年 12 月 12 日由 Ohio 州的參議員 Benjamin Tappan 所提出。他所設想的 Smithsonian Institution，是科學研究及探索中心，重點擺在「生活中的生產面及文雅面。農業、製造業、貿易、及家政的革新」。聘一名農業、園藝、及鄉村經濟學的教授，這名教授也兼視導主管，有權決定新模式的利益性、實用性、及文化性，而購買所採用的器具；並裁示為了美國的利益是否應該培育新的水果、植物、及蔬菜。一名化學教授來進行各種模式的實驗，改善各種土壤，增加美國土地的肥沃度。一名自然史教授，主講害蟲、益蟲、及各種動物的性質及習慣。一名地質學教授注重礦產的開採；一名建築學教授，強調鄉村建築及自家建築的實用性質；及一名天文學教授，尤對航海者提供幫忙。教授定期主講各門領域的學問，夠資格聆聽的學生可以免費聽講，講稿予以出版，給大眾閱讀參考，賣價便宜，只夠出版成本即可。最後，本機構也應有一座圖書館，一間化學實驗室，一塊實驗農場或植物園，一個博物館。植物園及博物館內收集有美國境內各種自然史、植物及礦石地質標本。Tappan 的設計，仿自 Paris 的植物園 (Jardin des Plantes)。Smithson 本人在歐陸時，曾花了相當多時間在那。

與 Adams 之擬議頗為類似的計畫，來自於麻州參議員 Rufus Choate。1845 年，他希望 Smithsonian Institution 成為一座國家圖書館。因為根據 Smithson 的遺囑，該捐款是作為「增加並普及知識給予全民」。Choate 繼續說：「所有智慧最高者的判斷，所有各州明智的經驗，所有文明史皆同意做此宣佈，一座收藏各類書籍，藏書量豐富的圖書館，難道不是在增加並普及知識上，最確實、最恆久、最持續不斷、且也最經濟的設備嗎?」要是此種圖書館又能把有關「文學、科學、及藝術，加上文理科的應用」之演講系列排上去，則 Smithson 的遺志將能實現了。

最後有一種綜合性的設計於 1845 年由 Indiana 州國會議員 Robert Dale Owen 提出，當時在規劃 Smithson 遺產委員會上，他已實際上取代 Adams 在國會上的地位。Owen 擬議把 Tappan 的博物館構想，與其他擺設美國政府所收集的科學資料陳列館，兩者合而為一，聘請的學者偏重在實際農業學及其操作技術上，也擬出版這些學者的研究報告，同時普及知識給全民了解。學生能入本學府者，皆免費接受教學。還包括一所 Choate 所想設的圖書館，不過規模較小。此外，還有一個師資培養機構來培養國小師資。

1846 年 8 月 10 日是最後定案的時間。呈現給世人的是，本機構包括一座自然史的博物館，內有地質學及礦物學部門，一間化學實驗室，一個美術館，另有一間博物館及陳列室，擺設了中央政府在 Washington 所收藏的自然史及自然哲學的標本。另有一間圖書館，藏有人類知識各部門之重要著作。其他還有演講廳。Smithsonian Institution 的重點放在文理科知識的增加上。

Smithsonian Institution 第一個「攝政董事會」(Board of Regents)，是該機構的最高權力機關。1846 年 9 月 7 日開會，3 個月之後的 12 月大會，該董事會推舉 College of New Jersey 的 Joseph Henry 為祕書長，也是該機構的行政首長。這位 49 歲的 Princeton 自然哲學教授，是美國十九世紀五十年代以前最具創造力的科學家，對電磁現象的研究有優異的成就，其造詣不下於同時代的 Michael Faraday (1791 ~ 1867，英國物理及化學家)。他是自學成功的學者，1826 ~ 1832 年在 N.Y. 的 Albany Academy 當過數學及自然哲學教授。

攝政會選了這位傑出的科學家出掌該機構，對該機構其後的發展影響甚大。他定義的「知識的增加與普及」，是指「鼓舞傑出學人從事原創性的研究，凡有新發現，則酬以恰當的獎賞」。在知識普及上，他擬議出版各種回憶錄，以及各種報告來報導各種知識的突飛猛進，銷行量要多。Henry 說：

在這個國家，太多的人從事於將科學應用於實際生活上，卻少有人不眠不休且耐性十足的思考來發現及發展新真理。對原創性研究之

缺少注意，主因在於缺乏恰當的鼓勵。至於出版原創性的備忘錄及定期的報告書，乃是一股強有力的刺激來督促吾國有潛力的英才。在原創性的研究領域裡，大大的凸顯出他們是真正的勤奮工作者；同時他們也供應出最佳的材料，來作為普及知識之用。

一開始，本機構就致力於嚴肅的學術研究，文理兩科無所不包。知識的提升與知識的普及，二者不可分，都是共和國興盛繁榮所必需。

## 第六節　R. W. Emerson

「偉人會被誤解」(To be great is to be misunderstood)。

Ralph Waldo Emerson (1803 ～ 1882) 於 1861 ～ 1862 年冬季，在 Smithsonian Institution 作首次演講。雖然此次演講的意義性，如與他作解放黑奴的正義性演講相比，較無法引起他人之追憶。尤其在後者的場合中，他遇到了 Abraham Lincoln。對於這位總統，Emerson 在日記上這麼寫著：「總統給我的印象，遠比我所期待的為佳。坦率、誠實、善良，心態習慣是律師型，說明事實極為清晰，釐清觀念並不粗俗，描述正確，但有點孩子樣的活潑愉快口氣；既誠實也快樂的如同我們班上在開學日的聚會中所展現的一般，相互說出往日的故事。」不過，Lincoln 是否真的來聽過 Emerson 演講，倒是一個值得爭議的話題。

Emerson 有可能碰到 Joseph Henry，但 Emerson 的日記裡卻未見提 Henry 的名字。兩人的個性、作風、及學術興趣皆南轅北轍。Henry 當時處於事業的顛峰，他是個科學家兼行政主管，經營 Smithsonian 有聲有色，變成全美科學研究的發號施令機構；Emerson 當時也在演講及散文寫作界中最受歡迎，他不受制度之限制，只加入一個團體，是 Boston 的「週末俱樂部」(Saturday Club)。Henry 的心態是耐性十足，又富組織綜合力，實驗一個一個的進行下去，然後從眾多的個別實驗中，理出一般性的通則。Emerson 則如同 Oliver Wendell Holmes (1809 ～ 1894) 曾說過的：「無耐性也無歸納推理法，他的觀念並非根據邏輯步驟，卻是如空氣般的四下飛翔，沒

留下足印。」兩人唯一的共通點，就是無師自通，自我努力；雖然兩人並非沒有上過大學，但天才多半靠自學而成。二者皆在美國十九世紀創造出知識界的一片天。

Emerson 生於 1803 年，其父是 Boston 的「第一教會」(First Church) 牧師。上過拉丁學校及 Harvard College（大學部），然後任教一短時間後，上了 Harvard 神學院 (Divinity School)。當過牧師，也教過書，雖也稱職，他並不滿足，常覺有限制感，乃向隸屬的教會辭職，赴歐旅遊。經義大利、法、英等地，遇到一些名人如 Samuel Taylor Coleridge、Thomas Carlyle、William Wordsworth、Walter Savage Landor、及 John Stuart Mill。1833 年回 Boston，無事一身輕，也不知要從事何種職業，但最後終於踏上文學一途。

如同 Henry Nash Smith 所說的，Emerson 面臨的基本問題，就是找工作。麻州自殖民地時代開始，時人就認為如擬作公共學校的教師，或作個日後大家慣用的一個名詞叫做知識分子，就要當個牧師或大學教授。其實許多大學教授都曾當過牧師；不過 Emerson 本人一開始對於當牧師一職，內心充滿矛盾。早年大學時代比較了解自己的心性時，他開始著迷於詩詞及修辭。要是文學士學位能在 New England 的學院裡，謀求一個修辭教授職位，則工作問題就能迎刃而解。做過牧師職的他，對教義的正統解釋，無法接受。教會工作也與美國之步向都市化與工業化較不發生關係，他毅然決然的辭去教會職，自願當個「學者」(scholar)，並以此渡過餘生，以到處演講並寫作出版為業。

1837 年，他向 Harvard 的 Phi Beta Kappa 發表演講，剖陳「學者」的任務。不像時下的大學人那般的「死啃書」(gradgrind)，也不似 Joseph Henry 那樣的辛勤作研究，Emerson 倒希望「學者」應是個「會思考的人」(Man Thinking)，是各地人民的「知識代表人」(delegated intellect)。全世界、全思考、全經驗，就是他的學校，生活就是一種持續的教育；經由自然、書本、及行動，而產生探討問題的心靈。這三者之中，就時間先後及重要性的高下而言，自然是第一位教師。學者不應從二手資料中獲得知識，他比任何人更需要直接知識，充分領會其價值。對自然的領會，應透過對各種自然現象及實物的檢視及分類，這方面可以學學科學家的作法；不過學者

之如此作，並非要領會特殊法則或一般通律，卻要經由深入剖析的過程，來洞悉人與自然皆來自「一個根」(one root)，即二者皆同源，皆是上帝所生。抓住這點，Emerson 就認為已開啟了智慧之端了。

第二種影響學者的教育因素，是詩人的心靈，那是從文學作品、美術、及學術機構的活動，尤其在讀書中散發出來的。學者有必要讀書，體認出在過去的某特定時代裡，有某特定作者在冥思整個世界，經過內心獨特的安排理出頭緒，然後述說讓別人領會。不過讀書時要特別小心，因為書變成自然的代替品，人們如只唸書而不接近自然，把直接變成間接，將別人的收成當作真理；要是讀到曠世名作，如 Shakespeare 戲劇，由於影響力太大，以致先入為主的認定那是空前絕後的傑作，無人可以勝過，結果對獨立反省力及自我發現力，非但無助，還生阻礙。避免此種「書蟲」之道，就是做個「思想的人」(Man Thinking)。「若一個孩子中斷你的話，大叫著說你錯了，且提出糾正。則擁抱他吧！」

第三種影響學者的教育力量，就是行動，那是配合也附屬在思考之下的。Emerson 說：「缺乏行動，思想就不能成熟為真理。眼前的世界是一層美的迷霧，甚至吾人無法欣賞其美景。如果在行動上是個懦弱者，或是缺少英雄式的舉動，則不能成為一個道地的學者。思想的前奏曲，是將無意識變成有意識，此種轉換就是行動。只有如此，我才算真知，就如同我的生活一般。」就像書本，行動本身是有價值的，也是必要的。但基本上它是作為一種資源而已。行動在考驗智慧，也在調和智慧，並以行動來完成生涯。「德高於知」(Character is higher than intellect.)，Emerson 作如此勸言。「思考是一種功能，發動思考功能就是生活了。」

一旦接受自然、書本、及行動的教育，且也終生教育之後，學者的任務是「使人愉快與提昇，且指導人們如何從表象中看出真正實情」。如同 Plato 在《共和國》(Republic) 一書中所談到的「治者」(guardian) 一般，學者有必要分清短暫與永恆二者之間的區別，並以永恆作為生命的引導。扮演該種職責，學者對自己要有堅定的勇氣及信心。「只有他才懂這個世界。」Emerson 堅持地說：

世界中的任一片刻，都只是表象。有些人榮華富貴，衣冠楚楚；
有些人登上天子堂，在朝為官；有些人一時賺大錢，或在戰爭中獲勝，
成了名人。但一半的人叫好，另一半的人叫壞，都只不過是根據一時
的興衰來評價。其實這又有什麼要緊的，根本不值得學者去聽到此種
爭論，他連想都不要去想這些問題。讓他不會去懷疑，空氣槍 (popgun)
就是空氣槍；雖然古代及地球上有名望的人以為它一響就會讓人斃命。
沈靜、穩重、嚴肅的作抽象思辯，讓他擁有他自己。一次觀察，再次
的觀察，疏忽了，要有耐心；受責備了也要有耐心，等待良機來臨。
假如他有天終於看出一些真相，對他而言，夠了，他自己也很感滿足，
也很覺幸福！

對 Emerson 而言，學者的工作，就是把哲人、先知、詩人、評論家、
及預言者的角色都結合在一身。學者是最不可或缺的公共教師，他的眼中
沒有個人、團體、機構，或是政府組織，但一切皆為公共之福利著想，也
為一切來負責。

Emerson 觀念之廣博性，可以取任何角度予以闡釋，空間甚為寬大。
Edwin Perry Whipple 有次說，Emerson 是個「印度的美國北方佬」(Hindoo-
Yankee)，也是 Brahman（印度回教階級中的最高級）與 Poor Richard 二者
合一成 Brahmin（美國 New England 區有教養上流人物）的具體化。同一篇
文章，甚至同一段落，都可以把冥思與實際、神聖與凡俗、利他與利己，
二者結合在一起。他深信自我信賴及像拿破崙式的獅子雄風做法：「沒有人
有能力或甘願幫助他人學習。」因為任何人都必須依自己的方式來學，即透
過自我教育來獲得學問。不過，他也不停地說，人群是一個整體：「所有的
個人，可以組成一個共同體」。「作為現代社會中產階級的代言人或法定代
理人，如蜂群般的密集在市場、商店、帳房、營造廠、船上，在這個現代
世界裡，大家都期望獲取財富。」Franklin 所歌頌的價值，Emerson 都照單
全收，但他對於唯物作風、自私自利、及犬儒行徑，也不時使出他的犀利
筆鋒，倒打一耙。英國本土及美國新英格蘭地帶的工業社會，常會產生上
述敗壞的社會風氣。雖然科技有助於陶融國家新文化，但他擔心科技成為

主位，而人成為奴僕。「一個人總要注意奴僕的一舉一動，才不會造成奴僕
變成主人。人是精明的發明家，還可能從自身的結構中得到指示又造出新
機器。經由祕方，對鐵、木頭、及皮革進行分解，產生吾人在世上所希望
這些物品將可以發生的功能，但機器從此抵消或減弱了使用者本有的功
能。」Emerson 一再的強調，人，即使用者，才是最為重要的。

> 人不可以是蠶，也非毛毛蟲聚集成堆的王國……。手工活動不停
> 的重覆，使人變成侏儒，搶奪了他的力道、機智、及才藝，他變成一
> 個磨大頭針者，作鈕扣者，或其他專業工作者。目前，工業化的結果，
> 整個城市都淪為蟻丘，大家一窩蜂流行以鞋帶來代替鈕扣，棉花取代
> 亞麻布，收費的高速公路 (turnpikes) 代替了鐵道，公有地現在變成處
> 處皆是地主。此時有人警告，此種社會因勞力的分工而造成的傷害，
> 政治經濟學應慎重考慮這一點，並顧及人的文化。除非一個正當的人，
> 他會想，會有新選擇，且運用他的才華在新的勞動上，否則大家都會
> 葬送在此種危機中。

正式教育機構易流於學究性，Emerson 對於教育的廣博見解，也為此
提供了一個批判的槓桿點。他撰有一書，標題就是《教育》(*Education*)，
取自於 1830's 及 1840's 年代的演講集，但卻在 1876 年才出版，當時 Emer-
son 的心智能力已不如他發表《美國學者》(*The American Scholar*) 那般旺
盛。教育的主要目的是品德陶冶。

> 教導自信，啟迪年輕人對自己感到興趣，培養好奇心來探索自然
> 界，熱衷於自己心智的資源，教導他領會心智資源才是自己可用的力
> 量之泉。點燃他一股火花朝向「巨靈」(Grand Mind) 邁進，那也是他
> 生命之所在。年輕人要閱讀一些培養自信的書，此種信心，可以排除
> 所有表象，免掉所有欠缺或貧困，不必要巧計、陰謀，或仰賴他人之
> 贊助。

成人則應「尊重小孩」，規範小孩免於「喧囂、愚蠢、及嬉鬧」；依天
性發展方向，用知識來「武裝」其心性，不可只是隨心所欲而已。他也特

別指明，正式教育機構的大中小學，「就人性的觀點來說」，這些學府「使人產生個別差異，所有的 Aladdin 童話，隱身不見的 Gyges，以及避邪物可以開啟皇宮，入地下令人心醉的大廳，或沈入大海，都只不過是虛構的故事，卻在告訴我們，智力予以擴大的結果，可以產生如此的奧祕成果」。不過，他仍不留情的對當時的大中小學提出尖銳的指責，倒讚美「自然的」家庭教育方式。「整個學校教育的理論，都置於媽媽或養護子女者的膝蓋上。」「當媽媽教導孩子時，孩子是一頭熱的在學，彼此都愉悅無比。」他也歌頌「自然學院」(natural colleges)，「史上曾有過此種機構，教師極為自然，如雅典人環繞在 Socrates，Alexandria 的年輕人圍在 Plotinus 四周，Paris 學生緊隨 Abelard 不放，德國人步在 Goethe 後塵。」但他禁不住要譴責有人想把此種「自然」的現象變成大眾的制度，訓練大家成為軍隊似的快速及效率。「我們的教育模式是求速成，節省勞力，只想眾人皆同，欠缺莊嚴肅穆的做個別指導。換句話說，整個世界有必要把學生一個一個來教導。」拯救這種「庸俗」(Quack) 的教育方式，是「在教育上灌注生活的智慧，捨棄軍隊式的快速作法，採取自然的步伐，其祕密就是耐性」。

Emerson 的說法，與以往的評論家如 Erasmus、Montaigne、或當代的 Franklin 有相同的口吻。Montaigne 是 Emerson 所喜愛的人，Franklin 所寫「默默行善者」之書信 (Silence Dogood Letter)，也是 Emerson 所敬佩的。「要注意，上帝如讓一個思想家在這個星球上逃脫，則一切萬物皆處在危境中。」Emerson 所認為自定的職業，也常是安置於先知之內心的，就是一些本質上的事，即集中心意去實現人類的可能性；同時，將箝制該可能性的社會結構予以排除。Emerson 的說法是一種溶劑，發揮恰當力道時，可以把一切都融化掉。他不掩飾壞的或過分的，而只表達好的。適中的掀開假面具，否則學術機構將枯萎死亡，學術人員也深受其苦。補救之道，就是將個人主義的「美國學者」佐以帶有文明考慮且開明的「文化」(culture)，與默認「週期」(circle) 帶來的福，二者取得平衡。他的預言含有正義，並非雙方各取一半。人必須擺脫枷鎖，甚至要擺脫那些擬擺脫枷鎖的制度中解放出來。

當代所關注的有三事，即宗教上的虔誠 (piety)，世事的關懷 (civility)，

及學問的注重 (learning)。Emerson 的個人主義把三者合而為一，但同時也對三者有所批評。他所說的人與人之關係，以及人與上帝的關係，是人人皆有神性，不是只有選民也不是那些被耶穌挑選者才有神性，而是到處的人皆有神性；但在促使人更接近神性的教育角色上，他不滿任何教會的貢獻。他同 Horace Mann 的主張一般，希望大中小學負起普及基本文學及科學的責任，致力於普及教育的實施，提升一般的文化水準。此外，Emerson 更富有愛國心，認定美國是男英雄及女英雌發展長才的理想國家。從他們的日常生活、思想、及經驗中，創造出偉大的文學作品，「將人類更高的聰明才智，大量的應用在道德實踐中。」

他也不滿大中小學無法栽培真正英雄式的個人，充其量只發揮教學功能而已。他的學習規劃，包括的層面非常的廣，自然、書籍、及行動都不可遺漏。「實用美術」(useful arts) 對於提昇文明、詩詞、及繪畫都有幫助。美國學者應全心全力考慮此點，追求真理，並以真理來教給大眾。學者在社會裡與人相互切磋，人人皆是他的學生，但人人也都是他的老師，整個社會就是一所學校，師生可以輪替。學者也如同《天路歷程》(*The Pilgrim's Progress*) 所描述的一般，在日記裡詳載通往聖地之途的過程，自我反省，自我檢點。十九世紀的美國人，有自我教育之風，Emerson 的日記，也學了 Franklin 的作法。處在一個民主式的社會裡，彼此都相互教育，仿 Goethe 的樣子，每次碰到任何人，都向他請教：「教導我，好嗎？」

Emerson 的寫作方式以及演講內容，廣為美國大眾所熟悉，尤其是年輕人。格言的普及，數不清的正反兩極論式，時時流於神祕色彩，不含混的訴求新穎，這些都鼓舞美國大眾，使他們感受到一股深深的祈求與願望。在《代表人》(*Representative Men*) 一書中，Emerson 說，他所描述的英雄是大人物，但並非由於他們與眾不同，卻是個能看出時代需求的人，但也能與大眾共享需求者。因此英雄是人人可就。擬成就大事業，只要仰賴自己的良心及冥思即可，不必他求。

Emerson 的《代表人》，也是代表神意的工作。英雄中的英雄，是拿破崙及歌德，兩人各自代表時代精神的內外。其實他也不必謙虛，應該包括他在內。他正代表美國當時社會的教師，但他從不如是想。他沒有如

Franklin 那般的寫自傳，雖然寫了日記，但從不打算出版。身教勝於言教，
Emerson 教導了好多當代的人，他們試圖按照他的英雄式學者教師方式去
生活，其中的一位最為典型，他就是 Walt Whitman (1819～1892)。「我正
在燉、燉、燉時，Emerson 把我煮沸騰了。」這是 Whitman 的寫作經驗。1855
年送了一本《青草葉》(Leaves of Grass) 給 Emerson，Emerson 寫信告訴他：
「這是美國人最聰明也最具機智的一部作品。」1870 年出版《民主遠景》
(Democratic Vistas) 時，Whitman 就以 Emerson 的說法為範本，發展 Emer-
son 所盼望的教學使命，且用一種大膽的詞句予以表達出來，Emerson 本人
都還不能寫出下述的語文呢：

> 我說民主絕對難免有瑕疵，除非民主栽培且繁茂的長出藝術、詩
> 詞、學校、神學的自己樣子，取代了現有的一切存在、過去任何地方
> 所產生的一切、以及所有與此作對的影響。

> 深覺奇怪的是，這麼多聲音、筆、心思，在報章雜誌、演講室、
> 國會裡等等，都在討論知識上的話題、特殊狀況的危險、立法的問題、
> 選舉投票、關稅、及勞工問題。美國各種商業及利益上的需要，發表
> 了各種聲明及補救措施，這些頗值注意。但是有一種需要卻嚴重的脫
> 漏了，沒人看出，也沒聲音陳述出來。美國今日最基本的需要，與當
> 前及未來狀況最緊密有關、且牽涉的範圍也最廣，那就是應該有一群
> 本土的作家及文學作家，他們的觀念要極為清楚，與祭司或現代人所
> 知的不同，也層次較高。適合於吾人的情境、土地、且廣被於全美國
> 人的心地、品味、信念裡，呼吸其間可以孕育出新生活，下了判斷，
> 支配政治比大眾表面上的投票還來得大，結果可以左右總統及國會的
> 大選。散發且滋生出恰當的教師及學校、儀態、衣飾，而最大的效果，
> 是為國家塑造了宗教及道德的格調，那也是建立國家所需的政治、生
> 產、及知識基礎。此種成就，傳統的學校、教會、及教士都未完成。
> 缺乏此種基礎，則國家將無法長治久安，就好比屋子無地基一般。親
> 愛的讀者，容或你們不知悉，我國人民可能會讀書會寫字，也有權利
> 投票，但可能主要的事情卻完全欠缺。

　　Whitman 可以說就是 Emerson 心目中的美國學者，雖然兩人在個性、寫作型態、以及作風都有所不同，但 Emerson 作為一位教師的天分，他是不容許此種不同而妨礙了他對 Whitman 的鼓勵。這位似神的詩人宣佈著以前的人未曾道出的話，他以部分來追求完美，「向吾人通告，不是為了己利，而是為了公益」 (not of his wealth, but of the commonwealth.)。

　　Jonathan Edwards 與 Emerson 兩人皆重視自然，但前者傾向喀爾文主義 (Calvinism) 式的解釋，也認為「人性」(human nature) 本惡；後者則拒絕一切的系統神學，主張人與自然立即發生關係，內在的，通向「存有」(Being)，相信人性本善；視上帝為「愛、美、智、力」四者合一的「遍靈」(Over-Soul)，是「超驗者」(transcendentalist)。Edwards 與 Boston 的理性派 (rationalism) 對立，認為整個宇宙只能依「神意」(the will of God) 來運行；Emerson 則融入 Boston 及 Harvard 的「唯一神論」(Unitarianism)，與喀爾文派大異其趣，宇宙現象皆依牛頓的理論及數學的計算 Nature 是上帝，也是「蠻荒」(Wilderness)，美國的 Nature 及 Wilderness，皆是上帝的傑作。

# 第八章　仁慈的虔敬

> 基督教教育的唯一真正理念，就是孩子在雙親的生活中長大。但從小就應成為一個基督徒，這是基本原則。

—— Horace Bushnell

## 第一節　Thomas Paine

1805 年 10 月 29 日，John Adams 寫給友人 Benjamin Waterhouse 時提到：「在過去的三十年中，我不知世上有人比 Tomas Paine (1737 ～ 1809) 對世上的事務及居民更具影響力。」他繼續寫著：「在這個時代裡，沒有比下述事情更絕更諷刺的：介於豬與狗之間的雜種動物，由一隻雄野豬與一隻母狼所生，在世上從未曾有過如同人類那般的卑怯懦弱。把那個時代稱為 Paine 的時代吧！」Adams 用語之憤怒，雖然只是表達在私人信件裡，但他也告訴我們當時的禮儀，及有關於 Paine 的種種。其實不只是 Adams 心目中認為 Paine 的為人是如此，整個當時的人也如此認為。

這的確是屬於 Paine 的時代。首先，Paine 道出眾人的聲音，大家聽了很習慣，他也釋說了那個時代。其次，Paine 的文筆犀利，他掌握了時局重點，又以簡單的用語道出。最後，Paine 的想法四下瀰漫，在海洋兩岸的法、英、美皆如此。因此，說當時是 Paine 的時代，一點都沒錯。Paine 指稱：「吾國就是世界，我的宗教是勸人為善。」在勸人為善上，他鼓舞、他招惹、他令別人震驚，他也與人為敵，但最後他也教訓了別人。他所面臨的衝突，使他的同代人有機會進行自我教育，他真的是舉目皆兵，敵人無處不在。

Paine 自己受過艱苦的自我教育，此種條件，也提供給他的國人自我教育的良機。生於 1737 年的 England，家境小康，宗教信仰是 Quaker（教友派），父母經營女用束腹的製造業；上過當地的文法學校，七年後於 13 歲在父親的生意行業中充當學徒。他不安於此，想自闖天下，先航海後試過

許多職業，如稅務員、教師、宣教師，及煙草雜貨商。比較重要的是，他想我行我素的時候，倒是用了不少腦筋。曾作廣泛的閱讀，且系統的研究當時有關科學及哲學的作品，也自個兒進行機械及數學方面的實驗觀察探究。不過他對本身的事情倒不善於處理。1774 年年底終於決定移民到 Philadelphia，做個報人。抵美後十四個月，出版了《常識》(*Common Sense*) 小冊子，沒具名也沒寫出版者，卻盡力推銷到殖民地各地。不久即被人發覺，聲望鵲起。他的奮鬥，配合另一本著作《美國危機》(*The American Crisis*)，讓他獲得一項光榮的頭銜，他名列革命運動的名單中，雖然該榮譽是短暫的。

出版《常識》之後不久，他即感到「政治革命後，將有宗教革命，此種可能性極大」。「人們將回返到純淨、不混雜、及不染污的信仰一神教，別無其他。」Paine 的著作中提出雙革命的論點，那是把牛頓學說及洛克思想二者合一且用大眾化口吻說出而已。宇宙周行不怠如此有秩序，是因為由仁慈的上帝所安排。居住在這個宇宙上的人民是有理性的，知悉上帝的律則，也按上帝的命令來過活。Paine 是否真正讀過牛頓、洛克、或其他啟蒙思想家的書，吾人倒無確切的證據，但他的想法倒是追隨著這些思想家的步伐。他在 1757 ～ 1759 年住於倫敦時，聽過 Benjamin Martin 及 James Ferguson 等人的演講。其實 Paine 汲取牛頓與 Locke、Collins 及 Toloand，Rousseau 及 Condorcet 的理念，是輕而易舉的。就是不讀這些學者的著作中的一個字，他也可從報紙雜誌、非正式聚會、巡迴演說、客棧交談、及咖啡屋辯論中，獲取啟蒙學者的概念。他那一代人多半是如此，他與同輩人一起思索、辯論，然後用自己的話說出自己的見解，產生一種新而有力的語調，既俚語化，卻清楚、簡單、具說服力、有理且大膽。此種 Paine 所獨有的特質，使 Leslie Stephen 覺得舊有的發現以及傳統他所確信之事，到了 Paine 的口中，都具新鮮感。作為他的聽眾，又打算作自我教育者，Paine 的一言一語，形同來自上帝的啟示。

在出版《常識》大為成功後，他又出兩大本大眾化作品，一是《人的權利》(*Rights of Man*, 1791 ～ 1792)，主要在於答覆 Edmund Burke 的攻擊法國大革命；一是《理性的時代》(*The Age of Reason*)，全心全意試圖建立

一種具有人文味的宗教 (a religion of humanity)。該書於 1793 年銷售二十萬冊，1809 年他去世時，更賣出 150 萬冊。該書之出版，也引出 Mary Woll-stonecraft 於 1792 年出版《婦女權利》(*The Rights of Woman*)。難能可貴的是 Paine 作為英人，竟然大力主張美國獨立。不知中國是否也有名學者出面贊成臺灣脫離中國而獨立？

1.《人的權利》：共和政府政治理論，應植基於民約論、憲法政府、主權在全民、以及代議政治。君主政治 (monarchy) 及貴族政治 (aristocracy) 都被宣佈為邪惡政體，全球人類特別是英國人，應趕緊推翻世襲的統治者而建立共和的虔敬政體。這當中就明顯含有共和形式的教育理論了。雖然 Paine 提到教育機構本身時，著墨不多，他計畫補助窮人子弟以便有能力上學，地方官員應視察此舉是否實施。但共和式的教育應取其廣義，只要一個人終生都在追求智慧並領悟知識，都屬於教育範圍。

2.《理性的時代》：共和政體注重「禮」(civility)，並佐以理神論的虔敬 (desitic piety)，這是本書的要旨。在本質上，這種論調來自於牛頓。Paine 呼應著，他要眾人體認，只能「信一個上帝，如此而已」(One God, and no more)。然後大膽的攻擊當時基督教最熱切的傳教活動，如基督的神化、聖經經文的真實性、以及羅馬教會的威權性。本書要求宗教要重新引導另一方向，教導人們去思索上帝啟示在祂創造萬物時的力道、智慧、及慈愛。

這種永恆的、不變的、普遍的自然法則，才可望建立一個平等、正義、及幸福的世界。這是美國及法國政治大革命所公諸於世的真正且永久的基石，教育理論在此處再度出現，Paine 表達得較為直接。傳教士應成為哲學家，教會該作為科學的學府。更為根本的是，要教導每個人自我追逐知識，自我教育就是最後也是最真正的教育。「學習者本身，到頭來就是自己的老師。」(Every person of learning is finally his own teacher.) 這是 Paine 的建言。此種關係解析到最後，即是虔敬的人，利用上帝所賜予的理性來研究上帝的創造；從中發現，一切的準則都在其中，都得按照該創造來評斷。Paine 自己就是最活生生的例子，自認已得到了虔敬境界。這種說法是一點都不讓人訝異的。

Paine 在此處對美國「理神論」(deism) 的發展過程，有個既通俗又公

正的描述。理神論在 1770's 及 1780's 年代之間興起，然後穩定的成長到
1790's 年代到頂峰，尤其在大學院校，《理性的時代》一書被年輕學子目為
「無神者的聖經」(atheist's bible)；然後在面臨第二次宗教覺醒運動 (Second
Awakening) 時，如陡峭式的下降。其實 Paine 這種敘述，並不十分合乎事
實。首先，並非只是知識分子因相信理神論，才單挑此書來打發時間，他
們也看 Volncy 的《毀滅》(Ruins，由 Thomas Jefferson 及 Joel Barlow 所譯)，
以及 Elihu Palmer、John Fitch、John Fellows、及 Ethan Allen 的著作。年輕
學子之外，另有廣大的讀者群也看過《理性的時代》，他們陷入沈思，也群
相討論裡面的論點。包括農夫、技工、及商店雇員都加入討論的行列。Meade
主教發覺 Parson Weems 在 Virginia 選舉投票日散發此書，也夾有 Richard
Watson 回答 Paine 的資料。同時 Massachusetts 一位巡行騎士埋怨著說，該
書被「許多人所推崇，但他們既不知他們生活的時代是什麼，也不知理性
是什麼」。

除此之外，理神論氣焰雖被十九世紀的宗教復甦所壓下去，但卻沒有
消失。有時還在 N.Y.、Pennsylvania、Connecticut、與 Massachusetts 的理神
論社團中冒火，網羅了各階層極端分子重新歸隊；報紙上也偶而出現一些
標題與此有關，如「理性之廟」(Temple of Reason)、「願景」(Prospect)、或
「新道德世界之視野」(View of the New Moral World)、「神性的慈愛者」
(theophilanthropist)、以及「通訊」(correspondent)。更常與其他的改革運動
相結合，普世教會 (Universalist Congregation) 提供聚會所予以支持，互助會
(Mason) 供應住居，一個烏托邦社團與工人協會也曾予以幫助。在共和國早
期，理神論起起落落，但從未死亡，繼續成為美國知識界的一股暗流而存
在；也是當 1830's 及 1840's 年代朝向更世俗化、社區化的改造運動時，美
國民眾為何能夠接受此一運動的一大主因。

最後一項重點是，雖然較為主動的美國理神論者曾撰寫過有關教育的
論著，如 1802 年未署名的一本烏托邦式的書，最具代表性，該書書名為《平
等——政治上一種浪漫想法》(Equality—A Political Romance)，書中提到只
有人民擁護理性，才是唯一指向普遍幸福的南針；不過理神論者在涉及到
教育時，並無討論虔敬的空間。理神論在共和國初建之時，大膽的提出應

設立如同古代雅典時代那種安和樂利的氣氛 (*Paideia*)，且也多多少少成功的營造了起來。Franklin 及 Jefferson 在大眾演說時，應該比 Paine 更為謹慎，但這兩位理神論者在基本心態上，絕不亞於 Paine。這兩位為共和國所擬的計畫，都與教育計畫結合在一起，無法分開。而他們所擬的教育計畫，已為美國人所共知。並且，Paine 本人的教育理念，可能有些來自於 Jefferson，兩人的共識，是自治如缺乏普及教育，則形同幻想中的怪物；到底此種理念，哪一位才先擁有，已非重要事項；重要的是，事實上，國家初建時，少有人公然誇稱他們是理神論者，但理神論的主張倒甚為普遍。一般的百姓也深有自信，他們只要根據理性，就可以看穿宇宙的奧祕，且根據這奧妙來指揮自己的行為。理神論的訴求帶給百姓的影響，的確非同小可。

# 第二節　S. S. Smith

Paine 在離開人世之前，曾有一次提到他的宗教寫作，目的是要告訴他的同胞一種信任感及自信心，且從上帝獲取撫慰。不管他自己的解釋方式多偏激，他確實作到了一項工作，即提出當代的核心問題，此問題繼承了洛克的知識論傳統。理性用來檢驗信仰，幅度有多大，才不會使理性顛覆信仰？一種真正且有效的虔敬，可以在自然法中找到嗎？光憑理性而不必其他的幫助，就可以認知此種虔敬嗎？此種問題，在 Adams 所稱的「Paine 時代」(the Age of Paine) 裡是逃避不掉的。而 Paine 的聲名大噪，也使得該項問題更為迫切，也更受重視。

被該項問題困擾終生的人是 Samuel Stanhope Smith（？～ 1819），他接 John Witherspoon 為 College of New Jersey 校長；其實 Paine 到了告別人間前，也與此一問題搏鬥，這是免不掉的。Smith 的父親是個傑出的長老教會牧師兼教育家，他到 Nassau Hall 時，恰是 Witherspoon 抵校履新之際，這位新校長正與勢力正旺的 Berkely 之 idealism（觀念論）鏖戰方殷，他揮舞的武器，就是蘇格蘭的常識唯實論 (Common-sense realism)，校長獲壓倒性勝利，這給 Smith 的影響，既深且久。Witherspoon 主持第一次畢業典禮時，Smith 是班上畢業生致謝詞的代表。畢業後他繼續攻讀神學，先在父親於

Pequea, Pennsylvania 的實科學校，後又到 Princeton 接受校長的指導。1773年獲傳道士的證照，乃到 Virginia 宣教，並為該州幫忙籌設 Hampden-Sydney College，出力最多，作為 Princeton 在南部的分支機構。他娶校長之女為妻，時為 1775 年。1779 年返 Princeton 當道德哲學教授，一直到晚年為止，且作為 Witherspoon 的副手。1794 年校長去世，隔年他接校長職位。1812 年在壓力之下辭職，1819 年去世。

Smith 接掌校政之後，要處處步其岳父後塵，事實上倒極為困難；他也不像岳父一般的作個大學行政首長，且自 1804 年之後，由於政爭及個人健康問題，也不容他發揮大學校長的才華。不過既作為一校之長，他自己在這種學術界上的地位也影響了當代及後來的數代。他把從岳父那裡學到的蘇格蘭常識唯實論重新定型，大幅擴充，予以彈性化、自由化，且引申以適合於美國情況。這個過程中，他使這套哲學，在美國革命獨立成功之後到內戰之前，變成最具系統也最具意義的思想學派。

把人定義為理性的動物，積極的運用理性來指導行為，追求幸福。與 Paine 同，兩人都屬後牛頓思想的人。獻身於觀察、歸納、總結，他堅持道德哲學一定得完全按照自然哲學的說法，因為後者經證實收穫豐碩且作用很大。但 Smith 卻不認為理性可以無遠弗屆，可以去過問那些有關於人及社會的基本真理，這領域是無法靠普通的及經驗的方法來展現的，在這一點上他與 Paine 就分道揚鑣了。他的學說基礎，建立在蘇格蘭的當代唯實論上，同時卻也論證著說，某些基本的靈感 (intuition) 可以直接由悟性 (understanding) 來掌控，依此來領會世界，那才能真正構成為「常識」(Common Sense)，而「常識」是人人所共有的要件。他又說，「經由感官的印證（感覺），以及簡單的知覺」，吾人即可知道這些「常識」；感覺及知覺，都屬真實，其實體性及印證的事實性無需外證。一旦有所感受，則這些「充分單純的」(perfectly simple) 真理，就變為吾人知識的「第一要素」(first elements)，且也將形成「最後」(ultimate) 要素。經由「靈感」這條途徑，Smith 試圖游走於下述兩條路之間，一條路是傳統的獨斷主義，那是 Scylla 所走的；另一條路是理神路，那是 Charybdis 所走但卻不能全然接受的。歸納折衷之中，還引入靈感。此種虔敬主張，既與洛克的知識論同調，也與基督教主

義由來已久的真理說相合。

　　Smith 在引介蘇格蘭當代的學說時，並非毫無批判性意見。比如說，在他的一本主要作品中，他就與蘇格蘭法理學家 Lord Kames 有過尖銳的討論，當涉及人性之多元及繁雜的物種起源 (origin of species) 這個敏感問題時，Kames 在他的《人種史大要》(*Sketch of the History of Man*, 1774) 裡，說人的祖先來自於各種不同的物種配對，在上帝於通天塔大災難 (the catastrophe of Babel) 因而物種四下流竄時就定案了，各物種祖先都各自適應不同的氣候與環境條件。相反的，Smith 以為人的祖先來自於單一物種，而物種之有差異，歸因於氣候及「社會狀況」(the state of society) 的變化；這種環境萬能說的論調，就與教育有關了。人性若有可能改變，則就帶有可教育性，定義上本來就是如此。他又提出種族立足點平等的主張，這在當時是石破天驚的，尤其在美國這個族群極為異質與多元的新國家。他希望新國家的特質就此定義出來。不過更為要緊的是，Smith 終其一生，一再的肯定傳統所教導的基督教教義，也確認觀察到的現象「可以恰當的予以探查，且可依自然的一般法則予以說明」。

　　既浸入蘇格蘭常識哲學的 Smith，也處於該哲學的作品最多產的舞臺上，他就極為平常的被認定為美國獨立之後的年代裡，最引人興趣的教育理論家之一。當代英美兩國有關教育及自由的用辭，他馬上有回音：「受過啟蒙的人民，不會輕易的被奴役」。他不只催促推動「公共教育」(Common education) 為全民而設，且還大量設置各種機構來培養「崇高意境的科學」(Sublime science) 及「文藝」(liberal arts)。此外，經由真正宗教的全民教導，就可以維持良好的道德並拯救敗壞人品，在 1780's 及 1790's 年代，這些說法都高唱入雲，也變成習慣用語了。他也強力支持人類互通訊息的重要及功能，這方面的理論來自於 Thomas Reid；尤其鼓吹數種科學的演進，如物理學及化學，又提出有關教學上基本問題深具價值的討論，如知覺的性質及智力的角色。最後他又指出，在塑造人類氣質及形成國家性格時，教育是最好的企業；他試圖把 Princeton 造成一個模範，使誠、禮、知三者，結合在一起，這是他與蘇格蘭道德學家終生相伴而培養出來的理念。

　　總之，Smith 的觀點，在理論上講得通，但在實際上卻不見得可行。他

曾如此堅信，一種含有正義的哲學，一定要「符合正統的神學」。不過一個人的正統，常是另一個人的邪說，這就如同 Smith 評斷 Paine 為異教徒，但別人也指責 Smith 為異教徒一般。他的弟弟 John Blair Smith，繼他而為 Hampden-Sydney College 校長，就曾經對他作如下的控告而大受注意：哥哥的傳教，「不是在傳耶穌基督及十字架，而是傳 Sam Smith 以及他自己的光榮事蹟」。弟弟這種評語本身，容或因為哥哥取自於虛假的宗教經文，但該項指控倒真實無誤。Smith 擬在神學上以上帝為中心的喀爾文教義 (Calvinism)，與在倫理學上以人為中心的蘇格蘭哲學，這二者中取得微妙的平衡點，這對更要求正統性的美國長老教派來說，是無法接受的，因此不滿之聲四起。Arminianism（新教當中的一派，十六世紀荷神學家 Jacobus Arminius 所倡，不信絕對的命定說，強調人的自由與意志性）非難他，淫蕩者也排斥他。Smith 走投無路，四面楚歌，只好辭職下臺。

不過 Smith 的影響力，絕不僅侷限於 Princeton 一地。諷刺的是，他的影響力緊密的與擬將神學與哲學予以綜合的人凝結在一起，而完成了他在政治上的未竟事業。他的門徒，多半成為 1800's 年代早期的大學院校之行政首長，包括 U. of Pennsylvania 之 Frederick Beasley、U. of North Carolina 的 Joseph Caldwell、以及 U. of Nashville 的 Philip Lindsley，他們都屬改革派，都擁護課程的廣度及現代化，也呼應著 Smith 在 Princeton 的作風。Smith 的想法，對於十九世紀初期，長老教派在興建新大學的運動上領先群倫，具有舉足輕重的貢獻。順便一提的是，此種活力卻表現在 Smith 的後繼者身上，很少彰顯於 Princeton 這所大學裡。

可能更有必要指出的是，蘇格蘭哲學從此在十九世紀整整一百年中支配了美國大學院校的發展。Woodbridge Riley 曾說，蘇格蘭的唯實主義，在革命戰爭時代「橫掃全國」(overran the country)；並且「自從國家獨立以後百年來，是唯一也是壓倒性的影響力」。此種說法有點言過其實，不過，該哲學倒是吹遍大學院校，而且翻過大學院校的藩籬而成為受過教育者非正式交換意見的網路資料，這倒是事實。之所以能夠如此，是大學校長親自在大四講授道德哲學科目，那是最高年級的科目。在 Smith 時代，最叫座的教科書是 William Paley 的《道德及政治哲學之原理》(*The Principles of*

*Moral and Political Philosophy*, 1785)，這是標準的英國教科用書，其中含有不加料的功利主義觀點，佐以不分教派色彩的基督教新約聖經。而蘇格蘭的思想家如 Thomas Reid、Adam Smith、Dugald Stewart、及 Adam Ferguson 等人的作品，都是被指定要閱讀及討論的對象，並且不限於長老教派所立的機構。1835 年 Francis Wayland 的《道德學原理》(*The Elements of Moral Science*) 一出版，上述 Paley 的書即被本書取代。本書完全站在蘇格蘭的歷史傳統來說話；作者是個浸信會的牧師，這也是令人深感興趣的。美國高等學院充滿蘇格蘭風味，足足有 30 年時光。

　　Riley 更作一種冥思（這不關上帝的啟示），他想若是 Jefferson 籌設一個類似法國的國家科學院 (French Academy) 或是英國的皇家學會 (English Royal Society)，則美國哲學界不知會產生何種效果。其實，Jefferson 並無如此構想，結果是蘇格蘭哲學風靡全美，至少在知識界是如此。Riley 卻認為此種結果是保守陣營災難式的大勝利，使美國哲學倒退了一世紀之久。不過要予以注意的是，歐美兩洲之蘇格蘭哲學，初期頗富開放的色彩而非壓抑式的思想。至少在 Smith 手裡，該哲學提供一種理念，即純正的啟蒙觀念可以為信仰虔誠者所接受；至少有某些信仰虔誠者，支持啟蒙運動。數年之後，該哲學變成乏味與形式化，但這並不足以模糊掉一種印象，即該哲學在十九世紀初期，美國許多領袖人物及他們的後代都受此思想的影響。

## 第三節　William Ellery Channing

　　Samuel Stanhope Smith 是 Princeton 大學 1769 年班的傑出校友，班上另有其他同學在政治及各種專業上，於共和國建國之初，表現極為成功。比如說，Thomas Melville 數年來都是 Boston 港的海軍軍官，John Beatty 及 John Henry 是大陸議會 (Continental Congress) 的議員，James Linn 是 New Jersey 的州務卿 (Secretary of State)；Mathias Burnet、John Davenport、Peter Dewitt、Samuel Niles、及 Elihu Thayer 都是牧師，在 New England 及 Middle Atlantic 數州傳教。不過，Smith 之後最值一提的校友是來自 Rhode Island 的

年青人，名叫 William Channing (1780～1842)，他畢業從 Nassau Hall（即 Princeton 大學）走出後，在 Providence 跟 Oliver Arnold 學法，然後在家鄉 Newport 市當律師，作過州檢察長，然後在 Rhode Island 歸化而為聯邦憲法所收容後，成為該州與美國聯邦政府的代理人（檢察官）。1773 年與 Lucy Ellery 結婚，岳父是家鄉 (Newport) 律師，上過 Harvard。婚後的第四個孩子也是第三個男孩，生於 1780 年，名叫 William Ellery Channing。

　　這位小孩出生後，由於雙親家境之充滿學術氣息，受此感染甚深，外祖父祖母又與牧師 (Reverend) Ezra Stiles 有緊密關係。Stiles 是家庭牧師，其後成為 Yale 校長，他的喀爾文主義之說法較為溫和，對這個小男孩影響甚大。另一位長輩之友人 Reverend Samuel Hopkins 牧師，持「無私無我的愛心」(disinterested benevolence)，因此最吸引他，尤其當他成為神學院的學生時。1794 年，他上了 Harvard，年僅十四歲。抵 Harvard 之時，恰是 Paine 的書《理性的時代》開始銷售之際，他也與常人一般的致力於信仰及理性之間的辯論，這是絕少疑問的。大學當局 (corporation) 關心此事，當 Richard Watson 的《聖經的辯解》(An Apology for the Bible) 於 1796 年可以買到時，即分發給每位大學生人手一冊，而該年的講座 (Dudlein Lecture) 又向他警告，Paine 這個人只不過是個「勇敢的叛亂分子」(daring insurgent)，Paine 的主要考慮是在顛覆公共秩序。不過形成他的理念，是靠 Richard Price 而非 Richard Watson；加上由 David Tappan 教授作系統的介紹蘇格蘭自由主義的學者，如 Francis Hutcheson 及 Adam Ferguson 等人，也影響了他。Channing 後來回憶著，Price 的著作，支配他哲學最為恆久，他人無法望其項背。並且也誠如 Arthur W. Brown 所指出的，Price 主張的天生道德感，強調的無私無我之愛心，奉獻於自由，深信人類自由的可能性，這些都與 Channing 終生所致力的想法，多麼的相似。Channing 晚年的回憶，對 Price 的崇敬，不是只有一般性的頌揚之情而已。

　　Harvard 畢業後，擬從事教會職，遂開始五年的閱讀及反省思考，最後於 1803 年在 Boston 的 Federal Street Church 當牧師並在職至終生。他利用 Federal Street 的教壇來界定並宣揚美國 Unitarianism 最具特別的教義，即唯一神教派。此教派反對三位一體，堅信上帝係單一體。1803 年 David Tappan 去世, Harvard 的 Hollis 神學教授講座 (Professorship of Divinity) 需要補缺。1805 年任命 Henry Ware Jr. 牧師作 Tappan 的繼位者，他是個自由派分子。其後 Old Light 及 New Light 二派聯合，在 Jedidiah Morse 牧師的領導之下攜手合作，1808 年創建 Andover 神學院 (Theological Seminary) 作為保守教派的大本營，來反對 Harvard 變成異端邪說的學府。更深的神學裂縫隨之而來。1815 年 Boston 的公理教派介入一場神學論戰，指責對方為偽善及異端的言論甚為猖獗，該年 Morse 發表一本小手冊，控告自由派人士私底下祕密的皈依 Unitarianism。為了要起身出戰，Channing 遂不得不發表自由派對信仰的聲明。

　　1850's 年代爆發出唯一神教派 (Unitarianism) 大論戰，Unitarianism 的講道，認為上帝是父，人人是兄弟，Boston 是鄰居。該教派的聚會，出現在南方及西部的也不少，還變成學術活動的重鎮，其神學及教義上的問題，都是教會中極為重要的事項。許多有影響力的美國家庭，都設法自我教育，唯一神教派的子女則送到唯一神教公理會 (Unitarian Congregations)，他們的努力不是只限於教學上而已，是整個文化上的；也不只 Boston 到 Cambridge 一帶，卻也是全國性的。將十八世紀 England（英國）的理性主義與 New England（美國）的清教精神，二者合一，是十九世紀美國社會的一種困境，在此困境中，Channing 舉足輕重。

　　不像 Samuel Stanhope Smith，Channing 既非學者，也不是批評家，卻是一個實際行動人。他的觀念，是點點滴滴的從講道、演說、小冊、及書信當中流出，不過都有一貫之道存在其中，或是此一貫之道的回響，使得他的哲學仍具一致性。與他的同代人一般，他開始思索信仰及理性的問題，這是洛克早已面臨過的，也困擾著蘇格蘭的道德學家，Paine 把它引到邏輯上的一極端。他也像 New England 公理教會的牧師們一般，具有自由派傾向，深受 Arminianism 的影響，其中尤以 Jonathan Mayhew 及 Charles Chauncy 為最。處於基督教啟示真理以及理性的最低需求二者之間，他發現有個極不穩定的平衡。他重提洛克的 *Essay Concerning Human Understanding*，以及 *The Reasonableness of Christianity*，進而告訴美國人，要決定基督教義的精髓，就要細心且無偏無倚的探討聖經經文。如此就可以得

到一個結論，基督教教義的精髓，絕對不會與理性作對，這正是洛克的結論。有些人認為聖經教義如用理性予以闡釋，則形同背叛基督教會；有些人則完全放棄所有的啟示真理；這兩種人，Channing 都不會予以贊成。Andover 神學院 (Theological Seminary) 的 Morse Stuart，視 Unitarianism 只不過是個邁向異教徒的中間客棧，但 Theodore Parker 卻認定那是完全充滿著妥協意味，且是向理性屈服的結果。要是我們可以認定 Channing 在情感上比較同情 Parker 的偏愛唯心，則足以表示在基督教教義的架構中，Unitarianism 可能就是理性主義最可展現威力的所在。美國在獨立的共和國早期，此種洛克式不拘泥於教義的自由主義 (latitudinarianism)，到了十九世紀就有美國風味了。

　　Channing 同輩的朋友 Frederic Henry Hedge，是個超驗主義者 (Transcendentalist)，在分析 Channing 的大影響時曾說，Channing 的想法有兩個相互緊密關係的焦點，即上帝的善及人的尊嚴，其他都是這二者必然的結果。首先，上帝之善所隱含的，是普世救贖的可能性、人的完美性、善行的精神效力，以及進步的預期；其次，上帝這個作為父的，賜予所有的人一種至高無上的尊嚴。1828 年 Channing 作如下的陳述，「上帝這個觀念，既超群又令人敬畏，也是吾人自己的精神性，純淨又無邊際。吾人只不過是神性的因素，上帝不會有如同人的形體，卻像父親之同於小孩。其相似性是屬於血親性質的。」

　　上帝與人之間存有解脫不掉的關係。心存上帝，也就是人存有精神性，此精神性純淨化也擴大化。Channing 的這種觀念，具有教育觀念的延伸性及尊貴性，教育目的也如此。他告訴世人：「孩子不是只在父母的手中而已，也不是生來只聽少數聲音罷了。孩子是降生在一塊巨大無垠的學校中，整個宇宙都具教育任務。」此種教育的用意是給孩子打氣，終生都要他進行自我教化活動，人類的全部機能都需和諧的生長與培育，並朝向神性的展現邁進。由於教師有責任來幫助並鼓舞此種努力，教師也應具備知識及能力來進行此種教學，因之理應在社會上獲得最高的尊崇。教師的職責是「地球上最高貴的」(the noblest on earth)，其重要性比部長或政治家還大。並且生長既朝向神性發展，這是每個人的生活目的，因之所有團體及機構之設

立，都應根據是否齊心協力共同來激勵上述的生長而評定。

　　就教育的廣度而言，Channing 的想法並非烏托邦式的作白日夢，他了然於家庭也具教育功能，同樣的，教會，繪仙會場合及巡迴式演講 (lyceums)，及文學作品也如此。事實上，他認為牧師應負最大的責任，來教導一位健康、發育良好、飲食力頗佳的虔敬分子，可以擴大人類的思想、感情、及享樂範疇。他提議應有個國家文學，以便重視國格。此種說法比 Emerson 的〈美國學者〉(The American Scholar) 更早提出，後者的主張是眾人皆知的。總之，Channing 了然於在他的時代裡，學校及學校教師承擔了普及教育最沈重的擔子，他到處宣揚國民學校應普設於全國，受過良好教育的教師應採用更仁慈的方法來鼓勵學生自助及自我教化。

　　一個問題常被問起，即 Channing 是否是一位超驗主義者 (Transcendentalist)。答案如果是，則另一問題是他對此派的幫忙以及宣揚此派的觀點是否顯然。證據顯示，上述兩問題的答案皆是肯定的，雖然一項無可否認的事實是 Channing 在公開場合中都不贊成 Transcendentalism 所佈道的許多觀點，但他在私底下及在學識上都予以支持，因此超驗人士四下找他，Emerson 也加入尋覓行列，不管他的酷評，卻認為他是他們的「主教」(bishop)。這是 Channing 與 Transcendentalists 二者之間的私人關係。其實更為重要的是，Channing 對美國一般性的教育，影響之大，才應為吾人所關注。Van Wyck Brooks 以「New England 盛開的花」(The flowering of New England)，來稱呼 Channing 與美國的學術運動二者之間的關係。Brooks 因 Channing 是個「大覺醒者」(the great awakener)，先挖土地是為了生活，然後再挖土地是為了文學。在教育上也如此。吾人可以將 Channing 的 Unitarianism 與自由思想的基督教 *paideia* 相連，但並非特指某一教會或某一哲學，它卻含有更擴大的文化含意，展現的花朵使得 Boston-Cambridge 地帶，成為共和國在道德上及文化上的花蕾，盛開時間之久至少有一代之長。而 Unitarian 及 Transcendentalist 的知識分子作為共和國之師，時間則更長。Emerson 的散文，Longfellow 的詩，Alcott 的小說，Sparks 的歷史，都是當中的一部分，滲透入美國社會的底層，灌輸人的想法及世界的觀念，這些都影響了教育。正式一點來說，Unitarianism 在基本上屬於精英式的宗教，但它撥出一塊道

德上的地帶，好比是地震的震央，為文教的更為普及且為達成 *paideia* 來震動。美國十九世紀的想法及觀念，受此波動之力道，真是無法估量。

## 第四節　Reverend Lyman Beecher

正統人士目睹 Unitarianism 的勢力日漲，心裡很不好受，夾雜著一股懼怕、藐視、及反抗之情。正統教派是指公理教派 (Congregationalism)。對國家及社會忠誠者擔心，Unitarianism 的最真正威脅，是政治上的，因此不得不有所表示。1821 年 Lyman Beecher (1776～1863) 牧師寫給他的年青友人 Elias Cornelius 時說：「我們感到一種危險，讓 Unitarian 異端帶領大眾往前進，若控制一鬆就如同寬容一般，一旦往前奔馳，則天不怕地不怕，地基與結構都踐踏得成為瓦礫。早點又堅定的予以勒住，就可以阻擋該洪流，免得土地被其湮沒」。

1821 年，Beecher 早就投身於力挽狂瀾來拯救大地的工作。生於 Connecticut，也在該州受過教育，他的父親及祖父都是鐵匠。當 Yale 校長從自由派的 Ezra Stiles，轉到正統的 Timothy Dwight 時，他上了這所大學，在 Dwight 影響之下，Beecher 就仇深似海的全面反擊「法國異教徒」(French infidelity)，對美國註定由上帝所安排的命運，深信不疑，福音傳播的力量可以引導該命運，他具有絕不動搖的信心。「我一上舞臺，曙光即來臨」。Beecher 日後描述 Dwight 對他的影響時這麼說：「我受洗於宗教復甦的精神裡。」他在康州數處傳教當牧師，將 Calvinism 重新予以闡釋，一方面認為上帝具最高無上的決定權，但同時人類也具有自由選擇權。1808 年的講道中，他認為所有上帝的榮光，全依一種事實，即人的生活將會在上帝的治理之下，上帝愛怎麼樣就怎麼樣；但人仍然享有完全的自由，有生之年的全部行徑，皆依此來算計。復甦變成 Beecher 的武器，確保人們能夠善用他們的自由。

Beecher 與 Unitarians 的作戰，復甦並非是他的彈藥房中唯一的武器而已，他的武器還包括講道、短論、教徒聚會、道德重整會；以及在主日學校、中小學、大學、及神學校裡，提供較佳的師資。此種作戰，到頭來變

成教育上的事，不只要拯救個別男女的心靈，還要拯救國家靈魂本身。當然，這是會有政治意味的。雖然 Beecher 提及「唯一神論」(Unitarian) 時，隻字不提此教派用「謀略」(stratagem)、「口是心非」(duplicity)、「財富」(wealth)、及「寵愛」(favors)，但卻用了下述字眼，即「在立案的學府機構中，置放了褻瀆神明的手，也提供經費給耶穌社及教會」。後項的指控，專指 Harvard 及那些 81 所公理教會而言，因為 1820 年，Massachusetts 的公理教會變節成為 Unitarianism。但是骨子裡，這是人的先天本性及人的後天制度二者之間的衝突。要是上帝真的是仁慈的，而人的本性也是說理的，如同 Channing 一再堅持一般，則理性及聖經就是人的真正導引者，引導到道德的改善及人世間的幸福上；雖然緩慢，但卻穩穩的，且促使進步朝向完美邁進。但要是上帝是公正的而人是敗壞的，如同 Beecher 所相信一般，則真正引導人獲救的就是再生、徹底悔過、並重新作人。Beecher 及他的密友，Yale 的 Nathaniel Taylor，試圖緩和福音傳播的理念，認為人實際上擁有道德本能，人將選擇正義之路；但事實上仍然沒有改變一種觀念，即人必須走正義之道，凡無法獲救再生者，一種可怖之命運正在等候！

　　Beecher 也提出，個人面臨此種選擇，整個國家亦然。廢除國定宗教之舉，使人世事務多了一項新的機會。過去權力的壟斷，現在由自由民主的投票來取代；教義正統的詮釋，則換由良心的解放來說明。在人類歷史上，這一幕正在上演，透過試驗，經由自由人民公正的道德說教，自由人民將心甘情願的為上帝奉獻。Beecher 堅持著說：「假如這是上帝所安排好的設計，來建設一個強有力的國家，充分享受人事及宗教上的自由，則人的全部精力就可以受到激勵而自由揮灑。有意的經由實驗，向世界展現人的發展可能性；向黑暗照射光明，喚醒沈睡中的眼睛，振作麻痺的心智，活躍數以萬計癱瘓中的手臂。此種實驗，除了本國，別無他地可以進行；要不是我們的祖先，否則還有誰給我們這種吉祥好兆頭，又有那種方法可以達到此目的，除了由他們所設立的機構之外？」美國人真能聰明的選擇他們的自由，他們就也真能昂頭邁向太平盛世。

　　Beecher 不只影響了 Unitarians，他發現正統派（國教派）人士也出現在聽眾裡，因此當一個正統教會聚會所於 1825 年在 Boston 的 Hanover

Street Church 新成立時，該會邀請 Beecher 作精神領袖，這就順理成章了；他隔年接受邀請，在他勢力如日中天時到達 Boston，立即轉移眾人的注意焦點，視他為復甦運動的靈魂人物。當時有人比喻他的影響，如同 1740's 年代的大覺醒 (Great Awakening) 一般。任職 Hanover Street 期間，他盡力作公關的謀和工作，對復甦運動的牧師 Charles Grandison Finney 在心靈拯救中採用「新尺度」(new measures) 的恰當性問題，表示親善。也同時發表第一次的公開講演，提到共和國精神與羅馬天主教主義，二者是水火不容；此種演講，煽起了憎恨之火氣，導致於 Charlestown 地方 Ursuline 女修道院之大受掠奪。除了他的影響力施展在 Boston 之外，Beecher 還馬不停蹄的到西部宣揚他的理念，擬在 Cincinnati 郊區設立一所長老教機構,名為 Lane Seminary（神學院），旨在為西部荒野地帶提供福音傳播的牧師。1830 年夏天他寫信給女兒 Catherine 說：「吾國之道德命運、所有吾人之機構與期求、及全球人的盼望，都由西部的性質與作法來決定。目前，對下一代人的教育，那一個地方優先注重，那一個地方就取得競爭的有利條件。這方面，天主教徒及異教人士，卻領先了我們。」

　　起先是有志於為 Lane Seminary 募款，但後來 Beecher 快速的對此機構投下個人的奉獻；一陣猶豫之後，他於 1832 年接受該機構的校長職。該年末，他遷徙到 Cincinnati。在該學府裡，他除了繼續與人爭辯他所持的宗教正統性之外，以及把正統宗教轉變為政治上的運作，他還使全力來推動共和國朝向太平盛世的未來，並將此種未來的達成，寄望在教育上。他的正宗宗教信念是，人雖有原罪，但卻有能力挑選獲救之途；他的正宗政治訴求，則是斥責奴隸制度之不該，提倡黑奴制度之廢除。這些理念配合他的教育優先之想法，都在各種講道場合中宣揚出來，大部分是發表於為 Lane 的設校所作的募款餐會上。兩本書大為暢銷，皆出版於 1835 年，一是《西部人的祈求》(A Plea for the West)，一本是《學院的祈求》(A Plea for College)。

　　1.《西部人的祈求》在全國暢銷，重印數次。一開始，Beecher 就重覆提出自己的信念，認為太平盛世將會在美國出現，該書也聲音宏亮的道出，行動的時候已屆：「若是這個國家在上帝的天命安排裡，註定要在全世界中

率先走道德解放及政治解放的路，那麼此時這個國家就應了解此種高聲的呼喊，裝備好以便上路去承擔該種任務。」劃時代的戰場在等待著，在那呢？很清楚，是在西部，且與教育有關。決定西部命運，必要設置像 Lane 這種「持久的、有力的、學識的、及道德的機構，如同光圈及引力一般，施展出力道及光芒出來」。此種知識及道德機構可以利用教學上的所有武器，如短論小冊、聖經、福音傳播、家庭、主日學校、國民學校、教堂、學院、及神學院，教育出適合於美國土壤專有的牧師。「這種牧師可以使西部在真正的宗教以及純真的共和國主義上，贏得勝利。」

Beecher 在《西部人的祈求》裡也描繪出各教派教育方式的衝突，此種衝突的對象並非指個人，而是指羅馬天主教會。個人的心靈容或蘊藏有瞬息的黑暗勢力，但更有一股大的黑暗勢力，化身於羅馬天主教會的教徒及教會負責人中。他也像寫生般的說明，從歐洲專制王國的臣民，如同潮流式的移民來到美國西部後所帶來的可怕威脅，這些移民繼續接受天主教的掌控，在陌生的荒野及語言不通的地帶裡，天主教絕對的宰制了這群移民，就像天主教百分之百的支配歐洲人一般。他的解決方法，一部分是冷卻移民熱，一部分是推動移民之歸化為美國人 (naturalization)。不過治本之道，仍是教育。「國家的教育，智力的陶冶，良知的形成，熱情、喜愛、及行動的約束，都是最重要的工作，其他無法與之相比。個人有必要善加處理，使之能夠有個既聰明又具領悟性的心胸，以便奉獻在工作上；依自我拒絕，無私無我，以及絕對不可或缺的勞動等法則而行事，則將是最受支持也最被人看得起的人生。」

2.《學院的祈求》係補充上書而來，特別強調美國要是為未來的命運有所準備，就要盡全力建立知識性的機構，才可以使「註定要用心的心，素質提升，然後進行各種專業性的教學，及道德和宗教的培育」。他堅持，學院是國家「知識上的製造廠及工作坊」。學院之設，擊碎了知識的壟斷，使貧富皆能具備條件來尋覓知識及財富，全國人民各階層都能結合在一起，形成一個「恆久的社群，既光榮又有利益」。為國家的未來，尤其是西部，學院之設極為重要，焦點應放在學院能穩定發展，有秩序，免於狂熱的政治紛爭（如廢奴），又能不受報章雜誌及專業意見所左右。但具有教育性的

機構，如家庭、教會、及中小學，都因「具有共和獨立精神，永不屈服」
的傾向，這會危及法律的顛覆，權威的失勢，及品德的敗壞；因此有必要
反其道而行，使下一代接受的訓練，能習於服從，立即遵守法律；這才能
使自由開花結果，國家永存不亡。Beecher 認為，此種教育可以在西部獲得
實現。

　　1850 年 Beecher 辭去學院的校長職，回 Boston 一段時間，然後在
Brooklyn Heights 過退休生活，最後於 1863 年去世。他的一生橫跨美國歷
史上兩大災難事件，出生時是革命戰爭爆發數月之後，死於美國南北戰爭
期間。諷刺的是，他花了大半歲月在為美國國家統一及國家認同問題操心
不已。革命戰爭（第一次戰爭）孵出了該問題，內戰（第二次戰爭）則是
對該問題的考驗。他的國家主義是聲調尖銳的，不讓步的，且也與福音傳
播的新教精神 (evangelical Protestantism) 纏在一起。為了促進新教文明以達
*paideia*，他的詮釋是詳列主要的文教機構來完成該使命，包括公立學校在
內。在他有生之年時，公立學校制度已變成美國學制的核心。

## 第五節　Charles Grandison Finney

　　Beecher 將神學觀點及復甦技術二者合而為一，此種特殊的組合，稱之
為 Beecherism；一提及公理教會及長老教會，就等於提及 Beecherism。但
老學派的牧師 (Old-School ministers) 卻認為那是教會內一股腐蝕性及無組
織的力量，他們不停的感嘆教會的崩盤，教義的異端，以及過分的情緒發
洩。不過，到了 1830's 年代中，當 Beecher 本人代表 Lane 神學院作全國性
的佈道以及遠征西部來拯救邊疆墾殖人士時，正統人士早就注意到一種更
大的危險出現在地平線上，這種威脅，不再是 Beecher，也非他博學的 Yale
朋友 Nathaniel Taylor —— 對基督真理提出最嚴重的挑戰。威脅是來自 N.Y.
西部一個不是很有學問的傳教士，名為 Charles Grandison Finney (1792 ～
1875)。以 Andover 為出發基地的報紙《知識及神書評論》(*Literary and The-
ological Review*)，主編曾如此斷言：「在所有的人當中，Finney 先在 New
Haven 教導最純的神學，還敢於推進神學原則而達到正統合法的地步。」

　　Finney 崛起在 Jackson 主政之下的美國神學蒼穹，但他像流星殞石般的消逝。生於 1792 年，從小習法律，能力不錯，前途有望；對宗教事務興趣不大，他頂多是從法的角度將聖經教義引述到摩西的機構裡。本來這種工作只是當業餘消遣，但經過一段時間的加強學習，卻心向轉變了，決定全心全力投入在傳教的事業上。他立即放棄法律的研究，著手新的工作使他的話能夠為眾人所聽聞；同時又安排系統的神學預備工夫，在他的信仰指導者 George W. Gale 牧師指導之下，1824 年 3 月獲得了宣揚福音的證書。但不久，師徒反目，Finney 其後對其信仰上的業師提出反擊。

　　重新來考量 Finney 的回憶錄，發現 Gale 本人很堅持老學派教義見解，即人都有原罪、道德敗壞，徹底的失去能力來信仰，除了懺悔或作上帝所吩咐的一切事之外，所有都該詛咒，只有被上帝挑為選民者例外，基督為這些選民而死。他們根據正義原則所生的恩寵而得救，耶穌代他們受苦受難受罰，而非這些人本身作一些悔恨或懺悔措施所致。就 Finney 所想的，上述觀點，就是束縛了 Gale 教義的緊身衣。「假如他為悔過作佈道，則在他坐下之前，一定得確認一件事，即他給了聽眾一個印象，聽眾是沒能力悔過的，若是他要聽眾相信他正在告訴他們此事，那一定要等到眾人受了『神聖精靈』(Holy Spirit) 之感召，否則眾人是不可能有信仰的。他的正統宗教對他及他的聽眾而言，簡直就是密不透風又完美無缺的網羅，這是我無法接受的。我不是這般的來領會聖經，也不認為他可以如此教我了解聖經。」

　　Finney 所持的立場，認為基督之死，目的是要移開眾人那個原罪的重擔，處理掉一種無法克服的障礙，使人可以領受上帝的寬恕。他向眾人宣稱有個「普世的赦免」(universal amnesty)，邀眾人來悔過；信基督，接受祂的拯救。Finney 回憶錄當中這麼說：「我堅信，不求再生者，是自動也全然地道德敗壞了；我堅信，有必要以聖靈 (Holy Ghost) 及真理來徹底改變心意。」更為重要的是他認為此種心意的徹底改變，為大眾開放；上帝無所不在，願意這麼作，也準備這麼作，眾人是否付託給上帝，可以自己抉擇。

　　利用人的機構來重塑新教的喀爾文主義 (Calvinism)，是 Finney 的主旨。Channing 在佈道時樂觀的說，上帝展現祂自己的和藹可親，地獄已除；

Finney 並不以為然，在 Finney 的神學觀念上，地獄之火燒得赤紅明亮，倒是透過基督，上帝已授予人們一種自由使人們能參與「普世的赦免」，凡接受者將可永生，拒絕者則十足的該領受懲罰。

獲教會授命之初，Finney 在 N.Y. 北部做一巡迴牧師，工作備極艱辛，先受「女性福音傳播會」(Female Missionary Society，位於 N.Y. 州的 Western District) 之助，其後與 Oneida 的「福音佈道協會」(Evangelical Association) 合作，在這段期間，他改善了他的佈道技巧，及宗教復活手段，使不少人改宗了。他的聲望四播，遠及 N.Y. 那些所謂燒焦的地帶 (burned-over district)，也東及沿海老城市，引發了各種不同的回響，有的是極端震嚇，有的則是高聲歡呼。Boston 的保守分子，派遣 Lyman Beecher 及其友人 Asahel Nettleton 來與 Finney 會面，希望說服 Finney 傳道的語調緩和些，時為 1827 年的 New Lebanon 會談，在史上是有名的。但結果是不歡而散，Finney 冷漠對之。另一方面，復甦運動者在 N.Y. 市租下了 Chatham Theatre （劇院），將它改為教堂，建了第二自由長老教會 (Second Free Presbyterian Church)，聘 Finney 為教區牧師。在那三年，他開始大量著作，其中有一本與教育有密切關係，書名為《宗教復甦演講集》(*Lectures on Revival of Religion*)。

Finney 的演講集，基本上是復甦運動中的教學手冊。若男女皆可獲救，則牧師就應扮演如同教師的角色來說服男女，共同尋求獲救。Finney 所提供的，就是完成此使命的方法。首先，他希望大家以平常心來看待復甦現象：「這不是奇蹟，再怎麼樣也非靠奇蹟才如此。倒是純粹哲學思考的結果，只要恰當的運用自己想出來的辦法，就如同在運用方法時都會生出一些效果一般。」一旦予以平常心看之，一旦排除了只能由上帝才會啟動的地盤，則復甦現象就與因果律無異。只要耕耘，必有收穫。現在 Finney 要作的，就是設計出適合於行動的最佳方法。

在演講集中，有不少的討論涉及到禱告聚會的設計及安置。「禱告要短」，「時間要充分運用」，「太多的吟唱會傷害到禱告的聚會」。佈道師需注意的是：「牧師應知悉他的教區中，每一位不信神者的宗教想法」，「牧師若擬增進復甦效力，則應謹慎的勿介紹一些引起爭議的話題」，「佈道最好用寓言方式，一有說明，也應從一般生活以及一般社會上的事來作內容」。任

何足以復甦的各種不同方式，他都一一說明，如「憂心的相聚」(anxious meeting)，旨在對不信神者處於憂心如焚時，與他作個別式的交談；「額外的相聚」(protracted meeting)，則使人們心中繫下更強有力的神聖印象；及「憂心的座席」(anxious seat)，使憂心者作個別的陳述並作為禱告的對象；而剛被改宗者，如何予以教導，並對墮落者產生的問題，給予神寵增加的證據。他呼籲：「所有的牧師都是復甦式的牧師，所有的佈道也都是復甦式的佈道。那就是說，都應有意來提升聖潔。」Finney 勸導他的牧師伙伴，不僅有權利也有高度的義務採用新手段，以便使福音傳播圓滿成功，否則那就是對教區人士以及對上帝的失責。

我們可以料想得到，Finney 把神學編寫成系統的書，又將教學法則融入在內，正統分子當然取他作為詛咒的對象。Princeton 大學數學教授 Albert Baldwin Dod 牧師常持尖酸苛薄的筆為文，被老學派的長老教會認定他是打擊異端的最佳作戰師。這位大學教授說：「我們向他表示謝意，他為教會作了許多服務；他的闡釋，使新的神學 (New Divinity) 變成赤裸裸的畸形物 (naked deformities)。」Dod 所指控的「赤裸裸的畸形物」，不只指控 Finney，也向 Beecher 及其友人 Nathaniel Taylor 開刀。這三個人，也可說那批新神學的人，一般來說，都以最簡單最樸實的言詞，來肯定呼應 Pelagianism 這種古代的異端邪說。他們都非常歌頌人的能力以及人所建的機構，而無視於上帝的無所不在及上帝至高無上的權威。這樣作，不只衝了上帝而犯了罪刑又誤導蒼生，並且放任教會及整個世界盡情的作出任何狂熱、盲目、以及煽情的言行，實在罪不可恕。

不過新神學這批人的「大嘴巴式煽情」(demagoguery)，誠如 William G. McLonghlin 所說，只不過是指出美國在 Jackson 當總統時樂觀的個人主義論調罷了；至於說他們之「盲目狂熱」(fanaticism)，則混有喀爾文那種對上帝的驚怖意味；又 Arminian 普世救贖觀念，解析到最後，也只不過是道出民主化了的虔誠作風而已，為新興的共和國社會提供道德建設的基底。該哲學主張是從教條式的、以及機關化的路線，輕易的轉到直接指向眾人。保守衛道之士就以為這對既存機構有顛覆的作風。其實與其說他們是 anti-nomian（基督教的一種教派，認為教徒只要有了信仰，就可以不必有義務

去遵守任何道德律），不如說他們是 reformist（改革者）。因為他們的所作所為，並非在廢除一些制度，而是擬將制度予以轉型。McLoughlin 之說法，說服力十足。

新神學此種特質，在 Finney 的一生事業上清楚的表露無遺。在他為復甦作數次演講後不久，他接了一個神學教授職，到新成立的 Oberlin Institute 任教。在那，似乎又是命運的安排一般，他再度投入反對 Lyman Beecher 的陣營裡。一群 Lane 神學院 (Seminary) 的學生，在遭遇董事會堅決的異議之下，也站穩立場，支持立即廢除奴隸制度，首謀卻被開除。Beecher 的個人看法比較趨向溫和，對於雙方之實際問題以及學術自由之議論，希望各讓一步予以妥善解決，結果是為數眾多的學生從 Lane 轉學到 Oberlin。該議題本身，加上從 Lane 轉來這麼多學生，使得在 Oberlin 的 Finney 大為注意。他與 Beecher 一樣，早就想訓練一批受過上帝感召的福音傳播師，到西部為主上帝來作戰。在 Oberlin 這個岌岌可危的機構裡，Finney 注入新生命，與校長 Asa Mahan 共同發展出一套特別的解說本，把基督教的聖潔，化成為眾所周知的 "Oberlin Perfectionism"（完美化）。1851～1866 年，自己又當了校長，四十年來的服務，使該校道道地地的成為個福音傳播的基督社區，實現了他的願景。1875 年 Finney 去世時，美國新教的基督教教義，十足的轉為福音傳播的型態；福音傳播，也確實是美國新教文教昌明 (*paideia*) 遍佈各處的活動。

## 第六節　　Horace Bushnell

Finney 雖然住有定所，但在他移居 Oberlin 之後，仍然心懷巡迴講道，到 N.Y. 及 New England 去佈福音，還至少有兩次遠赴不列顛群島 (British Isles)。在各地巡迴佈道時，有一次於 1851～1852 年之間的冬季，他到了 Hartford（Connecticut 州），日後在回憶錄上說，該市太特別了，不只當地一般俗民知識廣博又具智慧，教徒彼此求好心切，注意小節，禮貌周到。他繼續評論著，他自己的使命幾乎建立在很多人的吹毛求疵 (fastidiousness) 上，至少在 Hartford 有兩位牧師群中的領袖，處於「意見不同的不快

樂狀態」(an unhappy state of disagreement) 中，在神學見解以及復甦活動裡，並不準備作個「兄弟般的結合」(fraternally together)。這兩位牧師就是 Joel Hawes 及 Horace Bushnell (1802 ～ 1876)。意見不合，表面上的理由，是 Bushnell 於 1849 年出版的《基督裡頭的上帝》(God in Christ) 裡發表了「基督學論點」(Christology)；但骨子裡的原因，是 Hawes 傾向復甦，Bushnell 則較取傳統的方式。Finney 來了之後，兩人難得的言歸舊好；經過 Finney 的居中協調，在其後的對話裡，兩人有了一絲絲的交集。此外，Bushnell 對 Finney 產生特別的情愛，在 Finney 抵 Hartford 之後一年，Bushnell 寫信給自己的太太說：「我感到被這個人吸引住了，不管在品味、在拯救靈魂的方法，及在思想或情緒上，我與他是多麼的完全有別。」

　　說兩人「完全有別」(wholly unlike)，這句話是言重了；彼此意見紛歧，倒是事實。其實兩人也有同處，兩人皆積極從事社會改造運動，兩人在性情及接受的訓練上，絕非傳統主義者；兩人對奴隸制度是深惡痛絕，都尋求各種方式使該制度不要擴散到新的地區。不過兩人之相異處倒也不少。首先在影響一切的神學見解上，他們所信的以及他們所教的一切，都分道揚鑣。Finney 認為真正的基督徒之生活，一開始就是「變心」，包括體驗的轉化。Bushnell 則主張要先注重基督教的教養，然後經由「內在的發現」(inward discovery)，找到了上帝無盡的心靈；此種發現，是本能的、直接的、也是立即的。

　　Bushnell 產生該種信念，在十九世紀早期的美國，提供了一種智力冒險與流浪 (intellectual odysseys) 的楷模。生於 Connecticut 的農家，受到媽媽的養護照顧，這個特殊的女人，他日後描述為具有大智慧且言行謹慎者。上了當地公立學校後，1823 年到 Yale。大家都看出他比較特別，當時他已 21 歲，但從許多角度去看，他總帶有村夫般的滑稽。在 Yale 表現不錯，畢業後，陸續試著在學校教書，做新聞記者，且習法。1831 年冬季的宗教復甦運動，轉移他的興趣，隔年秋天他入 Yale 的神學院 (Divinity School) 接受了 Nathaniel Taylor 的教導，但他受新神學 (New Divinity) 的影響卻幾乎是全面性的。部分原因是如同鐘擺兩極的結果，在遭逢一種教義或儀式，他認為是太過機械陳規時，他就「擺向另一邊」(to other side)；部分原因是

他著迷於 Samuel Taylor 介紹了 Coleridge 的《反省思考之助》(*Aids to Re-flection*, 1825)。該書他早年曾研究過，持續沈思過，還說他之虧欠於 Cole-ridge 的，比任何聖經經文之外的作者還多。最後，他從 Yale 轉到 North Church (Hartford) 的佈道堂，直到 1861 年才從該職位退休。

他的早期作品，收集在名為《論基督教徒之教養》(*Discourses on Chris-tian Nurture*, 1847) 一書中，將 25 年以來神學論戰的說詞編撰在一起。傳統喀爾文教派者 (Calvinists) 聲稱，人是絕然無救的，徹底敗壞的；但反方的唯一神論者 (Unitarian) 卻堅持，人有善良的天賦。介於二者之間作戰略運用的是新神學 (New Divinity) 的教徒，一方面認為人性是敗壞的，但同時也肯定人有能力配合上帝之助，可以上達神的聖潔境界。Finney 就是這麼說。這三種學派，Bushnell 都認為有錯，他們都把個人作孤立的對象來看待，個人應該要與教養他的人有關，尤其是雙親，如此則馬上可以發現，持敗壞論（人性本惡）與主張善良（人性本善），這些問題都與親子之間的關係，糾纏不清。沒有兒童之天性「本來」就完全墮落，也無兒童之天性「本來」就完全善良，也無一個確切的時刻有個道德機制給基督作個了斷，讓人突然產生德性出來。從一種基本的教學層面來看，Bushnell 開始改變了神學辯論所用的字眼，他問道：「什麼才是基督徒教育的真正理念？」

> 我用下述的命題予以回答，那也是我據以建立我理論的基礎，也是我爭論的目的，就是：兒童生下來是個基督徒，成長也像個基督徒；換句話說，孩子的成長，在目的、努力、及期望上，都不是如同一般人所說的是在為惡犯罪上，然後年紀大了才改惡為善；而是說，孩子在這個世界上有一條路開放著，孩子走去，可以在精神上煥然一新，不必記憶那些機械式的經驗時光，而是去喜愛他早年童稚時代的美好歲月。

Bushnell 說得如此斬釘截鐵，引來了一陣批判的暴風雨。傳統喀爾文主義者的尖銳發言人 Bennet Tyler 發佈一公開信，指責 Bushnell 誤解了人性本墮落以及人的再生意義；數種正統教派的期刊也予以呼應，指出 Bush-nell 的 *Discourses*，是「對福音傳播社區中的一種誹謗」，出版該書的機構，

主日學教會 (Sabbath School Society) 在細心重審該書後，立即中止銷售，引來了 Bushnell 以一長文來為自己的說法提出維護觀點予以辯解。他說他的理論與 New England 早期的清教徒並無不同。他這麼說，是正確的。Bushnell 重新刊印他的 *Discourses*，附上他的維護觀點又增加數文，成為一本短論，書名為《基督徒的教養觀點及其相關話題》(*Views of Christian Nurture, and of Subjects Adjacent Thereto*, 1847)。其後數月，風波暫息。不過 Tyler 回擊 Bushnell 的教學，形同一種「致命的欺瞞」(fatal delusion)，Bushnell 本人則仍持續說明他的想法，且於 1861 年重新又發行該書，擴張頁數，書名改為《基督徒的教養》(*Christian Nurture*)，銷售數年之久。在基督教教育理論上的影響力，當時的著作沒有一本能與之相比。

　　Barbara M. Cross 用敏銳之筆寫下了 Bushnell 的傳記，提到 Bushnell 任職於 North Church 期間所遭逢的複雜問題，那是美國工商都市化所產生的，尤其是從一個中上階層、原是流浪的猶太人眼光中所看到的問題。此外，她也沈痛的指出他自認失敗之處，特別是在 Joel Hanes 復甦運動大豐收的 1830's、1840's、及 1850's 年代時，帶給 Bushnell 不安。他之所以強調家居教養的重要性，那是一種回歸返視，因為使他記起了媽媽養護時的溫馨；那段時光，正是「親手編織的樸實歲月」(the age of homespun)。不過，此種解說是太單純化了。事實上在 Jackson 時代的美國，醞釀著一股強大的智力因素，當時的思想界認為兒童天生是無邪天真的，媽媽就是無邪天真的保護人。此種學風，一方面必然鼓舞了 Bushnell 作了個平靜的追憶；另一方面，也使他興起一股社會及教育改造的企圖。要是說孩童就是社會的希望，也是社會的救主，這兩句口號正是 1830's 及 1840's 時代革命狂潮的熱情呼喚，則孩童在面臨罪惡遍在的時辰，給予正當的教養，就是回覆嚴厲的復甦主義者及柔弱的唯一神教派 (Unitarianism) 的最好辯解。

　　Bushnell 強調家居生活的價值，但他絕不以此來限定他的注意力。1847 年正值基督徒的教養問題議論不一時，他在「美國家庭福音會」(American Home Missionary Society) 的贊助之下，出版了《野蠻，第一險》(*Barbarism the First Danger*)。他說，政治體制的最大危機，是野蠻而非天主教精神 (Catholicism)。這種話，由一位反羅馬分子基督教聯盟 (anti-Romanist Christian Alliance) 的活躍分子所說出，十分有趣。為了抵制大家沈淪為野蠻，尤其在西部，教育是絕然必要的。隨著鐵路之興建及電報系統之架設，就可以沿途興建大中小學，並由境內福音傳播協會 (Home Missionary Society) 來負責供應各基督教的牧師：「一旦鐵路及電報密織在荒野地帶，使最偏遠的農舍都可以與東部相連且緊密如鄰居，則更多的光明，更好的舉止，以及更高尚的基督徒，就普遍存在於各處了。」Bushnell 更進一步大膽的指出，新教徒（基督教徒）應與舊教徒（羅馬天主教徒）攜手合作。他作了如下的結論，雙方應共同「認真追求真理，吾人必須謹記，真理是一，且無所不包 (catholic and comprehensive)。吾人必須規避了無生機的自由放任作風 (vapid liberalism)，該作風不但無法使吾人聚合成一體，反而四分五裂，彼此疏離，吾人也必須堅持我們的寬容及施捨，即令對方是羅馬天主教徒；尤其當我們清楚的發現，耶穌精神就在他們的生活中時。」此種說法，在目前是陳腔濫調，在當時卻是新教地盤中的異音。

　　六年後，他轉而注意國民學校 (common school) 事宜。他寫出一文，可以說是國民學校運動中提出國民學校教育理論的經典著作。Bushnell 說：國民學校是「世俗國家公民秩序中整體的一環」。國民學校之存在，是因為社會需要一塊地，使各階層的小孩能夠很早就在一起過生活，彼此相互認識。「在共同的起步點上共同活動，共同學習，作率直的對抗競爭。有錢人的子弟感受到下層孩童的優點，後者在奮鬥中顯出力量，當勝過有錢人子弟時，教師應給予讚美。貧窮子弟也學到了力量的價值，也感受到慈祥的鼓勵，聲音發自於無過失的勝利者。」如此，則國民學校就不是新教的學校，而是一所基督徒的學校；也許更為重要的是，那是美國人的學校，是美國制度中，不可或缺的機構。新教徒有責任盡全力使國民學校也可以收容羅馬天主教的學生，而羅馬天主教也須回應，加入陣容共同來經營而不要求自設學校。「讓我們把陌生的友人用力的拉緊到我們身邊，」Bushnell 如此督促他的教區牧師。「並非為了教派的權力來爭奪，卻是一種嚴肅的責任，為國家及為上帝盡一點義務。」

　　Bushnell 與當時的教育學者都了解，各種不同種類及性質的機構，都負有教育大眾以尋求共同的目的，即服務於國家。有必要特別提及的是，

在他人大力推動學校作為主要的教育機構之時代裡，他指出家庭與教會的優先地位。但他的教育觀念並不狹窄，也不隔閡；他的教育思想，以及解析教育的力量，來自於他取一個有機的宏觀角度來看社會，教育就在其中。對社會的忠誠，乃是維繫社會於不墜的基礎，尤其處在 1850's 年代派系的緊張時刻所爆發的內戰，他看出國家的未來，終得依賴對國家的忠誠。他體認出忠誠是道德問題而非法律上的義務，只能出之於心甘情願而非武力逼迫，此種觀念解剖到最後，真正的統治者就是上帝。可見教育的擔子是太令人驚怕了。若是要遏阻自私心這種離心力（個人主義）的擴張，那就不是經由政府的法令禁止而是要透過歡喜甘願的順從於上帝的律令。良好的公民，就是一個奉獻於上帝的個體；良好的社會，也只不過是由這些個體所組成的社會。只有大家具有兄弟愛姊妹親，在上帝為父的治理下，美國才會實現上帝給這個新國家在歷史上的使命。創造兄弟情及姊妹愛，那正是教育的職責。

# 第九章　教派派系之模式

教育是全人的 (Education's all)。

—— A. Bronson Alcott

從殖民時期開始，New England 有四個州以州稅來興建州的正統教會。但十九世紀早期，這種情形已不再。

這四個州是：1.Maryland（1810 年取消），2.Connecticut（1818 年取消），3.New Hampshire（1819 年取消），4.Massachusetts（1833 年取消）。以公款建立州教，不符美國立國精神，教派派系林立，是美國的面貌。

獨立建國初期，福音傳播 (evangelicalism) 與教派派系 (sectarianism) 共同譜曲，但調子不同。福音傳播者步入世界，發揮奇異的說服力來改造世界；教派派系人物則內返諸己，也以奇異的示範來改造世界。二者在本質上都致力於教育，福音傳播工作是「離心的由內往外」(centrifugally)，系統地把基督教義的意義及價值，讓全民普露其甘露；教派派系則進行「向心的由外往內」(centripetally) 教學工作，擬創造一個美麗社會且維持該社會不墜，教導全民在內為善，在外也為善。福音傳播在教育他人時，採個別方式，一個一個來；教派派系則整批交易，全社區一起教育。二者都有同樣抱負，使全世界再度復活。

十八世紀末，造成福音傳播勢力東山再起的因素，同樣也是造成教派派系活絡的主因。歐美兩地呼籲的完美主義 (perfectionism)，無偏無私的仁愛 (disinterested benevolence) 及太平盛世 (millennialism)，都是當時盛行的烏托邦式之實驗論調，也促進了跨教派式的復甦運動。從此社會改造運動持續不斷，人們心理也經年思慮不已。各社區到處可見「燈屋」(lighthouse)，這是美國十九世紀初期的特殊景觀，是社會主義者或共產主義者努力的所在。其中有三個此類社區頗值一談，因為此三社區的教育措施各自有別。其一是奧文式社區 (Owenite community)，在 Indiana 的 New Harmony；其二是超驗主義者社區 (Transcendentalist community)，在麻州的 Fruitlands；

其三是摩門社區 (Mormon community)，在 Utah。此三社區當然不足以代表
全部社區，且其中只有摩門社區成功，其餘皆失敗，這也是預料中之事。
但三個社區皆對美國教育之演進產生深遠的影響。即令是失敗的社區，其
改造精神也是陰魂不散，並無全部消失。

# 第一節　Robert Owen

　　英國的社會改革家 Robert Owen (1771 ～ 1858) 有個烏托邦的理想境
界，他想創建一個「新的道德世界」(new moral world)，真及善都洋溢在公
共事務裡，每一個人可以享有充分機會來發展他的所有潛能。 Owen 本人
是威爾斯 (Wales) 的馬鞍匠之子，自學成功，十九世紀之初是廣被注意的人
物。他使蘇格蘭 (Scotland) 的 New Lanark （人口約二千）變成一個工業模
範社區，以經營紡織業賺的錢來改善當地人民的生活條件及工作環境。他
的努力，目的在舒解「社會最基本的結構裡最嚴重的罪惡」。他的努力範圍
雖極有限，但對當代的歐洲及北美人士而言，這種社會改造卻深具引申意
義。Owen 本人所閱讀的書以及結交的知識界朋友，都是蘇格蘭及歐陸啟蒙
運動的人物及他們的作品，站在環境論的立場與商人的本性，只要社會組
織合乎理性，人類行為也依理性來運作，則人類進步將無可限量。他在 New
Lanark 的所作所為，使他陸續發表了許多論文、演說、書信及小冊，時間
在 1812 ～ 1816 年之間。1816 年把這些資料輯成一本書，取名為《社會的
新視野》(*A New View of Society*)，也是邁向太平盛世的代表作。

　　Owen 的論點當中，都希望教育要正當的作社會安排。1816 年，他發
表一篇演說，那是為一所機構成立的賀詞，該機構名為 New Lanark's Insti-
tution，旨在作「品格塑造」(Formation of character) 工作。收容的學生，不
分年齡大小，也不按社會階級。該機構設有白天看顧嬰孩中心，讓還在學
步的孩童有個良好的養育所在，也讓媽媽無後顧之憂，可以外出謀生以便
養家活口。一間普通教室以便教學讀、寫、算、縫衣、織布，收容十歲以
下的兒童。一夜校使白天上工廠班的家長送孩子入學。一個閱覽室及休閒
中心，供社區成人使用。另有特殊場所供跳舞、音樂、職業訓練、自然研

究及自我學習之用。在 Owen 的心目中，本學府之價值，將不只使直接使用者受惠，也將作為其他工業社區的楷模。英國國會終於立了法，把 Owen 的教育措施規定在全國其他社區裡。

Owen 的學府中最令人深感興趣的是，他把瑞士大教育家 Johann Heinrich Pestalozzi 及 Philipp Emanuel von Fellenberg 的教育改革作法引介進來。Owen 本人於旅歐期間曾與這兩位教育學家有所認識。他曾說 Fellenberg 在 Hofwyle（靠近 Berne）的學校：「比我在英或歐陸所看到的任何一所學校，都前進兩三步。」如此崇拜，他乃把長子及次子送入 Hofwyle 實科學校接受 Fellenberg 的「特殊照顧及指導」。他想從 Fellenberg 處學習的是，把心靈、道德、及手工教育作一統整，洋溢著仁慈且自然的教學氣氛，學校環境溫馨，孩童之間容忍寬諒，不因社會階級之不同而生不同之關係。

Owen 再怎麼讚美 Fellenberg 的學校，他仍然認為那只是人生的附屬工作而已，他相信品格塑造是畢生應予效力的所在。人性可以改造，人的進步也才可望完成。人性依「外力」(for) 來改變，而非靠「己力」(by) 來型塑。只要大家遵理行事，則可遠離罪惡與貧窮。擴大而言，可以在世界上避免不幸，將每個人置於一種環境之下，就可以承受永恆的幸福。此種環境完全和過去的環境有別。因此除了實施部分的教育在幼兒學校、國民學校、以及休閒中心之外，另需擴大對象，讓成人也受教育的滋潤。要是整個社區裡的機構，如家庭、社會、工廠及社區都具教育功能，使大家免於憤怒、仇恨、衝突，而代以施捨、仁愛、及慈悲，則真正的好社會就浮現出來。Owen 用一種近乎吟詩般的語句，也震人心弦的話，說：「每個人對太平盛世這個名詞的了解是如何，我並不盡知，但我卻頗能領會，一種社會要是吾人好好予以經營，則犯罪現象皆一掃而光。健康大幅改善，沒有不幸，或不幸減少到最低。智能及幸福增加百倍。除無知之外，無一障礙擋在路中，此社會狀況將普遍存在於全球。」不久，Owen 就將他的「機構」(Institution) 擴及為全部烏托邦式的教育。隨著 1817 年「國會濟貧法案委員會」(Parliamentary Committee on the Poor Law) 發表的報告，他首先制訂了一全套的教育計畫，即是廣為人知的「教育四邊形」(educational parallelogram)，那是全面性的規劃，也是自力更生的社區。社區人口由 500 名到

1500 名，都住在四方形裡。有兒童宿舍、共同餐飲室、小教堂及學校；有馬廄、農田、工廠，以便在經濟上維持生計。

將上述具體的規劃予以理想化，並擴大視野，Owen 遂不把眼光只限定在 New Lanark 一社區上，也不斤斤計較瑣碎的實務工作，而開始操心於完美之追求。他之投資於美國 New Harmony，背後因素即在於此。國會之早先立法行動既遭挫敗，他登記角逐國會議員又未成，漸進式的改革手段已無法忍受，他又火氣十足的批判國家教會。他乃四下尋覓是否有機會從一無所有中創造出一個完美的社會，並作為全球的示範。恰好 Indiana 州的 Harmony，有一位實施宗教社區的領導人 Frederick Rapp，於 1823～1824 年之交的冬季，決定出賣該地而將實驗轉移到賓州，Owen 下了決心買下該社區的資產，並進行他的實驗，該地也改名為 New Harmony。

New Harmony 的實際工作，具有崇高的社會眼光，但當地處境卻極為不良。1825 年 1 月 3 日，Owen 正式取得 New Harmony。數月以來，數以百計的申請者蜂湧而至；但大家各懷鬼胎，希望及期待各有不同。有些人的行為可以與 Owen 共事，有些人則想靠他的施捨過活，其他人則擬利用 Owen 的資金來進行自個兒的實驗而形成自己的社區。Owen 之言行，並無助於釐清此種紛亂狀況。1825 年 5 月 1 日，該社區的出賣過渡狀正式生效，但條文中陳義過高，並無具體的指導作用。Owen 本人又常缺席，卻費時在東部及歐洲作太平盛世的宣傳工作，留給他的孩子 William 來處理地方事務。年青人能力強，但其父語意曖昧，申請開墾者想法不一，這不是光能力夠就可以成事的。

一位能力甚佳的夥伴於 1826 年加入陣容，頓使局面改觀。這個人就是科學家 William Maclure；對整個實施過程，產生了莫大助益。Maclure 是蘇格蘭人，在歐洲經商牟了大利，移民來美擬開拓人生第二春，在科學、教育、及社會改造中盡一份力。定居於費城後，著手一項廣泛的美國地質調查工作；同時也熱心參與美國哲學學會 (American Philosophical Society) 及費城自然科學院 (Academy of Natural Sciences of Philadelphia) 的活動。另一項也極其重要的因素，就是他獨自研究過裴斯塔洛齊 (Pestalozzi) 及 Fellenberg 的作品，私底下也說服 Pestalozzi 的同事 Joseph Neef 到費城來，建立

一所裴式精神的學校。他出錢出力促使裴氏的兩位門生，即 Marie Duclos Fretageot 及 Guillaume Sylvan Casimir Phiquepal d' Arusmont 從巴黎到費城。最後，他也熟悉 New Lanark 的工作，1824 年夏天到該社區去拜訪，評語是「經由 Mr. Robert Owen 的勇敢及毅力，不畏懼於頑固又惡毒的反對，社區有了大幅度的改善。」而事實上，也是因為 Maclure 的拜訪後不久，Owen 才下定決心要買下 New Harmony。當 Maclure 在費城的朋友及熟人如 Neef Fretageot、及 Phiquepal，加上科學家 Thomas Say、Gerard Troost、John Speakman、及 Charles-Alexandre Lesueur 一聽社區計畫，他們立即關心計畫的可行性。不只他們也提計畫加入開發行列，且也慫恿 Maclure 不可袖手旁觀。Maclure 先只是熱心而已，因此猶豫了一段時間不便答允；但經過與 Owen 在費城的會議之後，終於首肯。

Maclure 及其同僚的到來，給 New Harmony 帶來了一大堆希望，他們「裝載了滿船的知識」(boatload of knowledge)。乘坐的龍骨船，船名叫做「泛愛者」(philanthropist)，抵達 New Harmony 是他們旅程的最後一站。不過他們一抵達之後，對邁向理想境界的進展，幫助卻不多。1825 年的規程，設立 Preliminary Society（預備社），或稱為 halfway house（中途之家），1826 年 2 月 5 日又制訂新法，設立一行政組織，人數不多，來執行一般事務，稱為執行會 (executive council)。但每個人應分擔多少義務，享受多少權利，新法比舊法說得更不清楚。情況更糟的是 Preliminary Society 的數位成員拒絕接受新法，各自為政的另行組織小團體，名叫 Macluria。

新法不可行，時日一到即見真章。2 月 19 日，執行會請求 Owen 答應掌政一年，Owen 接受了。不穩狀態遂告平息，但困難仍存。因為小團體林立，派系各自強化自己地盤，財政發生危機，支票到期也難以兌款。幸好 Frederick Rapp 同意屆時以現金付帳。機構一再重組，但分崩離析卻無法阻止。Maclure 此時提議把 New Harmony 劃分成數塊社區，各自獨立，以便盡可能實現他及友人擬進行的教育工作。1826 年 5 月，此議獲同意。社區中的每一區，都有教育區，作為交換食物及服務之用，但可以獨自計算各成員奉獻心力的勞動價值（如何計算又引發酷評）。New Harmony 遂分成三種社區，一是 Education Society（教育社區），一是 Agricultural Pastoral Society（農牧社區），一是 Mechanic of Manufacturing Society（機工社區）。三個社區統合在聯合董事會 (Board of Union) 之下。但如此安排卻未見和緩 New Harmony 問題於分毫。幸而 Maclure 及其他伙伴卻可以放手去進行他們的計畫。此種決定極為緊要。New Harmony 在實現「新的道德世界」上，是個令人失望灰心的實際例子。倒是在 Education Society 中發展出十九世紀教育改造的典型，雖短命且立即的影響力也有限。

基本上，Maclure 的構想，與 New Lanark 的型塑品德學府 (Institution for the Formation of Character) 無異，即設一個工業學校，其中有小型圖書館及博物館，陳列各種收集品；投資於出版公司，為年青人出版嚴肅的科學書刊及富有教育意義的期刊；幼兒學校及國民學校，完全採裴氏精神與格調，教學氣氛是仁慈與情愛，步驟是由簡入繁，由具體到抽象。不過與 New Lanark 學校不同的是，有個住宿處來收容社區的全部學童，只要他們學會走路，一直到十歲，都住在校內，以免受社會之傷風敗俗所污。至於成人學校則仿英國及美東的技術學院性質，擴充並改 New Lanark 非正式的閱讀中心為「切磋教學社」(Society for Mutual Instruction)，以便「傳遞文理科的一般知識，使向來未受過一般教育或科學教育的民眾知悉；更糾正大學院校及公立學校所標榜的狹隘及錯誤的政策。」該社區雖存在不久，但卻為一所學府奠基，即 1837 年 Maclure 所建一直到他去世為止仍在運作的「工人學府及圖書館」(Workingmen's Institute and Library)。

工業學校仿 Fellenberg 的 Institute（在 Hofwyle）措施，學生先予以訓練，其後出賣產品來自力更生。有時教以剝製術 (taxidermy)、木工、鐵工、傢俱、製鞋、耕稼、烹飪、紡織、家計及女帽，不過學生最感愉快及光榮的是印刷、裝訂、及製版雕刻課程。該校有印刷部門，也有門市部，販賣有 New Harmony 的科學家及文人作品；發行一些特刊，如 Maclure 本人所著的《各種學科之我見》(Opinions on Various Subjects, 1831 ～ 1838)、Say 的《美國貝類》(American Conchology)、及一本雜誌《有用知識的散播者》(Disseminator of Useful Knowledge)，由學生擔任主編、印刷、並出版，其實是 Say 在負責。此外另有一校，名為「孤兒手工訓練學校」(Orphans' Manual Training School)，收容 12 歲左右的孤兒，教導「有用的知識及技

術」，使女生也有機會如同男生一般的學會一些實用技術。

　　New Harmony 實驗壽終正寢的時間，可以說是 1827 年 5 月 27 日；也是 Owen 返回歐洲之日。他發表告別演說，仍然充滿熱情，希望 New Harmony 的工業、經濟、美麗、及社會秩序，都有良好的基礎。「當我回來時，但願你們繁榮富貴，整個 Harmony 亦然。」只是該實驗因步履蹣跚，加上內鬥，成員不合，導致實驗一蹶不振。

　　New Harmony 的教育實驗活動中，有幼兒學校、工業學校、及工人技術學院（延續最久），並提供更多的教育機會，使女生與男生一起共享。其實這些作法並不是前無古人。比較具意義的是 Owen 的理念帶給美國學術界的影響。雖然 Maclure 投資於 Institute，並把它改裝成一個公共圖書館，服務地區擴大到 Indiana 及 Illinois 兩州，但其影響力只是地方型或地區性的而已。倒是 Owen 的觀念深深地影響了美國知識界及教育界。Owen 一心一意的把新教的福音傳播予以世俗化，堅信教育可以使人性超越歷史限制，上達太平盛世。教育使部分層面（完美的學校），擴大到全部層面（完美的社區），在二者上，教育本身不只應完美，還應促進社會更完美。此種看法引發了全國上下階層人士的討論，在 1830's 年代及 1840's 年代是最熱門的話題。

# 第二節　　Bronson Alcott

　　1826 年暑季，Bronson Alcott (1799 ~ 1888) 首次閱讀 Robert Owen 的 *A New View of Society* 一書；同時他也系統的研究當時暢銷的教育作品，如 Edgeworths 的《實際教育》(*Practical Education*)、Joseph Neef 的《教育方法及教育計畫》(*Sketch of a Plan and Method of Education*)、另一位無名氏所寫的《雙親養育子女之要點——裴氏教育法的精神》(*Hints to Parents on the Cultivation of Children in the Spirit of Pestalozzi's Method*)，但 Alcott 發覺收穫最多的是 Owen 的書。仁慈的人道關懷，與他的性格最為相近，Owen 強調透過教育就可以使人類進步有了希望。數月之後，他寫了個摘要在他的日記裡，說明 Owen 的哲學理念：「他的哲學體系，就吾人所知，是真的。

我們期待有那麼一天，社會可因實現該理念而獲利無窮。」

　　直到 1842 年兩人終於在英碰面。Alcott 於該年赴英，住在 Alcott House，該處有個寺院附設學校，Alcott 在那擬對哲學下一番進修功夫。Owen 仍然希望以教育為主力來重建社會，以便達成太平盛世。Alcott 的太平盛世願望，不下於 Owen，但特別強調自我努力及自我教育的功夫。教育是個人自我實現的主軸，每個人都為上帝而犧牲，完成神的使命，將自己的獨特性發揮到最高點。只要方式正確，品格就可因此塑造出來。不管是男人、女人，或是小孩，皆追求知識並作精神提升，則良好社會的基礎就穩如玉山。

　　基本上，Alcott 呼應 Owen 的理念，但他後來有了大變，卻與 Owen 分道揚鑣，形成美國超驗主義史上的另一章，也使得 Alcott 變成「超驗主義中最超驗的人」(the most transcendental of the Transcendentalists)。生於 1799 年，其父是個機械農夫，家在康州的 Wolcott，鄉人情誼濃。上了鄉下學校，念了不少書，尤以《天路歷程》(*Pilgrim's Progress*) 感觸最深。他試圖寫些東西，製作鐘錶，沿街叫賣書籍（可邊讀書邊賣書）。1823 ～ 1824 年之間還當過老師，這是他的童年及青年生活。不久，鄉居就發現了這位不平凡的教師之座右銘：「教育是全人的」，以「永恆」(eternity) 的追求作為教育的使命。步驟是「學學救世主」，以獎勵代替競爭，以解釋代替記憶，以說服取代逼迫。教學一定要適應「孩童心理上的能力及習性」，從易到難，從已知到未知，從具體到抽象，按部就班。用語清楚，且引述所提，是兒童所熟悉且也常發生之事，小心翼翼的避開使用「奸險的、內鬥的、或意氣消沈的原則」(sinister, sectarian, or oppressive principles)。注重獨立判斷及自由想像，既不「泥古」(veneration of antiquity)，也不「迷新」(excess of novelty)。為求此目的，他花錢買了不少新書給孩童，自己也閱讀廣泛的資料，以 Locke、Watts、及 Pestalozzi 的改革哲學家之作品為主。因之他在教室裡就進行了許多革新措施、方法、與設計。

　　大眾的反應，正反混雜，這也是不必大驚小怪的。New England 不少他的同伴及教師對他極為稱讚，但 Wolcott 地區的家長卻憂心忡忡，疑心四起。1827 年 Alcott 在日記裡寫上下述一句話：「本村村民提到公共教育時

的那股氣氛，好討厭哦！」「村民的情緒應予以啟迪，人民的偏見四溢，情報流傳，新作風反被嘲笑，最糟的是貪婪橫流。克服此項難關，改革者需要才華及脾氣，我不夠格。」這些話聽起來像先知說的。一位真正的改革家，也是太迫切為時代所需要的，Alcott 否認自己具備那種身分。謙虛的他卻畢生投入其中。

　　1827～1828 年之交，Alcott 一校一校的教學，先在 Boston，後到費城的 Germantown（德國城），1834 年又回到 Boston 建立 Temple School（廟宇學校），這是他一生中最廣為人知的冒險事業。在該校六、七年時光，他的想法有了最顯著的改變，發現他所讀的書中理念與他自己內心底處的想法，二者並不相合。1827 年的 Alcott，支持 Locke 及 Owen 的主張，在該年的日記裡，他適當地做了預言：Owen 的制度將盛行於此地。不過其後數年，他的狂熱度已大減，部分原因是 Owen 尖銳的批評制度化的基督教主義，但最基本的理由是 Owen 及 Locke 認為人的品格可經由感官經驗而具彈性塑造；他則認為人的品格涵養，不能只依人自己的後天努力，卻要仰賴上帝的精神感召。這種想法，部分來自於他讀了 Pestalozzi 的作品的結果；但更大的原因是他研究了 Samuel Taylor Coleridge 著作，才強化了他對人性採取此種觀點。1832 年他在日記裡也寫下：「尤其在 Coleridge 的文字上，有種超越美及深層的智慧，他對人的研究最為澈底，也對人最了解。先前的詩人除了 Wordsworth 之外，無人能與之相比。散文充滿華麗的視野，又極富想像力，令人印象永難磨滅。這個人的靈性有一股深沈的智慧，這智慧不屬於地上。沒有一個作家比他給我更多的感受。精讀〈反省思考法〉(Aids to Reflection) 及〈友人〉(The Friends) 後，在我神靈及心理上形成了新紀元」。尤值一提的是該年年初，他也把 1827 年在日記裡寫下的 Owen 觀念作了評語，認為前後兩次對 Owen 的意見「該有所區分」(Want of discrimination)。這些字他寫在 1827 年 10 月的日記裡。

　　除了閱讀及教學之外，這些年來，Alcott 做了爸爸，這種角色也提供他一種機會來重新整理並提升他的教育理念。1830 年春他與 Abigail May 結婚，次年女兒 Anna Bronson Alcott 即出世，即在 Germantown 的家庭裡做了一項實驗，這是 Alcott 考慮多時的。他曾有過系統的觀察並評查各種

記錄資料，先得確定兒童的基本天性。任何人如擬了解教育工作，就得按照且配合人性組織結構的法則來進行，且天性 (nature) 與教養 (nurture) 二者合作，才可望長期發展潛能；對改革者而言，這真是個令人提神的觀念。Alcott 小心翼翼的承擔此項工作，小女一歲時，他就寫滿了 30 項有關嬰孩的天性資料。1836 年時，又把 1832 年生的 Louisa May 及 1835 年生的 Elizabeth Sewall 三個小孩一起作記錄，共寫了 2500 頁。吾人也可料想得到，觀察本身是極為動人的，這是美國史上的第一次。記錄當中寫滿了孩子的生長及發展資料，以及 Alcott 如何努力去影響孩子的生長及發展。此種狀況，對 Alcott 更具啟示作用。不管資料是多麼的「客觀」，他最重大的發現是他的觀點獲得事實上的印證。孩子的心性，「隱隱約約的藏有後來可以提升的智力，純粹的情感，高貴的預想，以及幸福的記憶。」出生到 2 個月時，心靈即有知覺及智慧，自信感在情愛及仁慈的看顧下，最容易增長。「把孩子當成是自由、自我引導、及自我控制的生命體」。個體進步式的發展，關鍵在於自制，以理性來馴服情愛。他的「觀察」，似乎有個先入為主的答案，在指揮想要尋覓的資料，甚至擬修正那些客觀的觀察結果。

　　1834 年 Alcott 就職於 Boston 的 Temple School 時，他所持的觀念及深以為是的想法，其精髓是超驗派的 (Transcendental)，當時此種學界名稱還未成時尚。該校位於 Masonic Temple on Tremont Street，William Ellery Channing 慷慨支助，又有了得力助手 Elizabeth Palmer Peabody，收容有 30 名 10 歲以下的學童，皆是該市望族家庭之子女。教學環境的規劃是個人式的工作空間，設備是每個人皆有桌子及黑板，同時學童也可群聚於老師四周，一大塊哥德式的玻璃是房子最醒目處，有個基督的浮雕；Socrates、Plato、Shakespeare、Milton、及 Sir Walter Scott 的半身雕像俯視著孩童。Alcott 希望孩子取這些人當模範，作為學習的對象。教室裡「有各種形狀，可以培養想像力，並感動孩子的心。」

　　大部分的工作是傳統早就有的，只是多了熱情；充滿思考以及奉獻，所以學校氣氛就有點不尋常。關鍵在於取比較寬廣的層面，來作為各學科的哲學基礎。因此，該校所開的科目如閱讀、拼音、寫字、算術、地理、及繪畫，也別樹一幟。課程設計的主要用意，不是如同傳統式的在灌輸學

童知識，卻在於培養學童的自我學習。認識真正的自我，上帝就會允許人類充分運用天分，來發展人類的性靈到完美的地步。為達此目的，Alcott 引介了兩種教學設計，頓時使該校聲名遠播：寫日記以及交談。寫日記的用意是要求學童反省並自我分析，引導學童「知你自己」，日記永久為學童保管。參考 Bunyan 及 Alcott 的方式，每天的作業練習，也鼓勵學童在作業簿上回憶一下，把一天的所為作一回顧，是否與自己有什麼關係，並想想看自己的存在又與之有何關聯。有些日記可以大聲朗讀，希望學童所寫的範圍，依耶穌行徑來過理想生活，要求學童取法先人典範。其次，會話交談也配合著日記，作為最佳的教學模式。交談會話是 Socrates、Plato、及 Jesus 的教學核心。Alcott 把孩子聚在身邊，環繞在桌子四周，開始發問，如一天生活中發生的事件，眾人皆知的寓言，或從《天路歷程》一書中的插曲；當然，從福音書取材更是最佳選擇。問完之後就是討論，教師就得引導、說明、評注並質疑，引發學童思考到心智所能達到的最遠處，主要企圖在於喚醒天賦的才華。

　　Temple School 有兩段時間頗值注意，第一段是廣受大眾肯定的時候，可以 Elizabeth Peabody 出版的《一個學校的記錄》(*Record of a School*) 作代表。該書有 1835 年版及 1836 年版；第二段則是大眾尖銳反對的時候，可用 Alcott 自己的《與兒童作福音交談》(*Conversations with Children on the Gospels*) 問世時為代表，該書也有兩版，即 1836 及 1837 年。Alcott 本人絕非屬政治人物那種性格，因之他實在沒有料想到他的晚年著作，突然遭受如同暴風雨般的對待，不過他還信心十足的在日記上寫著，他的著作「在教育史上寫下新頁，也是哲學改造及基督教革新的先知。」不意卻深陷於被評為猥褻、污穢、及異端的旋渦中，致使整個學校尤其是交談法變成全城爭端不休的焦點話題。隨後入學註冊生銳減，1838 年春季只剩下 3 名學童，Alcott 不得不宣佈關門大吉。該年年末時，他也在家鄉試圖東山再起，但收容黑人的決定使白人家長憤怒不已，逼迫他要放棄這種措施。他堅決拒絕把黑人小孩趕走。1839 年 6 月，終於離開教職。

　　一件十足諷刺的事是 Alcott 在自家陷入絕境時，恰是他的聲名遠揚於國外之際，此事是改革家常碰到的遭遇。一群改革家及神祕家環繞在英國

教育家 James Pierrepont Greaves 四邊，這位曾在 Yverdon 與 Pestalozzi 共事過的學者，共同與他們一起對 Alcott 的作品深感興趣。看了《一個學校的記錄》及《與兒童作福音交談》之後，就決定與 Alcott 通信，還認為 Alcott 是美國的 Pestalozzi。其後當他們在 Richmond 附近的 Ham Common 找到一個小社區及學校時，就取名為 Alcott House，並發函邀請「導師」蒞臨指教。Alcott 的友人 Emerson，希望此項邀請可以一掃 Alcott 心情上的陰霾，除去他在 Temple School 辦學失利後的沮喪，因此鼓勵他前往，並且也發動募款。Alcott 應允了，從 1842 年 6 月初到 9 月底留在英國三個多月之久。對一位幻想式的學校教師而言，在英的經驗更強化了他的信念，帶回美國的是一個新伊甸樂園計畫來重建未來世界。此計畫在 Fruitlands 進行，是美國內戰之前烏托邦理想計畫最短命、卻也最令人深感興趣的一個實驗。

無論從那一個觀點來看，Fruitlands 的實驗是三個人所創。第一是 Charles Lane；Alcott 在 Alcott House 與他第一次碰面，是個改革派的編輯者。第二是 Henry Gardiner Wright；是 Alcott House 極有天分的教師（但只短暫的參與該實驗）。第三是 Alcott 本人。構想孕育於英，夾雜有當時還陌生的優生學 (eugenicism) 的理念，那是 Greaves 灌注於 Alcott 社區的。但 Alcott 抵英之後，Greaves 即去世；也含有 Lane 的禁慾主義 (asceticism)；更融入 Alcott 的人格主義 (Personalism)。Lane 及 Alcott 把這些想法正式的發表在一篇通訊稿上，名為〈自由之先驅〉(Herald of Freedom)。該實驗之目的，第一，旨在說明「生活上的惡，不是社會或政治的，卻是個人的。只要個人下功夫予以改造，就可以去除生活上的惡」。第二，革新之後的生活，家庭是最佳的展示所及傳遞所。1843 年春，Lane 在麻州 Harvard 村莊購買 90 畝地作為實驗處。參加者除了創建者之外，還有 Lane 的孩子、Alcott 的家庭、Samuel Bower、Joseph Palmer、及 Isaac Heaker，各自都在追求各自認為的善舉幻想，並推己及人。Palmer 由於留了長長的鬍鬚，當時並不流行，他也為該風尚在麻州的 Worcester 坐過短時的牢。

1843 年 6 月 14 日，此實驗正式上陣，Alcott 及 Lane 兩家族都已搬到新買的農莊，7 個月後，實驗宣告失敗。在這段期間中，參與者備嚐喜悲滋味。理想高但行為卻愚蠢，此機構名為「水果地」(Fruitlands)。水果是土

產，也是日常食物，但奇怪的是竟然無果園，卻種了穀類及蔬菜。由於不合季節，也沒有收成；並且還決定家禽不要關在圍籬內，又沒想出辦法要如何取代，卻儘花時間在交談要探索人類悟性的底層奧妙。來此造訪的遊客不少，Emerson、Channing、Theodore Parker、George Ripley、Nathaniel Hawthorne、Henry David Thoreau 等。實驗及革新也陸續推出，如布料、食品、健康及信仰等都作為交談議題。Alcott 的孩子從十二歲的 Anna 到三歲的 Abby May 也都全程參與，Anna 還負責一個臨時性的學校，教導另外三個小孩。

曾有一段時光是興奮、希望、及抱負洋溢四周；但不久，新鮮感及冒險情漸失，衝突事件頻傳，內爭公開化。Lane 及 Alcott 都曾認定家庭是任何改革事業的核心，對禁慾觀點的 Lane 而言，獨身是應該的；營共同家居生活方式，應以宗教團契活動為典範；但作父親的 Alcott，卻以他自家為例，三代同堂（nuclear family，父母、子女、祖父母共居的家庭）是最佳的家庭生活方式。秋天到來，Lane 及 Abigail Alcott 就因家務事吵了起來，Lane 認為她與 Alcott 之關係對本實驗而言，是一種扭曲，也是一種讓步，Alcott 則認為父女關係最為重要。吵到最後 Alcott 贏了，但整個實驗也就垮了。1844 年 1 月初，Lane 與其子離去，到附近的 Shaker 村莊，該處的家居生活方式比較為他所喜愛。1 月 14 日，Alcott 全家也離開 Fruitlands，在附近 Still River 村莊找到新的落腳處，如同其後 Louisa May Alcott 在〈超越的野橡樹〉(Transcendental Wild Oaks, 1876) 所記：「這個世界還未能成為烏托邦，誰想實現理想，將遭人恥笑，自討苦吃。」

有人可能因而嘲弄該實驗的愚蠢，不過 Fruitlands 的實驗卻也具教育含意。實驗者為了原則而下了賭注，是不應該輸的。超驗主義在實際上也於太平盛世的改造中誕生出三種楷模，一是 Brook Farm，較接近 New Harmony 方式而非 Fouritrist，經由社會重組來進行社會變遷。二是 Walden，代表超驗主義者宣稱，他們抵制現代生活中的虛假、偽善及繁複，寧願在茅蓬過愜意的生活；偶有訪客造訪，且保有豐富無比的精選古典作品。三是 Fruitlands，自承一項緊要任務來追求較佳生活，既非純由社會重建方式，也不是過離群索居生活，卻要求自覺式的自我家居生活，而以蘇格拉底式

的家長兼教師為一家之主。在某一層面而言，三者都告失敗，就是 Walden 也如此。梭羅 (Thoreau) 甚至還回到文明世界作個遊客。三者之中有二處還偶有教學手稿出現，可作為他處求夢者的參考。Thoreau 留下《湖濱散記》(Walden) 一書，描述獨居狀況，導引著吾人從中找到與世隔絕的性質，以及他們在獨居中的發現；Alcott 家人則留下《小婦人》(Little Women) 一書，歌頌 Fruitlands 的價值，雖然該實驗已不存在多時。作為一個理想社區，Fruitlands 的失敗是致命性的，但也因此產生一種觀念，至少美國人有 60 年時光藉此來衡量家庭生活及教育的品質。

# 第三節　摩門教

奧文 (Owen) 的理想世界是一個新的道德領域，組織及程序極其完美，住民每個人皆能因而引發出品德溫馴而智能發展的結果。Alcott 的理想，則是任何一位超驗的個人都是完人，因此組成的集體生活也充滿了新的道德意味。有趣的是，1827 年恰是 Owen 在 New Harmony 的理想世界破滅之年，但卻是 Alcott 正想在 Connecticut 興致高昂擬大展鴻圖、且實驗理想剛剛草案初成之年。而諷刺的是，縱使在 Owen 及 Alcott 之嘗試皆一無所成之時，一位名不見經傳且也不定性的年青人，卻因挖到了刻有「摩門之書」(Book of Mormon) 的金碑而聲名大噪。這位年輕人名叫 Joseph Smith (1805 ～ 1844)。他也滿懷新道德世界的憧憬，希望真正的基督教會能重現在地球上。雖然他在世未能親眼看到他的夢想實現，他倒成功的感召了一群人共赴錫安山，那是十九世紀美國的大盆地 (Great Basin) 王國，其後成為 Utah 州。

根據 Joseph Smith 自己的描述，他曾淪落為惡，也作了不少蠢事，直到天使 Moroni 第一次通知他，他已被上帝挑為選民，要把真正的教會重建在美。出生於 1805 年 New England 的農家，童年時遊蕩四處，因雙親遷徙各地尋找好運，卻都時機不佳，最後定居在 N.Y. 州西部的 Palmyra。居民共四千，社區範圍遼闊，又有擬開鑿的 Erie Canal（運河）作為通道。他早就厭倦於邊界新興城市所瀰漫的不穩氣氛，因為來來往往的遷居人口，狂亂的投機，以及一些自命為先知及預言家的可怕警告，還好 Smith 本身不

為其所迷。1827 年 9 月 11 日，天使 Moroni 准他把金碑挖出來帶回他家，他花了三年予以翻譯，在這種過程中參雜有太多的玄妙及律言在內，都可以取作當代福音傳播的新教教義。1830 年 4 月 6 日，Smith 建立了「耶穌基督末日聖者教會」(Church of Jesus Christ of Latter-day Saints)，首批改宗者就是他的親朋好友。3 個月之後，《摩門書》(Book of Mormon) 出版問世。

其後的 14 年，直到 1844 年，他在 Illinois 州都與軍中袍澤 Sidney Rigdon、W. W. Phelps、Herber C、Kimball、及 Brigham Young 有志一同，慢慢的醞釀出新教會所應具備的虔敬及政策。在神學上，大家立場一致，堅定的作個完美主義的人 (perfectionist)、復元主義者 (restorationist)、及太平盛世者 (millennial)；他們所認定的社會生活，是放棄那種士紳式的世界 (gentile world)，而根據經濟上相互維持的理念來生活。政府形式採神權政體 (theocratic)，婚姻則主張多夫多妻制 (plural marriage)。在 Ohio 州的 Kirtland，Missouri 州的 Far West，以及 Illinois 州的 Nauvoo 等地方，Smith 靈巧的運用基本原則、實用主義、以及啟示，發展出新烏托邦的藍圖。他去世後（死於一群暴徒對他的私刑），那些「聖者」(Saints) 之創世紀式的旅程終點站設在洛磯山脈 (the Rockies) 以西的「大盆地」(Great Basin) 上，把該藍圖予以實驗並檢測一番，機會一到就予以實現，免於鄰界敵意的干擾。

摩門教 (Mormonism) 最先訴求的對象，是那些家無恆產的北方佬，及約克 (Yorker) 的農夫，這些人對摩門教甚為狂熱；本來是美以美教派 (Methodists)，但浸信會教派 (Baptists) 或從各教派出走者，也紛紛加入摩門教。摩門教提供一種完美的理想境界，是他們夢寐以求的。該理想的完美性還夾有極深的傳統神學在內，再度以上帝為時間及空間的核心，一切向此中心旋轉。上帝擬人化了，是法力無邊的。摩門教並不鼓吹自由主義，卻唱正統；不主張個人主義，卻要求嚴謹的陶冶節制。不重前進，卻要復元。實現這些的工具就是設立一個模範式的錫安 (Zion)，大家過完美的社區生活，教育住民品德善良，並以之作為範例來啟迪墮落的世界。

有關摩門教的神學，可以寫的地方太多，尤其時屆 Jackson 當政的美國為然。當時的價值觀及特質，皆反映在摩門教神學之內。舉例來說，把伊甸園與錫安並列在美國境內，這就太有意義了。這表示在美國，創造的劇

及贖罪復活的劇都在此演出。上帝也在這塊土地上展現神威，經由上帝的選民天天的工作，來昭告世人神的神奇；在這裡的每一個個體，經由抉擇、企盼、奮鬥、以及成就，就可以如同古代希伯來一般，生活在上帝律令之下，與上帝過永生生活，與神常相左右。在這裡，耶穌可以再度現身，來主掌聖者之城，永遠永遠！不管教會內或教會外，教徒或路人，再度心連心、手攜手結合在一起，相互增補彼此極具意義的人生。

從巴比倫信仰的心胸中醞釀出來的宗教，且信徒聚在一起，這就是摩門教教義的主要原則。如同該教 Lehi 神父在《摩門書》(*Book of Mormon*) 中所說：「是的，主饋贈此塊土地給我，也永遠給我的兒女，並且凡是經由主的手所指引而從外邦移來者，這塊土地也屬於他們所有。」Smith 本人也在 1830 年及 1831 年宣稱他接獲主的啟示，把真理昭告在《摩門書》中，他下定決心要聚合選民共創新耶路撒冷 (New Jerusalem)。Enoch 市終有一天會在太平盛世聚會中，從天而降。並且新耶路撒冷必定在美國建都，入新耶路撒冷之門廊，就是 Ohio 州的 Kirtland 城。在該處，信徒將予以重建變成錫安，各人將在那安居樂業，永不遷徙。(《摩門書》為 Smith 所譯)

Smith 先在 Kirtland、後在 Missouri 州的 Independence 及 Far West、最後在 Illinois 州的 Nauvoo，與 Sidney Rigdon 兩人共同合作，制訂出一套拜神及管理的規則，以便作為經濟共產的摩門教基礎。Rigdon 是個 Campbellite 宣教師，早就熟悉 New Harmony 地方奧文的實驗，也實際上在 Kirtland 的教區組織成一個共產社區，他把整個教區信徒全部改宗為摩門教。當他與他的教會同僚討論「一切共有」是否妥當時，他說服 Smith 考慮把教區當作摩門教在該地聚會的所在，採用基督早期門徒營共產生活方式，來作為摩門信徒的生活範例。誠如 1831 年 2 月 9 日 Smith 得自天啟的教義所宣示的一般，所有的信徒有義務「供奉」自己的所有財產給教會的主教及教會執事，然後教會才按各家的供需指定「膳侍」(Stewardship)，如有剩餘，則供應較貧窮者、教會、及興建新耶路撒冷之用。一旦「膳侍」分配完畢，個別的家庭就可以決定如何使用膳侍。此種方式，使得摩門教的共產社區與當時奧文式的社區有甚大的差別。

不論如何，此種安排根本不可行；部分的原因與 New Harmony 之面臨

複雜化相同；部分原因則是鄰近的士紳死力的反對。1838 年，Smith 親下手諭，將他所得的啟示傳達給 Missouri 州的 Far West，宣佈摩門教徒要交什一稅 (tithing)；同時，聖者們也開始嘗試合作經營「聯合公司」(United Firms)，應用供奉及膳侍原則，但限制得更緊。隔年，當錫安轉移到 Illinois 州的 Nauvoo 時，已經無心於重振原先在 Kirtland 的歲月裡所進行的計劃。不過什一稅及合作經營，不只針對金錢及財產而來，也是針對個人所花的時間及努力來說，都已變成摩門信徒生活中不可分割的一部分，其後更變成摩門教區最能突顯出特色的一種生活方式了。Smith 有次曾提到他對政治組織型態的意見，他傾向朝「神權的民主式」(theo-democracy)，意思是說，全能上帝啟示給人類的，猶如先知所告訴我們的，就是要人類遵守的律法，而教士階級則來行使律法。不過個人仍保留有自由意志來接受或排拒律法，且贊成或反對教士階級有行使律法權。實際上，「神權的民主式」是把獨裁政治 (autocracy) 與普遍參與 (widespread participation) 二者結合在一起。有兩種凡人也成了牧師，一是 Aaronic 家人，一是 Melchizedek 家人；前者是 1829 年幻覺之後的結果，也因此使得摩門教會蓋了起來；後者則是 1831 年在 Kirtland 地方開教會會員大會之始，由啟示傳諭而宣佈的高級教士成員。每位男人改宗為摩門教後都是一名牧師，但黑人除外，黑人僅能作會員。大部分的牧師在一段歷程之後都得承擔一些特殊任務，比如說充當執事牧師 (deacon)、教師 (teacher)、及長老 (elder)，他們要做例行公事，以便謀生，不過只有長老「定期由教會領袖予以授命」，才准去傳道。

　　Smith 自己先自封為「第一長老」(First Elder)，其後的頭銜則是「高等牧師會總統」(President of the High Priesthood)，此一名詞來之於一種啟示，即將共和體制及聖經詞彙二者融而為一；加上兩位自挑的諮議士，共同組成了「教會首次總統府」(First Presidency of the Church)。

　　基本上，教會政治是科層體制的，所有的官員都由上層所指定，並經所有成員同意，但該同意也等於是形式上的。1830's 年代由五人委員會統轄全部行政事務，五人地位平等；不過實際上，諮議會 (Council，或稱為「執行長」— Quorum) 的「十二位使徒」(Twelve Apostles) 地位最高。這十二位使徒隨伴「總統」左右，總統出缺時，就由他們之中來補缺。至於

總統，那是上帝在地球上的發言人，是發號施令者，且治理王國大事；所有法案、任命、及經費撥用，都用總統名義行之。此外還有「教會的首席主教」(Presiding Bishop of the Church) 來看管財務，但秉承總統及推事之命來進行。

1830's 及 1840's 年代初，在國內的所有宗教事務及世俗事務，皆二而為一。地方上的教會，由住區主教當主席，處理一切地方事務，從年青人的宗教教學到年老者或殘疾者之關懷，不一而足。不過到了 1844 年，Smith 及其伙伴不久就發現有一問題待解，即每一個錫安要是准許那些未重生者進來共住，難免雙方立即會有衝突，不得不安排某些措施，先取得雙方合理的同意。解決之道就是設立一個叫做五十委員會的組織 (Council of Fifty) 來回應，當中有摩門教徒，也有士紳；雙方互相信賴共同來規定社區（指 Nauvoo 社區）的事務。十二使徒的執事官是正式職務的官員，教會的總統也是委員會的總統。此種安排，再度展現出在上帝的王國中，政治與宗教的合流。1844 年 Smith 去世後，贏得執行長 (Quorum) 及五十人委員會信心的 Brigham Young，他繼承為高級教士團的總統，他的領袖才華表現出來，而他的領袖地位也在出走到大盆地之後建立起來，Utah 州也就變成新的錫安了。

到了 1840's 年代時，聚居生活的社區從凡俗世界中退隱，完全依上帝的律令過活。以供奉、膳侍，及神學式民主為原則，成為摩門教的教義精髓。但是這些原則，對當時的人們而言，都是次要的，多夫多妻才屬主要。有許多證據證明，早在 1831 年 Smith 就準備著一種多妻多夫的啟示，但當時未予以公佈。在 Orson Pratt 及 W. W. Phelps 的自傳中，也指出先知們從 1830's 年的晚年，就時時刻刻在討論此一話題；不過卻要等到在 Nauvoo 時代，多夫多妻原則才正式詳細定案。基本教義上，仍堅持靈魂之不朽，只有那種最微不足道的存在體才存在於地球上（靈魂在地球上的行動，倒因為是不朽，所以強力的影響各種存在體）。地球上的婚姻為摩門教會所批准，婚約是永恆的、無時間性，因之本質上這是屬天國的。婚姻狀態持永恆者總比不婚較為幸福，也較近乎神。由於多夫多妻可以使肉體供應給在地球上教會廳堂等候的靈魂使用，此種狀況分析解釋到最後，也能踐履主的訓

令：「果實累累，多子多孫，滿了大地。」(創世紀，Genesis, I:28)

　　值得注意的是，在 1840's 年代時，摩門教徒的人數極少，Smith 本人
及其親密伙伴才多夫多妻；直到遷徙到大盆地之後，由於地處孤離，才有
比較多的教徒多夫多妻；在 Utah，多夫多妻者之住民，最多的時候也只佔
五分之一或六分之一而已。因此，不管神學上予以認可也予以合理化，行
多夫多妻的人在摩門教社區裡仍屬少數，雖然喜愛此制者能享有更高的
聲望。

　　1833 年配合著摩門教社區到 Missouri 州的 Jackson County 開墾，先知
遂擬個計畫來籌建「錫安市」(City of Zion)，影響了其後半世紀之久。面積
一平方英里，人口約一萬五千到二萬，家庭戶數約為一千 (一家人口 15–20
人之間)。公共建築共有三區，其餘則提供作貿易及住宅用地，城市四周圍
以農田，不往外擴充。要是這個四方形的都市已用罄，則到別處去也採這
種計畫，直到整個世界皆如此。每個人都生活在錫安市之內；Missouri 州
的 Far West, Illinois 州的 Nauvoo 及 Nebraska 地域 (Territory) 的 Winter
Quarters 都是如此。1847 年的遷徙，聖者先暫時搭帳篷過活，最後在 Salt
Lake City (鹽湖城) 及 Utah 州好多地方也皆如此。

　　聖經裡的 Leviticus 及 Numbers 中所描述的城市，都是四方形的。Smith
的精心及仔細之都市設計，就是仿此而來。摩門教還發展出特殊的機構，
使宗教情懷完全貫穿於社會組織中。摩門教本為士紳階級所不喜，但這些
機構卻被士紳階級所採用。摩門教希望人人謹慎的利用存在於世上的短暫
時光，選擇走主的路，不管耕種、各地建教堂、或研究聖經經文、或照顧
傷患，都應追隨主。不少教育機構都要完成此任務。多夫多妻制，在孩子
的養育上，和一夫一妻制沒什麼差別，家庭都扮演傳遞倫範的角色，教會
也盡力予以幫忙。此外，正式的教育機構也更有必要。1843 年 Smith 本人
就從「先知的學校」(School of Prophets) 中想出應建立一所大學；此外，提
供數量多的書、小冊、報紙及雜誌；公共演說、各色各樣的俱樂部、學會
及團體，也都由教會當局所指導及掌控，而參與更是不可或缺。俗人可作
牧師，教堂聚會時可發表高見，福音傳播活動時可擔任工作，加入 Nauvoo
Legion (摩門教戰鬥營)、婦女解放社 (Women's Relief Society)、經濟合作

活動等其他社會組織。摩門教不只是組織的積極分子，還參與規劃各種活動。

加州淘金熱時，Utah 是東西旅客的必經站，摩門教因地利之便而大獲經濟上的利。Brigham Young 在位時，與美國政府常因多夫多妻制而起衝突，但摩門教卻在美國領土內保存一塊「化外之地」，極為繁榮。1877 年，Young 去世，Utah 及附近摩門教徒有廿五萬之多，可見摩門教教育機構之活力。

至少摩門教代表教派之中的一種社區活動，隱遁於世，追求完美且也成功的存活了下來。美國文化從此不可能是同質的 (homogeneous)，卻是綜合 (composite) 的，也是「異質的」(heterogeneous) 了。

# 第四部　品德為主的共和國

最為重要的一件事，是提升各種機構來宣揚知識；要是政府的結構與公共輿論的力道成正比，則啟迪公共輿論，這是非常必要的！

—— George Washington

# 前　言

美共和國初建之時，普及教育以便培養自治公民，此一話題最為熱門。革命時代的那一輩人，最常見的討論也集中在此。華盛頓在 1796 年的告別演說中，決定不再連任總統。他說：「品德操守是公共政府必不可或缺的源泉，這是千真萬確的。此原則也的確或多或少的影響到自由政府的每一部門。若是個真誠的朋友，你忍心看到有人在搖撼建築物結構體的基地時，還能無動於衷嗎？那麼，最為重要的一件事，是提升各種機構來宣揚知識；要是政府的結構與公共輿論的力道成正比，則啟迪公共輿論，這是非常必要的！」次任總統 John Adams 早年對人類趨向完美的信心，狂熱無比，後雖較為消沈，但仍於接位的就職演說中提出類似的勸言。後繼者 Jefferson 及 Madison 更在公共演說及私下通信時，舊話重提；更不用說為數眾多的州長、議員、站在樹樁上演說的政治人物 (Stump Speakers)、以及全國各地於 7 月 4 日國慶慶典中的演說家了。到了 1820's 年代時，普及教育以便培育自治國民的呼籲，是美國政治界共同訴求的禱告辭。

不過該祈求的崇高旨趣說得再如何動聽，但實現該旨趣的方法，卻不盡為大家所認同。舉例來說，華盛頓從未明示他所說的普及知識所應設的機構，倒有證據顯示出，在 1796 年他最為關注的，就是在首都設一所國立大學作為提升民智及啟迪公共輿論之用。另一方面，Jefferson 就一清二楚的在 1799 年由他自己所擬的各種法案中，指明普及公共知識所應設的機構如下：公立小

學、公立文法學校、公立大學院校（即指 College of William and Mary）；在
Richmond 設立一座大圖書館，性質是公立且作參考進修用。不過作個總統，
Jefferson 懷疑國會在憲法所賦予的職責中有權來興蓋一所華盛頓耿耿於懷
的國立大學。1806 年他就務實的建議，國會正式的考慮其可行性之前，應先
作修憲工作。John Adams 持續保持一種信心，他認為教會的角色很重要，教
會對眾人作品德陶冶，這是一個自由社會能成功運作所必需的。相反的，Jef-
ferson 及 Madison 則在 Virginia 發起運動，反對設定國家教會，導致 1786 年
通過「宗教自由法」(Statute for Religious Freedom)；並且 Adams 從來沒有真
正寬諒媒體在 1800 年的總統大選中，對他的行政及他的人格作譭謗式的攻
擊，當年他的選戰備極艱辛。Jefferson 則不同，他也同受報紙的抨擊，卻仍
認為報紙可以啟迪民眾，功能甚且超過學校。

　　儘管意見不同，意見的強度及廣度也互異，國家領導人如此，一般大
眾更是一樣；但美國人倒在十九世紀早期孕育出一種共識來，即以大眾公
共教育來培養自治的國民。教育應以三個領域為核心，第一是學校應普設，
以掃除文盲，傳播基本知識，注重愛國精神及道德操守。第二是辦報自由，
以啟迪民智，提升公共輿論的品質，對公共事務提供多方面的發言管道。
第三是自由結社，民間組織或政黨團體甚至政府單位，都採自願方式，不
逼迫。學校教導文字知識技巧，報紙報導當代訊息，則一位自由的美國公
民就可以經由自己來治理，來體驗自治事務；經由實際經驗來制訂、辯論、
立法且實現公共政策。在新世界中，一種帶有前瞻的眼光正在形成之中。
男女、貧富、德人與法人、新教與舊教，都可以在這個大實驗中加入作為
一分子，看看人民能否處理自己的事務。

　　上述所言可以參與實驗的人，並沒包括黑人和紅人（印地安人）。當說
到避難所或收容所時，作為一個美國的公民，觀念裡是要超越階級、宗教、
族居 (ethnicity)、甚至是性別（不過不十分明確）的藩籬，但種族卻除外。
公民資格是不包括黑人及印地安人的；因此他們也不能接受教育來自我管
理自己，他們在以白人社會的價值為主控的社會過活，接受一種卑微的教
育，不准他們參與公共事務。針對這些人所遭遇的對待方式而言，共和國
的這副德行受到嚴厲的考驗，缺失也就突顯出來了。

# 第十章　共和式的禮儀

建立一個共和國，這是簡易的，但要培養共和觀念，卻極為費力。

—— Horace Mann

## 第一節　知識廣被的呼籲

Thomas Jefferson 曾要友人 Trumbull 在法國買三尊塑像，這三尊是 Bacon、Newton、及 Locke。三人是奠定物理學及道德學的巨頭，既主張人性如白紙，即人人平等，且真理只是部分；真理靠感官，但人類的感官數有限，且感官易生錯覺。知識的動態如變化和新奇，是知識研究的特色。研究及發表自由、寬容異己、心胸開闊，遂變成新的學術風貌。

此外，Jefferson 也曾說，製造業 (manufacturing) 易生最壞的公民，「我認為技工階級是罪惡的皮條客。」(I consider the class of artificers as the panders of vice.) 農夫才是最佳的公民。Washington 下臺後去當農夫。

1823 年，Thomas Jefferson 已屆 77 高齡，決定「寫一些備忘錄，敘述我自己的一些回憶，有關於日期及事實方面的往事，使我能有個更多的參考依據，也提供我家庭的一切資料」。他遂開始翻閱他的日記，但日記沒有寫多少，也沒洩漏什麼，尤其 1790 年春他抵紐約接受新職當國務卿後，他的日記就突然中斷。不過他本人從各種片斷資料中予以補綴，倒有機會去重新思考他於 1776 ～ 1779 年之間強加使力來為 Virginia 修訂的許多法律，到底利弊得失如何。反觀過去，他特別提到有四個法案很重要，「根除了古代及現今貴族政治的每一根纖維，因而制訂的政策，根基是純正的共和政府形式。」第一及第二法案是廢除世襲財產制及長子繼承制，如此可以避免財富的累積到某些家族，削減封建榮勳，才不會一家當中的一分子富，其餘皆貧。第三法案是宗教自由法案，人民減免了沈重又討厭的負擔來支

持不屬於他們所信仰的宗教。第四法案是普及知識法案，使人民有能力去「領會自己的權力，維持該權力，各盡己分，運用智力來培養自治力。」

　　法案送到議會立法之前，這位強有力的領導人物大部分時間留在法國。世襲財產及長子繼承制 (entail and primogeniture) 於 1785 年予以廢除，1786 年也建立了宗教自由制度，其中 Patrick Henry 曾提修正案——宗教稅額法案 (Bill for Religious Assessments)，遭 James Madison 技術性的予以擊敗；Henry 的法案贊成稅收來支持基督教會。至於上段所提的最後一個法案，即普及知識法案 (Bill for the More General Diffusion of Knowledge)，是 Jefferson 認為最重要的法案，卻是命運多舛，只是稍微修改 College of William and Mary 的立校狀而已；同時在 Richmond 蓋一座公共圖書總館。這兩件皆未受到應有的考慮，議員只不過匆匆一覽，因此皆未通過。

　　普及知識法案於 1778 年及 1780 年兩度送州眾議院 (House of Delegates)，1785 年獲通過，但在參議院 (Senate) 遭到否決。Jefferson 人在法國，督促他的好友 George Wythe 也是共同草擬該法案的委員會委員，要加倍努力為該法案奮戰：「我親愛的先生！要去宣導，發動十字軍來消除無知，法令應制定並改善來教育眾民。讓我的國人了解，為此一目的所納的稅，比我們交給國王、教士、及貴族的一百分之一還少。假如眾民無知，則後者身分的人將欺壓在人民頭上。」但這麼說也沒什麼效果。1786 年又再度在下議院重提舊案，不過仍遭滑鐵盧。Madison 從 Virginia 去信通知 Jefferson 失敗的消息：「大家都認為本論題作系統的安排所需要的一切，負擔太重。」顯然的，費用及實現的困難，使得人口稀少的地方，無法對該法案的通過提供實質的幫忙。十年之後 (1796)，該法案捲土重來，議會通過該案的部分條文，空地得設小學，但授權地方議會決定是否要設以及何時設，Jefferson 大失所望，該「但書」等於閹割了該法案，因為地方議會成員大半是富翁，他們才沒有興趣去為貧民教育操心呢！

　　Jefferson 擔任副總統及總統期間，對教育極為關注。他持續與友人 Joseph Priestley 及 Pierre Samuel Du Pont de Nemours 通信，討論共和國的公共學校制度事宜。1805 年 3 月 4 日第二次就職演說中，他提到聯邦政府很快就有一筆超額的稅收，憲法有必要修改以便把該款項撥給各州使用，可

以從事「溪流、運河、道路、美術、製造業、教育、及州內的其他重大建設」，推動國立大學的成立，鼓勵 Joel Barlow 擬定一個國立大學計畫，1806 年送到國會通過立法（憲法修正）以便正式實施。不過該種努力似乎熱心不足，因此一事無成；就是剩餘稅收之事，他也在退休時改變心意。當他回復平民身分，返回故里 Monticello 時，他又集中心力去關心 Virginia 的教育問題。

　　1796 年的立法，並無改變分毫，誠如 Jefferson 所料，沒有一個地方議會運用其權力來啟動該計畫的推行。就 Jefferson 本人的意思而言，仍然要設立一種為全部投票人著想的普及教育，同時也為有潛力的未來領袖提供更多的教育機會。1814 年 9 月 7 日他致信給侄兒 Peter Carr，內容常被引用，他把公民分成兩種身分，一為勞心者，一為勞力者；指明為全白人小孩設小學，畢業後如擬再接受更多教育，則上「普通學校」(general schools)，也就是 1779 年法案中所說的實科學校 (academies)，也可上「專業學校」(professional schools)，以便其後擔任政治、社會、及學術上的領袖。三年之後 (1817)，他派一名他所信賴的副官 Joseph Carrington Cabell 帶來許多法案，其中包括設置地方小學，學區學苑（也就是 1779 年的 academies 法案）以及一所大學名叫「中央學院」(Central College)。小學經費由地方稅收支持，學區學苑及大學的開銷，部分來之於州的文藝基金 (state literary fund) 收入，那是 1810 年早就存在的一筆捐款，該款目的，專為特定的教育目的而設。Jefferson 此一計畫，卻與 Charles Fenton Mercer 所提的另外提案有所衝突。Mercer 是個聯邦論者，也是該州西部開發利益的發言人，他同意該文藝基金應該用來承受小學的教育負擔，又希望州立的大學應設於 Shenandoah Valley。結果雙方皆未獲通過所需要的票數。另一替代法案倒獲通過，即在校地沒問題時，可為窮者設小學。此種替代方案才使 Cabell 願在大學的籌設上「接枝」(engrafted)。立法如此匆促與草率，帶給 Jefferson 的心情影響，確實巨大無比。使他下定決心要過問高等教育事宜。

　　Cabell 的計畫，要求州長任命一委員會在 1818 年 8 月 1 日在 Rockfish Gap 開會，決定大學校地，擬定大學組織規程、課程、及建築設備，委員共 21 人，從 8 月 1 日到 8 月 4 日，選 Jefferson 為主席，決定在「中央學院」

所在地的 Charlottesville 作為大學用地，也採用 Jefferson 在 1817 年 6 月所草擬的大學規程及課程報告書。該報告書充分顯露出 Jefferson 寬廣的教育論點，因此有必要予以詳細檢視。首先，Jefferson 所提的初等教育，目標如下：

> 授與每位國民謀生所需的知識及訊息。
>
> 促使國民具有能力來自我算計，發表自己看法，保有自己理念，用文字書寫契約及帳簿。
>
> 經由閱讀來改善品德及潛能資賦。
>
> 了解自己為鄰居及國家應盡的義務，而鄰居及國家所付託的任務，國人皆應能完成使命，發揮自己應盡的功能。
>
> 認識自己的權利，以正義及秩序來運用此權利，謹慎細心的選擇信託人或代表，注意他們的言行是否勤勉、公正、具判斷力。
>
> 用明智的腦筋及誠實的信心來改善國人所處的各種社會關係。

Jefferson 認為達到上述目的的科目，是讀、寫、算、測量、史、地。除了新加測量及地理之外，其餘早在 1779 年的法案中已提過。

至於高等教育，目標如下：

> 培養政治家、立法委員、及司法官，這是公共繁榮及個人福祉之所寄託。
>
> 詳釋政府組織之原則，與各國交往之法律，市政形式，及立法精神，旨在廢除所有對個人行動的不必要及任性的限制；凡是不侵犯他人權利的行動，應准許人人自由行動。
>
> 協調並提升農、商、及製造業者之利益，且基於政治經濟之健全眼光，以便達成國家工業的自由發展。
>
> 發展年輕人的理性官能能力，擴展心胸，培養道德，注入有關良好操守及秩序的格言。
>
> 以數理科學來啟迪大學生，增進各種技藝，善於處理健康、生存、及生活上的舒適問題。

養成反省思考且改正錯誤行動的習慣，自己以身作則為他人楷模，且也以自己的幸福為他人學習的對象。

Jefferson 以古代語文（拉丁、希臘、及希伯來），現代語文（法、西、義、德、及英），理論數學（代數、流體學、幾何、建築），物理數學（機械、靜力學、動力學、氣壓學、聲學、光學、天文、地理），自然哲學（化學、礦物學），植物學（包括動物學），解剖學（包括醫學），政府組織（政治經濟、自然法及國家法、歷史），市政法，及「觀念學科」(ideology，即文法、倫理學、修辭、純文藝、及美術），作為大學科目。特別注意的是，不包括神學；有關宗教信仰之教學，留給教「觀念學科」的教授負責。其實其他部門也可提供此方面的知識，「只要他們認為非常恰當，則都可以在自己的領域中進行此方面更多的教學」。

全部的設計是建立在一種觀點上，Jefferson 認為人性並非一成不變，人性是可改變的，教育是改變人性的主要工具。「教育使人接枝於新樹幹上」，「把邪惡及背理的天性改為品德高超且具社會價值。為達此目的，就得使每一代繼承了先代所獲得的知識，加上此一代人的發現及尋覓所得，又交給下一代人作持續不斷的累積工作，那麼就一定可以提升人類的知識及幸福。」這種過程不是如同有些人所說，是「無限的」(infinitely)，卻是「不確定的」(indefinitely)，這個詞，「是沒有人可預知或確定的意思。」此種哲學是樂觀的，但不是浪漫激情式的樂觀。致信給 Marquis de Barbe-Marbois 時，Jefferson 說：「我的理論就是，如果我們想作夢，則一些眉飛色舞的希望就會廉價的到來，比我們失望灰心時的沮喪，快活得多了。」有夢最美，快樂相隨!

本報告於十一月送到州議會，十二月即獲採納；但要等新建物蓋成，而聘請正港的教授且將大學建在中央學院上，還得等六年。在這段時間裡，Jefferson 名分是校長 (rector)，其實是校董會 (board of visitors) 的主席。選科原則出現了，也是選學系的意思，原先的構想是 10 個學系，每一學系代表一個主要學門，後縮為 8 個，將法律及政府二者合一，物理數學則予以刪除。各基督教派皆歡迎在校園「之內」(confines) 設立神學堂。本報告的

主力來自於 Rockfish Gap 之手，貢獻最多的是 Joseph C. Cabell、James Madison、及 Francis Gilmer；但誠如 Emerson 所說，本大學是「一個人身影的延長」(lengthened shadow of one man)。這個人，當然就是 Jefferson。

1826 年 Jefferson 去世時，他的教育計畫中最實質的部分都已獲得實現。國家教會不准設立，宗教教學只能在私底下進行（雖然還未完全私下化），大學為公眾所監督。報社堅定持續的延伸出版自由的幅度，雖然曾尖銳無情的批判公共領導人物，包括 Jefferson 本人在內皆無所逃，但仍然扮演一項刺耳但卻首要的啟迪大眾之功能。不過，位於 Richmond 的大圖書館迄今未設，即令是各鄉鎮的小型圖書館，Jefferson 在 1809 年所提作為巡迴各地用的，也未蓋成。更為重要的是，「普及知識法案」(Bill for the More General Diffusion of Knowledge) 所構思的小學也未見蹤影。此項挫敗，Jefferson 曾自我責怪，後人解釋，卻有兩種不同的意見。Jefferson 本人確實不曾懈怠過對普及教育的推動，1809 年之後，他一再的重述此話題，甚至還在 1823 年向 Cabell 說過，要是一定得在大學及小學二者之中做一抉擇，他會選擇小學。這是不爭的事實。但是 1823 年恰是要他做選擇的時候，他竟然選了大學。他之偏愛大學，理由是根深蒂固的，他的說詞是來之於精英主義 (elitism)，只是他仍然堅持普遍主義 (popularism) 及「社區精神」(localism)。一開始，Jefferson 就有社區規劃的構想，一城鎮分成「一百」(hundreds, 其後成為 Wards) 區，每區的面積是 6 平方英里；各區負興建小學的責任，區是地方政府最基本的單位，也是共和政體的雛形。每一位區民都享有直接參與公共事務的權利，不只關心教育，還顧及警政保護，開道路，救濟窮人，設民兵營，以及其他立即性的工作事宜。在 Jefferson 心目中，「區」(hundreds) 與小學密不可分。當 1817 年 Charles Mercer 的法案擬設州立小學體系、州補助的實科學校及學院、以及在 Shenandoah Valley 地方建一所州立大學時，Jefferson 即透過 Cabell 予以反對。反對的理由是極為實際的，他不認為文藝基金能夠或應該同時補助所有的教育機構，他倒認為在 Charlottesville 設州立大學是第一優先。細查其理由，則是屬於意識型態的事了。教育與政治息息相關，在各地方由地方政府負責小學事宜，為選民提供教育，並培養有為的領袖人物，這都具相當意義。1809 年之後，每當

他有政治選擇時，他都把政治與地方上的小學教育連在一起，他的抉擇容或不怎麼聰明或非細心之舉，但至少並沒有把該項考慮忽略掉。

最後，Jefferson 的「普遍主義」，在當時是頗激進的，但他的此項觀念仍為當時環境所限，他並沒跳出時代的框框。他希望黑奴解放，給予教育，但要他們回去非洲；他要求印地安人同化，但他擔任總統時，卻採取遷徙印地安人政策。他對女兒的教育深為關心，但 1818 年致信給 Nathaniel Burwell 時卻說，他從未系統的想過女子教育問題，倒是提過如果教導她們跳舞、繪畫、音樂、家政管理、及法國文學，並警告她們勿涉入煽情小說的危險當中，則對女性而言是件好事。就所謂全民的教育而言，他用政治角度來界定所謂的「民」，是只指「自由民」、「白人」、及「男性」(free white male) 而已。

不過再怎麼說，Jefferson 在教育思想上的影響，於十九世紀及二十世紀時，都深具力道，也廣被四方。U. of Virginia 自創立以來直到 1862 年通過 Morrill Act 時，都是一所典型的美國州立大學。他的門生 Philip Lindsley、Augustus B. Woodward、及 Thomas Cooper 都曾效力於高等教育的擴充運動上。同樣的，「宗教自由法案」(Bill for Religious Freedom) 也變成其他州取法的對象，不以基督教會為正統教會。而 Jefferson 的美麗說詞，在讚揚出版自由是不可或缺時說：「只要出版是自由的，而每個人都有讀報能力，則一切皆安全。」這已變成各處報紙編輯者的動人論調，也是任何法官作為維護新聞自由的口頭禪了。在「國家安全」與「新聞自由」兩項上，他以後者為優先；此種遠見，確屬高瞻；尤其新聞界時常對 Jefferson 嚴詞苛評時，Jefferson 也堅持新聞自由的重要價值，更顯出他的政治家風度。雖然小學普及之努力遭到挫敗，不過最重要的是，Jefferson 堅持教育與自由二者之聯繫不可分，此種信念，也被各地人士所接受。改革家如 Alabama 州的 Henry W. Collier，N.Y. 州的 Robert Dale Owen，Massachusetts 州的 Horace Mann，都異口同聲與之呼應。這位赤手空拳的 Virginia 先知，已在各地普收成功的果實，正是美國公共普及教育的守護神。

# 第二節　Benjamin Rush

在歷史劇的情節中，Jefferson 演的一景是他在「獨立宣言」(Declaration of Independence) 上扮個吃重的角色；他的友人 Benjamin Rush (1745 ～ 1813) 終其一生是個主角，也是簽署該宣言者之一。當時他代表賓州出席國會，美利堅合眾國之創建，是人類史上的重要轉捩點。「常常有一種信念鼓舞著我」，數年之後他回憶著：「我作了一件使全球有利的事，也是為未來有利的事，那就是支持用新方式來建造政治秩序並使全民幸福。」

這可能是任何一個老人在懷念過去時都會做的自我肯定。當然，有許多證據證明，Rush 的說法是正確的。1776 年時，Rush 的「共和國主義」(republicanism)，少有人知，眾人對此概念還極為陌生。出生於賓州，在舅舅 Samuel Finley 辦的實科學校受過教育，學校位於 Nottingham；後到 College of New Jersey 深造，但停留片刻而已（1759 年春季到該年的 9 月），1760 年可直升大三，但卻去費城跟 Dr. John Redman 學作學徒。在費城他去聽 College of Philadelphia 教授 John Morgan 及 William Shippen 的課，後來還去蘇格蘭的 U. of Edinburgh，在 Middlesex 醫院及 London 的 St. Thomas 醫院做過臨床工作（仿 John Morgan 方式）。在歐期間，他的同學 John Bostock 介紹他認識 Whig 激進分子的主張，直接研讀過 Locke 及 Sydney 的書。「我從未聽過，國王的威權會有問題。過去的教育都教導我，國王在整個政治秩序裡，簡直就如同太陽系中太陽的地位一般」。他結交的一群友人，James Burgh、John Sawbridge、及 Adam Ferguson 都圍繞在 Catharine Macaulay 身邊。由歐返國後，接了 College of Philadelphia 的化學教授職，這是美國首次有此種教職名稱，教學及研究都引人注目。尤其他是個長老教會的 Whig，而費城的中上階級，大部分是安立甘教派以及教友派的保皇黨人士 (Anglican and Quaker Tories)。

1774 年「第一次大陸議會」(First Continental Congress) 在費城召開，對費城年輕教授而言，這是表現才華的大好機會。他似乎無人不知也無人不曉，也到處走動，幫忙歡迎 John Adams 及 Robert Treat Paine 入城；在自

家招待 George Washington、John Adams、Samuel Adams、Thomas Mifflin、及 Charles Lee，為 Patrick Henry 種牛痘防止天花，鼓勵 Thomas Paine 發表小冊，且實際建議該小冊取名為《常識》(*Common Sense*)。累積這些事實到最有利的地位，是 1776 年他被推為議會代表，有好機會簽署獨立宣言，並參與「聯邦」(Confederation) 之建立。但是政治並非 Rush 的專長。作為一個國會議員，他日以繼夜的工作，卻並不圓滑，結果交了友但也結了仇。1777 年他就沒回過議會，倒接了一件工作，隸屬陸軍軍醫部；但軍醫醫院環境讓他頗為震驚，致使他常與上級長官吵個不停，而長官之一就是華盛頓。1778 年辭職，內心雖痛苦，並未被擊敗。其後三年，處在革命成敗邊緣，Yorktown 戰役後他才找到了自我，為還未成功的革命奮力不休。該革命不是有形的軍事戰爭，而是更為基本性的改革，即全國人民的行事準則、品德、及儀態舉止，都與共和政府的形式相互配合。

其後十年，Rush 的所作所為，如同 Lyman H. Butterfield 所說的一句很恰當的話，就是「隻手組成十字軍來重建美國」(a one-man crusade to remake America)。他精力十足的倡導義務教育，設立一所國立大學，監獄改革，報紙免郵費，黑人設教會，禁煙酒，廢奴，女子教育及廢死刑。奉獻自己的一切，所有這些運動的核心，都集中在普及教育的廣泛計畫上。就 Rush 而言，革命不只是創建了一個嶄新的社會，且也作了太平盛世的先驅。「政府採共和形式，乃是上帝福音的最佳棧房」。這是他寫信給普世教派 (Universalist) 神學家 Elhanan Winchester 的話，「這也是展現光輝燦爛之先的前奏曲」，曲調足以打動人的心坎。人心有必要予以啟迪、型塑、且為太平盛世作準備，那就是教育工作者的職責了。在革命之後的時代裡，教師必須教導人民了解共和主義及基督教義的真理。在吾人的認知裡，這二者是重疊且相互糾纏在一起的。

1786 年，Rush 說，「吾國獨立之後，教育事業已有了更為複雜的內涵。吾人所組成的政府形式，已經使每一個美國人要承擔一種新的階級任務，因之有必要在這個論點上重新檢視過去的習慣，奠下基礎來培育既聰明又善良的人，採用特殊的教學模式來配合吾人所組成的政府形式。」要怎麼辦呢？至少在賓州，應該有三層次的學制。第一層是免費的學區學校或市鎮

學校，教導讀、寫、算、英文及德文；第二層是全州設立四所學院，教導年輕人數學以及科學的較高知識；第三層是設立一所大學在費城，開設有法律、醫學、神學、政治學、經學（古典）及自然哲學等課程。如此全州就可以用「單一的教育制度結合在一起，大學培養學院的老師，學院造就小學的老師，而小學旨在準備上學院及大學的學生。文法、雄辯、及哲學，在本州內各地皆可進行教學，則賓州在文教面貌上，就形同一個大家庭，也是大家平等且人人皆受啟蒙的大家庭了。」

強調單一制度，以及與此有關的統一觀念，頗值得注意。賓州的文化背景極為複雜，但各種文化再怎麼殊異，卻都表現出共和色彩。Rush 說：「我們的學校，是要使學生在一個共同的及一般的教育制度之下來學習，促使人民較具同質性，以便大家容易在統一且和平的政府之下過活。」閱讀並領會共和式的教育文章，大家享有最基本的共有知識及價值判斷，如此公共政府才能運作自如。1785 年 Jefferson 寫《Virginia 州記事》(*Notes on the State of Virginia*)，涉及移民問題時，他自問自答：把美國當作避難地，是否會帶來異質性的文化？「他們會把他們的文化精神注入於美國這塊土地上，纏住且偏向了我們的方針，變成異質的、不一致的，也是航離軌道的大眾」；但這卻與美國之作為一個共和政體，二者可以相容並蓄而不相悖。「大家儘可能的協調，在需要商量的事件上，共同溝通融合；這是共組一個社會時，成員幸福之所寄。」Jefferson 及 Rush 所言之「制度」，非指學校組織或結構，而是指「課程」的實質內容及精神。

當然，每一位共和國的國民，在分享價值觀念或思索價值實質內容時，都會自有主張。對 Rush 而言，這是基督教精神與啟蒙運動的自由主義，二者交揉而成的特質。小學的年幼學童，應該教以新約聖經的教義；「缺乏這種，就無品德可言；缺乏品德，也就失去自由，而自由正是所有共和政府的目的，也是一切共和政府的生命。」除了宗教之外，還應教以共和精神的原則及義務；並且同胞應具情愛，相互關懷，大家結合在一起。進行此種方式的教學，就得飲食節制，勤勉於勞動，適當的睡眠，獨居生活的端莊；最後一項尤其重要，因為 Rush 擔心年幼學童在大班教學情況之下，實際行為都不十分正常。他做如下的結語：「遵守這些準則，我才認為把人們改變

成共和心態，這是可能的。若吾人在國家政府的大機器之下，期望人們正確的扮演其角色，則此事非作不可，這是極其清楚的。」主要的基調，是一股協合音，如同牛頓力學的諧和一般；宇宙按上帝的理性原則運行，然後讓整個社會分沾其和平及繁榮的福祉。Donald J. D' Elia 早指出，Rush 的教育論點，是植基於一種新科學理論，來之於 David Hartley 聯合論心理學 (associated psychology)，社會改造則依心靈物理學 (mental physics) 的理論，「這是啟蒙運動後所展開出來的最顛峰科學」。

擬上大學院校的學生，Rush 則特別要他們學習英文而非古典文。「正確又優雅的教導年輕人，說出並寫出我們美國的語言，這種教學不應讓他們吃很多的苦頭。」還要輔修法文及德文。此外，修辭、歷史（尤其是古代共和體制史）、政治經濟學（「我認為讓人類和諧相處，此科的力道僅次於宗教。」）、化學（Rush 的本行）、以及「所有可以有助於提升國家繁榮及獨立的方法，這些方法都跟農業、製造業、或內陸航海之改善有關。」有趣又頗值得注意的是，他沒提傳統的道德哲學一科；他認為此科已在美國的大學院校裡，變成「實用理神論裡正規的教學體系了。」

Rush 對文雅教育的觀念也值得一提。他參加 Dickinson College 之創建，該校實應取 Rush 為校名。1781 或 1782 年所擬議成立的該校，他是發起者，1783 年為該校獲特許狀的請願，他是帶頭者，且終其一生都為此目的奮鬥不懈。Rush 心目中對 Dickinson 的概念，與 Jefferson 對高等教育的看法，顯然有別，這一點有必要詳查。兩人皆主張共和政體及共和式的大學教育，但 Rush 認為 Dickinson 可能是「革命成果所賜的福氣中，最佳的屏障。」他希望大學院校是「孕育權力及影響力的場所。」如果每一個教會團體都辦一所大學院校，則每一個教會在政府中所代表的利益就可以保存下來。舉例來說，在革命之前，長老教會對賓州政府的影響力無足輕重；革命政府中若長老教會的力量過大，也必然會因而引發忌妒而減少其力量到革命戰爭前的狀態。長老教會及其他所有宗教大教派，都能在大學院校裡給師生一種權力的平衡輪訓練，則擴大言之，政府的平衡機器就可永續不斷。此種說詞帶有自求多福的味道。當時的 College of Philadelphia（費城學院）改建為新的 U. of the State of Pennsylvania（賓州州立大學）時，Rush

早就脫離新大學的領導人名單之列。倒是在 1782 年 9 月 3 日提出一文，希望在賓州 Cumberland 縣 (County) 也設一所學院 (college) 與之抗衡。基本出發點，都源之於基督教的共和主義作學術上的考慮。

與 Jefferson 同，Rush 也注意到應有個全國性的學制，但異於 Jefferson 的是，他在聯邦大學的構想上，是希望師生有國家意識，使全民的言行準則、品德規範、及儀態作風，「完全配合共和體制的政府。」在《論聯邦體制之弊》(On the Defects of the Confederation, 1787) 中，他說：「任何知識都應宣揚普及到美國各角落，這是絕對必要的。」為達此目的，他擬議中的聯邦大學，應該教導「任何與政府有關的事。」各州都有學生來修完大學院校的課程。此外，大學還遣派優秀學生作研究任務，把海內外的各種新發明與新發現，各種改進自然資源等最新資料，蒐集起來，並傳達到教授手中。三十年之後，若此實驗成功，國會就得考慮立法使這所聯邦大學頒授學位給每一位尋求任公職的人民。Rush 說：「我們在將財產、生命、或靈魂，交付給律師、醫生、及牧師照料之前，要求這些身分的人必須擁有某些條件。為什麼我們將整個國家的一切，包括自由、財產、生命、妻子、子女付託給不能交出證明文件者手中，就信賴他們呢？」這種說詞與 Plato 相吻合。Rush 贊成教育文憑，Thomas Jefferson 則支持選舉投票人應先通過知識文字上的測驗（出現在 1817 年 Virginia 的教育法案中）。

不同於當代人的是，Rush 不只關心年輕男子的教育而已，他相信，女子教育「也該與整個國家的社會狀況、作風、及政府形式相互搭配，並依此來進行女子教育」。注意到美國生活的特殊需要及條件，要系統的培養美國年輕婦女成為妻子或媽媽，就得特別小心，如此方能幫助她們的丈夫改變他們命運，為她們的女兒準備作媽媽，教導她們的兒子了解政府及自由的原則。女子教育的角色雖較狹隘，他為她們所設計的課程倒甚為廣泛，除了讀、寫、英文文法之外，另有算術及簿記、地理及歷史、天文學初步、化學、自然哲學、聲樂、舞蹈、及基督宗教。在這方面，他的觀念並不具什麼創意，都大半取自 Francois Fenelon 的 1687 年論文。不過處在一個社會越來越重視把教育與公民責任連在一起的時刻，他擬議婦女教育應使她們準備挑起間接的公民職責，這種說法頗具價值，也深具影響性。

Rush 心中所想的教育，不完全只限於學校教育而已。不過當時大家都這麼認為，把學校教學當成教育的主流；他還寫很多，不過都是採間接方式來敘述家庭在孕育共和精神中所扮演的重要角色。年幼者與其住校，不如在家與家人一起生活，因為同儕當中學壞較易，與大人相處較不會走歪。建議郵局之設，也可擴大「共和政府活生生的原則」，全國的每個村舍都有郵局，免費送報紙供人民閱讀；作為「知識及情報訊息的工具」，並作為「吾國自由的守衛」。督促所有教派的教士牧師共同合作，來提升基督宗教信仰；不分教派的主日學校運動，反對學校體罰學生；用治療方式而非監禁方式來對待瘋人，刑法制度應該採用改過自新而非嚴懲，死刑或其他酷刑皆不妥；堅決反對奴隸制度，指出實施此制給社區帶來惡毒有害的影響，宣稱給黑人相同機會以便發展他們可能與白人一般的同等潛力。這些意見、計畫、及運動，骨子裡都藏有人類的一項願景，透過教育活動及社會機構能夠使人邁向完美境界。社會也應致力於擴充人的尊嚴，Rush 認為，美國革命已為人類的太平盛世，發出了先鋒號角的響聲。

# 第三節　Knox 及 Smith

1790's 年代 Rush 在性格及作風上有個大變，他從公共生活中退隱，成為一個冥想家而非如同往昔一般是個運動者或籌劃者了。個中因素有人揣測是懶於跟人爭辯，在華盛頓任內本來有一行政職位卻閃身而過，因而大感失望，或是興趣已有轉變所致。不管原因何在，他在 1792 年之後，都熱心於醫學教學及執行醫業。但退隱於世並不完全，1795 年，他還擔任一個全國性廢奴學會的會長；1797 年，John Adams 邀他擔任美國造幣場 (United States Mint) 財務長；同樣具相當意義的是他在「美國哲學學會」(American Philosophical Society) 的事務上扮演更積極的角色，經常出席開會，還在 1797 ～ 1801 年擔任該會副會長職務。

革命之前，該學會早就享有盛名，出版第一冊的《會報》(Transactions) 時，就廣被注意。該學會有段時間，是殖民地時代科學研究總成果最具體化的機構；但革命戰爭時及其後，該學會的活力及評價漸失。1786 年第二

冊的《會報》問世，新生命來臨，內容素質及各地反應，都變成洛陽紙貴。恰好當時 Benjamin Franklin 剛從歐返美，會長職務才真正帶動了該會的職責，在 Franklin 及後繼者 David Ritterhouse 當會長期間，該會再展生機和活力。1790's 年代中葉，重振革命戰爭雄風。雖然遭受同行者以 New England 為基礎的「美國文理科研究院」(American Academy of Arts and Sciences) 的競爭與挑戰，但本會儼然是代表全國性的學術活動機構。

1795 年學會宣佈七篇論文徵獎，每篇論題都屬「有用的知識」，即 1.「使屋子有暖氣最經濟的方法」。2.「保存梨子免於太早腐化的最佳方法」。3.「觀測月球時，什麼是計算經度最方便的方法」。4.「街燈的最佳製作方式」。5.「在美國蔬菜中什麼是最有效的方法來製作染料」。6.「何種方法最能改善船的幫浦，最適合於船員使用」。7.「什麼是最佳的文雅教育制度及文字教學的方法，以適合於政府的特徵，對增進美國人民福祉最為合算；且依最實用的原則為本國提出計畫，設計並負責公共學校」。獎金從美金 50 元到 100 元不等，最高獎指定給最後一個論題（教育論題）。

不管基於貪心或興趣，教育方面的徵文比賽，引出更多的人參加，共有八文，每篇都經過嚴格的汰選，其中兩篇被評定得獎且予以發表，兩位作者平分獎金。當參賽信封開啟之後，作者姓名就被知悉，才知第一篇是 Samuel Knox 牧師所寫，他是 U. of Glasgow 的校友，在 Maryland 州的 Bladensburg 當長老教會牧師。第二篇的作者是 Samuel Harrison Smith，畢業於 U. of Pennsylvania，最近才發行 Jefferson 式的報紙於費城，報紙名稱為《普世公報》(*Universal Gazette*)。

Knox 的論文分成兩部分：序文部分顯然在討論 Maryland 州教育制度，而主要部分則在思考全國性的學制問題。兩部分前後呼應，互為補足；不過序文部分特別提及新設學府的必要性，即最近才獲得成立的 Washington College。Knox 將該所學府與鄰近各州如賓州及維吉尼亞州的學府作一番比較。Knox 所關心的，猶如 Rush 一般（但並無證據顯示 Knox 熟識 Rush 或讀過 Rush 的作品）是設計一個「全國性的統一學制」，可以使地方教區學校、鄉鎮的實科學校、州的學院、以及一所國立大學統合起來，成立一個綜合型的學制，由國家教育委員會負責處理。國家教育委員會 (board)，

各州都有代表（州代表則由各鄉鎮學校家長所選出）承擔責任，視察全國
的學校是否採用統一課程、統一教科書、及統一標準；Knox 作如下的結論：
「公共教學計畫的統一性 (uniformity)」，將有助於教學計畫的成功，同時也
促使社會改善並美化社會，並且也將使大家不但溫馨和諧，相親相愛，品
味及舉止一致；還能促使這個幅員遼闊、人民散處四方、種族複雜的共和
國，「滋生出純正聯邦精神的愛國情操。」

　　現存版本以及學會留下的議事錄中，八篇有關教育的參選文章如下：

Samuel Knox: Essay on Education.（論教育）

Samuel Harrison Smith: Remarks on Education.（教育評論）

　　其餘六文是 Academicus、Hiram、Letter to the A.P.S.、Hand、Freedom、
及 Pieces。

　　Smith 的論文與 Knox 的大致相同，他也計畫出一個廣泛的國家教育制
度，遵循 Jefferson 的路線。Smith 一樣，也沒看過 Jefferson 有關教學方面
的作品。他將小學依年齡的大小分成兩階段，第一階段收 5 ～ 10 歲的兒童，
第二階段則收 10 ～ 18 歲；設立數所學院及一所國立大學。中央成立文理
科委員會，其任務是「釐訂全國性的學制」、任命老師、選擇教科書、並視
察各階層的教學；「充分運用國家的潛能資源，則吾人的政治機構將會更為
完美，正義理念可以普及，人人可以享受寧靜生活及勤勉生活之利，不受
任何打擾，相互依持性也為大家所警覺。最後的結果是和諧親愛。失調與
衝突都因無知所引起，也由於煽情所發動；前者不生，後者接受強力指導，
則吾人就可以切斷各種誤會的泉源。」

　　得獎作品的兩文，相同性太大。其實所有應徵作品，以及未參加應徵
但卻是當時重要人物的教育主張，如 Benjamin Rush、Noah Webster、Robert
Coram、Amable-Louis-Rose de Lafitte du Courteil、及 Simeon Doggett 等人，
對美國教育制度的構想，幾乎都已有了共識。他們都超越政治上的黨派、
宗教上的教派、社會上的階級等等，以及各地方地域之限制，一致希望教
育應朝向共和體制來進行。在基本命題上，都承繼一種理念，即共和政體
之成功或得救，端賴教育。而教育的重點，在於知識的普及，品德的端莊
（包括愛國禮儀），以及學問的增進。大眾的教育場所，就是中小學及學院；

最有效的來進行學校教育，就是學校與政體合一的制度。當然，大部分的這些命題，早在 1760's 年間及 1770's 年間都不時出現。時人如 William Douglass、John Adams、及 Thomas Jefferson 早已提過。比較新穎的是在共和體制裡，雙面重點合而為一：「制度」及「行政體」兩不分開。就「制度」而言，它含有兩種不同但卻彼此有關的意義。第一，透過課程本身、或是經由課程的標準教材，來作系列的安排，高低有序，前後連貫；如同算術科目或算術教學體系。第二，教育機構的規劃，使一個階梯進入另一個階梯；小學到實科學校，到學院，最後到大學。如同社會整體是由個體所組成，但個體品質必須好，又具公德心。就「行政體」來說，方式有數種，學校公立或私立，官員直接監督或間接視導，或兩者兼得。討論「制度 (system)」時所用的辭，不外「協合 (harmony)」、「機器 (machine)」、及「統一 (uniformity)」。有人難免希望把全民染成同樣顏色，仿 Plato《共和國》(Republic) 的模式；其他人則較喜愛用牛頓的術語，擬創建一個「更完美的合一體」(more perfect union)。討論「行政體 (polity)」時，所用的字彙就是「公共教育」(public schooling)。Knox 等人早就提出「公開」(public) 教學來與「私人」(private) 教學作對比；前者較重外在，後者強調內在，那是仿 Locke 的方式。至於 Smith 所稱「此時代是公共教育的時代」，他的「公共教育」(public education) 就是指「學校教育」(schooling)。

一項因素非常重要，即理想公民的概念。Smith 清晰的說，任何人皆應該有該概念，即「受過啟蒙的公民，是真正了解自由的自由民。他知道自己的權利，也了解別人的權利；能夠分辨自己的利益與保存自己的利益，區別二者之間的關係，堅定的支持別人的利益如同支持自己的利益一般。知識越多越不會被誤導，品德要好以免敗壞。要注意，人必須前後一致，堅定不移。不可一時是個愛國主義之子，他時又變成暴君之奴。做人一定要有原則，永恆如是、始終如一。性格不變、誠信不移。感受人性的尊嚴，欣然接受義務且履行其職責」。這些話看起來似乎與 Jefferson 的日記一模一樣，其實也與聯邦分子如 Noah Webster、長老教會道德學家如 Samuel Stanhope Smith、極端理神論者如 Thomas Paine、大同主義的地主如 Thomas Jefferson，或是純樸的農夫如 William Manning 的說法，如出一轍。

　　以共和為基幹的教育思想，其中蘊含有共識的廣大空間。但在十九世紀初期，卻有數種論戰發生。第一，陳年議論不休的一個話題，就是何種知識值得去普及，哪種學問有必要來教導。此種論戰至少可以上溯到十七世紀，當時有「古代」(ancients) 與「現代」(moderns) 兩派陣營。美國聯邦政府出現的時刻，類似此類論戰，都含有政治意味。比如說，有一派人以 Thomas Jefferson 為核心，支持現代語而非古典語，希望 College of William and Mary 放棄以古文作為入學條件，注重自然歷史而非自然哲學。John Adams 於 1789 年寫信給 Benjamin Rush 說：「我真想能趕緊拉開所有的窗簾，讓我看到，由於古典科目都廢了，所以能改善共和的理念。」但十五年後，他的孩子 John Quincy Adams 認為要是 James Madison (1751～1836, 1809～1817 年為第四任總統) 對古典語文懂多一點，則在對上 Marbury 的初選過程中 (proceedings)，將會表現得較明理一些。此外，就自然科學的許多科目而言，自然史早就與美國哲學學會 (American Philosophical Society) 劃上等號，且被劃歸為「共和黨」(Republican) 陣營，因為會長也是總統 (Jefferson)；但自然哲學就屬於美國文理科研究院 (American Academy of Arts and Sciences)，且隸屬於「聯邦黨」(Federalist)。此種分類若繼續下去，或許不一定準確，卻可提供一項現象，即教育論戰與政治競爭，已纏結在一起。

　　第二，中央政府介入教育，要介入多深。此種討論，大家也意見分歧。比如說，Samuel Knox 的得獎作品描繪出一個聯邦式的學制，從小學到大學都包括在內；George Washington 擬議籌設一所國立大學以便給派系本位主義一劑解毒藥，實際上他還打算投資在此學府上；但聯邦政府要扮演什麼角色，他卻隻字不提。康州代表出席於制憲大會 (Constitutional Convention) 的 Roger Sherman，反對 James Madison 及 Charles Pinckney 的提議要求大會授權國會 (Congress)「建立一所大學，其他大學也不准有宗教上的偏愛及特別性」，倒認為設立大學的權力可以由州政府來享有，「根據各州自己的財力」而設。大家意見相左。但在 1780's 年代時，意見的重心卻有重大的轉移，當時只有少數的前進理論家，才認為聯邦政府應該在教育措施上扮演舉足輕重的角色；到了制憲大會時，各州代表當中支持 Madison-Pinckney

提案者，人數雖不多，但已有顯著成長；於 1790's 年代到 1812 年的戰爭為止，當時大眾已開始討論聯邦政府在教育上的分量，一直到訂下 Treaty of Ghent(1814) 為止，由於面對的情勢發展是地方勢力高漲，因此聯邦政府在教育上的地位又降低。James Monroe 是提出憲法應賦予國會有權「興建……學術機構」的最後一位總統（第五任）。John Quincy Adams（第六任總統）也考慮到此種可能性，但並沒全心全力去推動；第十七任總統的 Andrew Jackson 及其後繼者，在涉及聯邦的教育角色時，只限定於 Smithson 所遺留下來的話題。而國會對教育所採取的政策，大部分表明在捐聯邦土地給各州以便興建大中小學支用上，有額外稅收盈餘時，則作為補助教育並改善學校內部措施用途。

最後還有一項紛爭要解決，即公款用於教育幅度如何，意見也是見仁見智。Samuel Harrison Smith 的論文明白的說出，以稅收來維持全部的教學活動，才算「公平舉措」(fair trial)。但 Jefferson 及 Rush 則希望公款及私人捐獻，二者合一作教育上的特別用途；另外也有人反對用公家金錢來支持任何性質的教育活動。此種議論紛紛的現象，也猶如十七世紀時英國的「現代」及「傳統」雙方論辯之口舌一般，尤其當時處於「共和政治」(Commonwealth, 1649 ～ 1659 年，Charles I 被處死，由 Oliver Cromwell 及其子治英) 時為然。當時教育改革計畫出爐的甚多，但大部分想法是由 Adam Smith 於 1776 年出版的《國富論》(*An Inquiry into the Nature and Causes of the Wealth of Nations*) 得出新的理念。美國人在十八世紀結束之前，對該著作極為熟悉，經由直接與間接引用該書的內容，對美國人定義公共福祉及如何達成公共福祉上，產生莫大的影響。

# 第四節　「美式」普及教育的倡導

Adam Smith 實際草擬他的大作時，大概在 1766 年，但手稿則早在 1750 ～ 1751 年就出現。早年的想法，其後也融入在《國富論》一書中。他曾專心一意的探討蘇格蘭道德哲學史，在 Glasgow 大學作過 Francis Hutcheson 門徒。1751 ～ 1763 年在 Glasgow 大學擔任道德哲學教授，該學

門的一個分支就是政治經濟學。1764 ～ 1766 年旅歐，作為 Duke of Buc-
cleuch 的家庭教師，從此認識不少法國傑出的經濟學家，如 Francois Ques-
nay（physiocratic，地形學派的主要理論家）以及 A. R. J. Turgot（Limoges 州
長，要把 Quesnay 理論付之實踐）。當 Smith 再度返回蘇格蘭之後，他就致
力於發展他的道德哲學體系，廣博擴大其範圍。他已盡汲蘇格蘭及法國最
佳的傳統，準備把二者予以融合成一個新又具原創性的理論。經過十年的
辛勤耕耘，《國富論》終於問世。原先只不過是作為大部頭著作的一部分，
但由於資料豐、範圍廣，因此單獨出書也是自然之事。

　　本書分成五部分，分別探討勞工的分類以及勞資問題、資本、國家經
濟上的差異（經濟史）、各邦不同的政經制度（尤其是重商主義）、以及公
共開銷與稅收，最後這一項才涉及到教育。由於教育措施是公共機構及公
共事業當中之一，「雖然它表現最佳時，對大社會有利，不過因為其利從來
不能回償任何個人或任何一小群個人的開銷，因此任何個人或任何一小群
的個人也從未有一種期待，來興建學府或來維持學府。」本書之最後部分，
除了涉及教育之外，有趣的是，Smith 還討論到國防、司法行政、以及經商
工具（如道路、橋樑、運河及港口）。

　　公款辦理高等教育，此種措施，Smith 痛加批判。他的論點是，凡有需
要才會努力，二者成正比；公款補助，就不需要努力，辦學品質遂受損。
相反的，有些教育機構並不接受公款補助，如寫字學校、劍術學校、或家
事學校（皆屬女子教育）卻是最為有效的教育場所。他幾乎都同意，凡是
大學在過去教得不好的科目，最好不要教了，最好消失，這等於是說這些
學科一點都不具實用價值。但他倒甚為同情私人企業式的教學或家族式的
教學，因為當中藏有努力的動機，也因此效率就不但明確且直接。

　　大眾教育，Smith 的心意就不一樣了。他公然反對出生於荷蘭的英道德
學家 Bernard Mandeville 之觀點。1723 年 Mandeville 出版《論施捨及慈善
學校》(*Essay on Charity and Charity-Schools*) 一書，認為學校教育使貧家子
弟不想勞動，教導他們追求更高的職位，結果社會上出現的是，本來這群
人必須做的工作也是社會上需要有人去做的工作，卻沒人要做；因為這些
工作（藍領性質）做起來不頂舒服，而這些人擬做的工作（白領性質），他

們也準備不足。Smith 則確定的說，國家有責任以公款來教導眾生，理由不外是阻止他們陷入麻痺與愚蠢這種毛病當中；勞動如果是老套式的成規，也極為簡易，則很容易滋生該種毛病。與 Mandeville 不同，他認為一位受過教育而變成聰慧的平民，總比一位無知又笨的人，更為端正有禮，做事也較井然有序。在一個自由社會裡，國家負起教育眾民的義務，此種責任會更明顯；因為政府的安全，「完全依賴人民對政府的各種施政給予好評」，並且「他們（人民）絕不可對政府的各種行事，產生任性或匆促的判斷。」

Smith 繼續討論由各種教會所辦理的公共大眾教育，他的結論是，辦理最具成效的是改革教派及福音傳播教派。原因是這些教派沒辦法獲致公款或捐助來辦校，只好靠己力及說服力來贏得他人之支持，使學生喜歡入學。要是教會獲有政府的津貼，則此種補助應該頂多多到可以吸引優秀的個人進入教士階級，但不可以少到無法阻止他們淪入懶散及虛榮地步。蘇格蘭教會 (Church of Scotland) 的全年費用，他說，沒有超過八萬或八萬五千英鎊，「但基督教世界裡最富有的教會，卻使廣大人民在統一信仰、虔誠的奉獻、守秩序精神、循規蹈矩、端莊品德上，不如這個窮教會。」有趣的是，在這一點上，他與 Mandeville 的看法相同，二者皆認為強迫窮人週日上教堂，就等於是他們接受了全部他們所需要的教育了，其他週一到週六，則要他們從事勞動工作。

此種曖昧性的說詞，極具意義，一方面 Smith 要求平民免於遲鈍愚蠢，一方面他希望平民養成一種有禮守序的習慣。經由學校教育這種工具，來教導並啟迪人民成為一個有禮守序的人，教會也直接擔任此種功能。此種曖昧性到了十九世紀時，仍餘音迴響不斷。當討論教育的公共政策時，重點偏此或偏彼，舉棋不定，端視時間、個人、環境條件而有所不同，但不會只計其一而不算其二；果真如此，也不會為時太久。

Smith 的觀點，很快就傳到了美國，知識分子首先予以呼應。Franklin、Jefferson、Hamilton、及費城醫生 George Logan 等人是代表。美國版的《國富論》（費城，1789，1796，1817 年版；Hartford，1804，1818 年版）也產生了一大群美國讀者。美國大學院校正式開有政治經濟學的課，也詳加介紹 Smith 的觀點，其中以 College of William and Mary 為最。1800's 年代早

期，有關《國富論》的資料及觀念，變成受過教育及專業訓練者的資產。1821 年英譯 Jean Baptiste Say 之《政治經濟論》(*A Treatise on Political Economy*, 1803) 美國版開始發行，Smith 的理論更加流行。Jefferson 發現 Say 的論文「把 Smith 冗長的著作融會貫通，用一種簡潔有力的方式表達出來。」並且 Say 討論到公家機構時，毫無保留地讚美科學性的學府，此點大為 Jefferson 所甲意，而比較不提 Smith 費許多篇幅在描述宗教機構帶給社會的福祉。「每種科學的演進都跟著產生社會的幸福」，雖然教會活動花錢不多，但 Say 一再重提 Smith 的觀點，即普及教育有必要推動，男女皆應入學，且鼓吹編寫一流的教科書，每種領域的知識皆要編寫。

不少美國小冊資料也涉及經濟政策，有助於政治經濟理論的普及，但在政策層面上，支持與反對者皆有。第一本正式的美國政治經濟教科書，是 Daniel Raymond 的《政治經濟思想》(*Thoughts on Political Economy*)，最先出版於 1820 年，多年後擴大再版，改書名為《政治經濟要素》(*The Elements of Political Economy*)。Raymond 是 Baltimore 律師，偏愛聯邦黨；他批評 Smith 沒把公共財富與私有財富作區分。他認為 Smith 把國家財富當作是個人私有財富的總和。Say 也如是說，但說法「拙劣多了」。Raymond 則認為生活必需品的獲得，及生活舒適所需的國家財富，絕不僅只是私有財富的累積而已；國家財富所展現的力量，要根據自然資源、人們之勤奮、科學技藝的完美、及商業活動的生機而定。但他沒繼續細節的敘述如何培育勤奮工作的方式、科學及技藝的完美方法。設若他能如此，他將給當時的教育理論提供很大的貢獻。不過他對財富的定義有別於 Smith，小冊發行人及學者，都馬上注意到這點。

一位費城報人 Stephen Simpson 在 1820's 年代 Jackson 當總統時，也擬在政治上一顯身手，1830 年代表「聯邦共和黨」(Federal Republic) 角逐國會議員。他們似乎沒讀過 Raymond 的文章，卻與 Raymond 走相同的路線，熱烈地支持美國政治經濟制度。1831 年出版《工人手冊：政治經濟學新論，資源的生產原則》(*The Working Man's Manual: A New Theory of Political Economy, on the Principle of Production and the Source of Wealth*)。Simpson 尖銳地指責 Smith 是「專制體制中最大的辯解人」(the foremost of these apol-

ogists of tyranny），也認為 Say 是「深奧難解的」(recondite) 理性主義者。
Simpson 希望美國的政治經濟制度應有特色，可以使這個新國家認清在革
命戰爭中所做的道德承諾。他所說的美式制度是，眾人應受教育，為「Jef-
ferson 的庇蔭」(the shade of Jefferson) 而奉獻。從此，Simpson 成為費城工
人運動的主要理論家，也為社會改造計畫擬出清楚的定義。

「沒有一項計畫與國富以及人民之幸福更有關連的，那就是大眾心靈
的陶冶。這不僅要仰賴公共道德及公共幸福，還得依靠勤奮、靈巧、節制
及精力的集結。」根據此項信念，Simpson 就理所當然的提議「公共教育的
通盤制度」(general system of popular education) 了，那不只是要人民會讀會
寫而已。並且這種活動，是小學的權利；不是如同慈善學校式的認為是一
種施捨或救濟。此制度一設，則罪惡及敗壞將絕跡。「會讀書又明理的人民，
（不只）永遠與愚蠢遲鈍 (sottish) 絕緣。」且清醒並有禮就會滋長，而發明
力及勤奮力將「改變整個社會的面貌，大開笑容，既滿足又欣悅」。更為重
要的是，「匡正墮落的社會習俗，把孕育無知、惑言、吝嗇、道德沈淪、只
計肉體需要、以及社會野蠻作風，完全革除。」新世界應開始制訂新的教育
制度，「在黑暗歲月的深夜裡設計出來」，且完全融入自由民的心中，慢慢
演變成為純真的普及大眾教育。新的「美式」經濟制度，一定要建立在新
的「美式」教育制度上，然後美國的革命戰爭才算完成。

Simpson 的短論，無疑地被費城及紐約市的工人及支持工人的知識分
子所廣泛閱讀，許多人還認為 Simpson 是美國的 William Cobbett（1763～
1835，英新聞記者及政論作家）。他與 Robert Dale Owen、Francis Wright、
及 Thomas Skidmore 都為工人階級的公共教育，扮演重要角色，只是政治
經濟學家或道德哲學家並沒有嚴肅地考慮到他的論文。他們倒關心一本教
科書，是 Brown 大學校長 Francis Wayland 所作的《政治經濟學原理》(*The
Elements of Political Economy*, 1837)，1876 年之前，至少已有 23 版，賣出
五萬本以上，成為這個領域中最暢銷的書。Wayland 之寫作該書，自承是
基於「一位美國人、一個基督徒、以及一名紳士」的立場；不過仍有一個
評論家批評該書「缺乏美國風味」，還好在討論教育時，卻是十足的美國化。
他學 Adam Smith 的樣，在公共消費或開支項目下，討論到知識的普及和知

識的增進，尤其是科學知識給經濟上帶來的利益；建議教育普及化，應在學區內廣設學校，注重社區利益，同時使知識廣被，堅持宗教崇拜應與行政權力單位分家，只靠自願性團體來壯大自己。他的論點簡潔、直接、清晰明白，在美國東北及西部各州，於十九世紀下半葉加入公共教育的普及運動，持續不斷。

內戰之前，普及教育的努力，由 Horace Mann 在 Massachusetts, Henry Barnard 在 Connecticut, John Pierce 在 Michigan, 以及 Samuel Lewis 在 Ohio 的貢獻，都是功不可沒。咸認公共普及教育一旦實施，人類生活及社會制度的完美性，將可使罪惡消失遁形，也是促成人人條件的「大平等器具」(great equalizer)、「社會機器的平衡輪」(balance wheel of the social machinery)，更是「不敢夢想的財富塑造者」(creator of wealth undreamed of)。人類歷史上的「富有」(haves) 及「沒有」(have-nots) 之間的仇恨，也將終止。犯罪不見，病痛減輕、生命延長、較為幸福，讓希臘時代的「文教」(*paideia*) 重現。

# 第五節　Horace Mann

不要像風向球一般的隨風轉向，卻要像山一般的使風變換方向。
—— Horace Mann, *Lectures and Annual Reports on Education*, 1867

就吾人所知，Horace Mann (1796 ～ 1859) 在 Brown University 唸大三時，接觸到《國富論》，可能是由於上了校長 Ash Messer 的政治哲學課使然。他似乎沒什麼反應，只曉得他向圖書館借過該書而已。不過 Mann 是個用功的學生，他不可能不翻閱他所借的書，並且要是該書著作對他發生影響，也一定會強化他早已有的樂觀看法。他對人類的未來，尤其對美國的前途深感光明。如同 Daniel Raymond 一般，Mann 極有可能把政治經濟理論予以美國化，且將資本觀念轉為與人有關的名詞。25 年後，他曾這麼說，麻州最富有的資產，不是蘊藏有金銀礦，而是該州居民的知識潛能獲得了開發。

　　在 Brown 大學的生涯，是 Mann 一生當中的主軸。1796 年生於麻州 Franklin 地區的中產之家，先在家鄉及教會接受教育，準備充實知識的時光，倒是斷斷續續地在學校當家教，以及在 Franklin 市圖書館作系統式的自修時來進行。1816 年 Brown 大學收他為大二學生，當時他早已刻苦用功於功課，且參與「聯合兄弟會」(United Brothers) 的相關活動。該會是以共和為理想的辯論社及學習社，了解到學術上的榮譽，是各種行業及法律事業上牟取利潤的最佳管道。這個目的，他不只達到了，還在 1819 年畢業典禮時，被選為致謝詞的代表，並且贏得校長女兒 Charlotte Messer 的歡心，兩人終成連理。

　　畢業後，Mann 在 Josiah J. Fiske 法律事務所當實習生，後來回 Brown 大學當講師數年，負責教 Latin 及 Greek，又赴康州的 Litchfield 法學院 (Law School) 一年，接受系統的訓練，1823 年獲准執業律師。無論作任何事，他都努力不懈，找他處理法律事務者甚多。他因積極介入地方事務，也因此被選為州眾議員，任期為 1827 ~ 1833 年，協助或提議許多法案，從鐵路發展到照顧精神病患。夫人遽逝後，他回 Boston，1834 年獲選為麻州參議員。1837 年還被推為參議院議長，在職務上他推動了一種法案，即設立州的教育董事會，也從此影響了一生生涯。

　　設立董事會之舉，在共和型態的教育理念當中，藏有許多曖昧不明的緊張關係。麻州已經接受一種命題，即共和政府必須建基於共和教育；教育指的是知識的普及，品德的培養（包括愛國情操），以及學問的演進。負責此項任務的最佳教育機構，就是中小學及大學院校。1780 年的憲法以及其後數種法案，都旨在履行此種任務。但光指一項事實，就足以說明一件曖昧不明的因素，使教育在實際推動上不知何去何從，即作為一個共和國，全國性的聯邦政府要為共和的教育來奮鬥。州呢？州是否在這方面無所事事，而把共和教育直接付諸地方的城鎮鄉村來擔當，是否居民正是「決定什麼學校才最適合於居民接受共和教育的最正確判官」？

　　凡是提及教育制度以及與其有關的各種措施，不是時興之作，就是相互矛盾。舉例來說，紐約州在 1784 及 1787 年建立了一個綜合性的紐約州立大學 (University of the State of New York)，把全州的大中小學及實科學校

統合起來，但 1795 及 1812 年又有個全州的小學學制，由小學督學來監督其教育事宜。歐洲許多國家，如普魯士及法國，都發展出全國性的學校制度及大學教育體系。法國於 1806 年成立一個拿破崙大學 (Napoleonic University)，性質與稍早的紐約州立大學同。不少評論家認為把 1820's 及 1830's 年代的歐陸措施介紹到美國來，是對美國邁向共和制度的一種挑戰。麻州有個 James G. Carter 費了超過 10 年的功夫，呼籲教育復興，重新賦予州政府有權來興建學校，創辦公立師資訓練所，以便作為綜合性公共教育制度的一部分。

Carter 本人發起全州教育董事會運動有成，他是麻州眾議會議員 (House of Representatives)，且是教育委員會 (Committee on Education) 主席。他在 1836 年支持州應設立州督學來監督小學教育，但並沒成功。1837 年草擬州董事會法案，但賦予董事會的職權卻小，只有每年向議會提出一份摘要，把州內各學校的報告書列出重點，說明各學校的條件及教育效率，並提出最佳的改善方案。還好州長 Edward Everett 支持 Carter，任命一群頗具影響力的人為委員；除州長本人之外，另有副州長 (Lieutenant-Governor) George Hull 當執行長，Harvard 校長 Jared Sparks、民主黨州議會領袖 Robert Rantoul Jr.、 Boston 富商 Edmund Dwight、Pittsfield 銀行家 Edward A. Newton、公理教會牧師 Emerson Davis、及 Thomes Robbins、Carter、及 Mann。Dwight 是第一位與 Mann 接觸的人，希望 Mann 能接掌董事會祕書長職務。該會是經過州議會通過有給職的機構。Mann 首先的回答是不肯相信，他在 1837 年 5 月 6 日的日記上寫下一段話：「我睡覺或醒來從沒做過這個夢，我從來也不曾這樣想過，別人也不會這麼想我會與該職位有任何關連。」但其後經過六週的時間，Dwight 終於說服了 Mann；1837 年 6 月 29 日，Mann 被任命為祕書長。

現在回想起來，該職位最具意義的一件事，是沒權。Mann 不得不運用他的聰明才智。其後的 12 年，在他任內，卻變成全州甚至是全國公共教育運動的重心。Mann 到處演說，也出書不少，不休息的與有興趣的公民及教師討論，傳播他自己的觀點，利用他的年度報告書把教育理論與實際作系統的敘述，還主編一個月刊作為宣揚教育理念的機關雜誌。本來毫無正式

研究過教育，卻立刻變成當時教育界的主要發言人。當然，在他受命為祕書長之後，他立即閱讀 James Simpson 的《普及教育之必要性》(*The Necessity of Popular Education*, 1834) 以及 Thomas Brown 的《論人性哲學》(*Lectures on the Philosophy of the Human Mind*, 1820)，也翻閱過去發表在《美國教育雜誌》(*American Journal of Education*, 1826～1830) 的文章。從此 Mann 已能清晰的表達美國特有的教育理念，且其理念支配了其後一世紀之久的時光。

基本上，Mann 肯定共和體制的教育思想，並將這些恩惠鑄造在十九世紀不分教派色彩的新教主義 (nondenominational protestantism) 上。與 Jefferson 同，他認為一個國家不能長期維持既無知又能自由，因之普及教育之必要性就昭然若揭。但對 Mann 而言，問題是光只知識就可以帶動道德之提昇嗎？他警告著：「議會廳堂裡，智慧從未做過主位。除非國民學校能造就出人類有史以來最具遠見的睿智以及純淨的道德，否則議事錄也不能有深具智慧的發言內容。不幸，既存的人類社會當中，該性質的國民學校未見出現。」❶共和國如擬永續生存，道德上的端正，確應普遍實施於全民。達到此目的最主要的機關就是學校。知識即權力，但知識可以為善，也可以為惡，只有以道德來指揮知識，才具價值。

Mann 也如同 Jefferson 一般的認為學校教育是奠下基礎，為自由社會培養負責的公民；但只有一種特別的學校才可擔當此重任，即公共學校；受公家監督，且人人可入校。他曾一度極其誇張地說：「公共學校 (common school) 是人類有史以來最偉大的發現。從其特有貢獻來說，它是位居所有一切之上。理由有二，第一，它有普世性 (universality)，公共學校容量大，可以收容初生在世的小孩，懷著父母對子女的慈愛。第二，它所提供的幫助是切合時宜的，即早歲就在危險之先，作了合適的指導及諮商，以獲得安全。其他的社會組織都是糾正式的，也是彌補式的；公共教育卻是預防式的，也具解毒功能；其他則供治療疾病及傷患之用。且前者（公共學校）也給後者（其他社會組織）建了一個物體的及道德的架構，無懈可擊；讓

---

❶ Twelfth Annual Report of the Board of Education, together with the Twelfth Annual Report of the Secretary of the Board (Boston, 1849), 84.

公共學校擴張它的能力吧！讓它發揮的效率都能為大家所感受吧！則刑法中有 9/10 法條就得作廢，人類缺點表所列的項目也得濃縮。人們白天走路安心無虞，夜晚睡覺更可安枕無憂。財產、生命、及品格更有長期保障；所有合理的未來期望，都能前途大放光明。」這就是太平盛世的確認。作為一個祕書長，他經常以這種華麗的言詞來表述，這也是 Mann 重新開啟 Jefferson 理念的一把 key（鑰匙）。學校這種機構，「盡其可能地把全民的心胸予以開展出來」，則未來就充滿陽光。

最後一項也與 Jefferson 相同的理念是，學校教育制度要接受州政府的保護及支持。他在 1837 年的夏季到秋季作了第一次麻州各市鎮的「大巡迴」(great circuit) 演講時，就大力指斥全州缺乏教育機構的組織。地方上有些男女孤立作冒險教育活動，他們彼此「陌生、互不認識」。麻州若能把一個真正的公共學校制度組織起來，則改善可期，且迅速為大家所接受；統一性長久不變，也較經濟有效。對 Mann 而言，教學系統及行政系統應二合一，其中一種系統的進步，就會帶動另一系統的進步。

理想的公共學校，Mann 認為應該是把共和式的教育因素都包括在內。第一，是眾人皆入的教育，而非如同普魯士的 Volksschule，只收下層子弟的「平民學校」。第二，公立，由公家稅收來支付辦校開銷，貧富皆能入學。第三，所有教派、階級、及社會背景者，皆一視同仁，以便燃起互敬之情及友愛精神，那是成人生活中的衝突所無法予以毀滅的。共和政體注重和諧，這也是公共教育的主旨。（不過 Mann 於 1848 年作為國會一員時，雖他本是絕不妥協的廢奴主義者，卻在種族議題上無聲無息。）

社會和諧之外，道德提昇更是 Mann 認為共和國的未來最關緊要之事。Rush 之後又過了本世紀，革命仍未成功。「革命若只是改了社會的膚面，一天就可以了；但革命應該深入人性的底層，提昇早被壓抑的潛能。此種革命不可能只是一陣騷動後就算了事，即令是全國的每根纖維都因此而繃緊。」Mann 如此說道。1770's 年代的政治革命，以自由來取代束縛，解脫了人類歷史上長期的桎梏。但同樣的，自由也應使人類可以自由支配自己的情感。除非情感由道德來管束，除非德政取代暴政，則自由之果實將比專制的災難還更敗壞。「最無恥的暴君之奴，將遠比作為自己情緒之奴，較

不那麼卑鄙。」(The slave of the vilest tyrant is less based than the thrall of his own passion) 重要的是要品德的革命，使正義、真理、仁慈、及敬重之理念，在人民心中就位，並依此來指揮行為。此種革命，就是學校的革命；成與否端賴「吾人自由機構到底有無價值而定」。政治與教育脫離不了關係，這也是他 12 年來努力不休的目標。「孩子是未來的父親」，所以學校是未來的社會，也是未來的國家。學校教室的訓練，應擴大到各種組織及國家的未來之中。

1830's 年代 Lyman Beecher 在大 Valley 的講道運動，與此類似但仍有差異。1818 年康州的公理教會已不許再被認為州定宗教，Beecher 遂大唱品德操守的必要性。他希望自願性的教會，應該作為自由社會的道德迴轉儀 (gyroscope)，不只教會本身自有的功能是如此，它發揮的教育功能也如此。教會辦的教育機構，應有公民的道德輪廓。Mann 在 1822 年於 Litchfield 聆聽過 Beecher 的佈道，也深有同感，願意推動該理念；但如同半世紀之前的 Jefferson，他盼望學校來承擔教會的該種角色。1830's 年代及 1840's 年代時，學校數已超過教會數，因此原先教會扮演的道德教育功能，已漸漸轉移到學校手中，但還不徹底。由於公家機構在一個快速發展的社會裡，能取得公共資源，教育與政治合流，學校也因此得到活力，更讓 Mann 政治太平世界之美夢，可以描繪出來。

公家政府來監督公共教育，這是 Mann 設計中的主要部分。透過州立法及地方教育董事會，由眾人選拔出來的代表而非專業的學術圈內人來組成。這個董事會享有最高的權限，之所以如此，理由當然是公家出錢，就理應由公家來監督。在這方面，作為一個政治人物，Mann 一向堅持應以公共利益作最優先考慮。不過政治與教育二者之關係，還有更底層的部分；既然由眾人來監督公共學校，此種機制也就信賴眾人可以自己定義公共哲學來教導孩童。這能保證道德的提昇嗎？ Mann 寫道：「為下一代人規約出他們的未來，也決定他們接受什麼教育，此種重責大任，應委諸於人民。」此處所說的「人民」，Mann 是指當地人。他與 Beecher 同，都強調品德操守的重要性。作為一個董事會裡無權的祕書長，他的政治構想是作喚醒工作。他仿福音傳播那種巧妙又美麗的言詞作工具，來向家長喊話，因為孩

子的未來，操控在家長手中，家長應常巡視公共學校措施。此種方式的監督，產生一種現象，即應該教給孩童什麼教材，必須持續加以重新檢討。

　　雖然他與麻州的福音傳播教士有過論戰，但「應該教什麼」，他的答案倒與當時的教士們之觀念相同，即植基於聖經經文的虔敬心 (piety)。歷史傳下來的彬彬有禮風範 (vivility)，已作為基督教共和國政體的各州憲法。此外，達到文化素養 (intellectual culture) 所必經的讀、寫、拼字、算、英文文法、地理、歌唱❷、以及健康教育，都是眾人皆應具備的。教學觀念上，他完全取自他人，是各色各樣當時自由派思想的總匯，包括骨相學 (phrenology)❸，裴斯塔洛齊式教育 (Pestalozzianism)，Scottish 的 Common-sense Philosophy (常識哲學)，以及據 Channing 所詮釋的 Boston Unitarianism (唯一神教派)。但他仍注重兒童在性情能力及興趣上有個別差異的事實，教材須因學生而異。在自由社會裡，品德陶冶最注重自律，而非盲目的服從，更非變成無政府狀態的我行我素。不可太早分化及分枝，大家機會同等；只有優秀教師才能吸引學生入校，師資的職前訓練必須以上述原則為重點，才能有效地應用於教學上。總而言之，一切皆應以道德提升為主旨。他說：

> 　　最為重要的是，共和國的學童一定要適應社會，也應適應自己。每個公民皆參與於治理他人的活動上，因此最要緊的先決條件是，他感受到別人的需要及權力感；如果治理他人，並非基於一種更高的動機，只想滿足我們的快樂愉悅，那就與壓抑的屬性完全無別。這種屬性的本質及其弱點，二者相同。運用此種權力者，不管他是共和社會的人，或是生來就是一個不負責任的暴君，都沒什麼兩樣。在我們的政體中，每個人都應想到國家的利益，也考慮到家庭的福祉，更顧及他人孩子及自家孩子的幸福。也因此，重要問題來了，我們的學校在教導兒童時，是只考慮到他們自己的私有利益嗎？還是也得考慮更大

❷　歌唱可以增強肺部力量，防止得肺病。

❸　骨相學風靡十九世紀的美國。該學指出人心由 37 種「官能」所組成，如「好鬥性」(aggressiveness)、「仁慈性」(benevolence)、「敬意」(veneration) 等。這些官能在掌控個人行動及態度，經由練習或使用，可以使好的官能存在，壞的官能萎縮。Emerson 說，該理論是他聽過的理論中最好的福音。

的社會責任、及餘生等待他們去享受的權利？他們的教育是希望長大
成人後，變成泛愛大眾者兼基督徒呢？還是變成個華麗的野人？人所
稟賦的智能就是多崇高，所受的訓練再怎麼技術精明，若不佐以正義
感、對人類的愛、以及對義務的奉獻，則擁有上述才華者也只不過是
錦衣秀裝，但卻是更具危險的蠻人而已。

　　共和觀念的教育家大半也述及高等教育，Mann 在這個領域中卻少提
及。Rush、Knox、Smith、甚至 Jefferson 所設計的教育制度，較不抽象。
Mann 所表現的智慧則較為謹慎，從日常實際的政治活動中獲得。1836 ～
1841 年擔任 Michigan 州學校督學長的 John D. Pierce 負責規劃學制，從小
學延伸到大學，學制範圍比 Mann 還大；但 Mann 認為州的教育權力僅到中
學階段而已，並且對於教育與自由，這二者之間密不可分的連帶關係，Mann
的體認較深刻；在優先順序的考慮上，他也較堅持。我們當還記得，要是
只能在普及式的初等教育來培養公民，及州立大學來造就領袖人才，這二
者之間作一選擇，Jefferson 說他會選前者；但當前者在政治層面上受阻，
後者卻在政治活動裡有機會時，他就選後者了。Mann 則前後如一，深信在
一個共和國裡，領袖人物的智力都不會超過一般人的智力水平，因此重要
的是眾人的教育。要是眾人較明智了，則領袖人物就不得不注意自己的智
力水平。他說：「根據自然法，就如同流體平衡規則一般，候選人及選民，
任命者與被任命者，都會傾向於同一水平層級。組成社會的眾人若是聰明
又經過啟迪，就比較不會輕易的賦公職給一個做事粗心大意以及放蕩的人；
萬一意外選上了這種料，也比較不會不將他革除掉。相反的，若組成社會
的成員既蠢且無德，則會排擠賢能或把賢能者解職。」他所關懷的是，發揮
普通資質學生的最大能量，是眾人的進步而非只是少數人的傑出表現。優
先之事優先去執行。他遂全心全力來解決小學教育的普及問題。

　　1848 年 Mann 辭職，取代 John Quincy Adams 總統留下來的國會職位。
由於他同情黑人，贊成廢除奴隸制度，使他陷入一場風暴中，也變成全國
性的政治要角。1852 年參選麻州州長失利後接掌 Antioch College，該所學
府是新近才由基督教派所辦，鼓吹男女共學，不分教派，且黑人也可入學。

本學府成立之後也風雨飄搖，危機四伏，他本人也因病於 1859 年夏天結束其一生。這個時候，Mann 之名氣早已盡人皆知，是公共學校運動的先鋒。其後的 1/4 世紀，都為時人所稱頌，尤其 Henry Barnard 更肯定他的貢獻。❹他是實至名歸，不容置疑。他的著作，特別是向董事會做的年度報告，為美、英、德、阿根廷的學者所引用、抄錄、重印，並剽竊。學校教師、教育董事會、政治人物、及泛愛施捨者也向他請益。Mann 的第七次報告，由於譴責老師素質差，校長及督學都失職，遂引來反彈，Mann 非但不為所動，且予以反擊，引起法德之熱烈討論。法在 Napoleon 第三下台，成立第二帝國時，Mann 的共和主義（republicanism）及反教會作風（anticlericalism）有了共鳴。英政府本來對平民教育噤不作聲，此種措施大為 Mann 所指責，此時，英也對 Mann 的第七個報告書大量印行。而拉丁美洲更以 Mann 作為學校改革的先驅。當美國學校教育快速普遍之時，Mann 不僅加速其發展，且在教育上及政治上賦予基本意義。英國的《愛丁堡評論》(Edinburgh Review) 從來未曾輕易捧過美國一件好事，竟然登了他的第十年度報告書，也

---

❹　Mann 與 Barnard 都是美國國民教育的功臣，二者之同異如下：

| 同 | 異 | |
| --- | --- | --- |
|  | Mann | Barnard |
| 1.學法律 | 1.幼時清寒，生活簡樸 | 1.富裕、悠閒 |
| 2.從政作公務員 | 2.求學路艱辛 | 2.上名校、1835 年赴歐留學 |
| 3.放棄仕途轉為教改 | 3.從保守的喀爾文派 (Culvinsim) 轉而為開明的唯一神教派 (Unitarianism) | 3.Episcopalian（聖公會） |
| 4.做過大學校長，Mann 是 Antioch College(Ohio) 校長，Barnard 則是 Wisconsin 大學校長，St. John's（Maryland，其後以《巨著》Greet Books 出名）校長，首任的美國教育總長（U. S. Commissioner of Education）<br>Barnard 寫給 Mann 的信中說：「我盼望由於我作出的一些服務，不管該服務多少，都在我一生中為淑世及改變人生而努力，因此會被後人懷念」。死時兩袖清風。 | | |

寫下一段足以代表 Mann 同代人的評論：「本報告書真是文明人的盛舉，要是美國在風浪之中沈淪了，本報告書仍是一個理想共和政體之下最好的一幅畫。」

波蘭革命家 Count De Gurowski 於 1857 年熱心十足的說：「公共學校是所有機構中，建立美國社會的最穩固基礎；美國未來是福是禍，也賴此而定。公共學校表現出美國社會及人民最純真的氣質，彰顯出美國人的意志與精神。歐洲有優雅的階級，及重視知識的學會，但較欠缺個人的訓練；美國這個自由社會，經由 New England 的 Massachusetts 州之刺激，才培養出具有智慧且受過教育的大眾。」(Cremin, *Transformation*, 13 ～ 14)

教會與學校教育二者之釐清彼此角色，在教育史上最為棘手。Mann 希望學校只教無爭議之議題，如有爭議的教材，則「只唸出但不評論也不加意見，或最好是唸出該段話而向學生說那是有爭議的。教室裡既不是判斷或裁定的所在，也不是討論的論壇」。

Protestants（新教）地區如 Massachusetts，學校專教 King James 版本 (Verion) 的聖經。Catholic（舊教）混入之後，情況即改觀，首先是天主教孩童被逼要唸新教的聖經，違反者遭受處分，甚至體罰。天主教要求天主教孩童免於讀新教聖經，招來新教的強烈反抗，費城的天主教學校還因此被焚。1853 年 N.Y. 州有一名教師處分一位天主教孩童，因為該名孩童不背聖經，但該州也「教訓」了該名教師。

道德項目不必訴求於宗派教義而為全民所認同者，如誠實、公平交易等，則各教派都應教學。但：

　1.藉宗教課程之名，來教一種大家皆認同的教義，這是不可能的。

　2.按學生信仰宗教教派的人數比例，分配金錢來教不同的教義，形同把學校分割成十數個學校。

宗教教學完全在公立學校去除，留給家庭及教會來承擔。1872 年 Ohio 的最高法院判決，Cincinnati 市的公立學校不准進行宗教教學、不准讀宗教課本，包括聖經。非教派學校 (non-sectarian shcool) 變成世俗性的公共學校 (secular public school)。(Thayer, 108 ～ 112)

# 第六節　女子教育

Mann 的年度報告書，範圍再多廣，內容再多深，但他對女子教育卻沒提出批評，這對於一個開明如 Mann 的人來說，是令人困惑的。原因之一可能是他行事太過謹慎所致。在聯合各方勢力共為學校教育而奮鬥當中，他擔心挑起敏感問題，使聯合勢力遭遇危險，如此會使早就極為脆弱的聯合勢力分崩離析。不過，教育董事會在負起公共責任時，許多實際問題皆帶有冒險性；但缺乏女子教育論題，的確是該董事會的一大敗筆。在國民學校裡，女生早就與男生同受教育，這在 New England 已進行許多代了。女生接受教育，目的是要未來的媽媽扮演重要的角色。Mann 於 1853 年宣稱：「吾國統治者需要知識（只有上帝知道他們需要多少！），但媽媽更需要，因為她們在某些範圍之內，決定了統治者獲得的知識、並應用知識時所需要的心靈。」不過，Mann 這麼溫和又肯定的說詞，當時的人卻是猶豫不決，反對女子教育的隊伍頗長。有人坦率地反對任何形式的女子教育，理由是既有害又浪費；有人反對以公款來辦理女子教育，因為女子不能享有公民權利；有人反對女子教育是不希望女子接受基本科目的學習。

Mann 在「女子問題」上所持的信念，是很進步的，但並不前衛。1792年 Mary Wollstonecraft 出版《婦女權利之辯護》(*A Vindication of the Rights of Women*)，1794 年在費城重印。幾乎每一個美國婦女，凡是在思索性別歧視者都深受該書所感動，也依此作為女性思想的聖經。要女性屈服，一點都非自然現象，卻是一種不公不義之事，Wollstonecraft 這麼確信。女子天性與男子同，權利、自由、能力上皆如此；如給一種正當的教育（或行業），則男女在實際上皆平等。一個民族的人，如認定基於自然權利的基礎所引起的革命是正當的，則在闡明平等精義的論調中，提出婦女權利的問題，這是無法避免的。事實上，早在十九世紀早期，就有抗議之聲出現了。因傳統婚姻致使女子「褫奪公權終身」(civil death)。宗教上所有傳教士皆是男性，剝奪婦女選舉權，也造成婦女在政治上無能，這都是男女不平等的實例。抗議者不管抗議什麼，教育問題總是免不掉的，除非女子也在教

育上享受平等機會，否則一切皆免談。

　　許多女性以及少數男性在 1820's 及 1830's 年代時支持女子教育的改革，但在普及教育的過程中，影響力最大的，莫如 Catharine E. Beecher。她生於 1800 年，是長女，父親 Roxana Beecher 是牧師，曾在 Long Island 州及 Connecticut 州講道，她也就在父親佈道處接受教育。1821 年她許配給一位才華橫溢的 Yale 教授為妻，但隔年，其夫卻因在 Irish 海岸船難過世，從此她即守寡終生而傾心於教學及寫作。1823 年她在 Hartford 辦一所女子學校，與其妹 Mary 合作，即是其後有名的 Hartford 女子學院 (Female Seminary)。1831 年出版一本道德哲學教科書，充滿訓誨意味，影響美國人的生活及思想甚深。

　　光是辦 Hartford Female Seminary 本身，就意義十足。因為 1820's 年代時，女子能接受較高級的學校教育，機會極少。一開始，姊妹兩人就以租用的馬廄土房來教導文法、地理、修辭、哲學、化學、古今史、算術、代數、幾何、道德哲學、自然神學、及拉丁文，但重點不是在教科書上的知識，或姊妹兩人比學生「聞道」有多先，而是放在品德教育上。1829 年 Beecher 寫著：

　　　　整個世界都在期待以品德烙印在下一代人的心中，幾乎所有教育活動都包括在其中。經過審視，媽媽及老師並沒有好好為她們的職業接受良好的教育。女子的職業是什麼？不就是形成不朽的心靈，注視、孕育、並養護奇妙結構且令人驚異的肉體，好好予以規範，以便使心靈的健康及福祉有所倚靠嗎？

　　「給媽媽及給老師」的勸言，是在家及在校都型塑不朽的心，這就是婦女在共和政體下最獨特也最緊要的角色。

　　隨著其父向西部蠻方人民宣教，是她一生當中最具意義之事。1832 年與父親到 Cincinnati，立即在該地辦理一所西部女子學院 (Western Female Institute)，取 Hartford 為範本。不過實際的教學比不上她在 Hartford 的時候，因為她此時需關照更重要的事。為了使西部納入基督教範圍，她的父親及其同伴遂考慮設置一些機構，她立即認定國民學校乃是最主要的機構。她

的任務，就是要喚醒全國人來提供更多的女性教師，來作為這些機構的師資。在福音傳播網路陣線上，有訓練及支助牧師的社團，有印刷並分銷聖經及傳道手冊的團體，也有人組織主日學校；作主日學校的教師並提供設備，但是卻無社團來促進國民學校的興辦。她的注意力就集中於此，把國民學校運動正式納入福音傳播的十字軍活動中，同時也為美國婦女創造一新的職業。

Beecher 開始草擬她的全國性國民學校計畫，以西部為例。1835 年她又出版一本《論女子老師之教育》(*An Essay on the Education of Female Teachers*)。原先只是在 N.Y. 作巡迴演講的講稿，後在 N.Y. 市及 Cincinnati 市出版，內容是把當時在 Ohio 流域 (Valley) 各教派福音傳播的理念融合在一起。東部人捐給她不少錢，師資訓練機構因此設了起來，在西部各據點林立，旨在培養國民學校的女老師，課程性質與品質與男子學院同，但特別強調德育及不屬任何教派的教學。每所師資訓練機構都附設示範小學，校友中最傑出者可以在他處又設師資訓練機構，其他校友則做校內的示範教師。當此類機構正在蓬勃發展時，東部也網羅了不少女老師，願意到西部學校做福音傳播教師。Beecher 語帶點迫切的口吻，信心十足地向聽眾說：「報社、教會講壇、以及具影響力的男人，都同時共同為此目標邁進，則整個國家就會振作起來。國內每一位具愛心及虔敬的婦女，只要有時間並具備必要的資格，都能加入行列。至少花數年為此目標奉獻犧牲。國內沒有一個村落，無法提供此領域的勞力者，數量至少也有一位、二位、三位，有些地區還有二十位呢！」

此計畫頗具創新意味，如同當時許多福音傳播者的努力一般，此計畫需要領導者、組織者、及金錢。Beecher 在領導者的角色上，韻味十足。她所建的 Western Female Institute 就是師資訓練的楷模。該校運作不成，立即在 Wisconsin 州的 Milwaukee 設立同性質的學府。她還幫助成立「美國婦女教育協會」(American Women's Education Association) 等機構。旅行東部各地募款，以便成立跨越各教派之上的組織，來協調西部學校所待補足的師資，鼓勵東部婦女到西部教書，並促使東西部教師交流。有陣子她還與 Vermont 前州長 William Slade 共事，但彼此時起糾紛。她遂自組「全國公共教

育董事會」(Board of National Popular Education)，但並未成功。就領導層面
而言，Beecher 及其家人是堅強有力，但欠缺組織力及經費；並且基於個人
及政治上的原因，Beecher 一家並不普遍受人喜愛，尤其在 Lane Seminary
爆炸之後。當然，組織力不足，金錢又無著落，1835 年的計畫遂宣告失敗。

　　但就許多層面來說，代表國民學校的福音傳播，尤其由女老師來負責
國民學校，此種努力則大有成效。Horace Mann 的第二次年度報告就花了許
多篇幅，以祕書長身分向董事會陳述師資培育的重要性，其中有一大段特
別提到女老師的資格。他說：女生當老師是最佳的選擇，是「上帝指派的
牧師」(a divinely appointed ministry)，在「神聖的教育殿堂」(sacred temple
of education) 服務。1839 年及 1840 年第一所公立師範學校在麻州成立，計
畫招收女生入學。Beecher 雖然不能稱為該師範學校有此計畫的功勞者，但
對該計畫的促進是奮鬥不懈的。其後，當 Beecher 也積極鼓吹女子唸師校
時，她吸引了 Slade 加入陣容，其餘人表達願意合作者不只包括 Mann，且
也包括 Henry Barnard、Samuel Lewis、及 Catherine Sedgwick。這些人的性
情及見地不一定與 Beecher 相容，其實最為重要的是，Beecher 在推動國民
學校運動中常有一股道德力，使得大家放棄成見，為基督新教這種廣博的
理念產生共識，因而贏得了不必言宣的支持。當然，在擴大基督新教於國
民學校的過程中，由於教育與宗教二者在現代社會中有了新的定義，也導
致其後二者遭遇到難纏的政治問題。

　　為了拯救西部，Beecher 發表一系列的演說、論文、及手冊，無一不在
讓社會大眾有個共同的體認。一個新的美國，婦女應積極加入建設新國家
的行列，不可缺席。1841 年的《論家政》(A Treatise on Domestic Economy)，
她說：「在公共及政治事務上，美國婦女未關心也不感興趣，除了涉及到家
務事及私人朋友時之外……。但當涉及她們子女的教育，選擇並支助教士，
慈善性質的事業，討論有關道德及儀態問題時，她們有最優越的影響力。」
婦女透過家庭及學校，在新的共和國應擔負其重責大任，創造並提昇品德
以及社會團結力，那是共和國各種制度能夠成功運作之最後依賴處。婦女
在天性上承擔此責任，是上帝早就注定且也賦予婦女必要的要件，若再佐
以恰當的教育，則更能使她們稱職地履行其義務。「讓國家內的全部婦女皆

具品德及智力，則男人也就會如此。」Beecher 結束演說時，作此結論。假如做到這點，無人可以否認，美國婦女比地球上其他地方的婦女，就享有崇高的權利來將此種福音廣被於全球，使墮落的男人再生，「大地裝滿了美麗」(Clothe all climes with beauty)❺。

---

❺ 第一所「現代化」的女校由 Emma Hart Willard 所辦，她本身聰穎漂亮，且充滿熱情，早在 1807 年就辦學於 Vermont 的 Middlebury，是一所女校 (seminary for girls)。但 1821 年辦 Troy Female Academy 才顯身手，科目有數學、科學、歷史、地理，甚至形上學等科。作妻子當然應該扮演一位婚姻之快樂者，但絕不是個丈夫的下屬，卻是他的伴侶，雙方平等且自由。

第一位女醫學博士 (女醫生) 是 Elizabeth Blackwell，在 Philadelphia 及 N.Y. 都被醫學院拒收，最後在紐約的日內瓦 (Geneva) 醫校畢業，男教授驚奇的發現她成績傑出，1849 年以第一名畢業，她的妹妹在英行醫，專攻婦科，也在 London 的醫校 (School of Medicine) 教婦產科 (gynecology)。

第一位女神職人員 Antoinette Brown 申請入 Oberlin 神學院，校方極為震驚，極力勸戒她不應如此愚蠢的作此種選擇。當他們的努力徒勞無功之後，還小心翼翼的不把她列名於畢業名冊內。1853 年公理教會 (Congregationalism) 授予神職，其後她轉為 Unitarian (唯一神教信徒)，為女校作福音傳播師，進行社會拯救工作，而非心靈拯救者。

# 第十一章 基本教義派與進化論的論戰

## 第一節 科學與宗教

早期物理科學 (physical science) 稱為 "natural philosophy"（自然哲學），包括化學 (chemistry)，物理 (physics)，和地質學 (geology)。生物科學 (biological science) 稱為 "natural history"（自然史），包括植物學 (botany) 及動物學 (zoology)。

科學與宗教之紛爭，早就存在。Darwin 的進化論 (1859) 出世後，雙方論戰，火勢猛烈。Steele 的《化學十四週》(*Fourteen Weeks of Chemistry*, 1873)，認為每個小原子都可以用「永恆的眼」(Eternal Eye) 來觀察，也接受「永恆的手」(Eternal Hand) 來指導。Colton 的地理學 (*Geography*)，指出稀有動物之存在，乃證明了上帝超越的智慧及仁慈所致，而非氣候或其他環境因素的影響。Cruikshank 的《初級地理學》(*Primary Geography*) 指出，上帝特別造了這個世界讓人居住，也使人方便及舒服。但古生物學 (paleontology) 及地質學 (geology) 的研究結果，卻與聖經說法有出入。接受進化論的一個教授 James Woodrow 牧師是 Woodrow Wilson 之舅舅，時為 U. of South Carolina 之自然科學教授兼校長，在向南卡洛來納州位於 Columbia 的長老教神學院 (Presbyterian Theological Seminary of Columbia, South Carolina) 演說提及演進論，立即被解教職。

部分神學家認為 Darwin 所說物種之「偶發變化」(accidental variations)，乃係上帝的任意干預 (special providences)，此說以 Princeton 校長 James McCosh 為代表，他早在 1850 年就發現自然界中有新物種出現，「超自然的設計，導致物競天擇」。

World's Christian Fundamentals Association（環球基督教基本教義派協會，簡稱 WCFA）於 1919 年成立，當時美國人普遍擔心國家的未來。一次

世界大戰確實造成許多人的悲觀。全球邁向溫文有禮、理性及公正，或以宗教名詞來說，就是上帝王國在地球上出現，這種說詞，都令人起疑。史無前例的野蠻、兇殘、破壞、及大屠殺，自 1914 年起即踐踏全球，預言家警告世界末日的來臨似乎跡象很多，多次的示威衝突，不斷上演。Treaty of Versailles（凡爾賽和約）引發政治紛爭的論辯，紅色恐怖 (Red Scare) 的革命陰影揮之不去，戰亂及社會紐帶聯繫的鬆散，造成國運處境如在懸崖，要免於落入無政府的困境、民心惶惶、民德敗壞，則必要有力挽狂瀾的決心與努力。

WCFA 最早宣稱危機的來臨，以宗教用語說：「叛教變節就像瘟疫似的流行於基督教王國了。」第一次大會時，即向全球宣佈：「數以千計的錯誤教師，佔據教會職位，宣揚可惡的邪說異端，甚至公然反對主耶穌的教訓，毀滅瞬在眼前。」聽眾期望聽到基本教義的闡釋，以及對錯誤教義的糾正，立即應採取的行動有三：第一、向猖獗的異端邪說痛擊，已刻不容緩；第二、教徒及信眾應激起一片高昂的情緒，復甦再生，渴切盼望聆聽上帝的福音 (the word of God)；第三、組織教會團體，細心規劃，提出報告及議決。

最後一項最具意義，一種工作就是由 WCFA 來認可大中小學，使虔誠的教徒子弟在大學院校日漸世俗化的過程中，找到一個法定的安全避風港。出版刊物，鼓吹基本教義主張，參與福音宣教工作，將聖經分配到各角落，使之能夠人手一冊。此外，抨擊現代主義者 (modernists) 的論調，發行諸如《浸信教》(Baptist) 刊物，通行各教派，以便在教派會議上取得知識上的主控權；提出警告，要是 modernists 不接受召喚，則有宗教再行分裂之虞。最後，1918 年以 William Bell Riley 發行的《學校及教會內的基督教基本教義》(Christian Fundamentals in School and Church) 作為機關報，來阻擋大中小學的教育世俗化。

WCFA 第一次大會時，有 6,000 人參加，聲勢嚇人，不只預示美國人焦慮於國家的未來，這是基本教義派的重點所在，也擴大了基本教義派的運動勢力範圍。他們吸引了不少保守人士，一方面抵制現代主義，一方面特別不滿達爾文主義 (Darwinist doctrines)。基本教義派不只獲得宗教界重量級人物，如 Curtis Lee Laws 及 David S. Kennedy❻，更獲非教會人士

❻ Laws 編《觀察員，考官》(Watchman-Examiner)，也是清除現代主義不遺餘力者；

William Jennings Bryan (1860 ～ 1925) 的鼎力相挺，這位律師精力過人，有全國知名度，1920 年 WCFA 請他答應領導「俗人運動」(Layman's Movement) 來反對現代主義及達爾文的進化論，他不願擔此責任，但一年後這位「大平民」(the Great Commoner) 常有力的指責現代主義及進化論。一些震驚於國家未來的美國人及思謀予以扭轉國家命運之士，紛紛介入「俗人運動」陣營。本來是宗教的運動性質，現在已包含有文化十字軍的意味了。

Bryan 本人可以說是把基本教義運動變成社會運動的主角，出生於中西部，受教於 Illinois College，後至 Illinois 州的 Jacksonville 習法，也轉到 Nebraska 州的 Lincoln 地區執律師業。1890's 年代時被選為國會議員，屬民主黨，1896 及 1900 年出馬角逐總統，1913 ～ 1915 年是 Woodrow Wilson 政府的國務卿，但因不滿總統在處理 Lusiania 事務時放棄中立態度而辭職。他是全美人盡皆知的公眾人物，也是大眾喜愛的發言人，一般平民擁護他，因為他不容情的與東部銀行家及企業單位之「金權」(money power) 作戰。

Bryan 的政治魅力，就是他的福音宣教式作風，兒時在家即吸入濃厚的宗教氣息。他的信仰虔誠，認定聖經的至高真理性及權威性。在 Illinois College 的教育，更肯定此種想法，此後都以聖經經文作為處理政務的基本法則；「社會福音」更是他奉行不渝的座右銘。「基督教的應用」(Applied Christianity) 是他為《平民》(*Commoner*) 週報撰稿的專欄項目。「以基督的教訓應用於政府組織及行政中，也應用於個人的生活與行為裡」。一次世界戰後頻頻的示威抗議活動，他要求教會出面協調資本家與工人之間的衝突。1920's 早期，他指責教會對於經濟剝削及國際無政府風之盛行，竟然採取不聞不問態度。

Bryan 對政治及經濟採前進觀點，但對知識及宗教議題，則深以守舊為榮。他不是神學人物，也不主張千禧年的到來；對政治界悲觀的相信人性惡，他也避而不談，他只深信聖經，且深信上帝的福音是無法違抗的，最具權威，也最不會出錯。他早就注意到 Darwin 的作品，認為那是腐蝕了聖經經文的結果，且為政治上的保守分子說話——適者生存。此種論點，Bryan

使 Northern Baptist Convention 免受現代主義之汙染；Kennedy 是《長老教》(*Presbyterian*) 的主編，在 Presbyterian Church of the U.S. 作同樣努力。

以為不能與民主政治相容。同樣重要的是，Bryan 與許多他的美國友人都證實，大中小學校宣揚神學的現代主義及演化論，那是會顛覆基督教信仰的，也與大多數的家長意見相左，家長才不願他們的子女接受該種教育，因為危害公眾道德，也帶給未來的美國文明萬劫不復的處境。

1920's 年代他進行下述努力來阻止現代主義及進化論。第一、在教會、大學院校、及巡迴演講（Chautauqua 運動）面對聽眾時，極力抨擊現代主義及進化論，在《平民》(Commoner) 刊物及數種報紙上發表專欄也如此，讀他專論者超過二千萬人口。第二、發起一種運動，清除教會裡的現代主義思想，他的教會就是美國長老教會 (Presbyterian Church of the United States)。在 1923 年的「大會」(General Assembly) 中出馬角逐「議長」(Moderator)，雖以小額差距落敗，但也給大會施加壓力，議決任何長老教會的學校如教導 Darwinism 及其他進（演）化論，則不准給以經費補助。不過這些努力皆告敗北。第三、集合一些人在各州立法，禁止州立學校教導 Darwinism。1924 年的長老教會議長 Clarence E. Macartney 選 Bryan 為副議長。1923 年成立的「反演化論聯盟」(Anti-evolution League)，發起人也是 WCFA 的發起人 William Bell Riley，都與 Bryan 結合在一起，使得反現代主義及演化論的個人及團體，緊密組織起來。

一聽到現代主義，Bryan 就如同受到電擊一般。「美國國家歷史博物館」(American Museum of National History) 館長 Henry Fairfield Osborn 寫到：「1922 年年初的 2 月 26 日，New York Times 刊出 Bryan 一篇標題為〈上帝及演化論〉(God and Evolution) 的文章，使我頓然從平靜的研究古生物學中激動起來。該文的力道，是清晰的引出許多演化論者，對於演化的原因有很多不同的意見，該文立刻給我的衝擊是 Bryan 的文章比他以前的論著及其他基本教義派人的觀點更足以服人。我覺得回應該文，片刻都不能遲緩。」Osborn 馬上在 Times 寫一文章予以回應，深信聖經是精神知識及道德知識最無誤的資源；在科學探討上，聖經也是自然知識最可靠的根據，是「全部的真理，沒有別的，就是真理」。

但是為現代主義撐腰的教會人士、神學家、哲學家、及科學家也有回應。Shailer Mathews 時為 U. of Chicago 的 Divinity School（神學院）院長，

有一論著發表，書名為《現代主義的信仰》(*The Faith of Modernism*, 1924)，認為現代主義既非一種教派，也不是一種神學，只不過是「應用科學的、歷史的、及社會學的方法，來了解並應用福音傳播的基督教義於個人活生生的需要中」而已。現代主義的人接受科學研究的結果，將研究資料用宗教的層面予以思考；也利用歷史法及文字科學法來研究聖經及宗教；更相信基督教足以幫助個人及社會來面對各種需要。此外，現代主義的人更深信這個世界的精神需要與道德需要，二者會碰頭，因為基督徒的心態與信仰，完完全全與這個世界的實體相一致。因此現代主義的人也一定是基督徒。Mathews 的論點與 Washington Gladden 沒什麼兩樣，Gladden 也可說是現代主義的先驅，如同 Dwight Moody 是基本教義派的元老一般。

　　雙方你來我往，互相控告、嘲弄對方，漫畫也派上用場。現代主義的人以卡通來描繪基本教義派如同是個無知的村野鄙夫，固執不知變通，脾氣暴躁，價值混淆，喜愛過時的信仰，意見既偏又錯。而基本教義派則反唇相譏，把現代主義者寫生為一個過度受教育的城市蠢蛋，抱有許多學位，散發出市儈放浪的價值觀念，無道德信仰，只具顛覆性的理念。雙方皆信心十足的指責對方，忙於用卡通方式來灌注給全國年青人各自的哲學闡釋。此種論辯如持續下去，總有一天會將全國毀於一旦。

　　1920's 年代時雙方之小戰鬥持續不斷，戰場在教會及教派組織、大中小學、以及各州的立法場合中。但 1925 年的 Scopes 審判，是決定勝負的一役。擬議禁止在中學及大學院校教導演化論，早在 1921 年的州立法中被提過；每當基本教義派聲勢越大，則立法要求就加強。Kentucky、North Carolina、及 Texas 各州都有過激戰，這是以前未有過的，但最後基本教義派皆無功而返。還好在其他州，就多多少少有些斬獲；Oklahoma 州於 1923 年立法通過，禁止公立學校使用任何達爾文進化論的學說；同年 Florida 州也通過立法，宣佈任何公立機構教導無神論的知識、達爾文主義、以及認為人與其他生命形式有血緣關係的假設，都是既不妥當、也是顛覆性的作法。Tennessee 州於 1925 年通過 Butler Bill ❼，下令公立中小學或大學院校的教師，如「教導的理論拒絕了聖經所教的神創論，而認為人來自於低等

---

❼　因 John Washington Butler 而得名，他是 Macon County 的一名農夫，要求立該法。

動物」，則屬違法，不遵此規定的教師，罰款 100 ～ 500 美元。

州長 Austin Peay 於 1925 年 3 月 21 日簽了 Butler Bill，不過他認為該法案的通過，基本上是一種象徵性的表態。N.Y. 的「美國公民自由聯盟」(American Civil Liberties Union) 立即決定要挑戰該法案的合乎憲法性，願意花錢來打官司；認定會有部份教師願意出面，所以應該不難找到合作的對象。Tennessee 州 Dayton 有一位礦冶工程師名叫 George W. Rappelyea 慫恿一位 24 歲的理科教師，同時也是 Dayton High School 的足球教練，名叫 John Thomes Scopes 來作為打官司的工具。Scopes 曾經在教生物學時取 George William Hunter 的《市民生物學》(A Civic Biology, 1914) 一書為教本，內容以進化論為主。但教科書必須經過州政府教科書委員會指定，因此 Scopes 顯然違背法令。5 月 7 日被起訴，初審於 5 月 10 日進行，三天之後 William Jennings Bryan 在 Pittsburgh 宣佈，如果地方法院的檢察官同意，他願意代表 WCFA 出庭，檢察官頗為欣悅。次日，U. of Tennessee 法學院前院長 John Randolph Neal 以及選州長失敗的 Austin Peay 則出庭為 Scopes 辯護。雙方名流齊聚，審判儼然成為舉國大事。

審判在大熱天的 7 月 10 日於 Dayton 法庭進行，該法庭曾經數週以來充作嘉年華會之用。美以美聖公教會 (Methodist Episcopal Church) 的民間牧師，也是法官，名為 John T. Raulston 當主席。法庭擠滿群眾，不只有校長，也有國內外數百名記者。Tennessee 州首席檢察官 (Attorney General) A. T. Stewart 的任務極為單純，就是證明 Scopes 的確教了演化論，因此違反規定。但 Scopes 的辯護律師，任務就較為艱難了。就法律觀點而言，他們要辯說 Butler Law 違憲，以聖經作為真理的檢證效標，這是刪減了宗教自由；就現代科學知識的角色而言，這是不合理的。並且聖經的真正意義如何，眾說紛紜，莫衷一是。不過更為重要的是他們的出庭，旨在教育大眾真正了解演化論的意義，要大眾相信演化論不一定與宗教不相容；也要求大眾能夠領會，教育的進行最好不要有立法方面的阻礙。他們準備在法庭之前遊行，請來許多名學者及科學家來證明該法規是講不通的。而起訴這方同樣也準備請專家出庭助陣。

對圍觀的民眾而言，審訊本身是令大家失望的。頭五天全部投入於法

律的口角紛爭中，或是證明 Scopes 教了 Hunter 一書的進化論原理；第六天，法官 Raulston 下令名學者及科學家的證言對本案件無涉，也沒必要；辯護者的主要努力瓦解了。不過第七天時，卻有個不尋常的氣氛出現。被告一方要求 Bryan 出庭，庭上及 Bryan 本人並沒反對，且喜愛有此機會。名辯護律師也是懷疑論的科學家，芝加哥大學教授 Clarence Darrow 的問題尖銳無情──Jonah 真的有三天留在鯨魚肚裡嗎？Bryan 相信這是真的；4004 B.C. 時真的有過大洪水嗎？Bryan 回答說不十分確定；地球真的是六天造成的嗎？Bryan 回答道：「不是 24 小時的六天。」庭裡的聽眾屏息喘氣。首席檢察官 Stewart 為了疏解壓力，問道：「此次出庭的目的何在？」Darrow 回道：「我們的目的在於使美國的教育免於受固執者及無知者所控制。這是你知道的，就是這樣。」問答持續進行。Bryan 先是令人目眩，後來像鬥敗的公雞一般，連群眾中支持他的人也不理他了。第八天，法官 Raulston 要求陪審團作出判決，九分鐘的慎重考慮後，判決有罪，罰 Scopes 100 美金。上訴到州高等法院，也支持 Butler Act。州高等法院判決書的最後說：「本案怪異，若再拖延時日，則毫無所獲。相反的，我們認為為了州的和平與尊嚴，既然所有起訴犯罪者都應改過自新，所以本案最好到此為止，且明訂不得再起訴。」提起憲法解釋之途，斷絕了。

　　Bryan 在 Scopes 的案件審訊中蒙羞，不到一週即突然去世，使他領導的運動群龍無首。透過政治力來立法壓制進化論的宣揚，雖也持續數年，但氣勢已大不如前。

　　Scopes 案的審判，有兩個層次值得注意。第一，基本教義派及現代主義者之紛爭，轉而為城市與鄉村之間的不合，也變成南部及中西部二者與東北部之爭執，以及地方色彩及國際化之間的矛盾，和鄉下保守分子之對抗城市進步主義學派。南部及中西部以反進化論為主調，那是基本教義派的大本營，雖含有些許 Bacon 的科學觀，但卻無視於當前的科學發展。大都市如：Chicago、Minneapolis、Los Angeles、及 N.Y. 也有基本教義派；現代主義者在某些社會觀點上，如同基本教義派所描繪的，也極具反動性，如認為北歐的民族較為優越。

　　Scopes 的審判案件，對於學校教育之普及，造成兩難困境，即家長及

社區民眾是否有權來決定孩子的教育內容。Bryan 是個高度支持民主理念的人，但他只贊成多數決。Butler Law 是否違憲，他的答覆，是居於少數的知識分子無權使用法庭來向多數的平民灌輸少數人的看法。「多數人不是試圖建立一種宗教或教學一種宗教，倒是試圖保衛自身，以免傲慢的少數人假藉教導科學之名來強向孩童行灌輸非宗教之實。」對此案件他準備一篇聲明，但未發表（死後公佈）：「一小群不負責任自封為知識分子的寡頭人物，有權來指令美國學校，讓二千五百萬孩童接受他們的教育，而每年花費將近二十億美元嗎？」真理是靠選票、靠選出來的民意代表、或靠社區隨意推選出來的陪審團來決定嗎？John Scopes 論辯說，他只不過是教了 Hunter 的《市民生物學》(A Civic Biology) 觀點而已，那是科學界普遍接受的，而出席 Dayton 的專家也準備替被告辯護。在公共教育體系內，誰才夠資格證明所教的是真理？是專業教學人士、家長代表，還是一般平民？而何種層次的法院、地方級、州級、或國級才能決定真理？靠稅收支持的學校有權向孩子教導與家長作對的真理嗎？Dayton 的判決沒有解決這些問題。其後的年代裡，美國人民繼續分成兩派來爭論上述議題。

　　1959 年 Chicago 大學紀念 Darwin 的 Origin of Species 出版一百年，慶典中有兩位英國學者，都是老科學家之孫，一是 Sir Charles Darwin (1809 ～ 1882) 之孫，一是 Thomas Henry Huxley (1825 ～ 1895) 之孫（即生物學家 Sir Julian Huxley, 1887 ～ 1975）。事隔一世紀，進化論之爭議已過，雖也有餘波蕩漾，但已無類似 Scopes 案件之波濤洶湧之勢了。

# 第二節　Reinhold Niebuhr

　　Detroit 一位年青牧師 Reinhold Niebuhr (1892 ～ 1971)，對於 Scopes 的審判案件，內心夾雜著驚慌失措與不屑。他相信有一種新的文明即將來臨，但他憂傷於該種文明是工人被剝削，商人擺態自以為是進步的基督徒，卻從剝削中獲取財富。他眼中的現代主義者，為了採用科學於宗教中，結果發展出一種無信仰的宗教，也是無價值的宗教。更壞的是，此種結果恰迎合了剝削者的利益。至於基本教義派呢？他們要回返到宗教本身，不與新

文明接觸，認為新文明與之無涉。由於與新文明無涉，所以到頭來仍是為剝削者的利益來服務。並且他又相信二十年代的十字軍運動，只會對雙方的對立局面更加惡化而已。在他的筆記本上，他寫著：「假如我們要在兩種盲信的狂熱中任選其一，則有什麼特別理由我們一定要選一種狂人，假借自由及理性之名來毀滅文化，而不選一種人，他們也藉權威及獨斷來扼殺新文化之誕生？後者之盲信狂熱，注定是徒勞無功，因為理性之發展不可能由獨斷所阻止。但前者也是危險的，因為它的倦怠及絕望，而削弱了理性文化的力道。」此種觀察，預示了 Niebuhr 一生對美國宗教及教育的批判。

1915 年 Niebuhr 到 Detroit，時為 23 歲，接掌一個新近由十八個家庭組成的福音家庭聚會。父親在 Texas 州出生，是福音宣教師，1913 年突然去世。Niebuhr 早年在 Missouri 州及 Illinois 州的 Lincoln 住過，入學於 Lincoln High School 及 Elmhurst College。父親去世後，他還到 Yale 的 Divinity School（神學院）求學，獲神學士 (B.D.) 及碩士 (M.A.) 學位，吸收了許多神學自由主義思想。畢業後返 Detroit，接受「社會福音團」(Social Gospel) 的工作。

Detroit 是世界汽車業重鎮，著名的「福特汽車公司」(Ford Motor Company) 即在此。他目睹工人與資本家的衝突後，動搖了傳統上以為世界日漸進步以及朝上帝王國的理想邁進這種說法；尤其 Woodrow Wilson 參戰所懷抱的高度理想性，卻在戰後於 Versailles 及 Washington 的協商時遭破壞無遺。神學的現代主義，流於枯燥性及道德的自命不凡性，尤其在面對工業都市（如 Detroit）的階級問題、族群問題、種族膚色問題時，竟然束手無策。他漸漸清醒過來，不再對現代主義抱持著幻想。從他的講道臺上及他的筆，流竄出他對「社會福音團」的批判，終於在 1927 年出版的第一本書中揭發出來，該書書名為《文明需要宗教嗎？》(Does Civilization Need Religion?) 教會存在的價值，是遠離世界上敗壞的品德氣質，是一種人類救贖的工具，同時也試圖在知識的變遷中調適自己，以面臨世界的需要。他以為現代主義是宗教及文化的匯聚，但在時間的流程裡卻變為敗壞及保守；這其中，宗教及文化之間有著緊張關係，也確定了二元論的存在，即一方是上帝，一方是塵世。導致於形成一種預言，在宗教上引發出道德的理想

主義 (moral idealism)。

　　1928 年他離開 Detroit，去紐約市擔任聯合神學院 (Union Theological Seminary) 講席，直到 1971 年去世為止。這些年來，他發展出他的一套神學觀，作為他好多演講、佈道、論文、及書籍中的內容，贏來了國際性的名聲。他離開 Yale 後沒有繼續攻讀博士學位，他認為讀書研究，只要與傳道「有關即可，不必要求學術造詣」(relevance rather than scholarship)。詭異的是在一次世界大戰後，歐洲新正統派特別強調學術造詣，如：瑞士神學家 Karl Barth。Niebuhr 本人有關神學史的知識，也變成學術造詣的新加內容。而學術造詣卻與美國國際化趨勢的處境，有所關聯。

　　特別有兩本書，寫作格式及作風互有很大出入，可以說明 Niebuhr 思想的變遷。其一就是《道德的人及不道德的社會》(Moral Man and Immoral Society)，出版於 1932 年，恰逢環球經濟最不景氣的時刻，也是大家人心惶惶、失望透頂之際。Niebuhr 作了一項決定，徹底排斥宗教上的現代主義，不相信那種赤裸裸的科學、理性、智慧等說法，凡與此有關的普及教育他也嗤之以鼻。該書表明的用意，是在分辨個人的品德及集體的品德，後者包括種族、階級、及國家。該書所抨擊的是「道德學家」。宗教的道德學家及世俗的道德學家皆一樣，「他們以為個人的唯我自私心，可以用理性的發展、以及因宗教因素所策動的善意來予以阻止。除了此種過程之外，別無建立社會和協的途徑。也唯有如此，個人與群體之衝突，才能消除於無形。」有趣的是 Niebuhr 所挑中的道德學家，既非 Shailer Mathews 或者當代主張基督教自由派的人，而是 John Dewey。Dewey 是個徹底支持自然主義的人。Dewey 將 1934 年於 Yale 作的 Terry 演講 (Lectures)，集結成書即是《公共信仰》(A Common Faith)。Niebuhr 嘲笑 Dewey，Dewey 認為解決世界問題有兩個重大障礙，一是過時的傳統在作祟；二是求知制度是擺著好看而已。解決問題的最大希望，落在人們勇於運用心智上。Niebuhr 反駁說，Dewey 太感情用事了，Dewey 等人所認識不足的是，他們不曉得群體社會的殘酷本質。人的理性容易屈服於偏見及情緒，結果理性的唯我主義造成人類歷史中無可避免的社會衝突。那麼，Niebuhr 有解決方案嗎？他說個人品德不可與公共品德混在一起，前者（私德）植基於愛及利他主義，這是私德的

最高理想；後者（公德）則以正義為依據，或者把權力與利益作理性的調適，雙方平衡。上帝王國不可能在人的歷史中出現，要讓該幻想不煙消雲散，至少也要有起碼的社會正義才行。

《道德的人及不道德的社會》是一本批判性的書，就基督教義來討論人性及人對上帝的關係。1939 年他在 U. of Edinburgh 作 Gifford Lectures，把演講稿予以出版成書，名為《大自然及人的命運》(*The Nature and Destiny of Man*, 1941, 1943)，書內描述人有三種層次的存在。第一層次，人是自然的一部分，是自然人。第二層次，人有理性的存在，可以把知識予以秩序化及系統化。第三層次，人有精神層次，有能力來自我超越。現代社會中的個人所遭遇的問題，是在他們的自我意識中沒有認清楚自己有個精神體，每次運用理性試圖來解決個人問題及社會問題時，都難免混雜著善與惡、自私及利他之間的衝突，此種衝突就是罪禍之源。每一樣人類的成就，都會遭受自私心的毀損而淪為破壞性；在尋覓人類及社會的完美性中，現代社會的個人已墮落為自我炫耀，且步上了驕矜自滿的路途了。

Niebuhr 繼續說明基督徒對於救贖的看法，上帝經由耶穌傳達給人救贖的恩寵，藉此恩寵可以使人們克服他們各種成就中的惡因，他稱呼耶穌以死在十字架作犧牲，這種愛叫做 *agape*（令人驚訝得目瞪口呆），這是完美的愛，與人間的愛有別。人間的愛縱使是最為利他的愛，也終不免含有不良的自私心在內。*Agape* 是超越的，跳脫所有特殊的正義模式及歷史上的互有性 (mutuality)，位階比歷史高而與神愛合為一，而非與其他人間的利益相搭配。罪，及自我中心的驕傲，個人有，群體也有。個人及社會在鬥技場中都需要力量來保護自己，理性雖有助於人們之獲取正義，也對利益之平衡提供幫忙；但正義如能佐以愛，則是人們盼望以求的。愛是個人的情緒而非屬集體的，到頭來即令是個人性的愛，除非洋溢著 *agape*，否則仍沾有唯我（利己）論的滋味。

《道德的人及不道德的社會》的另一論題，在 1930's 及 1940's 年代中展現出來，即需要用一種哲學來把人們結合在一起，眾心一志。他認為基本教義派是種盲信的狂熱，自由主義則流於感情作祟，二者都應予以拒絕。剩下來的問題，就是何種信仰可以駕馭社會的集體生活及其關係。就《道

德的人及不道德的社會》一書而言，他說：「在一個社會衝突的爭鬥派別中，是需要士氣的，而士氣是由正確的符號，以及既具感性、有力、且一目了然化的教條產生。」在美國，何處才可以找到這些呢？他回到 1935 年出版的《基督教倫理的一種闡釋》(*An Interpretation of Christian Ethics*)，再次反對現代主義，這種主義「使宗教缺乏活力，也世俗化」；使基督教的神祕性盡失，鼓動力消褪。他希望預言式的基督教能夠復活，具有一種超驗性的神祕，一方面真正領受惡的問題，一方面又有價值的超驗體系。此種神祕性至少可以免於世俗宗教當中的罪惡因素，如同他在共產社會裡所目睹的一般。1944 年他又出版《光明中的兒童及黑暗中的兒童》(*The Children of Light and the Children of Darkness*)，特別討論到當時的美國，他評論美國的民主，養成了一種「中產階級的意識型態」(bourgeois ideology)，由「光明中的兒童」所展現出來。但這群兒童愚蠢得有一種信念，認為自私自利應該會得到較高法律的約束。此種信念雖具價值，但卻有必要經過「黑暗中的兒童」予以調教。黑暗中的兒童雖惡卻聰明，因為他們知道自私自利所發揮出來的力道。其實，該種信念最應由基督教的信仰予以拯救，才能通曉所有歷史成就為何都會有支離破碎性。總而言之，「光明中的兒童，一定要靠黑暗中的兒童之智慧予以武裝，但同時又不會有後者之惡習。他們必須知悉，人類社會中有自私自利的力量，此種力量不會享有道德的正當性。他們必須隨時擁有此種智慧，為了全社會著想，才能誘導、轉向、勒止、或限制個體及集體的自私自利。」數年後，二次大戰結束，美國積極介入世界事務。Niebuhr 擴大他的分析範圍及於全球，1959 年發表《國家及帝國之構造》(*The Structure of Nations and Empires*)，指出美帝國及共產帝國最大的基本差別，是前者之國家治理，源於基督宗教的「正義觀」(a sense of justice)；後者則來自於共產宗教的「自我正直觀」(a sense of self-righteousness)。美國人知悉人類社會中有自私自利這道力量，但卻並不因有此力量，就認定它具有道德上的正當性。

　　曾有個博士班學生請教他對人性及教育的觀點，他回答道，他並沒有把教育目的及教育手段說清楚，且他也沒興趣、更沒能力來解答教育方法學的問題。其實這是他的謙遜。他出版有關教育的評論以及他的一般性作

品，就懷有極明顯的教育意義。Niebuhr 並無系統的教育論文，但他發表許多文章，當中也有不少地方提到教育。1950's 及 1960's 年代發表的文章，大部分討論到正式的學校教育。1953 年在「宗教教育學會」(Religion Education Association) 上倒扼要且一針見血的提到公立學校的宗教教學問題。他說美國「曾經是最富宗教色彩的國家，但同時在現代工業及科技效率的要求下，也是最無宗教色彩的國家」。他渴望公立學校能快速增加一種額外教學，由教會單位負責其事。基本上這是仿歐洲模式的。但他同時又有點挖苦自己說，此種教學，不要指望能夠保存「宗教的活力，這不是經由正式教育可以達成的，卻要經由個人及集體的奉獻情懷中才能感染得到，學習好榜樣，在日常生活中行善事」。1957 年在 Harvard 雜誌《匯聚》(Confluence) 上為文，其後收在 1958 年的《虔誠美國及世俗美國》(Pious and Secular American) 一書中。要求大學院校應站出來抗拒主控社會時潮的功利主義，重新復活人文性的課程，使之「能夠品味鑑賞文理科的形式，具想像性，且通觀生命全局」。但若只傳送這些，「並不保證在顯而易見的成功上，能立即增加分毫」。1959 年在《迷宮》(Daedalus) 又寫一文，要求正式教學制度中的任何一階段，都是教導學生面對一個世界，在該世界中，美國的角色是核心強權，與共產集團互相競爭，彼此共存，是一項重要的生活事實。但既競爭又共存，將導致於逼近核子大戰深淵的邊緣。

個人的生活方面有基督的愛，整個世界充滿正義，這是 Niebuhr 站在神學立場對美國教育的要求。神學的現代主義太淺薄，而十九世紀的福音傳播，是美國化太多，基督教精神太少。

## 第三節　Will Herberg

Niebuhr 說美國是最富有宗教味的國家，同時也是最世俗化、最工業化的國家；此種詭論，他的學生 Will Herberg (1909～？) 對二次世界大戰後美國所作的分析，更見深入，也更有說服力。生長於 N.Y. 市，上過 College of the City of N.Y.，但移民家庭給他的教育更多於正式的學校教育。他在十幾歲時，從家庭中就學到 Latin、Greek、French、German、及 Russian，17

歲且在轄區內參加共產黨。1939 年 Nazi-Soveit（納粹—蘇聯）簽互不侵犯
條約，1939 年 Soviet 入侵 Finland（芬蘭），以及感受到 Stalinist terroism（史
達林恐怖），令他十分震驚，遂在拜讀 Niebuhr 作品之後改變了他的一生。
「單是奉獻及領悟，就足以使生命充滿生氣。」排除 Marxism（馬克斯主義），
改宗 Judaism（猶太教）。1951 年研究 Niebuhr 及 Martin Buber 之後，寫一
本《猶太教及現代人》(*Judaism and Modern Man*)。1955 年又出一書，是研
究 Niebuhr 及 Max Weber 的結果，名為《新教、舊教、猶太教》(*Protestant-
Catholic-Jew*)。

　　美國人民一方面要經驗宗教復甦，一方面又要世俗化；一切要以知識
智能來思考、來過活，與宗教漸行漸遠。這是美國社會的寫照，也是「美
國人的生活方式」(American Way of Life)。以一個詞來形容「美國人的生
活方式」，Herberg 說，那就是「民主」(democracy)，而民主的政治面就是
「憲法」(Constitution)，經濟面就是「自由企業」(Free enterprise)，社會面
就是「平等」(equalitarianism)、「競爭」(competition)、「高度流動化」(high
mobility)，精神面表現在「觀念主義」(idealism) 上，且具美國的特色。

　　Herberg 步著 Niebuhr 的詭論來分析美國社會，發現教會人士雖發動了
宗教復甦運動，但整個社會卻滋長世俗主義。三個傳統的信仰相互交錯運
作，新教 (Protestantism)、舊教 (Catholicism)、及猶太教 (Judaism)，配合美
國的「共同信仰」(common faith) ——「美國人的生活方式」，共同持續支配
著美國社會的發展。而「共同信仰」似乎有取代傳統宗教的傾向，且「民
主」的信念凌駕於上。作為一個神學家本色，Herberg 認為這是「一種新但
卻有毒害的偶像崇拜」(a particularly insidious kind of idolatry)。

　　三種主要的宗教團體所形成的社區，各具道德理想及精神價值，也在
型塑美國式的 *paideia*（文教昌明）。十九世紀 Protestant *paideia* 是因為福音
傳播運動而造成，但美國的 *paideia* 應屬多元分殊，彼此地位相等、平起平
坐，透過教育機構的努力，各自發揚其理念。1957 年 Herberg 提議，公款
除了補助公立學校之外，也應支持教會學校，如此才算社會正義，也才屬
審慎的思慮。

　　Dewey 在《共同信仰》(*A Common Faith*, 1934) 中說：「任何行為，如

果基於理想的追求，則不畏艱難阻礙，也不怕一種威脅，即個人有所損失。因為堅持本身，也具一般性及經久性的價值，則此種堅持行為即含有宗教的性質。」這就是美國人的「宗教」，也是美國人的「共同信仰」。

公立學校以民主作為宗教教條，灌輸給年青人「權利法案」(Bill of Rights)、四大自由 (Four Freedoms)、十誡 (Ten Commandments) 的倫理意義、多數決及少數權 (majority rule and minority right)。

宗教的世俗化，來勢洶洶，甚至宣佈「上帝已死」(the death of God)；任何解釋，都試圖予以「解脫神祕色彩」(demythologize)。其實 Dewey 的 Common Faith 即是如此，而 Horace Kallen 的書《世俗化是上帝的意旨》(*Secularism Is the Will of God*)，Philip H. Phenix 之作《智性的宗教》(*Intelligible Religion*) 一書，出版於 1954 年，同致力於宗教的多元化，主張宗教價值可以在學校經由日常生活的教學中獲得。1949 年發生 McCollum 訴訟案件，Vashti McCollum 太太是無神論者，她的 7 歲大兒子在 Illinois 州的 Champaign 唸公立小學，當所有小孩都去參加由該市教會所安排的宗教活動時，只他一個留在厝內，因此被恥笑也受責罵。校方及下級法院皆駁回她的訴求——她認為校方留時間作宗教活動，應屬非法，最高法院平反她的訴求，在學校上課時間之內進行宗教活動是違憲，其他則否。1965 年一位年青的 Harvard 教授 Harvey Cox 出版一本小書《世俗之城》(*The Secular City*)，非常暢銷，一年內出版 25 萬本。芬蘭語、德語、荷語、韓語、法語、及瑞典語皆予以翻譯，褒貶評論，紛至沓來。他認為宗教不是只供教堂走廊的討論話題，也不是知識界躲在樹叢裡思考的對象，而是落實在大都會的生活裡 (metropolis)。這種生活方式是人類歷史上的新紀元。新的社會情境及新的人類性格，都有新的理念出現，因此需要一種新的宗教；新的社會情境就是「流動性」(mobility) 以及「互不認識性」(anonymity)。現代社會的男女，不受傳統的社會關係所束，更不受過時的神話所縛，他們自創天地，也自覺其意義。新的人類性格就是以實用為核心，以往以形上的思考來解釋世界，此種思考模式之消失，他們並不在意。他們代以運作及功能為考量，冥思以及神祇已經不是解答問題的良方。注視對象是自己以及他人，而非來世及永生。社會變遷，大都會生活，都是新神學的基調，這

一切皆非一成不變，卻經常要重新建構其意義，更應知悉其內涵。只有透過此種過程，人才能擴大自由的幅度，增加責任感；雖是一種冒險，但卻也是一種機會，且是史無前例的機會以邁向成熟。總之，這是一種「危險的解脫」(dangerous liberation)。

1966 年 Cox 又發表《宗教教育》(Religious Education) 一書，指陳現代國民應揚棄包袱，走出封閉的宗教體系，鼓勵面對多元的、變遷的世界，心態世俗化，承擔責任來重塑價值觀念及文化形象，並建造社會機構，準備接受未曾聽聞也未曾嘗試過的理念；騷擾紛亂在所難免，應不停的重新調適。此種時代的人格，「已非 Bunyan 不動如山似的天路歷程了，卻要孜孜不息、專心一致的朝向門上的光挺進。」基督徒有許多典範，教徒無法全部集中那些典範於自己身上。但那些典範由於殊樣性多，倒可革除一種看法，以為作個基督徒，得事先有個完美的人格型態作為取法的榜樣。

Cox 希望教會應作為社會的服務站及醫療所，出面主導掃除種族主義的妖魔鬼怪；白人應去掉偏見，黑人則應能免於「奴隸心態」(slave mentality)。

美國當前的都市生活中，有貧民窟的髒亂醜聞，Cox 曾在 Boston 的黑人區 Roxbury 住過，因此印象直接也頗深刻。教會應該採取積極行動，尤應建立「黑人神學」(black theology)，誠如 Martin Luther King, Jr. 所期望的：「總有一天，在這個國家的每一位黑人，這個世界上每一個有色人種，都能依照其品格來衡量這個人的好壞而非靠他的膚色，並且每一個人都應尊敬人格的尊嚴及價值。」而聯合神學院 (Union Theological Seminary) 的 James M. Cone 也說，黑人神學「只有一個方向，即植基於黑人意識之上，造就出黑人自我決定的精神」。教育的角色就彰顯出來了，這是一種文化自由運動，從貧窮、壓榨、剝削、次等國民中解脫。先是讓黑人獲得自由，然後包括所有被壓抑、虐待、羞辱的美國及全球少數民族。

世俗之城也是地球之城，世俗之城的生活及問題，很容易泛濫到世界各國及地球各洲。「未來的史家所記載的二十世紀，是整個世界變成一個大城。」「吾人已知美國現在是一個都市文明地區，但美國並非作為都市化的帶步者；海外的步調更刺耳，速度更快，而西方世界以外地區的都市化，更是一種惡兆。各都市化地區都應有不同的策略來解決問題，基督教會不

可不知。New Delhi、Rome、及 Boston 的問題，性質不可能完全相同；基督使者團對第三世界（如印度）、西歐、東歐、及美國，應採取不同的『戰術』來克服都市化的問題。」

　　人類奮鬥獲取自由，此種世界性的努力，神學應提供給人們豐富的想像資源及寄望，否則人類就每下愈況，今不如古。社會應被喚醒，不再麻醉於低賤的慾望及卑鄙的價值上。人應該認清自己，煽起熱情之火。1960's 年代的「世界教會諮商會議」(World Council of Churches) 有個部門叫作「教育及再生計畫」(Program Unit on Education and Renewal)，經由「美國長老教會」(American Presbyterian) 的 William B. Kennedy，及巴西羅馬天主教會 (Roman Catholic) 的 Paulo Freire 共同領導之下，該 Unit 與一些國際組織，如：World Student Christian Federation（全球學生基督聯盟），YWCA，及 Lutheran World Federation（全球路德教徒聯盟），推動兩項活動，一是「視教育為整體」(Seeing education whole)，一是「良心第一」(conscientization)。在荷蘭的 Bergen，康州的 Greenwich，及祕魯的 Lima 開過 World Educational Crisis and the Church（全球教育及教育危機）大會，其中第三世界的教育工作者，爭論 Unit 的計畫要在第三世界中擴充並改善全國性的學校制度事宜。

　　「視教育為整體」，此觀點之提出，是拉丁美洲教育家的堅持。教育尤其是學校教育，都難免與政治掛勾，卻變成統治者的工具，但也是社會轉型的武器。因此教育目的必須從基本上予以探查，否則一切教育機構必然掌控在為政者手中。在 Lima 召開的諮商會議上，John Westerhoff III 提出報告，祕魯革命政府的教育部長認為：「教育只不過是社會轉型的一把鑰匙，教育也非唯一必須進行的工作，也不是首要工作。教育改造是環球結構及社會經濟轉型政策中的一部分而已。」這種說法，被與會者約有四百名 Protestant（新教），Roman Catholic（舊教），及 Orthodox（正教）代表狂野式的鼓掌，他們代表 77 個國家。Roman Catholic 教育家 Ivan Illich，是墨西哥 Center for Intercultural Documentation（文獻及文化交流中心位於 Cuernavaca）主席，在 Lima 會議中更進一步引申，他強調正式的學校教育，本質上就是統治者的工具，準備年青人日後在社會階層體制、科技要求，以及以消費為導向的社會秩序中過活。同時卻也剝奪了他們可以從人民及周

遭生活中學習的可能性。「視教育為整體」的意義，不只是全面的檢視教育過程及教學的機構，並且還要把教育放在社會的、歷史的、經濟的、及政治的脈絡中予以批判及分析。

「良心第一」，依照 Freire 之定義，乃是教育能否真正獲得自由的重要關鍵。他說，教育沒有可能中立，不是擺脫宰制，就是進行宰制；不是人性化，就是非人性化。而人性化是人的中心議題，教育工作者不能逃避。傳統的教育，尤其是學校教育，都採用「銀行行庫」(banking) 模式。學生是銀行「櫃臺」(depositories)，教師是「存款者」(depositor)，存進來的是一些不變的、靜止的、分門別類且可預期的東西。相反的，他所擬議的教育，要植基於真正的對話，目的在於「指名世界」(name the world) 以便予以轉型；對話是彼此交換意見的過程，雙方地位平等，都基於對世界的愛以及對人類同胞的愛，否則對話無法進行。因此，此種教育過程，不會變成宰制的工具。良心第一的學習程序，透過對話，可以使大家領會在特殊的政治、社會、及經濟環境中，所產生的矛盾，然後採取行動來掃除環境中的不利因素。人們才會清醒的知悉且敏感的了解這個世界狀況，並訴諸實踐以排除障礙。

Ivan Illich 及 Paulo Freire 為拉丁美洲窮人的教育奉獻心力，他們的理念透過 World Council of Churches 而獲得國際知名度。解放觀念的神學及教育學，出現在 Illich 的《在家自行教育》(*Deschooling Society*, 1971)、《醒覺之慶賀》(*Celebration of Awareness*, 1970)，及 Freire 的《被壓抑者之教育學》(*Pedagogy of the Oppressed*, 1970)；這些書都在美國大受讀者歡迎。新近自覺的少數團體、學校人員、教會工作者、年青人伙伴、及成人教育家，都從中獲得生機力，提升了自我意識的層次。

在《世俗之城》(*The Secular City*) 一書中的結尾，Cox 提出 Dietrich Bonhoeffer 在 1944 年被關在德國囚房中曾經問的問題：「吾人用什麼世俗方式來說上帝？」「上帝」這個詞（字）沒什麼意義，但「上帝」這個名，卻意義非凡。因此以上帝之「名」賦予的特殊歷史脈絡，也是即將到來的新世界大都會之生活脈絡，就是上述問題最終的解答，也是 Bonhoeffer 分析的結果。Cox 倒認為此種辭句還未創造出來，但創造此種辭句的痛苦過

程是有必要面對的。「出埃及記」(The Exodus)，對猶太人而言是個轉振點，也帶來了一股基本力道。新的聖名取代了以往過時經驗的稱呼。「基督王國」(Christendom) 時代已過，新的世俗大都會已來臨，此種轉變，不下於出埃及記。與其頑固的守住古老稱號，或迫不及待的綜合出新辭句，不如像摩西 (Moses) 一般，吾人只要釋放俘虜，則有信心在未來產生的各種事件中，新辭句即將自然萌現。

上述說法，與宗教之世俗化、公共化、及民事化，斷不了關係。把觀念、價值、及信仰，三者作一個有機的組織，這就形成美國人的公眾宗教。宗教史學家 Sidney Mead 稱呼為「共和國的宗教」(Religion of Republic)，也是一種「預言的宗教」(a prophetic religion)。把人民經歷過的惡行欺詐拿來作判斷，提醒人民建立行為的標竿，處理國事亦然。美國是個具有「教會魂的國家」(a nation with the soul of a church)。

另一位宗教社會學家 Robert Bellah 則說，美國的世俗宗教，含有精緻的及制度化的信仰，也伴有歷史的信仰在內，這些都帶有嚴肅性及整合性。「在世俗宗教的背後，躺著的是聖經的過去典範 (Biblical archetypes)，有出埃及記 (Exodus)、選民 (Chosen people)、預期到達的天國 (Promised Land)、新耶路撒冷 (New Jerusalem)、十字架死亡及復活 (Sacrificial Death and Re-birth)，但仍有嶄新的一面，那是純正的美國式。有獨自的先知、殉道家、神聖事件、神聖場所、莊嚴的儀式及符號。美國是依上帝旨意，最完美的人類居所，照亮全球的一道光。」美國宗教可以變成寰宇宗教，反映了世界最佳的價值。另一宗教史家 John F. Wilson 也說，世俗宗教就是公共宗教，源之於共和國的歷史，在二十世紀結束之前，是美國文明「重振活力運動」(revitalization movement) 的資源。

Wilson 於 1979 年發表《美國文化中的公共宗教》(*Public Religion in American Culture*) 一書，直接挑出一個問題，即何種社會組織最能維護美國的宗教？此一問題又回復到 1835 年 Alexis de Tocqueville 所提美國民主的問題來。Wilson 考慮到公立學校制度可以扮演一種角色，即作為美國公共宗教的教會，也就是說，變成民主教會。雖然他也知道二者之關連離得太遠，但在各種組織中，卻潛在著此種功能。其他如法律的制訂、媒體、交通訊息，

以及更為重要的是好多數不清的民間團體，如彩虹女 (Rainbow Girls) 及美國陣隊 (American Legion)，都致力於為公共宗教的理念付出心力。

　　1970's 年代公共宗教議題極為熱門，大家爭論不休，都對美國社會思想及教育思想產生巨大的影響。Will Herberg 提到組成 American *Paideia* 的三要素，即 Protestant、Catholic、及 Jewish，則公共宗教 (civil or public religion) 正是 American *Paideia* 的新名。此種世俗化的 *Paideia*，其精確定義如何，都得一再重新思考，就如同 Dewey 在 *A Common Faith* 以及 Cox 在 *The Secular City* 所說的一般，重新判斷（Bellah 之說）、重新注入活力（Wilson 所唱言）。這是國家新使命，有新，也有舊。

# 第五部　進步的國家

> 靠法律及處分，依社會風俗及討論，社會也能夠自我規範或自我型塑，多多少少免於依賴機運及隨便來掌控。但只有經由教育，社會才能自我制訂目的，自我組織各種資源，自我運用手段，在朝向行動目的的過程中，既節省精力且目標明確。
>
> —— John Dewey

## 前　言

內戰後的美國人，醉心於投入普及教育中，在當時這是一項巨大的工程；在西方工業國家中，這也是困難的使命。此項使命，Alexis de Tocqueville 於《民主在美國》(*Democracy in America*, 1835, 1840) 中早已指出。他說，普及學校教育，出版自由，以及義工團體的參與，共同型塑了美國人的「性格」(character of mind)。此項任務，在半世紀後，也由美國一位學者兼外交官 James Bryce 在所著《美國福利國》(*The American Commonwealth*, 1888) 發現出來；他用了不少文字，來敘述普及學校教育給全民帶來的福利，而出版自由更強而有力的形成一股公共輿論，對推動公共事務的穩定度提供無可言宣的作用。事實上，1880's 年代時，美國人在這方面已有了共識，不少理想主義的作家，就提出普及教育是建設完美社會所不可或缺的步驟，未來的願景也植基於此。舉一個顯例來說，Edward Bellamy 在 1888 年出版《回顧》(*Looking Backward*) 一書，提到對一個 Boston 的人來說，下述的事實，簡直就是神話：兒童都有人權，把兒童當人看待，也當作未來的公民看待，受盡最多的照顧及養育，獲得高級的文科與工科教育；中小學教育都能由全民享受；而報紙已經比以前更把「公共輿論作較完美的表達」；一般而言，男女 45 歲即可退休，而依個人之喜好以「改善及休閒」來度其餘生。

　　從 1830's 及 1840's 年代開始，美國的公共教育發展，至少包含兩種相互補足的成分。第一、公共普及教育是建設共和政府的「必要條件」。缺乏公共教育，自由即流於放縱，全民投票變成多數暴力。Jefferson 的著名格言常被引用，他說：「假如一個國家期望無知又自由，則在文明世界裡，此種期望過去未曾有，未來也不會有。」(If a nation expects to be ignorant and free, in a state of civilization, it expects what never was and never will be.) 第二種因素較具美國特有的風味，社會如欲長治久安，則靠政治不如賴教育。社會改造應該視教育為政治的一種，改變傳統上個人與團體的關係。Horace Mann 常說：「如果孩子就是未來的父親，則學校教室的訓練應予以擴大，變成國家的機構，也是未來國家之所寄託。」Robert Dale Owen 也試圖說服N. Y. 州人，要他們上公共住宿學校，如此就可以改善社會階級關係，且大家平等對待他人。Horace Greeley 把《論壇報》(*Tribune*) 視為教育國人的工具，其原則是自由土地、自由勞工、及自由人民 (free soil, free labor, and free men)。

　　上述兩因素都在「進步主義時代」(Progressive Era) 開花結果，這兩因素都指明政治與教育之間的關係。公共學校教育往上提升，且是強迫性的。所有類似公共全民式的教育機構，從日間幼兒園到感化院，都在於「救救孩子」(child saving)，目的在於拯救 (rescue) 那些孤苦伶仃、無依無靠、及青少年犯罪者。進步式的論文，充斥著千禧年的樂觀色彩。年輕的哲學家John Dewey 視學校有規範社會的功能，「朝著想要的方向前進」，教師應該是「真正上帝的預言家，也是真正上帝王國的引導人」。而年輕的導演 D. W. Griffith 也把影片當作發展全民語言的工具，透過影片來帶動全民的相互了解，最後帶來世界和平。

　　「有意識的帶動社會進步」(intentionally progressive society)，教育漸被採用為主要的引擎，Dewey 喜愛這個新詞彙。對此種意向有興趣的人或團體，對於該種社會應該是什麼樣，因見解不同，因之教育手段及過程也異。Farmers' Alliance（農夫盟會）把《回顧》一書分送給會員，作為提升會員意識覺醒的武器。而「全國職工聯盟」(The National Association of Manufac-turers and the American Federation of Labor) 則希望加強職業訓練在公立學

校的角色，也主張公立學校注重職業訓練。「婦女俱樂部聯盟」(General Federation of Women's Clubs) 則企盼把兒童養育列為第一，既然中央政府的農業部 (Department of Agriculture) 以豬的養殖為重，則聯邦政府也應有子女養育的部門。如果視教育為試圖造成社會進步的發動機，則教育政策就不只是學校的管理控制，設置一些救救孩子的機構，或成立媒體組織而已，而應該把重點放在最基本的理想層面上了。換句話說，教育乃是打開美國 *Paideia* 的一把 Key。

1901～1917 年是美國政治上的進步主義時代 (Progressive Era)，1901 年總統 William McKinley 參加泛美博覽會 (Pan-American Exposition) 於 Buffalo, N.Y. 被暗殺，副總統 Theodore Roosevelt 接任，即稱為進步主義運動 (Progressive Movement) 的開始，尤其是 Wilson 總統於 1913 年上臺。過去，人與人之交往，純是以「個人」(individuals) 為出發點，今日，人際關係已非「個人」而是「組織」(organization)，自己看不到他人，他人也看不到自己。政府有必要介入，不是不准企業家連合，而是予以尋求管制方式以便企業組合能為公益來進行，國家資源應廣為人民使用，不可由少數人來壟斷與獨佔。

一次世界大戰後的半個世紀，進步主義起起落落，它以各種不同的形態出現。先是 1920's 年代 Herbert Hoover 總統的強調科技自動化 (technological voluntarism)，1930's 年代 Franklin Delano Roosevelt 總統的實用改革主義 (pragmatic reformism) 派上用場，後是 1960's 年代 Lyndon B. Johnson 總統的自由主義進軍活動 (crusading liberalism)。政府所扮演的分量，尤其是聯邦政府，則是穩定的擴充其權力；保守的政黨上臺如此，進步的政黨得勢更不用說。不過，視教育為打開美國 *Paideia* 的一把 Key，來解決美國政治上的主要紛爭，則持續不斷的不只是進步主義的特徵而已，已變成全美國的特徵了。以教育來促進種族和諧、社會平等、或經濟生產力，此種承諾，如同美國早期歷史上宗教人士對信仰的承諾一般的深。美國教育的活動如此，美國人民也如此，全美國更是如此。

進步主義教育是美國進步主義時代在教育上的反映，其主張是透過學校教育來改善個人及社會。

1.使學校的功能及課程，更直接與個人的健康與職業發生關係，並改善社區生活及家庭生活的素質。

2.課堂內引用現代心理學及社會科學所研究出來的原理原則。

3.注重個別差異。把每一個孩子都帶上來，這是 Horace Mann 的理念。

1888 年 Harvard 大學名校長 Charles W. Eliot 為文問道：「學校功課可以縮短又豐富其內容嗎?」(Can School Programs be Shortened and Enriched?) 向美國教育會 (N.E.A) 發表演說；經過他及一群「進步派」學者的努力，學制有了劃時代的改革面貌。

# 第十二章 進步主義的模式

學校敢於建立一個新的社會秩序嗎?

—— George S. Counts

## 第一節 William Torrey Harris

1857 年 3 月,Bronson Alcott 花了數週在 Yale College 主講古希臘大哲學家 Plato 及 Plotinus,對象是大學部學生,人數不多。當時 Yale 是正統的大本營,他被評為「新的哲學不信教者」(the new philosophical infidelity),聽他上課學生之一,就是 W.T. Harris,時為大三,內心不滿公理教派主義(Congregationalism),遂成為超驗主義 (Transcendentalism) 的成員。

Harris 對 Yale 失望而退學,擬到西部求發展,在 St. Louis 市當公立中學教師,1868 ～ 1880 年還當該市公共學校局長 (Superintendent of the St. Louis Public Schools),功效卓著。Columbia 大學校長 Nicholas Murray Butler 說,擬了解美國教育史及美國人對哲學思想的貢獻,一定要知悉 William Torrey Harris (1835 ～ 1909) 這個人。

1866 年 1 月中旬,Missouri 州 St. Louis 市有七個住民聚集在市中心一位律師事務所,討論組成一個社團來增進哲學思考及其應用,該律師名為 Britton Armstrong Hill,1 月 26 日的聚會中,大家一致通過該社團會章。一週之後,「聖路易哲學學會」(St. Louis Philosophical Society) 正式成立,對美國人的生活及想法,影響極深,對美國教育的發展更不可低估。

不久,該學會又增加 St. Louis 市其他學員以及海內外的其他團體會員。但一開始,有兩人在主導該會的發展,不可小覷,一是政治人物 Henry Conrad Brokmeyer,他的最大願望是把 Hegel 的 *Logic* 一書譯成英文;另一位是 William Torrey Harris,他是 St. Louis 市公共學校制度中的一位局長,

認為 Brokmeyer 的翻譯具舉足輕重的地位，對美國未來太重要了。因此他拿出自己的荷包捐錢來幫助此工作的進行。兩個人的個性及背景不同，能通力合作多年，卻是難得。兩人在 1858 年初次見面，時 Brokmeyer 29 歲，Harris 只 23 歲。前者於十三年前因反對普魯士的軍國主義，從他的祖國普魯士逃離來美，到 N.Y. 時口袋只有 25 分錢，會說的英語只三個字。先在 N.Y. 待了一段時間，決定西進，陸續做過擦皮鞋、刷洗馬匹、製皮革、作鞋、五金商，當中還到 Georgetown College (Kentucky) 以及 Brown 大學 (Rhode Island) 接受正式教育，但也在文學及哲學上自下功夫進修。可能在 1854 至 1856 年間，在 Missouri 州的 Warren County 森林裡隱居時看到 Hegel 的作品，深覺可以解決他個人所探索的問題，也可解釋美國文明的未來。從此之後，雖然他步入仕途且一帆風順，當過副州長，1876 ～ 1877 年還代理過 Missouri 的州長，但一生卻醉心於 Hegel 的哲學中。

　　Harris 生於康州的 North Killingly，入學於 Yale College，擬深悉「三種現代學術」──現代科學，現代文學，及現代歷史。但發現 Yale 在這三方面卻一無所有。1857 年冬天，在 New Haven 遇到 A. Bronson Alcott，覺得 Alcott 的「談話」(conversations)，就足以使他自己所認為的「骨相學」(phrenology) 可以與 Alcott 的「觀念主義」(idealism) 作溝通。由於對 Yale 極度不滿，大三即離校到 St. Louis 市，為了謀生，他做了速記教師，同時也繼續接受哲學教育，按 Goethe 在《教育小說》(*Wilhelm Meister*, 1795) 的路線，特別看重 Kant、Fichte、Shelling、及 Hegel 的著作。當公立學校有個教職缺，他答應當教師，然後當教育主管，最後成為全國知名的教育行政首長。兩位年輕人於 1858 年見面，有共同喜好，皆景仰 Hegel，相談甚歡，至徹夜始散，從此奠定了兩人共同推動 St. Louis 市的哲學運動。並邀 Bronson Alcott 於 St. Louis 哲學學會 (Philosophical Society) 見面，使 New England 的超驗主義 (Transcendentalism) 與 St. Louis 的黑格爾主義 (Hegelianism) 二者合流。二者皆重自由、個性、原創性、及對自然的崇拜。

　　一小群人從此深研 Hegel 哲學，Harris 的捐錢使 Brokmeyer 譯 *Logic* 一書終於有了眉目。但內戰中斷了此種寧靜的冥思生活，Brokmeyer 從軍去了，1862 年回到 St. Louis 後兩人又重溫舊夢，且 Brokmeyer 選上州議員，

為其後選州長鋪了路。四年後兩人領頭組成 St. Louis 的哲學學會 (Philosophical Society)，發行《沈思哲學雜誌》(*Journal of Speculative Philosophy*)，是美國第一本哲學期刊 (1867～1893)。

Henry Brokmeyer 對 Hegel 及 Emerson 甚為崇拜，又英譯 Hegel 哲學；雖然 Alcott 的言詞辯論及抽象思考不及 Brokmeyer，但仍然成功的把 Plato 及 Plotinus 之詩及靈感，及 Hegel 之辯證二者，搭起橋樑，他把 Emerson 與 Hegel 作一番比較：Mr. Emerson 以詩詞比喻來表達他的哲學、文字美如圖畫；但 Hegel 及他那班人則在心中剝掉影像，而代以純粹及絕對的真理。要是 Emerson 的作法如同 Hegel，則他在這個世界上的影響力將不大。……想像力及理性是一體的兩面，詩人及哲學家有不同的作風，但他們都做同樣的工作。

有關 ultimate reality (最終的實在體)，Emerson 提出 Over-Soul (超靈) 觀念，等於 God。Hegel 則以 Absolute Spirit (絕對精神)，就是 Reason (理性)，決定人人之行動，也是談話的崇拜對象，凌駕吾人之技巧及智慧之上，萬殊歸於一；以知吸之，成為智(天才，genius)；以意吸之，成為品德 (virtue)；以情吸之，成為愛，真善美集於此。

1863 年 Alcott 討論人格 (personality)，Emerson 並不十分滿意。認為應該有更深沈的基點，即 First Cause (第一因)，超越個人人格之上，它與人，有無窮的天空介於其間。(Thayer, 162～163)

Emerson 認為工商發達的結果，去「自然」日遠，奸詐、欺騙、偷竊日多，違規及媚行日眾。作為一個人，他一定是個「不從眾者」(non-conformist)，應回返到太初時代，以耕稼、手工為主，才能「救贖」(ransom) 己身，過「孤獨」(solitude) 生活最佳，那才是「真理的接收者」(receivers of truth)，以「自我活動」(Self-activity) 為主軸。

Harris 則不然，獲得真我，就有必要把自己納入社會與機構當中，把自己的利益與興趣納入於別人的利益與興趣裡。真正的人性是理性，但實際狀況卻是非理性，受外欲所制，為情所困。孩童若獨居，則無法從野蠻狀態提升為文明狀態，變 nature (自然性) 為 human nature (人性)，具 humanity (人味)，人人互助，社會因之形成。

Self-activity 適用於演化程序，無生物展現其物性，如地心引力。

植物、動物、人皆以 Self-activity 展現自我，人當中有思 (thinking)，思有四個層次 (levels)，恰合乎 Hegel 的辯證法 (dialectic)：

1. 感官知覺 (sense-perception)：即常識 (common sense)──thesis（正）。

2. 抽象理念 (abstract ideas)：展現出與常識對立──antithesis（反）。

3. 具體觀念 (concrete idea)，或堅持的力道 (persistent force)，短暫的。

4. 絕對觀念 (absolute idea)，自我決定 (self-determined)，永恆的──Synthesis（合）。

心高於物，文科高於職業科，因此 Spencer 所說的休閒科目，不應列最後；Harris 認為那才是「靈魂之窗」(windows of the soul)，語言、文法、文學之價值最高，它代表人內心的智力結構或邏輯法則，靠五個靈魂之窗，即

算術 (arithmetic)，地理 (geography)，歷史 (history)，語言 (language)，及文學 (literature) 可以領會時及空 (time & space)。

1868 年 Harris 繼 Ira Divoll 為 St. Louis 教育局長 (Superintendent)，1880 年辭職赴東部幫 A. Bronson Alcott 及 Ralph Waldo Emerson 組成 Concord 哲學學府 (School of Philosophy)。1889 年被 Benjamin Harrison 總統任命為美國第一任教育總長 (United States Commissioner of Education)。其後 Cleveland、McKinley、及 Roosevelt 當政時都在位，歷經四任總統。1906 年辭職，全心致力於文學及哲學思考，1909 年辭世。

關於哲學學會，人們可能會問兩個問題，第一、為什麼最先成立於 St. Louis，又為什麼以 Hegel 為重點？ St. Louis 在內戰期間反對分裂主義，是「聯邦政府」(Union) 的支持者。但該州 (Missouri) 卻是支持奴隸的州，因此 St. Louis 是依附於北方軍要塞中突出的一塊堡壘。該市居民大都來自東北部的 New England 以及最近移民來美的德國人。並且 St. Louis 開始發展工業，是北方軍向西作戰的軍火供應站。由於戰爭及經濟因素，St. Louis 於 1860's 年代晚期已變成一個重要都市，自認為「全國首府」(Capital of the Nation) 且是世界的未來大城 (Future Great City of the World)。此種願景，到了 1880 年的全國普查而破滅。St. Louis 的競爭對手 Chicago，在人口及財富上勝過 St. Louis。儘管如此，哲學學會在這段期間，發展得光明亮麗，

會員皆以美國未來作為思考的主題。

　　Hegel 自己曾經說過，美國是個未來之國，世界史的重擔要由美國人來挑。他說出此種感性十足的話，只不過是呼應當時歐洲受過教育的人所一致同意的意見而已。不過更為重要的是，Hegel 給 St. Louis 哲學學會 (Philosophical Society) 的熱心年青學子一套方法來處理當時的兩大問題。其一、個人與美國社會的關係，其二、各附屬社群與美國大社會的關係。Hegel 的辯證法是一種繼續的過程，有一「正」(thesis)，就孕育出一「反」(antithesis)，兩相衝突的結果就衍生出「合」(synthesis)；但此一「合」，其後又變成「正」，依此類推，持續不停。以個人而言，辯證法的過程，就是以「自我」(self) 為「正」，但「自我」不停的與「非自我」(non-self) 發生關係。「非自我」就是「反」，「非自我」所組成的機構，就是家庭、教會、學校、城市、州、國、及世界。辯證的結果，是「自我」漸漸覺醒，漸漸自由，且漸漸與最大的「非自我」建立關係。這個最大的「非自我」，就是上帝。以各附屬社區而言，辯證法又可如此推演，即南方與北方會組成一個再生的國家，資本及勞動者也可結合變成一個富有生產力的工業經濟社會；而各個競爭性的族群、宗教、及政治利益團體，也可組成一種模式，先是「全球未來的大都市」(The Future Great City of the World)，然後變成「上帝的選國」(God's Chosen Nation)。對 St. Louis 哲學學會 (Philosophical Society) 會員而言，Hegel 的哲學並非深奧難懂，且內具美學的優雅感，也是一種非常實用性的知識系統，與個人生活與集體生活都有火熱的相關性。教育是培養個人消除動物的任性（反），而以社會秩序（正）代之，以永恆的自由來取代暫時的自由。❶

　　Brokmeyer 所致力之事，對美國人的生活及想法，並不生直接影響。他譯的 *Logic* 也未出版，且晚年過隱居生活，不問世事。他的偉大成就，在於引發他人靈感。他與 Harris 有同事之誼。Harris 的影響倒是非同小可。透過主編《沈思哲學雜誌》(*Journal of Speculative Philosophy*)，他是當時最具領導風格的美國教育家。不過他的著作並不直接指涉教育哲學，也未提出系統的教育哲學觀念，倒是 1893 年 1 月，他在 Johns Hopkins 大學發表

---

❶　Mann 的「未來」（合）是新創的，未定的。Harris 的「未來」則早已決定。

五次演講，與教育較有相關，但是發表出刊的也只是摘要而已。在他近 40 年積極的專業生涯中，總共寫出上百的論文、演說、小冊、報告、及序文，也寫過一本書，書名為《教育的心理學基礎》(*Psychologic Foundation of Education*, 1898)，該書也誠如書名所稱，只提教育與心理學之間的關係。儘管如此，他的寫作，整體而言，也提示了一致的複雜理念，陳述他謹慎發展出來的哲學觀點。

作為一個 Hegel 門徒，Harris 極為注重組織機構的功能，組織機構彼此之間的關係，以及組織機構與超驗理念之間的關係。不可置疑的是，他把教育定義為一種過程，在此過程中，個體擁有智慧，而智慧係依種族的經驗而來。在他的觀念裡，教育要經過五個主要的組織，即家庭、學校、社會、國家、及教會。家庭的教育，是從出生持續到 5 歲或 6 歲，那是最早的教育。當孩子成長範圍超過狹窄的家庭環境，而對家庭之外的世界感到好奇時，學校就接下這種教育工作，其任務是引介孩子進入訊息技術的世界以及文明社會所需要的理念。學校教育完成後，學生就得有自己的職業，而有關法律事項的教育，則由國家來執行。最後，教會也提供宗教教育，那是屬於精神層次的，且也決定所有其他教育的模式。❷

Harris 認為教育的目的是「自動自發」(self-activity)。1897 年，他草擬教學信條時說：「一個物質的肉體或一具任何物質的機械物，皆可藉外力來型塑、鑄造、或改變成某種想要的形狀，但此形塑，不是教育。自發自動是教育基本要件。」學校應該在自發自動的尊重上扮演重要的角色。家庭、教會、及社會機構，對年輕人而言，是在訓練 (trained)；其教育效果是不知不覺的。形成習慣或癖好，那是經年累月口頭教育的結局。相反的，學校則在「教學」(instructed)。白紙黑字的教學，使個人能夠自發自動，經由自發自動來培養個人的獨特性。此種說法，對 Hegel 而言，卻是頗為弔詭的。個體首先需要融入集體當中，才能完成個人的獨特性。此種弔詭，對 Harris 的學校主張，影響頗深。一方面，學校在都市化及工業化的社會裡，是教

---

❷　Harris 視 Rousseau 的「自然主義」(naturalism) 是「所有教育主張中最異端者」。
　　Rousseau 反機構，Harris 不以為然。Hegel 說機構與個人並不衝突，個人透過機構，
　　才能充分表達自我。

育過程中的重心。學校應負責培育紀律感、陶冶觀、以及理性力，那是個體自發自動所不可或缺，更是組成自由社會所不可少的要素。另一方面，學校有雙重責任，既要發展智力，也得鍛鍊意志力。就意志力來說，Harris 發現美國兒童比歐洲兒童早熟，比較早獨立於家庭影響之外。落到學校的責任，就是教導兒童自制，使得理性力的運用成為可能。「孩子要壓制他的愛惡，遵守常規、守時、靜默、及勤勉習慣」。這是 Harris 的教育信條，也是 Hegel 的「自我疏遠」(self-estrangement) 原則。

有了紀律，就有可能集中注意，教學才有可能，而教學是通達智力之門。教學的 Key 是學科學習，孩子一上幼兒園，就應提升他的個人獨特性，使用 Froebel 的恩物 (gifts) 及工作活動 (occupations)，經由各種工具及手段的運用，加上遊戲及玩耍的參與，就可以開始了解自然並征服自然。教育一有了此種初步基礎，學校就應提供五種「靈魂之窗，打開那五個窗，就可看到生活的五個領域」。其中兩個窗——算術及地理，可以領會自然並征服自然；另三個窗——歷史、語言、及文學，則是作為了解人生之用。課程設計即依此而來。換句話說，五種學科出現了，一是數學及物理，二是生物（包括植物），三是文學及藝術、文法及語言的科學研究，四是邏輯及心理學，五是歷史（包括社會學及政治學）。這五門相互有關的學科，在學校教育中的任何層次皆應呈現，從小學到大學。但選的教材應考慮到學生年齡及先前的訓練背景。

Harris 深信，「學校應該是一種大工具，全民所有階級皆能藉此工具提升到另一種境界，來參與文明社會的生活。」學校教育應該是一般性的、文化的、人文的、為全民的所有年輕人開放，培育性格，啟迪智力，使之成為人，而非只會像工人做他的特殊工作而已。他很早就鼓吹男女合校，女生如由此走出家門投入於生產事業中，對她們而言，是極為重要的；就如同男生也經由相同的學科研究之後可以有更高的智力一般；女生有能力接受與男生相同的學科學習。他同時也支持黑人上學校接受教育，雖不明言黑白平等，卻誠心誠意的認為南方獲解放的黑人之問題，到頭來要靠教育來解決。不過他倒是堅持黑人的教育要與白人分離，但要平等對待，即是「分離但公平」(separate but equal)，課程也如此安排，技藝教育與智力教

育二者合一。

　　理性力與印刷文字，二者不可分割，培育自發自動的教育，教科書的地位太重要了。「口頭教學不能使學生博學，最好的老師用口頭教學，要傳授所有資料，就是十年也不可能把一個論題通通講光，且也是拙劣的代替品，因為取代了兒童的能力。其實，兒童可以自己精通於一本教科書」。報紙亦然。在他的觀念裡，現代文明有三大特徵，鐵路、報紙、及公共學校。鐵路使美國財富增加，報紙及公共學校使美國人變成自發自動的公民。報紙配合電報，可以征服無知、固執、及派閥作風，也可把一般個人轉化為世界的大同公民。

　　最後，圖書館也太重要了。書本及報紙都可以輕便的到每個人的手裡，在 Harris 的心目中，圖書館的功能是多重的，如同歐洲的大學一般，但也有不同之處。圖書館更有可能形成一種民主式的文化，那是由自我自動的個體所創造出來的。「我們不要把文化階級的人隔離在其他階級之外」。Harris 說：

> 　　文化為每一個人而開，也為每一種生活職業的人而設，這是我們的想法。Elihu Burritt 可以在鐵砧上學五十種語言，Benjamin Franklin 能夠研究洛克、作電的實驗、也精於外交手腕技巧，這些都是自我學習兼無師自通者，是我們的類型。我們並不想要人們徒費一生試著去學已經知道的，研究早已出版的，但必須知悉所有論題，「閱讀」之，領會之，將知識消化之後訴諸實踐。為文化而文化，這是一種高貴的願望，無時無刻都應以此為念。不過，如果一種文化只是屬於一種階級，而該階級是所謂的上層，眾人在底層，住居其下的人還得為上層的人去挖去織，那就不是美國人的想法了，一點都不是如此的。如果因此無法造就出有人費畢生之力來研究文法的位格，或希臘文的分詞，也在所不惜，那是沒什麼關係的。我們美國人的信念，是我們有能力來完成其他文明社會所能完成者，除此之外，另加上一種含有自由的及自我獨立性的文化，這是到此為止未曾實現的目標。

　　這就是 Harris 所建構的教育哲學，依此來創造一個真正民主的社區，

存在於都市化與工業化的美國土壤上。由於藉 Hegel 的語調來陳述，因此有點深奧難明，但特別指出家庭、教會、學校、及工廠所應負的教育責任，尤對服從、紀律、自治等德目給予最嚴厲的要求；接受現狀、保存既有秩序，才是定義真正的美國所必需。其中也有較突出或較激烈的想法，Harris 強調各階層的男女都有可教育性，給予適當的教育，就可以產生一種大眾文化，這種文化，就是創建共和國的先父們戮力以求的，也是如此而已。全國上下當奮力以赴，也是當時美國人認為有辦法達到的目標。作為全國知名的教育家，先在 St. Louis 後在 Washington，他不眠不休的參與教師專業教育課程的制訂，更是一位多產的作家及演說家，是美國第一位較系統的提出學校教育哲學觀念的學者。時值學校教育作為所有教育的中心時代，他的教育哲學觀，在他於 1906 年辭去美國教育總長職位前，容或早已由別的教育哲學觀所取代，但是把教育看做是最有效的工具來解決國家在社會、政治、及科技上的問題，他的教育哲學觀鼓勵大家應該更謹慎的、更科學的來處理教育的觀念，這是一種進步式的思想。Spencer 反對國家政府的干預，支持放任措施，不滿下列政策：國辦教育、規定住屋條件及保護無知者免受庸醫治療，關稅，國家銀行，國辦郵政。Harris 對教會及政府的看法，認為二者分開，各有所司，不可混淆；宗教管內，屬於良心領域，政府管外，注重律法。

　　內戰之後，實際從事專業教育的改革教師，Massachusetts 有 Barnas Sears，J. L. M. Curry（負責聯邦教育局的 Peabody 教育基金會，Peabody Education Fund of Federal Bureau of Education）；N.Y. 有 Oswego 師範學校（Normal School），John Eaton 屬聯邦教育局，但其中以 William Torrey Harris 的貢獻最大。1871 年他說：「假如新生的一代無法領會民主的法則，則錯誤應該由公共教育制度來負。」一年之後他警告：「一個無知的人民能夠被統治，只有一個聰明的民族才能自治。」一般來說，Harris 強調秩序而非自由，工作而非遊戲，努力而非興趣，必修而非選修，靜默而非活潑好動，因此他屬保守陣營，重視形式主義，看輕職業教育及工商科目，因此為主張變動者所不喜。他的 Hegelianism（黑格爾主義）變成被批評的對象。

　　十九世紀八十年代，美國教育界為了手工教育的重要性，在 NEA 辯論

多次。受到俄國於 1876 年在 Chicago 展示館的影響，位於 St. Louis 的
Washington 大學之 Calvin M. Woodward，就大力抨擊公立學校之傳統性，
只強調文雅紳士風範之教育，而不及手工及勞動之實際教育。Woodward 是
Harvard 出身，New England 人。1865 年加入 Washington 大學教師陣營，
主教數學，發覺大學生對工具之使用，一竅不通，對謀生一無幫助；除了
滿足於作個 Milton 式的紳士階級之外，無一是處。其實，實用與文科教育
可併行不悖。Washington 大學於 1879 年 6 月 6 日所設的手工訓練學校
(Manual Training School)，用意即在此。三年的中學課程，心智活動及手工
各半，數學、科學、繪畫、語言、歷史、及文學，這些科目都融入於木工、
圖案製作、冶鐵、焊接金屬等工作中。不過，目的是心靈陶冶而非技術上
的專精，強調教育而非產品出售，原則而非皮毛。1880 年 9 月，該校只 50
名學生，1883 年 6 月的第一班畢業時，入學數已達 176 名。

　　當時存在的手工勞動，因為缺乏教育意義，學生感到厭惡。NEA 爭辯
手工訓練時，Harris 恰離開 St. Louis 而去接 Concord 哲學學校 (School of
Philosophy) 的 superintendency（督導主任）一職，因此對 Woodward 的作
法，沒什麼反應。但他在 1884 年時曾向 NEA 發表一篇文章，反對手工作
為公共學校課程之一。1889 年 NEA 的會上，Harris 發現保守派與進步派對
立，這是正、反、合過程中的必然。「無實驗則不能長進，但是即使進步教
育者也得承認，在一百種實驗中，真正有結果的只不過是一件而已，可知
求變之提案不是頂重要。」器具及鋸刀如有教育意義，則石子、鐵圈、棒球
等也具教育價值；人與動物之異，在於人能領會、歸納、發現相關性，且
作理想的追求。學校的重要即在於此。教孩子木工，只給孩子狹隘的技巧；
教孩子讀書，正足以給他一把人類智慧的 Key。拿鋤頭及鐮刀等技巧，是
校外工作，校內是要讀書的。烘一片麵包，可以飽一餐，但播種則可以有
無止境的收穫。Harris 如此不在意手工活動，但手工教育活動風起雲湧，
Harris 也無法抵擋此潮流。

# 第二節　John Dewey

1881 年春，一位 21 歲的中學教師名為 John Dewey (1859 ~ 1952) 投稿給 William T. Harris 一文，擬在《沈思哲學雜誌》(*Journal of Speculative Philosophy*) 雜誌刊登，文名為〈唯物論形上觀〉(The Metaphysical Assumption of Materialism)，文中還附有一信（5 月 17 日）。Dewey 向 Harris 提出一個嚴肅的問題：「我想您必定煩於看過許多有關於拙文的題目，不過我想問的問題應該不是太過分，那就是我很高興能夠知道您對拙文有什麼高見，即令拙文不予錄用也沒關係。告訴我，我是否有足夠的能力可以使我花更多的時間來思考該題目，您的回音我將極為感謝。我是個年青人，目前困擾於如何打發我的閱讀時間，您的作答對我的幫助甚大。」Harris 的回信是出奇的慢。在 1881 年早期，他忙著穿梭於 St. Louis 及 Concord 之間。不過隔年秋季，Dewey 收到令他高興的回信，不只刊出該文，也登出 Dewey 另投的一稿，題目是〈Spinoza 的泛神論〉(The Pantheism of Spinoza)；同時，他任教於 Vermont 的 Charlotte 小型實科學校時，也受過他在 U. of Vermont 教授 H. A. P. Torrey 之指導，對哲學經典下一番系統性的研究功夫。Harris 的溫馨回函，加上 Torrey 的鼓勵，對 Dewey 產生決定性的影響。這位年青的學校教師，曾猶豫於不知如何打發「閱讀時間」，也困擾於今生何去何從，終於下定決心研究哲學。

1859 年生於 Vermont 州的 Burlinton，雙親種植煙草。上過公立小學，11 歲時加入「第一公理教會」(First Congregational Church)，後赴 U. of Vermont 就讀，早已遍讀當地圖書館的各種藏書，修過好多文科課程，尤其在 Torrey 指導之下，精研哲學。Torrey 專攻知識論及道德哲學，而校長 Matthew Buckham 也教他不少哲學理念。唸 Vermont 時，不怎麼出色。但大三時上生理學的課，讀了 Thomas Henry Huxley（1825 ~ 1895，英生物學者）的著作，智慧之火乃萌發出來。畢業後找不到合適的工作，恰好他的表哥 Affia Wilson 在賓州的油城 (Oil City) 當中學校長，Dewey 遂於 1879 ~ 1881 年到該校任教。他繼續研究哲學，如同上大學一般，曾經歷過一種

「神祕經驗」(mystic experience)，在禱告中經常自我追問什麼是工作的真諦時，獲得了答案。多年後，他把該種「神祕經驗」與 Max Eastman 做對話:「你擔心什麼地獄啊? 管它。這裡就是了，一切皆如此，你還可以背靠著它!」

Dewey 決心鑽研哲學，勇氣可嘉。這如同 Emerson 於 1832 年辭去 Boston 的第二教會 (Second Church) 牧師職務另就他業一般。內戰之後的年代裡，如果專攻哲學，這種人幾乎都是準備在教會中擔任神職者，他們利用班上的上課時間，來傳達教會所要求的虔誠心，當中夾雜有當時流行的蘇格蘭「常識唯實論」(commom sense realism)。Torrey 及 Buckman 就是這種模式! 不過 Torrey 還試著將蘇格蘭的唯實論染上一些 Kant 哲學，使他的教學比較具有隨地取材性。以哲學研究作為學術生涯，在 1880's 年代，並不十分有明確的生涯目的，尤其對年輕的 Dewey 來說，他並不擬擔任神職，不過他倒有個預見，當時一流的大學已經開始任命非神職人員擔任哲學的學術講座了。

既有此抱負，他遂正正當當的申請剛成立的 Johns Hopkins 大學作研究生，在該所大學裡，Charles Sanders Peirce 教邏輯，G. Stanley Hall 教實驗心理學，George Sylvester Morris 教哲學史，形同一面好大的三稜鏡。Dewey 評 Peirce 的邏輯過於數學化，不太合乎他的口味，倒深深地體認到 Hall 的經驗主義精神。不過數年來，該種影響未曾顯現出來; 對於 Morris 的教學，Dewey 是佩服得五體投地，使他融入了德國哲學中，尤其是 Kant 及 Hegel。1884 年他完成博士論文的撰寫，題目是《康德的心理學》(*The Psychology of Kant*)，不幸此論文已無現存版本，只能在 1884 年他寫的〈康德及哲學方法〉(Kant and Philosophic Method) 中看出端倪。由於論文成績優秀，指導教授 Morris 推薦他到 Michigan 大學當講師 (instructorship)，Morris 本人早在 1883 年就到該大學當了教授。

1884 ～ 1894 年任教於 Michigan 大學，他拋棄了東部學界傳統的形上包袱，其中有一年 (1888 ～ 1889) 到 U. of Minnesota 任教。這段期間，他的哲學觀已從 Johns Hopkins 做研究生時代沈醉於 Hegel 的觀念主義，漸漸轉為他日後鼓吹的試驗主義 (Experimentalism)，只是 Hegelianism (黑格爾主

義）卻是揮之不去，經常作為他思考的背景，尤其在他批判哲學史上的二元論 (Dualism) 時，更是如此。他以 Hegel 的「合」來超越「正」和「反」的哲學史上二元論，該二元論就是把個人和社會，團體與成員，抽象的觀念與具體的實際，都當成二者分離的獨立實體，Dewey 則主張二者合一的「單元論」(Monism)，這是一種「巨幅的釋出，也是一種解放」(an immerse release, a liberation)。在 Michigan 的那段時日，他開始關注社會，這也是他一生的努力焦點所在。他的哲學發展中，有三個人對他的影響甚大。第一位是 Alice Chipman，她是年輕婦女，具獨立性及社會敏感性，1886 年成為 Dewey 妻子；其餘兩位是 Franklin 及 Corydon Ford 兄弟，就是這兩兄弟才使 Dewey 投入社會關懷，將哲學理論應用於公共事務的服務中，透過《思想新聞》(Thought News) 報紙，來喚醒美國人注意當時的重要論題，用智力來參與政治。此種行險雖胎死腹中，但四年的計畫、籌措、及討論，皆留在 Dewey 的心底深處。在 1880's 年代，為民主自由而奉獻，變成他的哲學主軸。事實上，具有科學底子的試驗主義，又有民主付出精神予以充電，也是世俗化福音傳播的另外一種典型。

Dewey 曾在自傳中描繪出影響他的思想主力，來之於人民，以及人民所處的情境，而非源之於書本。只有一個例外，即 William James 的《心理學原理》(Principles of Psychology)。該書出版於 1890 年，對人類行為的解釋，以及認知的行為觀，有了革命式的改變說明。當時 Dewey 恰也擬把心理學建立在一個更具有經驗材料的基礎上，因之 James 的書對 Dewey 太有啟示作用了。該書「引出一條通路，我的全部觀念因此上了道，好比是一種酵母，轉型了舊有的信念」。拿 Dewey 的《心理學》(Psychology, 1887) 與〈心理學上觀念反應弧〉(The Reflex Arc Conception in Psychology, 1896) 做一番比較，就可以看出前後觀念的轉型，前者是他試圖將 Hermann von Helmholtz、Gustav Fechner、及 Wilhelm Wundt 的經驗主義，這也是他從 Hall 那兒學到的，來與 Morris 的 neo-Hegelianism（新黑格爾主義）相結合，後者則已建立了一種人類行為觀，把有機體的行為當作無機體來看，也視為在情境中有目的的作為。此種看法已透露出新試驗主義的輪廓。

在 Chicago 大學任教的十年 (1894 ～ 1904)，Dewey 的試驗主義開出燦

爛奪目的花朵，氣勢已足，時機已到。以行動為指針，以經驗為基礎，以社會關懷為重點的哲學因此誕生，且有了果實。Chicago 自 1876 年大火蹂躪之後，已儼然成為中西部的大城，1890 年人口超過百萬，僅次於紐約市，位居全美國第二。1892 年 Chicago 大學立校，校長 William Rainey Harper 精力充沛，幹勁十足，又有企業大亨 John D. Rockfeller 的鉅額投資，試圖享有「西部 Harvard」的美譽。Dewey 於 1894 年來到 Chicago，既有十年的學術研究經驗，又佐以個人及知識上的自主權，祈求建立自己的哲學地位，以全國知名的心理學家身分，完全有利於運用大好時機為該市及該大學打出響亮的學術名號，他也使出渾身解數奮力而為。在 Michigan 時，早已與 Jane Addams 認識，轉到 Chicago 後更方便於直接投入 Hull House 的事務中，又是 Chicago「民事聯盟」(Civic Federation of Chicago) 的一員，他了然於該市的社會問題，並積極地投入於政治改造中。不管他的哲學是否與 Ann Arbor（Michigan 大學所在地）有什麼不同，但卻在 Chicago 實踐了他的哲學主張。

　　大學教學及研究生涯中，Dewey 結交了最多知識界的朋友，校長 Harper 禮聘他來擔任哲學系系主任，Dewey 抵達時，哲學包括心理及教育研究工作。其後在 Dewey 的建議之下，教育學單獨成系，Dewey 也兼教育學系主任，他一身兼三職，是哲學、心理學、及教育學系主任，這對他來說是最恰當不過的了。該職務也使他能夠禮聘 James H. Tufts、George H. Mead、及 James Rowland Angell 來系任教，同時也結交 Albion Small、W. I. Thomas（社會學）、Edward W. Bemis、Thorstein Veblen（政治經濟學）及 Frederic Starr（人類學）等名教授，這些教授皆屬自由派，都主張改革。由於他在大學的地位，使他與太太 Alice Chipman Dewey 於 1896 年首創「實驗學校」(Laboratory School) 來印證他的哲學、心理學、及教育學的理論。既以行動為指針，以經驗為基礎，又以社會關懷為中心的哲學，則此種哲學觀應直接回應於教育中。「實驗學校」的工作是 Dewey 哲學在教育上的具體化措施。他本人也說，他介入年青人的教育，「融合了他人可能認為是個別的研究領域，這些領域可以綜合起來，把心理學、社會機構、及社會生活三者合一」。易言之，學校是個中介媒體，透過此橋樑，使 Dewey 哲學展現「不

同」(make a difference) 的面貌；也經由學校教育，社會得以重建。

在 Chicago 那段期間，他的教育著作最多，這也是不值得大驚小怪的。1896 年發表〈意志的訓練與興趣二者之間的關係〉(Interest in Relation to Training the Will)，嚴厲的指摘教育哲學之父德國哲學家 Herbart 有關「興趣」(interest) 的觀念，以為興趣不能源之於「努力」(effort)；相反地，Dewey 認為興趣會生出努力，而努力也會加深興趣。二者形同恩愛的夫妻，是永不分離的情侶。在方法上，Herbart 重視固定步驟，強調邏輯層面；Dewey 則持彈性立場，是心理方向。1897 年又發表〈教育的倫理原則〉(Ethical Principle Underlying Education)，提出道德教育的一種作法，以孩童在校內面臨日常經驗中遭遇的道德抉擇問題做教材，而不應另開一門道德科目，另闢專有時間予以教學。同年發表〈我的教育信條〉(My Pedagogic Creed) 一文，提出簡要但廣泛的教育哲學理念，認為學校是一種社會組織，旨在把學童融入社會生活裡，如同胚胎期一般，而後在智能、品德、及美感上獲得發展與培育。學校課程內容，不外乎種族所累積的經驗，不多也不少；但教育同時也該是社會進步及社會改造的基本動力。1902 年出版《教育情境》(*The Educational Situation*) 一書，主張學制為一整體，從小學連貫到大學，課程應重新制訂，把新學科（繪畫、音樂、自然科、手工訓練）與舊科目（3R's 即讀、寫、算）二者合一，共同為生活作準備，也為未來更系統的研究、文化研究、及職業研究奠下預備基礎。1903 年的〈教育中的民主〉(Democracy in Education)，呼籲師生都應從壓制個體性的束縛中解放出來，那是既無價值、也限制了智能上創新、及獨立性的發展。

在 Chicago 時期最重要的教育著作，就是《學校與社會》(*The School and Society*) 一書，那是為「實驗學校」的學生家長做三次演說的集錄，該書出版於 1899 年，其後該書是 Dewey 最受讀者閱讀的著作，十年之內有七刷 (printings)，外文翻譯者超過 12 種。第一次演說，題目是〈學校與社會進步〉(The School and Social Progress)，追溯教育的大變遷，從工業革命開始，小村莊那種緊密結合又面對面的鄉下社區型生活就漸漸沒落，進而訓練秩序習慣、勤奮習慣、及責任習慣；學校因應此種變遷早已做了許多調整，教學科目中增加了自然科及其他工作科，如紡織；把僅具「符號性」(merely symbolic) 學科地位打下，重建師生關係，來代替舊有的紀律公約。最後結論的一段話，其後變成進步主義學校運動的宣示聲明：

> 這些因素可以保留，但卻更應予以組織，使之意義更為豐富，更具鑑賞味。將觀念及理想都融入於學制中，完全無遺漏且不打折扣。做到此點，就得每一所學校都變成社區生活的雛形，以工作活動類型來反應大社會的生活，其中洋溢著美術、歷史、及科學精神。當學校訓練每一個社會上的學童，也把學童引入這個小社區而成為一分子時，他內心灌滿了服務精神，提供給他有效的自治工具，則在大社會裡就能過更有價值、可愛、及和諧的 (more worthy, lovely, and harmonious) 社會生活，這是最好也是最深的保證。

學校是一個胚胎式的社區 (embryonic community)，二者打成一片。

第二次演說，題目是〈學校及學童生活〉(The School and the Life of the Child)，指出老師如果計及學童的天性（Dewey 說這些天性是本能），則教育作法就應有所變遷。學童有天然的性向，喜歡交談、建構東西、探查追問，且以藝術方式來展現自己。掌握住這些天然傾向，引導學童邁向真正的文化，「想像力在具體性、擴大範圍性、及同情性上予以發展，直到個體納入生活中含有自然及社會成分時為止」。第三次演說，題目是〈教育的浪費〉(Waste in Education)，主張兒童教育的一體性，家庭、學校、圖書館、博物館、及大學，應取得彼此和諧的互動。

1904 年 Dewey 離開 Chicago，種因於 Chicago Institute（芝加哥學府）及實驗學校併入大學的事與校長 Harper 發生數次衝突，而夫人負責處理實驗學校的角色，也與校長討論得不歡而散。❸Chicago Institute 是 1899 年由名教育家也是 Dewey 友人 Colonel Francis W. Parker 所創辦，但 Parker 不幸於 1902 年去世。當時 Columbia 大學的哲學系正大肆擴充，經由系主任也是 Dewey 老友 James Mckeen Cattell 及校長 Nicolas Murray Butler 兩人聯手出面，任命 Dewey 到 Columbia 大學擔任教授，同時也擔任 Teachers College（師範學院）的教授，後者是 Columbia 所附屬之機構。Dewey 於 1905

❸ 校方比較甲意設心理學實驗室而非實驗學校。

年到 Columbia，到 1930 年退休；1930 至 1939 年是駐校名譽教授。1939 ～ 1952 年為名譽教授；1952 年他以 93 歲高齡與世長辭。

要不是 1896 年 Dewey 自設實驗學校，否則 Parker 的學府會繼續蓬勃地發展。Dewey 的學校一開始時，學童數 16 名（4 歲），教師 2 人。1902 年時，學童 140 名，教師 23 位，助理 10 個。Dewey 是指導者 (director)，Mrs. Dewey 為校長，Ella Flagg Young 是教學主任 (supervisor of instruction) ── 其後是 Chicago 第一位學校督學。Dewey 女兒 Jane Dewey 於 1939 年的傳記裡，稱她的父親視 Mrs. Young 是處理校務最聰明的人，也是建議取校名為 Laboratory School（實驗學校）者。

從理論下手，然後用實驗予以印證，此種過程恰與 Parker 相反。1896 ～ 1903 年任教於該校的兩位姊妹 Katherine Camp Mayhew 及 Anna Camp Edwards 對該校有所描述，與 Parker 的學校同，學校是家庭生活的擴大與延長，主要口號是 Continuity（繼續性）。任何有礙兒童繼續發展者，應予以排除；注重心靈能力的自發自動，思考訴諸行動 (thoughts in action)。一天分為談話、建構工作、說故事、唱歌、及遊戲運動。學童到農莊，看看果園，收成水果及穀物；有些則設計開雜貨店，賣水果及穀物、糖、及餅乾，有些學童稱斤論兩，有些則包紮貨物。學童分成：

6 歲組 (sixes) 做「家居工作」(occupations serving household)，教室如同農莊，校園空地上種秋麥，了解種子到麵包的過程。

7 歲組 (sevens) 重視發明與發現 (progress through inventions and discovery)。

8 歲組 (eights) 進行探險及發現 (progress through exploration and discovery) 過程，如腓尼基人 (Phoenicians) 的貿易活動。

9 歲組 (nines) 強調美國史及 Chicago 的早期發展。

10 歲組 (tens) 注意殖民史及美國獨立革命。

11 歲組 (elevens) 了解殖民時期的歐洲背景。

此種課程設計，似乎含有當時流行的「文化期說」(Culture Epoch Theory) 色彩，那是 Dewey 老師 G. Stanley Hall 的學說主調。

在 Columbia 期間，Dewey 聞名全球，是美國最具影響力也最傑出的哲

學家。30 年之內，好多重要的著作在此時出版；他的試驗主義更見成熟，理論更為完備；1908 年，與 James H. Tufts 共同寫出《倫理學》(*Ethics*) 一書，討論當代道德生活觀念，尤其指出與社會、政治、及經濟議題有關的題目。1910 年又寫出《思維術》(*How We Think*) 一書，道出思考旨在解決問題，也是心智能力的表現，十足地符應了 Dewey「工具主義」(Instrumentalism) 的主張；而觀念的正確性，也在教育的實踐上予以印證。1913 年，發表《教育上的興趣與努力》(*Interest & Effort in Education*, Boston: Houghton Mifflis Co., 1913, 7.)，其中說：把目的或對象看成為自我的外在體，就有必要「造作」(made) 興趣，環繞著人為的刺激，及虛假的引誘，以便引發注意。或者，由於對象置於自我之外緣，到全然屬「意志」的力道，因此不含興趣的努力，就必須施展出來。(其實)「興趣」的純正原則，是體認把所學或擬進行的活動，與生長中的自我，二者予以合一，置於當事人自我生長的方向中，如此，就有一股非此不可的力道產生，因為當事人就是他自己。當此種合一，一旦發生，就不必藉純意志力，也不必人為的有意促成興趣了。(ibid., 251)1938 年又寫《邏輯：一種探查問題的理論》(*Logic: The Theory of Inquiry*)，更把傳統形式化的邏輯拿來當解決問題的工具。1922 年的《人性及行為》(*Human Nature and Conduct*)，引申《倫理學》一書的道德生活觀，個人性也以社會角度予以分析，那是在 Chicago 時期與 Gerorge H. Mead 共同發展出來的理論。1925 年的《經驗與自然》(*Experience and Nature*)，提出他的試驗主義自然論 (experimentalist naturalism)，而以系統的哲學形式呈現出來。1929 年出版《穩定度的追求》(*The Quest for Certainty*)，也用系統的哲學形式來說明他的試驗主義。操作型的思考，是「智力的自然化結果」(the naturalization of intelligence)。1927 年《公共及其問題》(*The Public and Its Problem*) 是他的政治學說，以民主為基點來作為擴張社團組織及彼此之間的相互影響。1934 年的《藝術如同經驗》(*Art as Experience*)，將藝術創作活動與美的鑑賞，二者建立關係，而以一般性的經驗理論予以說明，這是他在先前的著作中一再提及的理論。1934 年《公共信念》(*A Common Faith*)，把傳統超驗的、神聖的、及至高無上的理念，與一般性的經驗理論，二者之間拉上關係。

　　教育與民主相同，與其目的的重視，不如強調過程的重要性。人類追求理想，若是懸的太高，則個人畢生是無法親自心領神會的。旅行時不達終點不罷休，這種人生觀較呆板與痛苦，不如把旅行過程本身就當作目的。隨時隨處都是目的，因為最終目的一抵達，就無下一站了。「排除可以有更多的旅行，則不如睡覺或死亡」。更不用說，什麼才是人生的最終目的呢？

　　也就在 Columbia 時代，Dewey 建立了全國最著名的教育哲學家身分。他的觀念，尤其表達在《學校與社會》(The School and Society) 中已漸漸在教育改革圈內居領導地位，二十世紀初期，無人能出其右。1914 ～ 1917 年之間，作為精神門徒的 Randolph Bourne 發揚 Dewey 的《新共和國》(The New Republic) 一書，把上述觀念予以普及化及大眾化，是進步主義知識分子人人皆知的事。此外，1915 年又出版《明日的學校》(Schools of Tomor-row)，與他的女兒 Evelyn 合著，描繪出改革式的學校景觀，也對教育改革運動者的理論、努力、及地位，提出評論。此時，Dewey 無論發表什麼文章，都保證有廣大的讀者予以閱讀。而 1916 年的《民主與教育》(Democracy and Education) 是他的傑出教育代表作。❹ 他盼望大家不要以為民主觀念只是一種政治制度，其實卻應是一種社會生活的形式。教育是一種社會化的過程，使個體繼續在社會上有智力及美育上的生長，經由個體此種生長，社會即可持續再生，持續展現活力。此種觀念，現已童叟皆知。「民主應致力於教育，這已是普遍存在的事實」。此話經常被引用。Dewey 的作品，遠超過 Plato 及 Aristotle，所譯成的外文，除 John Amos Comenius 的《世界圖解》(Orbis, Pictus, 1658) 有四十種外語外，無一本可比 1916 年 Dewey 的《民主與教育》。

　　政府依靠公眾選票來組成，除非候選人及投票人都接受教育，否則此種政府的組成未必能成功，這種解釋已屬膚淺。由於民主式的社會有一原則，即駁斥外在權威，替代品就必須是心甘情願的安排及自動自發的樂趣，

---

❹　有人認為該書是 Rousseau 的 Emile 之後對教育學最具貢獻的著作。Walter Lipp-mann 在 The New Republic 中說，該書是「奉獻給未來美國文明最具成熟的智慧結晶」。中文譯本有三，一是鄒潤恩，一是林寶山，一是林玉体。該書的寫作，起因於他的得意門生 William Heard Kilpatrick 的寄望。(Thayer, 285)

這只能靠教育才能達成。不過另有更深層的解釋，民主不只是一種政府形式，基本上更是一種協合生活的型態，也是一種可以互通訊息並共享經驗的生活模式。個人數量在空間上的擴增，使得每個個體之參與，都得考慮自己的利益及他的行動是否涉及的他人利益，也要考慮他人的行動會對自己的行動有引導作用，這與瓦解階級、種族、地域之藩籬同屬重要。這些藩籬障人耳目，使人無知於其他人活動的參與及注入；更多的人有更多的觀點，相互接觸的結果，易產生更複雜又更多樣的刺激，也鼓勵個體對此採取不同的回應，因之行動的多樣性是最佳的結局，從而力道釋放出來了。若是引發行動之源只是來之於部分，該部分又在一個排他性的團體裡，則上述的力道就被封閉了。在變動不居的社會裡，分配的管道多的是，更動無所不在。此種社會必須能使每個成員都能接受教導，藉各種變動管道來作個人的調適與創新，否則眼花撩亂，看不出其中的關連性及意義性來。

民主既具有此種理念，則與之呼應的教育，就有必要培育個人使之對「社會關係及社會控制發生個人的興趣，也在心態上形成一種習慣，喜愛社會變遷，但並不引入社會的失序。」

Counts 希望學校教師應有勇氣來建立一個嶄新的社會秩序，Dewey 答以在複雜的工業社會中，政治組織與教育機構太多，學校並非是主掌政治、學術、及道德變遷的主力。「不過，學校雖非是充足條件，但卻是必要條件來培育人民的理解力及性格」。

《民主與教育》一書，原先是為公立學校教師及學校行政主管所寫的教科書，因此也提出教學工作的細目、教育目的及願望、教學方法、課程及教材。Dewey 清楚的了解，所有機構都帶有教育性，個體參與活動時都有意識的體認經驗出來，這都會產生一種影響；但另外一種更具審慎安排的教育機構，即學校，以及明示的教材內容和課程科目，更是建立現代工業社會最特別的教育機制。繼《學校與社會》的說法之後，Dewey 如同先前的 Harris，更加重了學校教育的分量，且比 Harris 更看重學校在有意推動進步社會中，是不可或缺的改革槓桿。不過吾人切不可因此忽略了 Dewey 也把教育取其廣義，並不侷限於有形的學校教育上。藉 Plato 的觀點，在好社會裡，日常生活的特徵就可培育好國民；當然，學校的教育功

能確實非其他教育機構所能取代。教育工作者一定要把教育焦點放在學校。《民主與教育》一書彰顯出他一般性的哲學主張，他把哲學定義為「教育的一般性理論」。哲學家就不是採用此觀點，因此也不去翻閱該書；致使 Dewey 的核心精神，學校與教育的關係，以及教育與政治的關係，從此被哲學界所忽略。

在《經驗與教育》(*Experience and Education*) 一書中，他釐清傳統教育與進步教育的差別。他更指出，外在權威被拒，「這並非就等於排拒所有權威，卻是要尋找更有效的權威資源。」可信賴的權威 (authoritative) 與濫用權威 (authoritarian) 二者形同涇渭分明。而誤解自由的人會變成非常獨斷 (dogmatic)。Dewey 常以「經驗」(experience) 來解釋他的哲學與教育。其實，知識來自於經驗，但二者並不等同；教育來自於經驗，但有些經驗是反教育 (mis-education) 的，有礙於成長，那是指只重視眼前利的經驗，既無連繫性，是孤立的。有些經驗越來越狹窄，且墨守成規 (rut, in a groove)。有些經驗是呆板的、僵化的 (callousness)，敏感度降低，反應度也遲鈍。經驗如能「重造」、「再生」，則教育可以是「由經驗而生」，「依經驗而行」，且「為經驗而存」(by the experience, of the experience, for the experience)。

Dewey 的教育著作廣受大眾所閱讀，寫作型態也有變化，有政論型，也有深奧難懂的哲學型。著作之外，還由於他參與各種教育及學術團體，因而也發揮深遠的影響力。「美國教師聯盟」(American Federations of Teachers)、「美國教授協會」(American Association of University Professors)、及「進步主義教育協會」(Progressive Education Association)，是其中的主要團體，他都當會長；並且透過教育使節團到各國去宣傳他的教育主張，使墨西哥、中國、日本、及蘇聯，都能聆聽他的學說；加上其門徒之宣揚，間接地擴大了他的影響力。Sidney Hook、William Heard Kilpatrick、Boyd H. Bode、John L. Childs、Robert Bruce Raup、及 Harold Taylor 等美國學者；胡適、陳鶴琴等中國學者；J. J. Findley 等英國學者，以及 Stanislav Shatskii 和 Albert P. Pinkeviteh 等蘇聯學者，皆是他的子弟門生。❺各種改革者皆披上他的哲學

---

❺　臺灣第一位教育學博士林茂生求學於 Dewey 任教的 Teachers College，Columbia 大學，也可算是 Dewey 的門徒。林博士在 1929 年獲該大學的 Ph. D. 不幸在 1947

外衣，聲稱是 Dewey 的主張。1920 年之後，他在教育上花了許多努力，指責那些自封為門徒者的說法；1928 年他被推為進步主義教育協會榮譽會長，登臺演說時，即是此種口氣與內容。1938 年，他發表一本諷刺性的書，名為《經驗與教育》(*Experience and Education*)，以及去世之前於 1952 年出版的《教育資源的使用》(*The Use of Resources in Education*) 之序文，也是如此，後者的作者是 Elsie Ripley Clapp。1938 年的 *Experience and Education* 並無新意，只在重述過去主張。他語調悲痛，因不少人誤解且扭曲其意，P.E. (Progressive Education，進步主義教育學派) 的人應多想教育本身，不要想什麼主義。即令是 Progressivism（進步主義），一加 ism（主義），就陷入意識型態的框框，跳不出來。

　　陳年老問題，就如同 Plato（柏拉圖）相較於 Platonists（柏拉圖門人），或 Marx（馬克斯）相較於 Marxists（馬克斯門人）；對 Dewey 而言，他面對的是三項獨特的困難：第一，1930 年，University of Paris 頒授給他榮譽學位時，稱頌他是「美國天才中最深沈也最完美的表現者」。視當時狀況採取平衡的主張，在過度形式主義的時刻，他就鼓吹學校應與生活結合在一起；在教育不平等之際，他主張文化民主化；在經濟自由化如脫韁野馬之時，他呼籲「社會化」(socialized)，注重社會責任。Dewey 在他的思想中綜合各派，許多改革家在讀 Dewey 的作品時，頂多也只讀部分而已，卻都自認他們在教育上站在 Dewey 這一邊。第二，Dewey 寫作時間甚久，學術生涯非常豐富，關心的層面又廣，文字用語有時並不十分透明。因此一開始，讀者無法深悉 Dewey 著作中的真正意涵；Dewey 的寫作風格，Irwin Edman 說是 lumbering and bumling'（沈重笨拙且嗡嗡作響），大法官 Oliver Wendell Holmes 說「不通順」(inarticulate)，William James 則說「可惡，你也可以講，該受上帝處罰」(damnable, you might even say God-damnable)。但引用 Dewey 觀念的人多半沒有詳看或全看 Dewey 的作品。❻ 第三，二次

---

世界大戰後，Dewey 的進步主義教育哲學最為得勢，他自己曾有一次希望將「進步式的教育」這一詞中的形容詞去掉，改「進步式教育」為「好 (good) 教育」。但 Dewey 對 P.E. 提出許多批評。以兒童為本位，缺乏成人的引導，此種現象，1926 年 Dewey 曾為文予以指斥，用詞強烈。「此種措施是真正的愚蠢，試圖做一些不可能之事，又是笨拙之事，也不悉獨立思考的條件。」自由絕非生來即有，也非憑空計畫即有所得，卻是要奮力以求的，也必經有經驗的教師，通曉傳統，二者兩相合作，才可望有成。嬰孩不可能知道什麼才是最好的，Dewey 對這點極為堅持。P.E. 注重「個人性」(individuality)，對含有次序的教材組織採取敵意態度，認為有害於學童個人性格的培育，這就大錯特錯了。因為個人性並非天生，也不是一蹴可幾，卻要漸進連續地予以完成。其實系統的教材結構，非但無害於個人性，且是發展個人性的良方，教師藉其豐富的學識經驗，有責任來完成此任務。1929 年一本小書《教育科學資源》(The Sources of a Science of Education) 中，他質疑科學主義在主控 P. E.。他認為教育到頭來是一種 art（藝術）而非一種 science（科學），Educational Science（教育科學）是教師應憑科學來選擇較正確的知識，使心、頭、手在執行教學功能時，更具啟蒙性，更人性化，更符合教育原理。哲學 (philosophy) 才是教育的一般理論，而非科學 (science)。

　　1930's 及 1940's 年代，Dewey 的最大批評家 Mortimer Adler，到了 1982 年時發表一個聲明，標題是《安和樂利時代的擬議》(The Paideia Proposal)，其中提到他自己的哲學只不過是 Dewey 的引申，要是 Dewey 還活著，將會有同樣的擬議。此一現象是一種徵兆，讓吾人想起 Voltaire 有句格言，他說歷史是向死人開玩笑的一種設計而已。

　　七十歲生日慶祝會上，Dewey 謙遜地描述他在美國生活史及思想史上的地位。他說他這個人「對周遭的事件或運動具有敏感度，警於某些事正

---

　　Columbia 大學校長時，曾不客氣的指出美國教育的缺失，是「本校中的一位教授要負最大的責任。」Dewey 的門徒 S. Hook（於 1980 年來過臺灣）也不客氣的回擊，他希望校長多讀點 Dewey 的書。同樣，在臺灣，有些大學教授對 Dewey 的著作也不深入研究，竟然一再揚言，Dewey 說教育沒有目的。不過，也有人奮力維護 Dewey 的觀點，卻照樣對 Dewey 的作品也所知不多。

在飛逝而去或消失，某些事即將誕生及成長。在反應的力道上，預知其事將在未來發生。」七十歲時，門生故舊給他開生日宴會，他說他有個功勞，即把他認為可能消失者，真的就讓它消失了，這句話也真有哲理，且帶有智慧的史觀。

# 第三節　進步主義教育運動（中小學）

南方教育董事會 (Southern Education Board) 的計畫，是針對美國南方的社會及經濟重建而言，其實該計畫一點都不是史上第一次。雖然在十九世紀及二十世紀之交，該地（南方）的狀況有點特殊，該計畫只不過是大型國家計畫中的一部分，其中之一就是學校教育的改革，時間已進行約三十年了。該計畫至少有四個成分，當時的人都稱之為現代化的努力，1890's 年代則貼上了「進步主義式」(progressive) 標籤。四個成分是：1.促使學校培育的個人及團體更具實用性，職業訓練遂進入課程裡。2.把學校轉為社會中心。3.避免學校受到政治的干擾。4.學校教育邁向科學化。

## 一、進步主義教育的工作重點

1.學校教育的職業化，可以追溯到 Benjamin Franklin 或更早時期。在 1876 年的「費城百年展」(Philadelphia Centennial Exposition) 中，有獨特的現代口味。一群美國著名教育家如 M.I.T. 校長 John D. Runkle, Washington 大學校長 Calvin M. Woodward，都下過工夫來尋求一種方法，把「工業」(industrial) 的科目好好教學。他們一致認為，那是對工業化社會的公民，非常重要的工作。該方法在俄國館中出現了，莫斯科帝國技術學校 (Moscow Imperial Technical School) 的主任 (director) Victor Della Vos，在該百年展中展現出該校成立於 1868 年時，課程中有傳統科目，也有技術教育；在教室裡上數學、物理、及工科，然後到建造店中補以在職訓練，建造店 (construction shops) 是專為如此而設的，店裡產品可以出售。Della Vos 的目的，就是要設計「教學店」(instruction shops)，以便學生可以在「建造店」裡過學徒生活。「教學店」的課程規劃，使他及他的同事獲得嶄新的教育理念。在

這當中，有必要分析各種職業所需的技能，依據難度由下而上定出次序，然後按序予以教導；教學中還包括繪圖、鑄模、及工具的使用。學生按難易度予以練習，在教師指導之下進步到所需的技術水平。百年展中 Della Vos 所展示的就是繪圖、鑄模、及工具的使用。

對 Runkle 及 Woodward 而言，Della Vos 的革新措施大有啟示作用，簡直是「所有工業教育中的一把哲學 key」。二人皆熱衷於新的「手工訓練」(manual training)，不只對擬在工廠工作的人來說是有效率的教學，且對所有學童而言也有必要，因為所有的人都應了解新工業社會的性質。不過他們也遇到反對者，如 William T. Harris。Harris 認為手工訓練是盧梭主義 (Rousseauism) 的遺緒，無法分辨心智能力的高下。還好，專業人士及局外人都認為 Della Vos 的革新，可以使學校吸引更多的新生入學，並且也較能適應工業化經濟的快速變遷。

2. 把學校轉為社會中心，始於 1880's 及 1890's 年代的都市改造運動。原先由 Rev. William S. Rainsford 牧師引入教育計畫於紐約市的 St. George's Episcopal Church (聖公會教會)，其後 Jane Addams 及 Ellen Gates Starr 也介紹教育計畫於芝加哥的 Hull House。策略變化多，從幼兒園到男生的木工及女生的縫紉俱樂部，到大人的公民及職業訓練班；這些教育課程的具體化，不僅擴充了學校教育的理念，改革家也認為適用於都市陋巷中居住的窮苦移民，並且更是一股社區重建力量，改革家把它當作近鄰再生的主力。男生的五穀俱樂部，女生的罐頭俱樂部、成人的改善農作生產計畫，都可以有利於地方社區的社會生活及經濟生活。男女皆預備接受新工業的社會秩序，在農村，他們也甘願留下來種田。全國人民皆為自己的未來共同自作決定。

3. 學校遠離政治，這是都市教育的現象。1880's 年代都市學校制度大幅擴充，都市政治人物更有機會掌控或掠奪學校事務權。沒有操守的政客都想盡辦法來犧牲學校利益，以遂行自己的政治企圖。有些人精於學校選舉，操控一切，甚至進行賄賂行徑。改革之道就是走向專業行政路線，學校董事會不可有政黨色彩，董事不應是黨工。行政注重效率、經濟、及成果 (efficiency, economy, and effectiveness)。

4. 學校教育科學化：應用最近發展出來的哲學、心理學、及教育學知

識，使教學更具人性化，教學方法更見成效，教育行政更見效率與經濟。歐洲學者如 Wilhelm Preyer、Wilhelm Wundt、及 Herbert Spencer 的作品，越洋而來，經過美國學者如 William T. Harris、William James、G. Stanley Hall、及 John Dewey 的申論解說而發揚光大。他們的作品都是州立師範學校及大專教育學家教學的材料，增強了美國人對教育效能的信心，鼓勵了教師及行政主管追求教育專業的夢想，並以教育科學化來解決教育滋生的問題。

## 二、Joseph Mayer Rice

以上所敘述的各種努力，在 1870's 及 1880's 年代是零星式的，也是初期的，彼此也不相關連。1890's 年代時四者全流入全國性的學制運動，變成美國政治及社會事務中更為廣泛的進步式運動裡的一部分。首先把學校改造運動作一番描繪的是 Joseph Mayer Rice，他在 1893 年出版《美國公立學校制度》(*The Public-School System of the United States*)。Rice 是一位紐約的年青小兒科醫生，由於對疾病的預防處理頗感興趣，使他對該市的學校問題甚為注意。1888～1890 年他為此專程到德國的 Jena 及 Leipzig 研究教育學，返國後帶回了確定的「教育科學」(science of education) 答案，該答案幾乎都從 Wilhelm Wundt 處得來。為了宣揚理念，他在《論壇》(*Forum*)雜誌寫一文發表於 1891 年 12 月號，該雜誌為其父 Isaac L. Rice 所創辦，請一位能力高強的南方人 Walter Hines Page 當主編。文章發表過後，主編邀他來為該雜誌評鑑美國的公立學校制度，Rice 同意且花了 1892 年半年時間到教室看看，與師生交談，出席學校董事會，與家長交換意見。評鑑的學校隸屬於三十六個都市❼，他把發現所得，陸續刊在 *Forum* 中，從 1892 年 10 月到 1893 年 6 月。然後寫出《美國公立學校制度》一書。學校概況不外是死背課本，教師不用心教學，行政管理沒效率，政治狡詐手段頻傳，並且公眾極為冷漠。不過仍有一些令人欣慰鼓舞者，在 Minneapolis，老師都很感性與同情心的對待移民家庭中最窮苦的孩子；在 Indianapolis，政客

---

❼ 從 1892 年 1 月 7 日開始，他自 Boston 到 Washington，從 N.Y. 到 St. Louis，對學校校方的報告，深覺「不可相信」。訪問過一千兩百位教師，6 月底結束。

遠離校園之外，課程中各科目在教學時，都鼓勵孩子去了解每個科目之間的統整關係。在 Indiana 的 LaPorte，學童在教室內相互合作，而非彼此競爭。在 Cook County 師範學校 (Normal School)，教師受到校長 Colonel Francis W. Parker 的鼓舞，充分運用想像力，以地圖、繪圖、模型、動物標本等教具來教文學、科學、及美術科目。Rice 以此為例，呼籲大家要採取行動，以「進步式學校」來教導學童，學童也將因此獲利。只要公眾此種心情被喚醒了，則學校制度就可以絕對遠離政治的污染。如再加上科學式的視導，教師又獲鼓勵來改善他們的教學，則「全國的一般教育精神是進步式的」，地方各社區應抓住機會，來起示範帶頭作用。

Rice 文章發表之後，反應如受電擊一般，《波士頓廣告日報》(*Boston Daily Advertiser*) 說深感愧疚，要求立即革新改善，指出學校最「忙碌的工作」(busy work) 非但無助於兒童教育，反而有害。Chicago 的《放送報》(*Dispatch*) 指出，該市學校無法免於政客的污染，深感丟臉；Detroit 的《自由新聞報》(*Free Press*) 支持 Rice 的指責，希望儘快補偏救弊，沈病非除不可。但教育界則反應大為不同，Boston 的《教育雜誌》(*Journal of Education*) 認為 Rice 是個年青人，太吹毛求疵，只作情緒性的批判；New England 教師廣為訂閱的《教育》(*Education*) 在 1892 年 12 月版社論中，就嘲笑 Rice 專挑小毛病，放棄本業的病人心理治療卻跑到德國唸教育，其後數期也陸續指出 Forum 偏激及高高在上的大學理念，專家式的評論，是智識分子的一種諂上欺下 (intellectual snob) 行為，未悉美國公共教育的重點所在。

N.Y. 的《學校雜誌》(*The School Journal*) 先是持靜觀其變的態度，另一雜誌《學校》(*School*) 即從頭到尾就大力予以抨擊，社論及讀者投書都一面倒的斥責，說 Rice 只受外國訓練，缺乏課堂經驗，證據不足，反公立學校，具有偏見，不夠格來批評美國教育。

《美國公立學校制度》具多層意義❽。第一，Rice 的明察秋毫，他的

---

❽　意義在於具有「清除家中令人不快、討厭、或不潔東西」(muckraking) 作用。Baltimore 的一位教師向他說：「我以前教高年級，但不久前我得了神經痛，醫生要我多休息，因此我現在教低年級，因為那比較不費心力。」N.Y. 一位校長，有人問他是否准許學生搖動他們的頭，答道：「老師在面前，為何學生要向後看呢?」一

敘述，把 1890's 年代的城市公立學校像一張活生生的圖畫展現出來；第二，他是第一位以全國的角度來看教育問題，也是第一位將當時各種學校改革線索理出頭緒者。換句話說，他看出全國學校教育邁入進步式的運動；全國人士此種自覺，才使十九世紀九十年代步入進步式學校改造時代，而與先前的教育改革有所區隔。此種運動是多元的，有時甚至是對立的；有支持兒童中心的教育，也有贊成社會導向的教育；有主張黑白平等的教育，其中以 National Association for the Advancement of Colored People（全國增進有色人種協會）為主，但同時亦有默許黑白不平等對待的教育。參與此運動的人及團體，也多得不可勝數，實業家如 Robert C. Ogden，勞工領袖如 Samuel Gompers，社會安頓工作者如 Jane Addams，社會福音 (Social Gospel) 牧師如 Washington Gladden，學界如 Richard T. Ely，慈善基金會領袖如 Wallace Buttrick，政治保守派人物如 Charles W. Eliot，及民主社會學家 John Dewey；農人團體如農莊 (Grange)，商人團體如全國職工協會 (National Association of Manufactures) 等。

　　社會力及政治力的結合，在各地於不同時間出現。如由北方慈善家結合南方改革家而組成南方教育董事會 (Southern Education Board)，且在南方各州組織成政治網。由商人、勞工領袖、農人代表、及支持職業教育學者人士，共同於 1906 年組成全國促進工業教育協會 (National Society for the Promotion of Industrial Education)，推動 1917 年通過 Smith-Hughes 職業教育法。由私立學校領袖，慈善家、及大學教育學教授，共同於 1919 年成立「進步主義教育學會」(Progressive Education Association，簡稱 PEA)。另有一個組織較為鬆散，是由宗教領袖、社會工作者、教育家、及行政官員共同來組成一個團體，解決 1930's 年代中學的「青少年問題」(youth problem)。

---

位 Chicago 教師要學生作集體背誦 (concert drill)，吼聲大叫要她們「不要停下來想，告訴我，你們知道的是什麼就可以!」

## 三、進步主義教育學會運動 (PEA)

PEA 運動的面貌雖然紛歧，但也具有數點共同的特色；其他的特色則先風光一陣子，後來即失色。共同的特色是：

1. 學校的功能及課程活動，範圍擴大，包括健康、職業、家庭生活、及社區生活的品質。

2. 教室氣氛更具人味，更為動態，教學技巧較理性化。那是來自於哲學、心理學、及社會科學的研究成果所造成。

3. 教材的編寫，較考慮學童的個別差異性及學童社區生活的社會階級性，有些學校用不同方式教相同的課程，有些學校則課程本身就有差別。

4. 學校管理及行政，在組織上更具系統，在方式上更為理性化。

一次世界大戰之前，本運動的重點放在公立小學課程的擴充及再造上，設立特殊性的公立職業及工農科中學，行政、管理、及教學的合理化，以及教學及行政的專業化。1920's 年代時，本運動項目又多加了一種，即特別挑選中產階級的學生作教學改革實驗工作，1930's 年代的焦點則是針對青少年問題，尤其是以中學階段不擬入大學院校就讀者為對象。

進步主義學校的改革家採用的策略，反映出美國教育的政治結構，他們發起立法運動及教育撥款，最後在國會通過了聯邦的 Smith-Hughes 法案 (Act)，但這是個案，卻非通例。聯邦政府在二次世界大戰之前，並不大幅度介入於教育事務，二十世紀初期，中央政府設立的「美國教育局」(United States Bureau of Education) 仍然是個小且無實權的機構，頂多出現了一些有名望的教育總長，在任內把該局作「絕佳的講壇」(bully pulpit) 而已，尤其是 Philander P. Claxton (1911 ～ 1921) 及 John W. Studebaker (1934 ～ 1948)，利用該講壇在全國鼓吹進步式的學校改造。不過即令如此，該局比不過「印地安事務局」(Bureau of Indian Affair) 在聯邦所進行的學校教育計劃。自 1887 年到 1930's 年代早期，印地安人接受大規模的美國化（Americanization，正式用辭是 assimilation，其意為同化），以及 1930's 年代之後的雙文化主義 (biculturalism)，目的都是進步主義式的。中央政府出力較少，倒是州政府及地方政府的表現可圈可點。除了立法，另有撥款來興辦進步

式學校的設立及維持，在學校規模、結構、權力、及教育董事會的代表上，都有明文規定，又明指何科應設，何學門應教。此時，美國學校教育之地方分權色彩即令再如何明顯，但經由 1840's 及 1850's 年代時「教育之友」(friends of education) 利用各種宣傳技倆，「聯合意見的塑造」(coalition building) 及非正式的意見交換，使觀念越見精緻化、系統化，也越來越有中央集權化及專業化傾向了，州級、地區級、及全國性的組織隨著產生。重點想法也較能為教師、行政官員、及地方學校董事會會員所了解。州政府也成立了教育部門，配合公立及私立師資培養機構的設立，教育改造的訊息在學校教室內發酵。而學校調查以及課程改造的快速發展，對學校教育的實施作了一番評鑑。進步式政策之運用及普及，影響力更為深遠。

　　1890's ～ 1940's 年代的半個世紀中，進步式的學校改革並非沒有遭受到挑戰。保守派評論家如 Teachers College, U. of Columbia 的 William C. Bagley 及 Isaac L. Kandel，U. of Chicago 的 Robert M. Hutchins 及 Mortimer Adler，到 U. of Fordham 的 John D. Redden 及 Francis A. Ryan 等人，不只口齒清晰，且影響力也不小。不過那段時間，批判音浪只是小漣漪而已，進步式學校仍是大洪流，造成美國學校教育的性質及型態發生巨幅的轉型與改變。學制擴充了，大量的孩童入了幼兒園及中學，1900 ～ 1940 年，入幼兒園的孩童增加了七倍，中學生則增加了十倍，而 5 歲兒童的出生率只增加 20% 而已，14 ～ 17 歲的人口增加率還不到 60%。其次，各學校階層的課程持續擴充，也予以重組，尤是在中學階段；工商貿易、農業、家政、體育、及技藝、美術（在經濟大蕭條時被大量刪除）都列入科目表中；課外活動項目也五花八門，如田徑運動會、俱樂部、學生政府等，都呈現在校園裡。非教學性的服務工作如種痘、健康檢查、營養餐點、職業及心理輔導等，也都是一種教育。而教材內容的大改，也是歷歷在目，教科書有彩色圖片，引人入勝；補助教學器具如閃光卡片、工作簿、實習報紙、幻燈片、錄影圖片、錄音機等，都在教室內使用。學生分組也更為平常，依智力、性向、及成就測驗來編班編組。訓育變成較不嚴苛，以鼓勵及獎賞來代替懲罰、斥責、糾正、及體罰。學校建築包括集會所、體育健身館、游泳池、運動場、田徑場、實驗室、商店、廚房、臨床醫護室、飲食店、

及洗衣間。學校供作多種用途，校外社區人士也可使用。經過州政府教育部門的設立，且職責之增加，上述各項之系統化也是明顯的走向。學校校區越為凝固，越為擴大，越為複雜，也越為科層體制化。如此一來，就有必要有一部大的教育行政機器來處理這些教育問題了。

除了上述較大也較為普遍性的變遷之外，另有一些現象也值得觀察：

1.美國就學人口持續增加，校內的不同措施也照樣存在。讓我們回想一下，當南方教育重建時，也擴大了白人學生及黑人學生的教育差別性，雖然二者的教育機會有增無減。同樣的景觀也出現在北方的都市，北方都市的學校，黑人孩童上分離式學校，此種學校分成三種，一是法定的 (legal)，一是「近鄰分離的」(neighborhood segregation)，一是學區操控的 (gerrymandering of school districts)。其次，小學之後所上的綜合中學，成為美國中等教育的普遍類型，而職業中學卻是大都市的通有現象，收受的學生是沿著社會階級路線的差異而來。這如同綜合中學裡職業組別的情形一般。此外，職業中學或綜合中學內的職業組別，也有性別差異現象，即令男女合校也如此，最明顯的科目就是家政。二十世紀初期，該科完全為女生選擇適當行業而開，即理家。最後全國促進工業教育協會 (National Society for the Promotion of Industrial Education) 也討論女生是否應該到工廠找工作，或教導她們如何處理家事並照顧小孩，雙方意見紛歧；而全國增進有色人種福祉協會 (National Association for the Advancement of Colored People) 也爭辯到底工業教育或是通識教育才適合於黑人學生，這些討論，都涉及到智力因素及政治立場，如何安排，實在大費周章，也是一種智慧的判斷。雖然各吹各的調，但並不影響本運動之推進。

2.美國學校教育的結構持續分化，與之平行發展的，是課程也持續分化。進步式教育改革家認為，學校教育唯一能夠吸引學生入學的，是它「擁有權力」(holding power)，即擁有開設學生及家庭認為具有實用的科目，而實用的科目就是職業性的科目。學生有個別差異，課程設計也必須予以呼應，依職業愛好取向及選擇，來作分科設目的依據；根據學生不同的需要及能力來量身訂做，因此標準測驗有必要規劃出來，或以不同方式來教導相同的課程。1918 年 NEA 的中等教育重建小組 (Commission on the Reconstruction of Secondary Education) 發佈了《中等教育主要原則》(*Cardinal Principles of Secondary Education*) 一書，內容即是以此為核心。二十五年前 NEA 的中學科目小組 (Commission on Secondary School Studies)，以 Harvard 校長 Charles W. Eliot 為首的所謂「十人委員會」(Committee of Ten) 就宣稱，中學課程應予以擴充，以便收容 1890's 年代新社會階層的子弟入中學就讀。該委員會建議共有四種課程：所有學生皆應修學術性科目，另也為升學或就業者提供不同課程；此外，外國語及科學也是必修科。相反的，Commission on the Reconstruction of Secondary Education 則提議，共同科目的學術內容應予減少，卻應集中在五大項目之下，即健康，基本能力的培育，作為家庭中有價值的成員，公民，及倫理規範。另有兩項屬於職業性質及休閒時間的善予運用，顯然那是具有特殊性或個別性的學科。課程應大幅擴充，除了學科科目增加之外，內容及教法也得重新調適。學業成績評量要求較具彈性，依測驗結果來進行輔導及諮商。《主要原則》一書，確是進步式學校教育的模範典故(文獻)，也為未來的發展樹立了一個里程碑。1918 年的美國公立學校，已進行分科學習活動，學校也按學生的職業取向及生活類型，來發揮選擇學生入學的功能。

## 四、Thorndike 及「量化」時代的來臨

「能力分班」(sorting) 這種議題，與智力測驗、成就測驗、或教育測驗等工具，有密不可分的關係，那也是要建立教育科學所必須作的努力，使教學活動更為嚴謹，更可令人信賴。1905 ～ 1908 年之間，法國心理學家 Alfred Binet 及 Théodore Simon 設計出智慧量表，一系列的問題，按難易度排列，每一問題都與不同的心智能力等級相呼應。大西洋兩岸尤其是美國就開始認定，量表觀念可以應用在智力、性向、及成就上，立即有一批測驗學家發展出好多評鑑來評量教育活動的效果。Edward L. Thorndike 及他在 Columbia 大學師範學院 (Teachers College) 的同事，率先編製了算術、手寫、拼音、繪畫、閱讀、及語言能力的評量量表。Charles Hubbard Judd 及他在 Chicago 大學的同事也作同樣努力，尤其與 1915 年 Cleveland 的學校調查相結合。Lewis M. Terman 及他在 Stanford 大學的同事修訂了 Binet 量

表，使 I.Q.（智慧商數，Intelligence Quotient）的辭彙為大眾所周知。I.Q.以數目字表示，代表一個人的心智年齡 (mental age) 與生理年齡 (chronological age) 之間的關係。1918 年全國教育研究會 (National Society for the Study of Education) 在發表年鑑的《教育產物之評鑑》(*The Measurement of Educational Products*) 中，Walter S. Monroe 宣佈已為中小學主要學科編製一百種標準測驗來評鑑其教學成效。Thorndike 於 1918 年寫了下述一段話，長期以來都被人引述：

> 凡所有存在的皆可以用數量來表示。徹底的了解，包括了解其量及其質。教育是會改變人的，改變是表示各種條件之間有差別。條件的了解，只有經由條件會生什麼差別來知悉，如作出來的事物、說出來的文字、及表達出來的行動等。

Everything that exists, exists in quantity and can be measured. Whatever exists at all exists in some amount. To know it thoroughly involves knowing its quantity as well as its quality. Education is concerned with changes in human beings, a change is a difference between conditions, each of these condithons is knowm to us only by the products produced by it —— things made, words spoken, acts performed, and the like.

Lawrence A. Cremin 說過：Thorndike 可能是美國在二十世紀初期最具影響力的教育理論家，他的作品使傳統的教學理念改觀，也實際上左右了教學措施，從初級讀本到研究所入學考試之設計，都包括在內，但現在已少有人記得了這位教育學者，除了過去三十年中只出現兩篇短的博士學位論文，由 Ohio 州立大學出版之外，以及他的門生故舊寫一些有關教育及心理方面的評論之外，述及他的生平及貢獻的文獻並不多見。今日他的著作早已絕版，也難以找到，有可能他已被世人所遺忘，但是他在教育科學的努力，從 1890 年開始，具創意、大膽，且無情的攻擊大眾教育的問題。雖然他的見解多半被取代，但其精神卻永存，且光榮的延續下來。

當 Thorndike 於 1899 年加入 Columbia 大學師範學院 (Teachers Col-

lege) 時，該學府變成全國最具影響力的訓練教育領袖的中心 —— 包括教師
培訓、學校行政、心理學、及哲學之研究。

　　1.有 Hall 的熱心，但拒絕用感性及軼聞式的研究方法，Thorndike 希望
Hall 的兒童研究運動應具科學味。

　　2.受其業師 William James 的啟迪，使心理學的研究更著重實驗法。

　　3.感受到 Darwin 及實驗主義之論點，這方向使他的成就超過 Herbart。

　　4.研究面較廣，不似 Wundt 之狹隘，利用 Galton 的統計工具，開山闢
地式的研究個別差異以及 Binet 的 I.Q. 測驗，而成為二十世紀的「測驗運
動」(measurement movement)。

　　從此，達爾文主義 (Darwinism) 變成進步主義 (Progressivism)；演進具
有進步觀念；學者開始大量對動物予以研究，且將動物心理學變成兒童心
理學。Thorndike 的博士論文就是《動物的智慧》(*Animal Intelligence*)。

　　心理學對教學的重要性，如同植物學及化學之對農作，生理學及病理
學之對醫學一般，心理學幫助教師了解人性。(此種觀點，與 James 不同)
完全徹底的了解任一兒童的心靈發展及道德發展事實，並予以解釋，就如
同地質學研究整個大陸，或化學研究全部金屬一般。

　　教育就是生變與阻止變 (Education is the production & prevention of
changes)，而所有的變，不管是量變或質變，皆可量化。換句話說，價值可
以事實化，哲學也可科學化，道德可以知識化了。各學科皆可編成量表，
來測出學生的學習成果。

　　1918 年時，中小學各學科測驗已超過 100 種以上，這是 Harold Rugg 所
稱的「計量狂熱」(orgy of tabulation)。這種「狂熱」，不只燒到學校教育界，
且軍中早已火焰熾熱。1917 年美宣佈參戰，美國心理學學會 (American Psy-
chological Association) 會長 Robert Yerkes 願意為陸軍服務，來測驗徵兵的
團體智力，設計出 Alpha 量表以測量他們的英文閱讀及理解力，Beta 量表
是圖表測驗以測不懂英文者。(其中 Alpha 成績是 0–212)

　　把 Stanford-Binet 的測驗換成心智年齡，心智年齡等級如下：

### 團體智力測驗百分比表（共 128,747 白人）

| 測驗成績 | 0–14 | 15–24 | 25–44 | 45–74 | 75–104 | 105–134 | 135–212 |
|---|---|---|---|---|---|---|---|
| 等級 | E, D⁻ | D | C⁻ | C | C⁺ | B | A |
| 百分比 | 7.38 | 14.38 | 21.86 | 26.78 | 16.69 | 8.82 | 4.09 |
| 心智年齡 | 0–9.4 | 9.5–10.9 | 11–12.9 | 13–14.9 | 15–16.4 | 16.5–17.9 | 18–19.5 |

兩種量表的目的，提供給軍方來：1.淘汰不適於當兵者。2.給予特殊才華者特殊訓練。不涉及人品操守，忠誠勇敢，指揮力或情緒特質。

此表於 1920's 年代引發不少爭論。Colgate 大學校長 George B. Cutten 於 1922 年時認為美國人的平均心智年齡是 14 歲，大部分美國人不必上高中以上的學校，唸大學者是 15% 即夠。1923 年 Carnegie Foundation（卡內基基金會）的 Henry S. Pritchett 也認為入學學生過多，其實受益不大。1927 年密西根大學希望班上有 20% 的學生不應入大學，1927 年 Princeton 大學院長 Dean Christian Gauss 也認為 1/6 的大學生不必唸大學，出言辛辣的 Lehigh 大學院長 Max McConn 於次年出版一本暢銷書，書名為《大學或幼兒園?》(*College or Kindergarten*?) 強烈指責大學之浪費。這些人取測驗來為精英教育撐腰。（臺灣在 1980's 年代也有人為文指責臺灣的高等學府是「幼稚園大學」）

PE（進步主義教育學派，Progressive Education）陣營裡分裂成兩種主張，若以 *The New Republic*（《新共和國》）刊物為主要戰場，則 1922 年 10 月 4 日的社論就強烈支持大學生人數的設限，大學已淪為「貴族階級的社交俱樂部」(social clubs for the aristocracy)，沒有教導學生如何思考，因為校園內泛濫著輕浮的年青人，不嚴肅的過大學生活，強烈的以學生為本位，半職業運動競賽成為風潮。Robert Morss Lovett 在《美國文明》(*Civilization in the United States*, 1922)，抨擊大學不再追求真理，只重服從及一致，成為興趣之僕、州政府的宣傳單位、鼓吹保存現有的社會制度。但另有社論指出，美國學校應注重個別化教學，使社會各階層及智力各階層的子弟皆能接受教育。

1922 ～ 1923 年，Walter Lippmann 在一系列文章中，吹皺了一池春水。他提醒讀者，原先 Alpha 的測驗量表是作分類用的，並不在測驗智力。「吾

人已學到了如何去測驗遺傳下來的智力，這種說法缺乏科學根據。」測驗量表只不過是一種工具，來安頓個人在恰當的位置上接受不同的教育課程。標籤於每人身上說他是庸劣，無教育性，這是既愚蠢也是一種瞧不起人的措施。體認到這一點，心理學家就不必背黑鍋，被指責是為「新勢利」(New Snobbery) 提供假情報證據的幫兇了。

John Dewey 對 Cutten 校長的說法頗不以為然，他同意 Lippmann 的主張。測驗量表是作分類用的，但分類之外所附加的社會意義，就令人有不快之感。I.Q. 是一種「冒險及概率」的指標 (an indication of risks and probabilities)，實際上的價值是作為激勵用途，使人們更深入了解個人的「能」與「不能」(abilities and disabilities)；除非完全「低能」(imbecility)，即令是人數最少的那部分，若提供純正的個別化教學，則他仍有發展的潛能。Columbia 大學師範學院 (Teachers College) 的 William Chandler Bagley 於 1925 年出版《教育的命定論》(*Determinism in Education*)，結束了 PE 在測驗上的論戰。有趣的是他高舉大旗反 PE，他說 I.Q. 並無「限制」(restriction) 意，卻有「擴張」(expansion) 味；I.Q. 只是提供給教師教育的起步，教師的遠見 (vision) 才是終點，而教師的遠見應朝向社會改造。

I.Q. 恆常抑或有變，1939 年 Lewis Terman 及 George Stoddard 在全國教育協會 (National Education Association, NEA) 作過辯論，此問題至今無解。

Thorndike 在自傳中自承，於 Wesleyan 大學的大三時 (1893～1894) 才聽過或看過 James 的《心理學原理》，該科是必修，但他的主修是文學。心理學的課，無精打采，教授及課本引不起他的興趣。但由於參加一次有獎的考試，規定要讀《心理學原理》中的數章，頓使他改變了一生，他發現太具刺激性了。「比我以前所讀的書」，更令他印象深刻。在 Harvard 的第一年，他就註冊去上 James 的課，且把主修改文學為心理學。Thorndike 在 Harvard 先觀察動物的學習，研究小雞的本能及智慧，由於大學不提供他空間作觀察，他只好借用 James 在劍橋市的住屋地下室。「夫人的不悅，幸好可以與兩個小孩作樂而沖淡」。Columbia 提供一筆獎學金，他乃轉到 N.Y. 跟 James McKeen Cattell 學習，Cattell 受過 Wundt 的實驗訓練。也向人類學家 Franz Boas 討教，注重心理事實資料的量化處理。1898 年以《動物學習》

(*Animal Intelligence*) 論文獲博士學位。

Thorndike 的實驗是置一個箱子，把動物放在裡面，發生特定的行為如壓槓桿，就能逃離箱子且有食物吃。實驗數次之後，動物在箱子內的時間減少了，一入內即「學會」壓槓桿，效率增加，時間也經濟。1913 ～ 1914 年出版三大冊的《教育心理學》(*Educational Psychology*)。聖經說人性本惡，Rousseau 說人性本善，Locke 說人性如臘板，Thorndike 則認為人性有許多「本性的傾向」(original tendencies)，因學習而有好壞。

在量化的時代，教育也走上量化的途徑，Harold Rugg 本來學工程 (engineering) 於 Dartmouth 大學，研究所唸心理學、社會學、及教育學於 Illinois 大學，1915 年得 Ph.D.。他認為 engineering 與教育都需精密的測量。「吾人活在算計的漫長狂歡裡，堆積如山的資料，精簡之，總結之，闡釋之，都須用新的量化技倆，整個時代瀰漫著常態曲線，標準差，相關係數，迴歸方程式 (regression equations) 中」。測驗及測驗之後的「量化」，在美國極為流行。Illinois 畢業後與 Charles Judd 在 Chicago 大學教書，1917 年出版《統計法在教育上的應用》(*Statistical Methods Applied to Education*)，用統計及圖表來彰顯「清楚、科學、及完全的敘述」，以便「了解當前的學校實際處境，科學的引導未來的發展」。一次世界大戰期間，他之與 Thorndike 等人加入陸軍為軍人提供性向測驗及智力測驗，這就不足為奇了。其後他到 Columbia 大學 Teachers College 擔任新成立的 Lincoln School（林肯學校）研究室主任 (Director of Research)，1928 年與 Ann Shumaker 出版《兒童中心學校》(*The Child-Centered School*)，充分反應出他的 P.E. 精神，強調個人在美術方面的自我表現；Lincoln School 位於 Greenwich Village（格林威治村）。

Thorndike、Judd、及 Terman 等人自認是專家，他們正尋求把學校教育建立在一個穩健的科學基礎上。在這方面，他們是道道地地的以進步式目的為取向。不過此種科學基礎所裝塞的內容，在根本觀念上是支持美國學校應配合個別差異來進行教學的；分班、分組、甚至分校的教育方式，本身就含有一大堆不平等的措施。目標是個別化教學，以測驗的結果，來決定一個學生在什麼時候接受什麼方式的教學。經過測驗後，原本被拒入學

者，現在有了上大學院校的機會，尤其是移民者及黑人。不過，測驗原本是學習診斷的工具，現在卻被拿來作為安置學生的手段。I.Q. 95 的學生，到底是在學代數時應予以特殊指導呢？還是不准他繼續學代數，或是他沒有學習代數的能力？或是他可以繼續學習數學中的「小數」(fractions)，但不可以繼續學代數，或是他完全不能學數學，而以木工活動的學習代之？他應該與同樣 I.Q. 層次的學生分成一組呢？還是與不同 I.Q. 層次的學生同組？這些問題的答案皆不一。事實上，在一次世界大戰後，由於陸軍 Alpha 及 Beta 量表的廣為使用來鑑別士兵，測驗已作為學童分類的最重要工具，也作為教室內分組、或校內分班的基礎。測驗的正用與誤用，在 1920's 年代於《新共和國》(New Republic) 的專欄中，進步式學校推動者皆爭論不休。

　　Thorndike 更以年齡數據來支持終生教育的理念，他在 1920's 年代時說：「一個人一生中的頭 20 年是獲取資訊、觀念，及更精緻技巧能力的頂峰時期。」20 ～ 30 歲的十年，在這方面的能力，比其他年齡層更為優越。30 ～ 40 歲，則可以與 10 ～ 20 歲者相匹敵。甚至到了 45 歲，「他的吸收力及博學力，可以與他的 15 歲孩子相仿佛」；並且「中年人的智力與年青人不相上下，成人在一般性及實用性的判斷上，還表現較年青人為優。」

　　進步派與保守派在進步式學校運動中，雙方劍拔弩張；在測驗議題上，彼此也以政治及知識的見解不同而相互交鋒，這只不過是其中之一而已。另外在學校內，勞工聯盟及企業家團體，也對職業教育的結構引發衝突的辯駁，在全國性的層級上，雙方還能合作共同促使 1917 年 Smith-Hughes 法案的通過，但在地方層級裡，則雙方就意見相左。到底工業職業訓練應在分設的學校中進行，還是在綜合性的中學來實施，其中尤以 1913 ～ 1917 年 Illionis 的 Cooly 法案最為有名，該法案在芝加哥規劃為雙軌制，一是普通中學，一是繼續（職業）學校。有些職業團體贊成，如 Chicago 商業俱樂部 (Commercial Club)；有些則反對，如 Chicago 勞工聯盟 (Federation of Labor) 及 Illinois 州勞工聯盟 (Federation of Labor)。兩派皆宣稱是進步主義式的。

# 五、「美國化」及「專業化」教育

視學校為「美國化」的工具，這個議題也引發進步教育工作者的爭論，尤其發生在移民狂潮的一次大戰時期。十九世紀晚期，學校教導移民子弟及大人學英語、美國歷史、及公民職責。二十世紀初期的 1907 年國會組成 Dillingham 小組 (Commission) 來調查「新」移民，發現他們「低劣自卑」(inferiority)；國會遂在 1921 及 1924 年的「移民法」(Immigration Acts) 中大幅減少移民數，且大力推展「美國化運動」(Americanization movement)。下述單位出力最多：

1.進步主義改革家 Frances Kellor 及她所組成的移民來美者委員會 (Committee for Immigrants in America)。

2.美國聯邦教育局 (The United States Bureau of Education) 於 1914 年設移民教育科 (Division of Immigrant Education，Kellor 向她的富友募款予以資助)。

3.NEA 於 1921 年設 Department of Immigrant Education（移民教育部）。全國各地普設綜合性的美國化課程，來教導新移民來美的大人及小孩。不只教英語及美國公民事務，還教導乾淨、中產階級價值觀、職工訓練，且要他們藐視移民者的傳統遺產。移民來美的人少有聲音質疑上述最後一項訴求──放棄他們的語言、文化、及傳統，以便變成美國人；但一群土生土長的學者及移民中的知識分子就挺身而出，反對上述的擬議，而提倡將美國化作更為多元也更為分殊的文化定義。John Dewey 及 Horace Kallen 專為此寫文章討論美國化問題，強調不可放棄一個認同來轉為另一認同，卻可以把同時存在的兩種認同，就像交響曲演奏一般。年青作家 Randolph Bourne 於 1916 年寫一文，標題是「超越國家的美國」(Trans-national America)，強力斥責「大鎔爐」(melting-pot) 的美國化觀念，以及由此而來的美國化運動；他把美國化定義為一種大同主義式的，可以擁抱並保有移民者的傳統。1920's 及 1930's 年代時，此議題沈寂下去，因為移民潮已退，同時美國化的多元定義已廣為大眾所接受。

「人為的努力」非常重要，Thorndike 早就批評保守的 Darwinism（達

爾文主義）及 G. Stanley Hall，不能因為在 phylogeny（無機物的演化）中
曾經發生過，就認為在 ontogeny（有機物的演化）中必然會重演。老天也
知道，「可惡的大自然 (Dame Nature)」本身，在 ontogeny 中也把器官及機
能的外觀予以扭曲、刪減、剪除（遺漏），這是有正當理由的。吾人應向大
自然學習，盡力把無用及老舊的予以廢棄，而儘快獲得最佳也最有用者，
盡力把好的事實 (is) 變成「價值」(ought to be)。移民者文化及美國文化二
者之交流，皆是「有機物的演化」(ontogeny)，「美國化」的過程中，「交響
樂」觀念總比「大鎔爐」，價值高很多。

　　另外一種不協調音，出現在進步主義式學校教育運動陣營中的，是教
學的專業問題，兩大派也你來我往，互不相讓。這兩大派就是 NEA（National
Education Association，全國教育會）及 AFT（American Federation of Teach-
ers，美國教師聯盟）。NEA 的前身是 1857 年的 National Teachers' Associa-
tion（全國教師協會），自認是代表教師的唯一專業團體，成員主要是大學
院校對中小學教育事務有興趣的領導人、中小學行政人員、及中小學教師；
總部在 Washington D.C.，辦公室是八層樓建物，不與工會結合，是全球最
大的專業組織，目的在「提升教學專業的特質，增進教學專業的興趣與利
益，並促進美國教育之發達。」教師解職，必經過正當程序。以「制裁」(sanc-
tions) 來代替「示威」(strikes)。到了 1890's 年代時，有些分支部門開始出
現，如「學校督導部」(Department of Superintendence, 1870)，及「教育諮
商部」(National Council of Education, 1884)，二者的組成成員是男性領導人。
另外的附屬單位如「幼兒及小學部」(Department of Kindergarten and Primary
Education)，則由較無行政權的女教師參加，開始時會員不多，1900 年時有
2,332 人，1910 年有 6,909 人。這些組織的優先考慮重點，是把教育當成專
業，而把教師薪水、學術自由、及校內工作環境的改善列為其次，認為只
要教育專業地位一建立，則後者的條件就會跟著而來。

　　但是 1897 年，Chicago Teachers' Federation（芝加哥教師聯盟）在
Catherine Coggin 及 Margaret Haley 兩位女性領導之下，大都市的教師就另
外組成教師組織，尤其來自於 Chicago, N.Y., Los Angeles, San Antonio,
Gary, Oklahoma City, Washington, D.C., 及 Scranton 等大都市的女教師，

認為她們是被男性行政官員及教育董事會剝削的對象，無工作保障，缺乏學術自由，薪水無法與男教師同工同酬；相同的職位、訓練、及經驗，女老師薪水只是男老師的一半。因此她們的考慮優先權，就放在這裡。相信只要待遇工作條件及職業保障改善了，專業地位就如影之隨形。這些組織都附屬於 AFL（American Federation of Labors，美國勞工聯盟）之下，1916年組成了 American Federation of Teachers。只限純教師參加，教育行政及學校行政人員皆排除在外，是行動派，不似 NEA 之只發表年度報告。總部也設在 Washington D.C.，採集體談判 (getting things done) 方式來達到目的。至於世界性的教師專業組織，即 WOTP (World Organization of the Teaching Profession，環球教師專業組織)，成立於 1947 年，總部在 Scotland。

教育的專業化，就是心理學化。美國教育心理學家對「教育」對象的兒童之「心」所作的研究，也在全球教育心理學界佔舉足輕重的地位。一般說來，教育心理學派有四：

1. Structualism（結構主義）：主將是 Titchener，個性保守、拘謹，為學術而學術，不假辭色，不苟言笑，與 W. James 恰好相反。他認為心理學研究不可染上感情，也不可有私意介入，把世界當成一個「大機器 (a vast machine)，如同一個工具或一具引擎在發動一般」；「心理學，如同心靈的生物形態學 (morphology of the mind)，只研究其存在及其數量，而不計其作什麼用途。(what is there & in what quantity, not what it [is] for)」。功能，不是他的研究興趣所在，那是生理學的地盤；心理學不應撈過界解決人的問題，那是生理學、社會學等的任務，心理學不應操心。科學只注意事實，至於事實的道德價值層面，則非科學家的本分工作，就如同過問家蠅 (housefly) 或肺炎球菌 (pneumococcus) 的道德意義一般無聊，因為那不是純科學。

方法上重視內省 (introspection)，或自我觀察 (self-observation)，完全不考慮利害、善惡、美醜、或是非，坦誠以道出內心的心理現象，予以分析或綜合這些心理經驗，自我剖白。不過多數人要無私的表達自我，作真情流露並不可能。另方面，求助者並非只在了解「真相」而已，卻要求予以協助。此派心理學家認為這不是他們的本務，他們的研究，沒有市場取向。由於無法提供生活上實用性的服務，只把心理意識作細分，又堅信各因素

不相連屬。但人類的心理是一種有機體，各因素之間無法作原子式的孤離區分。

　　不過為求真而求真，雖不具立即功用，但猶如數學上的 π，對真正科學心理學之建立，擺脫哲學心理學之束縛，卻居功甚偉。只是在以實用為主的美國國度裡，此種學說並不吃香。

　　2.Functionalism（功能主義）：這是美國本土的產物，為愛國者稱之為「最道地的美國心理學」(the most characteristic American psychology)。方法上也重視自我觀察 (self-observation)，但佐以客觀的檢驗，如同醫生問病人一般。目的也似結構主義，擬了解意識的奧妙，但注重意識如何運作，而非只停止在意識的狀態（事實）而已。因此重視習慣、本能、感受、感覺、及思維，心理學應具社會用途。1889 年 J. Dewey 的演說就曾經提到，原先 Harvard 教授 Hugo Münsterberg 的夢魘，對今日的心理學家而言，已非驚人之談。該教授擔心總有一天，心理學在文明的美國人心中，就如同抽雪茄及用海泡石所製的煙斗 (meerschaum pipes) 一般的受到歡迎。目前，心理學已應用在閱讀、選擇一流的 heliotherapist（目光治療師）、品味麥芽酒，及選用睡衣上。心理學走出學術的象牙殿堂，步入日常生活之中，解決一般實際問題。此派的重要學者，除了 Dewey 之外，還有 Thorndike 及 James。

　　3.Behaviorism（行為學派）：John B. Watson 是此派的掌門人。視人為動物，但比動物高級，優越之處在於人有手工 (manual)、內臟 (visceral)、及喉部 (laryngeal) 的習慣。不研究意識，也不重內省法，Ivan Pavlov（獲諾貝爾獎）之交替反應說受到推崇。

　　Watson 觀察嬰孩的行為，發現有三種未攙雜其他因素的情緒，即怕 (fear)，愛 (love)，及怒 (rage)。「怕」的原因是大聲或突然身體掉下；成長後因受條件反應的限制，而會怕蛇、臭鼬 (skunks)、黑暗、及墓園，這都是後天習得的，也是「被制約的」(conditioned)。1914 年，他認為制約反應 (conditioned reflex)「在方法上有內在的困難」(inherent difficulties in method)，要具備科學的嚴謹性，限制太多；但 10 年之後，他改了心意，大膽的說：一位正常又健康的小孩，他有信心使他變成一個各種不同表現的大

人──醫生、律師、藝人、大老板，甚至是乞丐或盜賊。不管他的天分、性向、能力、職業、國籍、或種族。但因說法太過誇張，現已失勢。不用內省法，心理學完全步上科學之途，此派居功最大。

4. 完形心理學 (Gestalt)：1912 年德人 Max Wertheimer 首先提出，雖新穎，但因冒犯了受人敬重的 Wundt 之學說 (Structuralism)，因此並不引人注意，一次世界大戰結束之後才傳到美。Wolfgang Koehler 著《猿猴的心智能力》(*The Mentality of the Apes*) 大受討論。Gestalt 這個德文字，是形 (form)、圖 (figure)、狀 (shape) 之意。英文譯為 pattern (類型)，或 configuration (輻輳)，如同 James 所說之 relation (脈絡關係)。但前者更具統整意及一體感，就如同教授參加教授會時所坐的冷板凳，他人的發言、配偶的壓力、女同事的胭脂化妝味、同事的煙氣，以及他的喜樂心境都可以與之連成一體。

看上圖者，不會認為那是好多條中斷的線，而是視之為整體的三角形。

重點放在「全」而非「分」。但有時「分」的分量大過「全」，這要視情境或「目的」而定，但前後左右脈絡 (context) 皆可影響其決定。

首先是知覺 (perception)，其次也涉及記憶 (memory)、學習 (learning)、思考 (thinking)、感受 (feeling)、成長 (growth)、發展 (development)、智慧 (intelligence)、及人格 (personality)。

學習不是背誦及操作 (drilling & doing) 而已，也非刺激與反應 (stimulus and response)，卻是 perceiving 及 patterning (感受及類型的進行活動)。

Kurt Lewin 說，行為並非因神經的聯繫而生，卻是希望獲得緊張的鬆弛。比如說去寄一封信，是因為如未寄，則內心有緊張感，一旦信件投入郵筒入口，則生理的平衡即可重新建造起來，就可以忘卻該事了。其他心理現象亦然。兒童學習上的厭倦、疲勞、或效果皆如此；只有研究具體及實在的情境，才能回答「為何」的行為問題，而不能只依數目統計；應注意 "psychological field" (心理場域)，也因此被稱為場域心理學 (field psychology) 或有機心理學 (organismic psychology)。此派也被評為不科學，因為每個個案皆異，不能重覆，心理現象是單一不可分的 (unique)。

　　1920's 年代時，NEA 及 AFT 都聲稱代表美國教師，都希望提升美國學校教育的品質，注重教育專業，教育心裡學就是他們最熱衷的教育專業研究。NEA 說他們是「專業主義」(professionalism) 的堡壘；AFT 則自封為「民主」(democracy) 的大本營，二者都同稱是進步式的。

## 六、Francis W. Parker 的 Quincy Method

　　Francis W. Parker (1837 ～ 1902) 在回憶錄上寫道：「假如我告訴你我的人生祕密，那就是我有強烈的欲望看到人類的生長及改善，我認為那是我讀書及熱心工作的整個祕密所在，如果這也算是祕密的話。我有強烈的欲望期求心靈的成長」。Dewey 稱呼 Parker 是「進步教育之父」(father of progressive education)。他是土生土長的美國進步教育家。生於 New Hampshire，16 歲充當鄉下老師，1862 年入伍從軍為 Union Army (北軍) 作戰，「上校」(Colonel) 頭銜乃至。退伍後到 Ohio 的 Dayton 教書，越發覺得教育發生了問題，乃閱讀當代教育理論。一位姑姑去世留給他一筆財產，乃仿 Horace Mann 之先例，到歐洲進修二年半，於 Berlin 的 U. of King William 上過課，還旅遊於荷蘭、瑞士、義大利、法國、及德國，參觀重要的教改措施。

　　1873 年麻州的 Quincy 校董會決定作學校測驗，結果令人失望，學生深悉文法規則，但寫不出普通水準的英文文章；讀教科書還算流暢，但熟知與未知之間就迷糊了。校董會擬有所作為，在應徵者中，挑了 Parker 作執行長 (superintendency)，他馬上廢除原有的教科書，而以雜誌、報紙、及教師自作資料，作為上課內容；算術用歸納法，而非背公式；地理則外出到鄉下遠足，另有繪畫。各科注重觀察、發表、及理解。此種 Quincy 制度 (System) 難免引發他人議論。Parker 於 1879 年的報告中說：「我重覆的聲明，我只不過是應用早已建立的原則於教育中而已，該原則來自於人性的法則，由之而生的方法，都可以在每位兒童的發展上看出。除了學校之外，無不使用該方法。我並無引介新原則、新方法、或新細節，我也沒試過新實驗，也無特殊的 Quincy System。」

褒貶緊隨而至。一位麻州督學作了獨立調查，發現 Quincy 的學童精於讀、寫、拼字，算術則居第四名。此種報告馬上被批評者指為偏見及不公平。Parker 於 1880 年離開 Quincy 到 Boston 服務，然後到 Chicago 擔任 Cook County 地區的 Normal School（師範學校）校長，把學童當作教育過程的核心，且把各科目予以統合，使之成為對學童有意義的材料。

Parker 先把學校組織成為一個「模範家庭，完全的社區，胚胎式的民主」(a model home, a complete community and embryonic democracy)。大禮堂作孩童及成人聚會處，活動不拘形式，注重自我表達及參與。一位教師說：「學校變成家庭的壇桌」(It is the family altar of the school)。每位學生都把他的東西帶來，觀察及研究的成果，就變作自己甲意的音樂、文學、及算術。Parker 本人於早上作主席，態度和藹可親，有長者風範，對學生和教職員有父愛又仁慈。校長身高體又重，滿臉鬍鬚，思考時習慣把手指放在嘴邊，時而挑聖經的一段來閱讀，時而要一名學生敘述該段與他目前的經驗有何關係。一名孩子下課後向她媽媽說：「媽媽，Parker 上校今天把手放在我頭上，我想這就如同耶穌一般的為學童祈福。」

美國學校從此首先出現繪畫 (drawing)，Parker 視之為學校活動的主軸。「模型製作」(modeling)、「圖畫」(painting)、及「繪畫」(drawing)，是表現自我的三種基本活動。有一位教育官員公開反對，在 1891 年秋季的學校考試之後，說：「非常抱歉，我必須報告，結果顯示散亂無章，粗心大意，注意不集中，習慣懶散。」Parker 也無情的予以反擊，指出這名教育官員的訊息不足，不夠格做個判官。雙方爭辯，你來我往，在 Chicago 報紙上相互攻訐。

Parker 是個教師，非理論家。1883 年發表《師說》(*Talks on Teaching*)，1894 年又發表《教育說》(*Talks on Pedagogics*)，取材自 Pestalozzi 的方法，Froebel 的兒童教育，及 Herbart 的集中注意力理論，但以 Rousseau 的自發天性 (spontaneous tendencies) 為主。G. Stanley Hall 習慣於每年都去 Cook County，「以便調整我的教育鐘錶」(to set my educational watch)。1890 年 Mrs. Blaine 給 Parker 一百萬美元來設一所私立的教師訓練學校，校名為 Chicago Institute（芝加哥學府），其後成為 Chicago 大學新成立的教育學院

(School of Education) 之一部分。

　　Dewey 於 1894 年抵 Chicago，也到 Cook County Normal School 參觀，非常滿意。其子 Fred、其女 Evelyn 都上該校的一年級。

## 七、Theodore Brameld

　　對 Dewey 哲學非常心儀，但有些修正的是 Theodore Brameld，他提出「重建」(reconstruction) 這個字眼。「重建式的教育哲學」，除了 John Dewey 有《哲學的重建》(*Reconstruction of Philosophy*) 之專書著作之外，Brameld 更出版不少教育重建的文章。這位紐約大學 (N.Y.U.) 的教育哲學教授認為，教育哲學不該返顧過去，也不可上昇永恆 (backward into the past or upward toward eternity)，但也不能只迎合當前文化條件而已；卻應依據現有環境，而有一種遠瞻式的理想來「重建」目前，邁向理想。這種重建，不是白日夢，或是空中樓閣，更非逃避 (escape)。歷史上不少學者提出帶有可行性的理想目標，只要社會條件足夠，理想與現實終能二者合一。與 F. Bacon 同時的義大利人 Thomas Campanella 著《太陽城》(*City of the Sun*) 一書，希望人死後應火葬，這種想法，不久即實現；但他主張妻子及子女共有，則形同 Plato 在《理想國》(*Republic*) 的說法一般，自古至今還停留在理論的階段。法國人 Francois Babeuf (33 歲即上斷頭臺) 著有《平等社會》(*Society of Equals*) 一書，甚至主張為了表現全民平等，人人皆穿制服。這些奇想異論，史上是指不勝屈，有的仍然是紙上談兵，原因是理想與現實脫節太大，無聯繫使之二者結合。但二者一搭上線，即應往「理想」那邊前進，不可原地踏步。Brameld 對 Dewey 哲學之「問題解決」(problem-solving) 教育觀，稍有意見，他認為「問題解決」比較遷就現實，較欠缺理想層面；「解決問題，到底為了什麼？」(problem-solving for what?)「由作中學習，由批判思考中學習，但為了什麼？」(learning by doing, by critical thinking, but for what?)」Brameld 認為光說是「為了生活」(living) 或「為了生長」(growing)，那是不夠的。

　　教育是個「價值」名詞，價值中最高的是「自由」(freedom)，不只有「消極的免於……的自由」(freedom from)，且應有積極的「追求……的自

由」(freedom for)。要教育採取價值中立，這是辦不到的，且也違反了「教育」的本意。因此教育帶有價值的傳授、啟迪、改變、或刪除性質。不過，教育有別於「訓練」(training)，不同於「宣傳」(propaganda)，也異於「灌輸」(indoctrination)，更不是「洗腦」(brainwashing)。教育不是只作機械性的重覆反應而已（訓練），教育過程中，應說明理由，不可光賴儀式、歌唱、排場、氣氛、或有聲有色的符號化，來達成效果，這些都是宣傳的技倆。並且在說明理由時，不可只挑選對己有利的片面之詞而已，這形同灌輸；更不准利用藥物來控制受教育的心靈，這就是洗腦了。教育過程中，准許批判、鼓勵己見（異議）、質疑、問難、價值重估、不玩弄「洗牌作弊」（card-stacking，衡量利弊，不利即重新洗牌，原牌作廢），否則就變成矯誣騙人的勾當。其實，「訓練」、「灌輸」、「宣傳」、或「洗腦」，若合乎教育的要求，也具有教育的價值，因為其中都帶有「重建」意味。

「重建」，帶有目的取向，但目的應含有正面價值，英國戲劇家 Bernard Shaw (1856～1950) 曾批評英國傳統教育，培養上層階級子弟「趾高氣揚」(snobbery)，下層階級則「低聲下氣，婢顏奴躬」(groveling subservience)。美國社會學家 Chicago 大學教授 Thorstein Veblen 指責美國有錢人以「舖張消費」(conspicuous consumption) 來肯定自己的階級，並彰顯自己階級的突出「價值」，如住豪華別墅，家有寬闊庭院，參加名貴俱樂部，穿著名牌服飾，開昂貴轎車等。這種文化現象，應該要取價值重建的角度予以批判。因為此類文化型態，本身含有教育的耳濡目染性，「重建」是人類異於其他動物而產生「文化」的關鍵。「文化」是「後天習得的」(acquired)，不是一種「本能」(instinct，如螞蟻或蜜蜂所形成的社會)。也透過「重建」，使其他動物變成人類社會生活的一部分，如拉車馬，顧家狗，或導盲犬。

杜威說，思考之所以發生，是因為「問題」來了。Brameld 不以為然。有些人純粹為了興趣，或為了研究而動用思考。其實，Brameld 之著作，也因看出美國社會出了問題，重建社會有必要先重建教育，所以他的教育哲學，取名為「重建」(reconstructionism)。以世界文化為範圍，將古代基督主義 (ancient Christianity) 配合現代民主政治 (modern democracy)，而形成為「現代科技及藝術」(modern technology and art)。汲取杜威的「實驗主義」

精神，但更要求有個明確的目的，勿停留在慌恐迷亂 (bewilderment) 中。在制訂目的時，勿言該目的代表絕對真理，或來自天啟觀念。Bishop（主教）Peskeley 曾說，「除非有人誇口說他與上帝交往，可以從上帝口中直接獲取靈感或啟示，否則人類之辨別真假，只好從經驗與實際行為當中來進行了。」因此就最多的經驗事實及最大的行為證據中來形成「己見」，以此來作為「教育」他人的根據，也是「重建」社會的基底。這種「己見」，也是「定見」，可能是「偏見」，但卻是「可經得起檢驗的見解」(defensible partiality)。教師既有教師資格，都應有 defensible partiality，這就是「目的」，不可任憑學生自我摸索。當然，教師的「定見」，不是千年不變，古今如一，卻要經常用試驗主義的方式來考核一番。

儘可能的提供證據，使結論可以站得住腳，可以暴露在無止境且公開的批判及比較之下，這就是 " defensible partiality" 當中的 defensible（可經得起檢驗的），至於 partiality（片面之見），因為知也無涯，吾人目前之知，可能只是所有正確知識的部分而已，因此結論的肯定，猶如 Dewey 所說之「依據可靠的確信」(warranted assertion)，或是「暫時的結論」(tentative conclusion)，當有反例出現，才重新再予以「重建」。

經由民主程序，可以達共識 (consensus)，教師不應再表示「中立」(neutralism)。

I. B. Berkson 批評 Dewey 及 Kilpatrick 專言「過程」(process)，不及 aim（目的）；只以「生理─社會面來解釋」學習 (a biological-social interpretation)，卻不言「歷史文化面」(an historical-cultural approach)。how to teach（如何教，教學法）的重要性，不如 what to teach（教什麼，教材）。教育有兩層意義，一是 conservation（保存），一是 reconstruction（重建），二者息息相關，前者是後者的「參照架構」(frames of reference)。教育應遵循明確的理念，以之作為指標，如美國憲法程序及原則，權利法案 (Bill of Rights)，種族平等，經濟福利及於全民，國際民主秩序的建立，作為積極教學 (positive teaching) 的目的。

中小學學生可塑性高，但要塑什麼？這才是重要的議題，不可只重「過程」，而不求「結果」。

## 八、PE 的結束及評價

　　PE 最後消失在歷史洪流裡，一來是教育的專業性太過分發展的結果，離一般眾人的知識水平太遠，教改熱忱隨之消褪；二來教育改革理念彼此不同，易生衝突。經濟不景氣時，個人主義轉而為社會改造，「太空人造衛星 Sputnik 號若沒有在西方教育天空上發射出亮光來，PE 運動也會因內在的矛盾而消逝；Sputnik 只是使 PE 的結束充滿戲劇性而已，但即令如此，也無人在 PE 葬禮上傷心痛哭。」

　　進步式學校改造運動，有什麼成果嗎？與一般性的改造運動一般，成果是說的比作的多；小的、特殊的、及具體的改變，比大的、一般性的改變多。這種評價，Larry Cuban 在所著《教師如何教：美國教育，1890 ～ 1980 年的變與不變》(*How Teachers Taught: Constancy and Change in American Education, 1890 ～ 1980*, 1984) 一書中提過，進步式學校教育的方法，採用學生小組式的參與討論，設計教學活動及田野教學等，在 1940's 年代時採用者不多，那是被專業人士目為受人崇敬的方法；但大部分美國學校教師仍仰賴傳統，且以教師為中心。更為重要的是，每當進步式教學技巧被採用時，只有孤立式的採用，並不把它放置在整體脈絡性的架構裡運作。比如說，工業教育原先的規劃，是使所有年青人皆能「評賞」以技術為中心的工業社會，但卻馬上變成職業教育的一種，只是傳授給某些學生技巧，以便他日後從事藍領或白領階級的職業；活動課程的最早設計，也是要把學術性科目的內容具體化，卻變成取代了學術性科目而單獨成科。由 Dewey 的門徒 William Heard Kilpatrick 所擬議的設計課程，是 1918 年進步式學校教育的代表作，卻也把 Dewey 在《兒童與課程》(*The Child and the Curriculum*, 1902) 一書中特別強調的光芒，消蝕大半，反而大大減低了兒童經驗與學習內容之間的關係，使 Dewey 在 1938 年出版的《經驗與教育》(*Experience and Education*) 中大為嘆氣。不只是好的理論經常無法反映在實際上，且是好的理論被壞的理論搶在前頭作怪。此外，改革所料想不到的惡果，頻頻出現。行政革新本來是要把「政治掃除在學校」之外，現在卻變成學校屈於新的政治之下，如此又產生亟待解決的新問題。

　　除了進步式學校改革運動在公立學校教育中產生許多不同的變化之外，尤其在 1910～1930 年之間，也刺激了許多重要且獨立學校的興建，如N.Y.市的 Walden School, Maryland 的 Chevy Chase School，創辦者皆擬採用特別的教學理論。此外，Baltimore 的 Park School，係由一群不滿公立學校的家長所興建，而費城的 Oak Lane Country Day School 則由社區人士所建。他們希望有新的教育面貌。在進步式運動中，熱心者及反制者兩相較勁的結局，某些人或團體只好訴求於私立學校，雖然有某些此種實驗性的學校專為工人子弟而設，但由於私校花費較多，且工人階級的一般教育理念都較為保守，因之獨立性的進步式學校，變成中等式中上階級的機構。1932 年 George S. Counts 在 PEA 於 Baltimore 的年會中，就以「進步式教育敢說是進步的嗎?」(Dare Progressive Education Be Progressive?) 為題發表演說，指出上述那種無法逃避的事實。

　　最後應該予以指出的是，進步式教育運動，影響力不只限於美國邊界而已，還擴及到世界各地。Dewey 的作品，經過翻譯後傳送到歐洲、大英國協、和亞洲、及拉丁美洲部分地區；其他影響力較小者如 Kilpatrick，也廣為英語國家的人知悉，且譯文也有多種。而「新教育之友會」(New Education Fellowship) 由於分會遍佈全球，也是美國進步主義觀念轉換到世界各國的場所。美國進步式理念輸出於外國之際，進步式學校教育模式也就跟著輸出國外；1920's 年代輸到非洲的教育模式是 Hampton 及 Tuskegee 的黑人教育措施。一次世界大戰後的歐洲，以及二次世界大戰之後的歐洲及亞洲，都對美國初等教育措施深感興趣，尤其是德國及日本在美軍佔領期間，美國進步式學校的理論與實際，就直接的出現在這兩個國家中，試圖藉此予以「民主化」(democratize)。一般說來，輸出的進步式學校教育版本是美國版的部分而已，如英國採用的兒童中心式學校，西德採用社會科課程規劃。採用之後，採用的國家又得適應自己的國情作了某種程度的修正；但即令部分的移植，卻也在移植國生根發展了。

　　我們也早已提過 John Dewey 在 1930's 及 1940's 年代時已預測，當進步式教育廣被採納而被目為是一種好教育之際，則把形容詞「進步式」(Progressive) 予以刪除，這在以改革為唸的人，是水到渠成的。二次世界大戰

後，正是此種時機已屆之秋。1940's 及 1950's 年代，進步式教育已經變成美國的傳統智慧了，不管專業人士或是一般人民，在爭辯教育政策及實際時，都把「進步式教育」這個名詞掛在嘴邊。但在討論教育事務時，保守派聲調也不時聽聞，其中之回音出現在 1950's 年代中葉，以 Arthur E. Bestor, Jr.，及 Admiral Hayman G. Rickover 為代表。不過 Harvard 大學校長 James B. Conant 的報告更廣被閱讀，他在 1950's 及 1960's 年代所提的報告內容，都肯定而非否決進步主義的教育措施。1960's 年代時，「進步式」這個字眼又再度重現，在 Johnson 總統提出「大社會」(Great Society) 時復活，當時重視的是教育上的「合理式公平」(equity)。各級學校持續擴充，課程的分化加強，學校科目的因材施教性越發明顯，學校活動的越趨社會性，以學校作為解決大社會中的社會及政治問題之工具；增進種族 (racial)、族群 (ethnic)、階級、及性別的平等；對新移民加速美國化，減少少女墮胎，並在停滯的經濟復甦上作了不少努力。其成果不一定可以衡量得出來，要估評也不見得成功，但對學校本身的影響既大且久。進步主義 (Progressivism) 容或未能如 Dewey 於 1916 年的《民主與教育》一書中所期待的創造出改革家所夢想的社會，但確信帶來一種學校景觀。美國人在二十世紀晚期不管各種派別，都認定學校是千禧年的寄望及期盼之所在。

1934 年 Malcolm Cowley 出版一本趣味十足的回憶錄《流亡者回頭》(*Exile's Return*)，描述一次世界大戰之後 PE 的發展。戰前知識分子的不滿，有兩股潮流，一是放浪形骸的個人主義 (bohemianism)，一是偏激主義 (radicalism)。前者反清教的禁錮，後者則是反資本主義的罪惡；前者在一次世界大戰 Mr. Wilson 當總統的世界裡還可以存活，後者則不可能。一次世界大戰後，偏激派已較褪色，藝人及文人集中在 N.Y. 的 Greenwich Village、Chicago、及 San Francisco，自我表現、反偶像崇拜、創造力奔馳，潛能可以激發在各行各業之中。

1955 年 Progressive Education Association 結束，隔兩年 (1957)，該學會的機關刊物 *Progressive Education* 也全部停刊，宣佈 PE 的時代結束。

# 第四節　進步主義教育運動（大學院校）

## 一、職業話題、科學話題、社會話題

　　進步主義思潮也影響十九世紀末及二十世紀初期的大學院校之教育，不過方式比影響於中小學者較為複雜；其中，職業話題是不可少的，且也是中心，因為各學校機構皆準備為年青男女離校後的工作著想。考慮到職業的類別及程度的深淺，U. of Kansas 校長 (Chancellor) Francis Snow 於十九世紀九十年代，就以此來贏取納稅人支持該大學的開銷：「讓大家都能知道，在本州立大學裡，本州之子女都可以接受特殊的訓練，使之成為化學家、自然學家、昆蟲學家、電器學家、工程師、律師、音樂家、藥學家、及藝術家；也可以接受更廣博及更均衡的文化，使他們更能增進工作效率，效率也更為對稱。這是任何一個受過教育者在所有智力活動中可以成功的要件。他們在生活上的成功，要比未受過教育的人提早 10 年的歲月。」實際上，所有的高等教育都是職業教育，因為全部的大學院校都準備給學生承擔大人的職業角色，並非只有 U. of Kansas 而已。

　　科學話題，一樣也是不可少，且也是核心。不過影響於高等教育的課程及教學方法者，較多於影響在教育理念上。自然科學及社會科學大幅度的擴充範圍，且繁殖增生好多學科。自然科學有：物理、化學、生物學、地質學、及天文學；社會科學有：經濟學、政治學、社會學、人類學、及心理學；二者皆發展迅速，不只在文理學院是如此，在農、商、教育、工、醫、藥、及社會工作等專業學科亦然。此外，傳統的人文學科及各種專業領域，也採用科學方法來探討學科內容，有所謂的科學語言學、科學歷史學、科學醫學、及科學法律學。並且更為普遍的觀念，是認為大學應該培養科學式的智能判斷，以便冷靜不動情緒的解決工業社會所滋生的問題。簡言之，科學可以造就專家，為公共福祉而服務。

　　社會話題則把學校視為社會中心，大學院校是社會服務的重鎮。英國的教會變成教育機構，在社會安頓運動中，早把學校當成社會紐帶，這種

現象影響了大學。大學的推廣教育也儼然把大學當成服務站。1850's 及
1860's 年代，改革精神彌漫在 Oxford 及 Cambridge，評論家如 William Mor-
ris 在 Oxford、及 Frederick Denison Maurice 在 Cambridge，都指斥這兩所老
學府不食人間煙火，與社會隔閡甚深。大學的回應之道，就是把大學推向
社會。首先是由 Cambridge 大學 Trinity College 的一位寮友 (Fellow) James
Stuart 所發起，他在 1867 年為當地的工人團體、律師、牧師、及教師開課，
累積了好多講課內容、上課資料、家庭功課作業、討論及考試。大學當局
不得不支持他的工作，也允許上他課的學生只要成績合格，就承認其學分。
1875 年，Cambridge 有 7,300 名學生註冊為推廣課程班。此種作法立即傳播
到 Oxford。Oxford 也自行發展推廣教育課程，1887 年註冊人數有 13,000 人
之多。兩大學的措施即刻飄洋過海，登陸在美國大學院校。美國版的大學
推廣教育，出現在許多地方，Philadelphia 由美國大學教育推廣協會 (Ame-
rican Society for the Extension of University Teaching) 主其事，把當地的大學
院校、中小學、及其他機構聯合起來，共同為公眾舉辦演講課；New York
由紐約州立大學 (U. of the State of New York) 掛名，州教育部門負責實際責
任，也聯合州內教育機構履行同樣職責；而 Indiana 則由校友會 (Association
of College Alumnae) 承受其任務，其後由美國女大學生協會 (American As-
sociation of University Women) 來接替。

　　各大學院校所提供的推廣教育課程，五花八門。Chicago 大學在
William Rainey Harper 主政之下，在這方面表現突出。Harper 本人對成人教
育有所研究，在擔任 John D. Rockefellor 所創辦的該所大學校長之前，曾在
主日學校 (Sunday School) 教過書，並且在 Chautauqua 湖邊的夏令營擔任巡
迴教學工作。他深信，大學是民主的「守衛者」(keeper)、「聖賢」(sage)、
「預言家」(prophet)、及「高級教士」(high priest)，原因在於大學是一種民
主式的社會，負有宣揚真理廣為人知的使命。他充分了解英國兩大學的推
廣教育實驗，而使推廣教育更具主動自主性及進取性，來作為他辦理大學
的原先計畫，這是不足為奇的。推廣教育有六個部門，即講演、授課、通
訊活動、圖書出版、考試、及推廣教師之訓練；每一部門自聘師資，修課
學生只要通過大學舉辦的考試，就可獲取大學的正規學分。Harper 的理念

未曾完全實現，但他的計畫使大學的推廣工作更為廣泛，經由 Chicago 傳到其他各地，也透過通訊課程而抵達中西部。

其他大學院校的計畫，大小不一。U. of Wisconsin 及 U. of Kansas 都注重農業教育。一次世界大戰前夕，Columbia U. 有 2,000 名學生註冊修正規課程，修課算學分；Pennsylvania State College 則有 4,800 名學生修通訊課，可獲 A.B. 學位；U. of Michigan 則有 70,000 名男女修 300 個演講課，U. of Kansas 也有五千包捆裝式的圖書館巡迴各地。大學院校提供給不能入大學校園內接受大學院校教育的百姓高等教育的福利，當時上大學的學生只佔全人口的 0.5% 而已。

大學院校，尤其是公立大學，既大力推動推廣教育，就不得不面臨高等教育與政治掛勾的弊病，不得不配合當地的政治需求；這與中小學之企圖與政治保持距離，有所不同。不過二者之差別，也只是嘴巴說說而已。大學院校仍不願政治勢力的干擾。專業活動與中小學一樣，都要保存學術的自主性及統整性。但不論如何，進步式的政治與進步式的學校合流，行政人員必須敏於政治訴求；當地人民的價值觀念，是由受過教育、白種人、土生土長、且代表男性的人來型塑。政治氣氛如此，學校教育也作如此反應。

## 二、Wisconsin「大學理念」

高等教育在進步主義風潮時最具典範的大學，就是在 Charles R. Van Hise 主政時期 (1903 ～ 1918) 的 U. of Wisconsin，其實他的前任，也已經提過不少計畫與此有關。Thomas C. Chamberlin (1887 ～ 1892) 及 Charles Kendall Adams (1892 ～ 1902) 曾鋪了路，不過 Van Hise 把他們的推廣教育計畫譜成協和得似交響曲般的美妙，使 U. of Wisconsin 在這方面的聲譽衝到頂點。在 La Follette 當州長時，雙方配合度極佳，全國皆知。Van Hise 本身是地質學教授，早知專家應為社會提供服務。他曾對「上湖」(Lake Superior) 地帶的礦石區作過詳細的鑽勘，認為大學應該站出來領導，利用科學來改善各地區人民的生活。他採取的方式有三：1.擴充各科學知識的範圍，大學教授應作系統的知識研究，才能充分利用知識。2.透過科學專家

的貢獻來從事農業改良、工業發展、以及社會經濟問題的解決；這方面，大學教授應與行政官員相互合作。 3.經由大學的推廣教育計畫，使大學教育能普及到大眾所有成員。「除非大學之利，能伸張到本州的每個家庭，否則我從未感到滿足，這是我的州立大學理念。」為了達成此種理念，Van Hise 一方面強化了大學的研究工作，一方面又致力於學術自由的取得；改善專家的訓練，在農業、工程、醫學、及法律上如此，在政治學、經濟學、及歷史學上也莫不如是。推廣課程則由一位頗富創意的 Louis E. Reber 來領導，不只範圍廣泛，且活動廣受喜愛，變成全美大學推廣教育權威。此外，他在大學與州及地方政府之間，又能以專業及學術立場作雙方的橋樑，溝通順暢；不少大學教授擔任政府機關之顧問，參加調查小組，協助議會立法草案工作，並作政府部門的諮商服務。此種措施，使 U. of Wisconsin 變成美國大學的特色。難怪 Lyman Abbott 於 1906 年時說，英國大學的特質是文化陶冶 (culture)，德國大學的重心是學術研究 (scholarship)，美國大學的焦點是社會服務 (service)。

Van Hise 在報刊雜誌上為文，不計其數，加上 1912 年 Charles Mc-Carthy 出版《威斯康辛理念》(*The Wisconsin Idea*) 一書，Theodore Roosevelt 總統又寫了序（Van Hise 一再的說他不喜歡），Wisconsin 的作法，產生巨大的影響，各大學派代表來觀摩，有 U. of Georgia、U. of Kansas、及 U. of Pennsylvania，皆希望能在各自的大學實施；國外訪客絡繹不絕，一位英國教育家再三的說，由 U. of Wisconsin 中所學的比其他美國大學還多。Van Hise 也變成各公私立大學校長的顧問，從課程發展到大學與政府關係，都是向他請益的項目。1913 年，被 Rooselvelt 稱為「黑幕揭發者」的政治哲學家 Lincoln Steffens(1866 ~ 1936) 向 Madison (Wisconsin 大學的校址) 群眾說，Van Hise 確實是「大學院校校長中的佼佼者。」

## 三、教育實驗

不過儘管 U. of Wisconsin 的作法深具意義，影響也大，在進步主義時代，我們更應予以注意的是入高等教育的新生，他們並非以州立大學或其他大學為考慮，倒是選擇到新設的中上學校，即師範學校、育兒學校、私

立工商學校、及私立初級學院。1912 年 Charles McCarthy 在 *The Wisconsin Idea* 一書中，有一章寫到教育時，提到 Wisconsin 州的師範學校制度。一般說來，該制度是一年或兩年制的機構，由公款資助，與師資培育有關連，又與其他推廣活動有網路可尋；此種全國性的師範學校，才是以進步為指向的高等教育典範；此種作法，無異於等同重要的州立大學之所作所為。師範學校也為專家作科學式的準備，擴充學習領域給所有入學者，更敏於當地眾人的需要且以此為榮。同理，私立育兒學校、工商技藝或貿易學校，雖較有市場取向，但也對尋求接受高等教育的新顧客，提供更方便、更頻繁、更清楚、也更投入的服務。基於某些理由，他們比較不想上大學甚至是州立大學，因為費用昂貴，心理上及地理上也離他們較遙遠。

一次世界大戰後，入大學院校的學生如海浪般湧至。1918 年以前，年輕人從軍服役，參加「學生軍中訓練營」(Students' Army Training Corps)、休戰 (Armistice) 後也留在軍營；但戰後他們大舉入學到高等教育機構註冊就讀，1919 ～ 1920 學年度，有 597,880（近 60 萬名）大學生，1929 ～ 1930 年增加到 1,100,737（一百十萬），1939 ～ 1940 年則近一百五十萬 (1,494, 203)。大部分的年青人擬接受技藝、專業、或半專業的訓練，唸教育、商、及工程者最多，由師範學校及初級學院消化掉這群年輕人。U. of Wisconsin 及其他州立大學繼續開設訓練、推廣、及服務課程，而私立學府如 U. of Chicago 也仿之。州立師範學校變成教育學院；醫院附屬的護士學校，併入大學院校成為兩年制或四年制授予學位的學府；初級學院的數目則由 1921 ～ 1922 年的 207 所，增加到 1931 ～ 1932 年的 493 所，1941 ～ 1942 年的 624 所。

1920's 及 1930's 年代進步式教育的文章，依刊登在《國家》(*Nation*)、《新共和國》(*New Republic*)，及《世紀》(*Century*) 等雜誌報刊中來分析，可以看出，對它發生興趣的高等教育機構，有了大改變。本來是大眾化的公立大學院校才對它關注，也規劃出訓練、推廣、及服務課程，現在轉而是精英式的私立大專院校，也不缺席了。這些私立大學院校，規劃出改良式的文雅教育課程，A. Lawrence Lowell 在 Harvard 大學實驗導生 (tutorial) 制，Columbia 大學開人文學科及現代文明科，Frank Aydelotte 校長在

Swarthmore 實驗榮譽課程，Alexander Meiklejohn 校長先於 Amherst 大學後在 U. of Wisconsin 實驗統合課程 (unified curricula)，Robert M. Hutchins 校長在 U. of Chicago 實驗兩年制學士學位課程。由於報刊大量的報導此種實驗，容易使人產生一個印象，以為太多的年青學子進去大學院校，並且絕大多數的「新學生」入校後發現興趣不合，而大為沮喪；尤其一次世界大戰後，快速發展出來的測驗工具大量予以運用，更容易出現此種現象。

　　一次世界大戰期間，高等教育大量作進步式的教育實驗學府，不是 Sarah Lawrence、Bennington、Black Mountain，也非 Bard，更不是 Rollins（這些學府一向都被大家看成是進步式的大學院校）❾，而是 U. of Minnesota 的「通識學院」(General College)。該學院由三個人所創，第一位是 Lotus D. Coffman 校長（Columbia 的博士），他深信州立大學應該推廣教育到全民，除了教育「明智的領導」(intelligent leadership) 之外，也更應教導「明智的跟從」(intelligent followership)，收其他大學不收的學生入校，主張機會平等，天賦優異者，不一定出身富有家庭，按能力之優劣而安排學習的遲速，能力差者不應予以譴責。第二位是「科學、文學、藝術學院」(College of Science, Literature, and the Arts) 的院長 John B. Johnston，堅持教育應把學生分類，分類的標準是智力及性向；只有全民中的上層階級才有能力接受高等教育。第三位是該學院的首任 director（院長），工作勤奮。有些學府擬打擊「新學生」，該大學恰相反，歡迎全部入學。在 1932 年設置這個 General College（原先稱為 Junior College）之後，即按測驗及記錄資料，分配新生到另一個分離的機構，該機構分別規劃課程，兩年之內可獲學位，這是硬性的分配，不是自願式的。課程包括一系列的調查科目，含有整合性，共有十科「人類生活領域」(areas of human living)，即 1.生物學，2.經濟學，3.家庭生活，4.美術，5.歷史及政府，6.文學、說話、及寫作，7.物理科學，8.心理學，9.社會問題，10.當代事務❿。本 College 於 1932 年

❾　這些學府進行課程改革，考慮學生的需要，注重個別化教學，鼓勵學生參加校政決策。

❿　Psychology 分成四部分：1.心理學的實際應用，2.如何學習，3.直線及彎曲式的思考，4.傳記。歷史及政府一科也分為:「現代世界的背景」、「美國公民及其政府」、

秋季時有461名學生，不久立即增加超過一千名。學生發憤圖強，也接受測驗，依學習及測驗成果來規劃課程；因此課程是以學生為中心，與1920's及1930's年代的兒童為中心課程相仿彿。尖銳的反對聲浪不是沒有，這一點也不奇怪。有些教授及學生不滿學生的分類非依自願，也有人戲稱本學院為「啞鈴學院」(Dumbbell College，啞鈴係鍛鍊筋肉的體育用品)、「課程灌水」(watered down curriculum)；不過，校外單位對本措施大為注意者很多，如 General Education Board（通識教育基金會），及 Carnegie Foundation for the Advancement of Teaching（卡內基增進教學基金會）；而其他大學也大為注目，如 U. of Oregon、U. of Georgia、及 U. of Washington。General College 不只存活下來，且還生機盎然；在1940's年代時還扮演一種「冷卻功能」(cooling out function)，如同二次世界大戰之後，初級學院所扮演的功能一般，把許多擬上高等教育學府的「新學生」(new students) 分離出去，提供他們「生活適應」(life adjustment) 及「個人發展」(personal development)課程，並且使他們更能「現實的」(realistic) 發展他們的能力，實現自己的願望。給「新學生」的「服務」，變成對舊學生及傳統課程的一種侮慢設計。

## 四、大學院校大眾化

第二次世界大戰，轉型了美國高等教育的觀念，尤其服務觀念有了大變。一方面，這是聯邦政府提出大型研究計劃的開始，導致於戰後 Clark Kerr 稱呼為「聯邦政府捐資興辦的大學」(federal-grant university)。另一方面，「退伍軍人輔導就業法案」(Servicemen's Readjustment Act) 於1944年通過（通稱為 G. I. Bill），也使戰後高等教育開始邁開一大步，朝向普及化的目標前進，尤其對男生而言更是如此。這兩方面的發展，原先皆沒考慮教育因素，前者係配合戰時需要的軍令來進行，後者是撫慰退除役官兵的利益損失，並和緩因快速遣散兵員所帶來的社會及經濟影響。但二者都超出原先預期之外。

根據1918年SATC (Students' Army Training Corps, 學生軍中訓練營)計畫的經驗，在 G. I. Bill 制訂時，就預估此法案會造成高等教育學府入學

「政府功能」、「世界政治」及「Minnesota 州史」。

新生數量暫時性的膨脹，大學院校也應該會很快回返到「正常」(normal) 狀態。聯邦政府此種立法，獲益者幾乎清一色是男生。退伍戰士的年紀較大，較為成熟，也比一般傳統大學生較具家庭責任感。無人預期此法案通過之後，高等教育的普及化緊隨而至。若以更長遠的眼光來看此種發展，則必須了解的是，不只退除役官兵在求學上表現得比一般人所料想的還好，當他們畢業時，戰後經濟的復甦也足以收容這批畢業生；並且 Harry S. Truman 總統於 1946 年宣佈成立一個「高等教育委員會」(Commission on Higher Education)，1948 年該委員會提出報告書《美國民主所需的高等教育》(*Higher Education for American Democracy*)，是美國高等教育觀念的轉捩點。

　　Truman 的委員會認為美國大學院校，不可以再把自己考慮到只是造就智識上的少數精英之工具而已，只要學生的天賦能力允許，則「每一個公民、年青人、及大人，都有能力接受教育，也受到鼓勵來接受教育，不管正式的或非正式的教育皆可。」該委員會確信，美國人口中至少有 49% 的比例，在心智能力上可以完成至少 14 年的學校教育，至少有 32% 的人口同樣有心智能力去完成較高級的文科教育或專門的教育；美國帶有教育潛力的人民與真正入學於高等學府者有落差，該委員會遂建議入大學院校的人數應從 1947 年的二百三十萬提高到 1960 年的四百六十萬，增加一倍。為了實現此目標，必須 1. 每州應設有全州性的擴增高等教育新學府；2. 社區及初級學院應立即增設；3. 聯邦政府廣設大學部及研究所獎學金，頒給貧苦但能力優秀者；4. 傳統上因種族、膚色、性別、及收入的不同，而在高等教育產生差別歧視者，現都應透過聯邦立法予以革除。不過，國會對此委員會的諸多建議，卻置若罔聞，也未有公聽會的舉辦，立法更不用說，撥款也別談了。就長程的觀點言之，該委員會的建議，對已正在進行的高等教育改革，有加速助長作用，州政府確也設了規劃機構，社區學院到處林立，聯邦政府最後廣設獎學金及貸款，而歧視現象已漸遁形，雖然還未絕跡。簡言之，該委員會適時的代表多數人的心聲，也指出明確的方向。大學院校的學生數從 1949～1950 年的二百七十萬到 1959 年的三百二十萬，從 1970 年的八百六十萬，到 1980 年時已達一千二百十萬了。

　　仿中學模式，高等教育之轉型為普及化，是取進步主義的服務觀為主

軸的。高等教育裡頭為職業作預備的名單，像跳躍式的成長；初級學院培養技工、理髮美容師、公務人員、X 光技師；大三大四的課程，則旨在訓練電腦程式設計師、電視節目內容撰寫人、影片製作人、及系統分析師；專業學府的課程，則培養警官、旅店經理、牙科衛生師、及海外單位公務員。數以千計的項目或領域之研究，大學院校也熱衷於申請，以便作為訓練的依據。大學推廣教育的結果，專家的指導也就深入民間，以解決日益複雜的社會問題。高等教育在創造知識及傳遞知識上，速度驚人。領域數目也史無前例，個人、國家、甚至全世界皆蒙受其利。

　　高等教育學府之「服務」，卻帶來了政治及社會的爭議議題，這是有點諷刺的。聯邦政府既撥巨款給大學來為國家利益提供服務，因而在大學裡設了不少研究實驗室，其中最為有名的是 1960's 年代在 U. of Chicago 的「阿岡國家實驗室」(Argonne National Laboratory)，該實驗室是試驗原子彈的所在，位於 Berkeley 的加州大學 (U. of California) 之「勞倫斯輻射線實驗室」(Lawrence Radiation Laboratory)，M.I.T. 的「林肯實驗室」(Lincoln Laboratory)，以及 C.I.T. (California Institute of Technology，加州理工學院) 的「噴射引擎推進實驗室」(Jet Propulson Laboratory) 等，結果產生大學校園內的政治緊張。有些師生抵制大學為特定的聯邦部門如國防部，提供服務，有些師生則攻擊大學為任何行政部門提供幫忙，另有師生則不滿服務本身的理念，雙方緊張激烈，可以由師生之反對位於 Berkeley 的加州大學校長事件看出端倪，Clark Kerr 時任校長，在 1963 年出版《大學的用途》(*The Uses of the University*) 一書，只輕描淡寫的道出「聯邦政府捐資興建的大學」(federal-grant university) 這個兩難論式，但也就因此成為 1960's 年代該校師生集中火力，指斥該書作者，校長也成為不滿的對象。1960's 年代晚期及 1970's 年代早期，其他大學校園的不滿情結，容或不是由於「聯邦政府捐資興建的大學」的性質所引起，卻是文化變遷加上反越戰才是校園暴動的導火線。但為聯邦部門提供服務，倒是校園不得寧靜的潛在因素。如果美國大學的進步式目標是以服務為主，誠如 1906 年 Lyman Abbott 所早已說過的，則 Kerr 校長所指出的兩難，必須用積極的建構式辦法，予以衝破難關，即令不能徹底解除困境也無妨。

## 五、加州及紐約市的大學學制

　　此外，另有一項問題也頗值得討論。高等教育的大眾化，結局是否就完全實現了民主化的運動？更多的男女，更大的年齡差距，不分社會階級、經濟、種族、族群、及宗教信仰的差別，國家的大部分成員已都能上大學院校了，這是以往未曾有過的事；接受的課程範圍以及種類之多，也今非昔比。如同中學一般，1918 年經由「中等教育重建小組」(Commission on the Reconstrue of Secondary Education) 之建議，採取進步主義的作法，在中學裡規範出課程的分殊化，大學院校層級亦然。1930's 年代 U. of Minnesota 之 General College（通識學院）之課程分殊化，就有了預兆；1960's 及 1970's 年代具有代表性的進步式大學教育學府有二，一是加州學制採三層制，一是 New York 市的大學採取開放入學（免試）措施。前者於 1948 年及 1955 年即有大型的計畫把全州高等教育學府組織成三個層次，最低層是由 70 所初級學院組成，中間層包括二十所州立學院，最高層則由九所 U. of California 校區共同組成，各負不同的學術任務。初級學院負責訓練技術人員，修畢此種技藝課程者，可獲「技術助理」(Associate in Arts) 學位；州立學院提供文科及職業科，可獲學士及碩士學位；而 U. of California 則提供大學部文科及研究所或專業性課程，可獲博士學位。三層學校所收的學生也不同，初級學院收加州經過認可的中學畢業生，人人可入；州立學院則收前者學生中名列於 1/3 之上者；U. of California 更只收前者中名列 12.5% 之上者。雖然此種分野在 1970's 年代時已被模糊掉，但制度的結構上差別，已是昭然若揭；在素質及教育承諾上各展不同面貌，學生可以憑自己本事挑選入 San Mateo Junior College（初級學院，最低層），或上 San Francisco State College（州立學院，後來改稱大學，中間層），或上 U. C. Berkeley（大學，最高層）。當 Clark Kerr 從 Berkeley 的加州大學校長轉任到卡內基高等教育委員會 (Carnegie Commission on Higher Eduction) 當主席後，加州高等教育三層次制度，在 1960's 及 1970's 年代時，已嵌入在高等教育的政策文獻中，採此種制度的最多。

　　紐約市立大學 (City University of New York) 開放入學，接納全部 New

York 市被認可的中學畢業生，此種計畫早在 1960's 年代晚期即已完成，目標放在 1970's 年代實施。由於 1970 年春季，學生採取一系列靜坐示威，此計畫馬上被列為政策。比較新穎之處有二，第一，New York 市高等教育學府採二層次的結構，一是兩年制的初級學院，一是四年制的一般學院。1970 年 9 月開始，本來只有前者才開放入學，後者則要經過挑選，現都改為開放入學。四年制的一般學院保證收容全部兩年制初級學院的畢業生。第二，經由課程改造、輔導諮商之協助、補救教學及好多的特別服務，大學決定提供教育機會的平等，不只入學生如此，修業成果也如此。雖然爭議不少，但此種計畫也風行五年之久，結局與中西部州立大學相彷彿。第一學期或第一學年唸得不順的學生，可以有旋轉門進進出出，這些大學都採開放入學政策。不過由於 1975 年 New York City 的市政經費拮据，財源發生危機，舊有的二層次制度於 1976 年冬季又再度復活。到最後基於事實，因社會結構的不同而有不同的學校出現，此種現象依存。比如說，City College（市立學院）收容的學生大部分是黑人及西班牙裔的學生，而 Queens College（皇后學院）則以白人、猶太、及義大利裔為主。

不管是 California 還是 N.Y. 採用結構式的分類，不僅收容性質各異的學生，且學校也發揮不同的功能，都各自為尋求教育資源並吸收學生入學而彼此相互競爭，但這在進步式運動裡，也產生兩股派別的緊張關係。一派注重知識的專注，一派強調知識的普及。進步式的教育寄科學以厚望，不只科學可以解決人類問題，並且也可培養專家，那是城市社會及工業社會所依賴的。同時，進步式教育也知道知識普及的重要性，那是推選民主政府的唯一可靠基礎。Lotus Delta Coffman 分辨「明智的領導」(intelligent leadership) 與「明智的追隨」(intelligent followership) 二者之不同，高等教育對這二者提供不同的訓練課程；而 Coffman 也說，沒有人在各方面都是領袖或都是追隨者。專家的知識有必要予以轉型，那才是知識全民化的主軸。James Harvey Robinson 稱之為「知識人味化」(the humanizing of knowledge)，這方面人民負有更大的責任。理論家一轉為實踐家之後，變成低劣的實踐家，或根本不願作轉型工作。理論與實踐的分野，短期間之內看起來，頗方便，也有效率；但從長程眼光來瞧，代價出奇的高。不只「領袖」

及「隨從」的標籤作了錯誤的分類，且也在「知識人味化」中錯失良機。思慮周全的進步式學者，認定「知識人味化」是介入公共討論中極為重要的行徑。

# 第五節　Jane Addams 與 Hull House

1891～1892 年之間（冬季），Jane Addams (1860～1935) 與 John Dewey 極有可能認識。Addams 及她的同學 Ellen Gates Starr 在兩年前即已在 Chicago 的 South Side（南區）創設 Hull House，兩層舊樓房磚造房子已變成進步主義分子的麥加（聖地）。Dewey 當時 32 歲，正熱火似的進行社會改造工作，Addams 年輕一歲，傾全心為她的計劃與鄰居尋求「互助合作關係」(reciprocal relation)，Dewey 顯然拜訪過 Addams 的安頓處數天，返回 Ann Arbor（Michigan 大學所在地）之後寫信給她：「令我有個機會洞察貴地，實在感恩莫名，我實在想不出有更特殊的理念可以奉獻給妳。妳的精神與作法，使我留在貴處的每一天，都增強我一種信念，即妳走對了路！」其後當他接了 U. of Chicago 哲學教授職時，他還定時回 Hull House，演講、觀察，且與居民共進晚餐。1897 年該 Hull House 成立董事會 (board of trustees)，他還擔任董事職。1935 年她去世前，兩人皆維持友好關係。

Addams 及其同好在 Hull House 的工作，是十九世紀晚期及二十世紀初期，基督徒走入社會之最佳表現。安頓活動是實證性的、試驗性的、也是非正式學術性的，設立俱樂部來增進社會效益及族群福祉，了解社區生活條件，進行社會改造，從生活中學習，雖是目的明顯，但卻非一板一眼按成規活動。其中，居民的互助，是 Addams 等人最仰賴的，這也具有彼此相互教育之功。她們譴責當時的教育，太過呆板，範圍太狹窄。就孩子的教育來說，應該全神投入於引用 Pestalozzi 及 Froebel 的觀念，重視自我表達，這才是教學設計的核心，使得「頭」(Head)、「心」(Heart)、及「手」(Hand) 這三個 "H" 和諧的發展，這就是課程目標。且家庭與學校應通力合作，為教育兒童來努力。對男女學童的教育而言，學校、家庭、與鄰居，三者合一。就青少年的教育來說，他們打算找工作，應該讓他們了解現代

都市的歷史及性質，認識工業社會。她著有一書《青年人的精神及都市街道》(*The Spirit of Youth and the City Streets*, 1909)，希望年輕人是個工人，對社會有個整體感，也有一分參與感。個人與社會息息相關，如此生活才具意義。至於大人的教育，她主張放棄正式的講課，也不要大學推廣教育式的授課，取而代之的是對當前社會議題作活生生的討論。單純又平凡的百姓也有志於討論大問題，據她在 Hull House 二十年的經驗，一再的提及住民本身就可以成功的教學，比大學的專家還成功。單純的百姓對單純的事，並不樂意去聽，他們喜歡爭辯國家或世界大事，表達乾淨俐落，也很單純。

擴大教育範圍，是她的目標。知識的使用，文化的意義，及社區的性質，都是 Hull House 安頓計畫的工作項目。「以行動來考驗人類知識價值，並予以實現；此種作法與大學在探討各門知識的發現，沒什麼兩樣，但比較重視實用，而非學理研究，重情感感受而非抽象推理，強調眾人的興趣，而非為學者的專精化」。但所謂知識的應用，也非指傳統美國人所說的金錢價值，她卻指出，「文學具撫慰作用及想像力的提升，人民有歷史意識感，與過去的人有關連性」。至於科學的「嚴苛訓令」(stern mandates)，應用起來，也非只是「改善紡織條件或清除小巷而已」，卻應能改善「生活方式及思考方式」。形上學的用處不僅可作哲學的冥想，且對過去事件也應沈思，道德準則也應有助於物質生活，即把傳統的經濟關係予以轉型，變成倫理關係，使宗教因素凸顯出來，宗教信仰變成公共財產。安頓計畫是一種離心力，向外擴散，使整個社區動起來。它的教育意義是將社區作為「宣傳工具」(a means of propaganda)。

其次，Addams 對於文化的看法。原先她認為文化是與日常生活有距離的。生命的意義，應以生命本身的用語來予以表達；文化是「世界上所說及所想當中，最佳的部分」。Hull House 之安頓計畫，是居民在家及在大學院校與貧民窟的窮移民共享文化的提升與培育。她本以為移民來美的窮人，既粗魯又沒教養，根本無文化可言。不過與他們共同居住之後，倒發現他們也有文化。1908 年，她向 NEA 發表演說，將「文化」定義為：「一種包括許多事情的知識，是人民長期所追求的，也是他們所喜愛的；經過好多

代之後，這些知識可以闡釋生命，也使生命軟化，且賦予生命以意義」。在移民社區中，可以發現顫動式的生活，這就是文化。在中上階層的社區中，可以找到精緻的生活，這也是文化。在公園裡及運動場上的歡樂，教室裡的教學，這都是文化。工廠及製造業的生產程序，以及娛樂休閒活動，也可以找到文化。Hull House 中的 Labor Museum（勞工博物館）就把她的文化觀表現得更具體化了。當然其中含有不少浪漫情調，如美藝等動作。不過，一旦工人了解工技的來源及過程，則他們工作起來，會「很高興而不會痛苦」(in gladness and not in woe)。

第三，Addams 的社區觀念，與上述的知識應用及文化意義有關。她說：「知性的生活，有必要予以擴充，把他人的興趣及感受融合起來，這才具影響力。」在《Hull-House 二十年》(Twenty Years, Hull House) 一書中，提到最偉大的民主政治贊助人馬志尼 (Giuseppe Mazzini, 1805～1872)，目睹南歐農人處境後心碎了，說道：「教育不僅只是真正生活所必需，使個人的生機力發揮出人類最大的活力及再生，並且還是一種神靈的結會團契 (Holly communion)，使死人與活人結合在一起，所有的能力都發揮得淋漓盡致。」這也是英美兩國宗教團契活動的用意所在。Mazzini 及 Tolstoy 的著作常被引用，發揮兄弟情及同胞愛，所有政治問題及經濟問題，都是社會問題。貧窮、娼妓、犯罪，都與社會關係纏繞不清。「社會化教育」(socialized education) 應注重社會關係；讓文化普及於社區，男女皆能吸取社區文化。一些慈善性的、公民性的、及社會性的任務，都旨在促使社會民主化。社會化的民主 (socialized democracy) 最具教育功能。因為社區民眾會關心社區問題，也集思廣益來解決社區問題。共同的善就冒了出來。

許多學者認為 Dewey 是進步主義最傑出的理論家，而 Jane Addams 則是最偉大的實踐家；Dewey 是導師，Addams 是門徒，但此種說法，錯誤不少。第一、雙方皆同意，從對方中學了不少東西。Addams 一再引用 Dewey 的作品；Dewey 也一再的感謝 Addams，因為 Addams 在 Hull House 的工作，使 Dewey 更有信心，更了解以民主作為教育的指導原則。第二、Addams 本人也是個教育理論家，Dewey 也是個實踐家，兩人皆有「社會化」的民主觀念，這是一次世界大戰前所有進步主義教育學者的共識。生活或生命

本身，就是教育。第三、Dewey 以重建大中小學作為社會變遷的槓桿，Addams 則認為那頂多也只能限定在學校教育而已，她擴大範圍，進行社會安頓工作，如此的教育力道，更可以使社區充滿活力，展現教育社區再生的最大潛力。雖然 Dewey 在 1930's 年代時也在他的《自由主義與社會行動》(*Liberalism and Social Action*) 及《自由與文化》(*Freedom and Culture*) 兩書中也有類似觀點，但當時教育界及大家心目中的 Dewey，都把他當成學校教育改革的大師，而 Addams 則持續鼓舞社區教育工作，不只在她有生之年的 1930's 年代晚期，也在 1960's 及 1970's 年代時與政治改革及社會重建二者攜手合作。其實兩人皆是教育理論家，只是強調重點不同，二者皆以教育作為社會改造及政治革新的武器，且以此奉獻一生。

　　理論與實際二者合一，也可以取 Cornell's Agriculture School（康乃爾農學院）的院長 (Dean) Liberty Hyde Bailey 為例。他畢業於 Michigan 的州立農學院 (State Agricultural College)，1888 年赴 Cornell 求學，專攻園藝學 (horticulture)。二十世紀開始時，農民生活的黃金時代已過，農民品德一向被尊重，耕種者是「上帝的選民」(God's chosen people)。但此種歲月已時過境遷，過去便宜的土地現在則價值高漲，機會已不在田地，而在城市。一學生向 Bailey 請教：「農夫之重擔加重，生活辛苦，沒有酬勞，條件的改變又沒什麼指望，生活無趣又歲月苦短，為何還要重操舊業?」Bailey 是園藝學教授，為上述問題尋求答案，他花了將近 25 年時光，寫了不少書，發表過無數文章。他堅持土地是神聖的、善良的、仁慈的、無私的。與土地親近，可以使生活井然有序，純樸無邪，那是現代文明的道德主幹，也是民主基礎的奠基石。人文性、道德性、及公義，也因此而生。在都市罪惡越來越明顯之際，Bailey 的說法，越發使美國人深省其中涵意，耕種才使美國變成大國，農夫才是國家的「道德主梡」(moral mainstay)。都市發展變成文明或工業秩序的神經中心，但只靠城市，無法使文明永續發展，還得靠一種強有力、健康的鄉村人民、農地資源、及精神食糧，才能為繼。過去，城市人坐享其成，如同寄生蟲一般，深入鄉下，榨汲農村資源，結果造成農村生活的敗壞。當前，城鄉不可相互仇視，卻應攜手合作，共創社會文明。十九世紀的 90's 年代，是農村生活再生的時代，他在 Cornell 設

計課程，把農業科學化、實驗化，並設農業展示站，把學術研究的農業新知，普及於全部農民。Cornell 變成全國最聞名的農科大學，也是自然研究的重鎮，使「田莊」(County-ward) 朝向「自由化」(naturalness)、「生活純樸化」(Simplicity of living)，「且與萬有發生感情」(sympathy with common things)。只要孩童親自第一手的研究了創造主的傑作後，就不會一窩蜂往城市跑了。1903 年他出版《自然研究的理念》(*The Nature-study Idea*)，批評傳統學術無視於「農地」的生活，只重視古文字，與田野脫節，難怪年青人遠離鄉村，紛往都市求發展。「附近學校訓練出來的男女，滿意於農莊生活嗎?」異口同聲說「不」。相反的，應該放棄「靜坐不動的教學方法」(sit-still methods)，或「螺絲釘釘牢的座椅」(screwed-down seats)，而到商店、田野、花園，去實地學習，配合當地需要，解決當地困難。熱愛土地及鄉村，使家居品質改善，更適宜於人民居住。此種說法一出，各地採用模仿者非常多。小學生有農業課程，中學也有農校。學校應與社區結合，透過農作科目與生活合一。胡適留美最早的選擇就是到 Cornell 唸農科。臺灣第一位民選總統李登輝，也是該校的農科博士。

其次，Teachers College，Columbia U. (1887) 的成立，也值得一提。本校是 Nicholas Murray Butler 校長的 Professionalism （專業主義）與 Grace Hoadley Dodge 的 Progressivism （進步主義）兩相結合的成品。後者是 Willism E. Dodge（N.Y. 首富）長女，精力充沛，改革熱忱足。早年加入幫助兒童社 (Children's Aid Society)，全州慈善協助社 (the State Charities Aid Association) 及女工學社 (Association of Working Girls Societies)，1880 年轉而注意廚房花園協會 (Kitchen Garden Association)，這個新組織旨在改善貧民窟之生活水準及家務管理。1884 年該組織更擴大到工業教育領域，改名為工業教育學會 (Industrial Education Association)，發現若無教師參與，則社會改革就無成。她向 George W. Vanderbilt 說最需要的是腦袋，隔天她獲一張支票美金一萬元，附上一紙條，寫著:「這就是妳的『腦袋錢』(brain money)，夠妳花一兩年去找個腦袋」。這個「腦袋」，就是時任 Columbia College 哲學副教授 Nicholas Murray Butler，由他來擔任該農會會長。Butler 在校長 Frederick A. P. Barnard 鼓舞之下，有志研究教育，到處旅行及閱讀

數年，兩人數次引介教育學於 Columbia 的課程，但皆無功而返，遂決定在大學之外成立師範學院 (teacher's college)。其後成為大學的一部分，Butler 任會長之後兩個月，該會成立紐約教師訓練學院 (N.Y. College for the Training of Teachers)，Butler 是校長兼教授。本校不是一般性的師校，入學生一律要超過 18 歲，中學畢。1889 年獲官方准許立案，1892 年改名為 Teachers College，次年與 Columbia 合併。1891 年，Butler 接 Columbia 大學的哲學、倫理學、及心理學學系 (Dept. of Philosophy, Ethics, and Psychology) 主任，Teachers College 由 Walter Harvey 接任，雖繼承 Butler 志向，但較少活力，1897 年辭職時，由於內部不合，財務又現危機，幸賴 James Earl Russell 這位組織天才，使本校轉型為世界名學府，以教育學聞名全球！

　　Russell 反對教學上的形式主義，赴德求學 (1893) 取經，在 Wilhelm Rein 指導之下，於 Jena 研究赫爾巴特學說 (Herbartianism)，認識 Joseph Mayer Rice；於 Leipzig 向 Wundt 請益。1895 年獲 Leipzig 的 Ph.D。返國後希望把教學技巧改為教學專業，先在 Colorado 擔任哲學及教育學教授，1897 年 10 月應邀到 Teachers College，12 月成為 Teachers College 的院長。Russell 的天分顯現在用人上，他有辦法挖掘人才，然後讓人才開花結果。一次世界大戰之初，他召引了一大群傑出學者，如 Paul Monroe 的教育史研究，獨步美國教育史學界；Edward L. Thorndike 的實驗心理學，執教育心理界牛耳；John Dewey 專屬大學本部的哲學系，但也是 Teachers College 的教授，其徒 William Heard Kilpatrick 於 1913 年加入陣容，成為美國教育哲學界的重鎮。1898 年又來了 Frank McMurry，以功能心理學取代 Herbartianism，1906 年 Patty Smith Hill 也來鬥陣，她是 Parker、Dewey、及 Hall 的學生，花了三十年的功夫廢除幼兒園的形式主義作風，Dewey 稱之為「明日的學校」(School of tomorrow)。Mary Adelaide Nutting 是史上第一位保育科教授，在 Russell 主政之下，Teachers College 頭二十年學生從 450 增加為 2500，其中不少來自外國。1899 年，他制訂四大基礎：一般文化 (general culture)，即通識文雅教育，了解知識學科之間的聯繫，及知識的整體性；專門學術 (special scholarship)，注重任教的專科知識；教育專業 (professional knowledge)，有兒童心理學、教育史（國內外）、比較教育、學校行政；教

學法 (technical skill)，即技巧、過程、及實習。

在 Teachers College，除了 Dewey 之外，他的門生 William Heard Kilpatrick，對教育改革的貢獻，舉世皆知。1898 年在 U. of Chicago 上過 Dewey 的課，沒有發現老師就是其後教育改革運動的領導人。九年之後在 Columbia 上研究所，重新修 Dewey 的課，有了戲劇化的改變。「Dewey 教授給我思想上產生重大的震撼，我來此擬攻教育……。本來我以為整個宇宙是封閉的，受教之後已放棄此一念頭。」這是他在 1909 年春天的日記裡寫下的一段話。Dewey 則向 John A. MacVannel 教授說：「他是我碰到的學生當中最好的一位。」

生於 Georgia，擬在 Columbia 畢業之後回南部服務，但 1909 年在 Teachers College 兼任教育史課程後，即一生留在該校。1912 年以《紐約荷蘭殖民時期的教育》(*The Dutch Schools of New Netherland and Colonial N. Y.*) 獲博士學位，文中帶有批判性，指出到底 N.Y. 或是 Massachusetts 才是北美第一次建校處。1914 年出版《針貶蒙特梭利制度》(*The Montessori System Examined*)，1916 年出版《福祿貝爾幼兒園原則之批判》(*Froebel Kindergarten Principles Critically Examined*)。光看書名就充斥著己見。不過自承作一個學生及教師，遠比作個原創性的思想家或探究者成功，這是 1914 年說的。他希望作個知名的教師及作家，倒沒想要在思想上有過特殊的貢獻。「……偶爾，我在追隨 Dewey 或他人時，另有我的洞見，我有能力作整理。這可能是我比他人優越的地方，這樣作，大概還有點希望。」

1918 年寫一書《設計教學法》(*The Project Method*)，描述教育過程中應帶有「目的性的行動」(the purposeful act)，次年 9 月發表於《師範學院記錄》(*Teachers College Record*) 中，一舉成名。其後 25 年之內印了六萬份。其中有個師生對話，頗富教育意義。生：「老師是否應常常為學生提供計畫，比如說，孩子擬種玉米時，老師告訴他，科學已弄出最好的種植計畫，遠比孩子所計畫的好得多。」

Kilpatrick 回答：「這就要看你想要的是什麼，你如想要玉米，那就給孩子種植玉米的科學計畫吧！但如果你想要的是孩子，而非玉米；換句話說，你想要的是教育孩子自己去想，去計劃，那麼就讓他自己設計！」

　　世界變動不居，尤其工業世界，教材無法「事先固定」(fixed-in-advance)。在靜態社會裡，兒童背誦答案即可，依習慣而行，但在無法預測的途徑中，思考及應變能力的培育，就大為重要了。Intelligence（花腦筋運思）是關鍵字，how to think（如何運思）重於 what to think（思考什麼）。

　　Dewey 提過，教材經過重建 (reconstruction)，可以作為新教材之用。Kilpatrick 則以兒童為中心，批評老教材陳舊不堪。這是師徒兩人不同見解之處。在 Teachers College 受他指導的學生有三萬五千人之多，1918～1938年是該校教育哲學教授。

　　教育改革的另一位健將是 Boyd Henry Bode (Ohio 州立大學教授 )。Kilpatrick 重方法，Bode 亦然，在 Ohio 州立大學任教長達 23 年 (1921～1944)。Bode 擬把 Columbus（Ohio 大學校址）變成教育哲學的研究中心，使其地位及素質，比美在 N.Y. 的 Teachers College。但自認他的影響力不及 Kilpatrick，理由是個人性格，學府聲望，及其他偶發因素所致。Bode 認為他是 Dewey 同輩，雖學自 Dewey 處不少，但自認「終生的個人重造過程」(life long process of personal reconstruction)，也得到了如同 Dewey 的理念；Kilpatrick 則直率的表示他是 Dewey 的門徒而不覺臉紅，也是 Dewey 的闡釋者。Bode 一生對 PE 採批判立場，不過想法比較接近 Dewey，倒是 Kilpatrick 的作風卻較不合 Dewey 的原意。

　　Bode 不認為光靠統計資料或社會狀況的實徵調查就可以定教育目的。「除非吾人知悉目標何在，否則只知吾人已上路且走得快，是無法令人心安的」。光是「宣佈脫離 (Emancipation proclamation)，並不能逃開過去的束縛」。附和 Dewey 的主張，以 intelligence 之訓練作為教育活動的要項，無一種固定的教學方法可以適用於全體學生，即令是 Kilpatrick 的 Project method（設計教學法）也會形式化。事實上也如此；好比童子軍隊長之帶隊一般，要去探險之地，隊長早已熟悉，但隊員卻極為陌生，充滿可能性及奇異變化性。這種目的性的確認說法，比較接近 Brameld。

# 第六節　Walter Lippmann

比 John Dewey 及 Jane Addams 年輕一代的 Walter Lippmann (1889 ～ 1974)，自封為社會學家、進步主義派、哲學家、及知識分子。他靠自修而吸取上述數家的觀念，1906 ～ 1910 年上 Harvard 時，可能接觸過 Dewey 的書，唸哲學系，受 William James, George Santayana, 及英社會科學家 Graham Wallas 的指導，也好喜歡 Jane Addams 的作品，在 1913 年出版的《政治學序言》(*A Preface to Politics*) 中，提及此事。1916 年，Dewey 的《民主與教育》問世，Lippmann 即說：「這是一本豐富的書，為生活上每個人的未來，展現光明。本書含有許多智慧，那是民主所需要的，而共同智慧一定要作為各行各業及各種活動的基底。這是一本巨著，因為它的表達，深度及廣度皆夠，在這方面，其他任何稱為自由派人士所能表達的最佳願望，都沒有比他好。」作為《新共和國》(*New Republic*) 的「可畏後生」(*enfant terrible*) 而言，此種讚美的確很高；更為重要的是，Lippmann 很早就給 Dewey 的《新共和國》有所回應，開啟了兩人持續的對話，對大眾福祉有莫大幫助。

Lippmann 1889 年生於 N.Y. 市，是獨子，父母是德國猶太家族，生活舒適，屬中產階級，應有盡有。上 Harvard 時不只成績優異，且活動頻繁，是「社會主義者俱樂部」(Socialist Club) 會長，他所認為的社會主義，在 Harvard，是費邊社 (Fabian Society) 的一種，也是他在 Harvard 接受教育的重大收穫之一。他投入政治及新聞業，二者變成他一生的志業。他心目中孕育了一種觀念，希望無我無私的知識分子團體，應該透過教育，擔任激烈式但非暴力的革命，來帶領眾人步入更好的世界。

如同 Dewey、Addams 及 Lippmann 也花了數年工夫來確定生涯規劃。他在 Harvard 唸得很快，1909 ～ 1910 年他已修完大部分的大學部課程，開始攻讀哲學碩士學位，擔任 Santayana 的助理。不管他多麼愉快地享受工作經驗，也不管他多麼心儀 Santayana，他還是沒有完成學位就決定要去工作，先是當無經驗記者，那是他的友人所編的週報，主張社會改革。其次，寫些文章及社論在各種社會主義期刊中，作為自由投稿的作家，1912 年還替

新當選的 N.Y. 市長 Schenectady（社會主義者）當助手，但由於政治需求貪得無厭，他遂失去耐性，乃又返回 N.Y. 市。友人督促他寫一本書，他決定去 Maine 州森林度假來從事寫作工作，1913 年有了成品，即《政治學序言》。他直率坦言的指出，大眾情緒應予疏暢，不應予以壓抑，智力的陶冶必須仰賴科學，民主亦然。此種論調，眾人乃給他打個標籤，視他為「唯實論」(realist) 的評論者。他也主張知識分子應提供客觀資料來啟迪大眾，而政治人物既擁有客觀資料，就應滿足大眾需求，使大眾了然於社會運動的重要性。換句話說，知識分子及政治人物，二者應結成同盟關係。

Herbert Croly 於 1909 年出版《美國人生活的諾言》(The Promise of American Life)，由於 Theodore Roosevelt 總統的熱情擁抱，早已引發全國性的注意力。Lippmann 刊出《政治學序言》一書，Croly 乃邀請他加入他的陣營，共同來編一個雜誌，致力於「國家主義的建造」(Constructive Nationalism)。該刊叫作《新共和國》(New Republic)。Lippmann 接受此項邀請，也就定了心，找到了一生的工作。該雜誌瞬即吸引大批讀者，Lippmann 也熱衷於與讀者作個人交談，樂在其中。1920's 年代還為報紙寫社論，其後還闢〈今天與明日〉(Today and Tomorrow) 專欄，共 36 年，定期出刊，既具教育性，也與他的政治風格有關。

一次世界大戰及戰後時間，Lippmann 寫的書變成教育理論上的經典。1922 年的《公共輿論》(Public Opinion)，指出美國進步主義的演進過程中發生的重大事件及觀念。在「大社會」(Great Society) 裡，人多，相互關係複雜。在此種看不見的環境中，男女本不能依第一手（直接）經驗來相互認識；其次，人性在政治上表現出來的情緒化、偏見、及非理性，如從中擬要在政治觀念上形成理性的選擇、國家的意志、以及普遍的善，那簡直是一種嘲弄。他把這些說法表達在《政治學序言》、《飄浮與掌握》(Drift and Mastery, 1914)、以及在《新共和國》中的社論與短文中。一次世界大戰發生的各種重大事件，也可依此來了解。不過真正體會其真相的，是他服務於美國陸軍宣傳部門，為 Woodrow Wilson 總統的政策顧問，以及在 Colonel（上校）Edward House 商討訂定和平條約時，他才把這些論點應用在他的新聞業上，1919 年大量發表於《大西洋月刊》(Atlantic Monthly)，

且於 1920 年集結成書為《自由與新聞》(*Liberty and the News*)。他的論點是，在「大社會」裡，男女之領會公共論題，並非第一手的接觸事實，而是只憑手頭得到的資料；這資料泰半就是報紙所報導的消息；「新聞供應」(news supply) 機制之發展，「並無計畫」(without plan)，因此也沒有哪一點要「為真理負責」(fix responsibility for truth)。除非新聞業者受到良好的教育，並為「真理」建立高標，否則男女都無可避免的受宣傳及煽動所毒害。「自由若對人類有用，此種定義也得深究自由的原則，尤其是它對人類生活的主要活動有關。換句話說，人類應控制環境，且學習對環境有所反應的過程中如何來教育自己。」自由是一種手段，藉此手段，可以來保障並增加訊息的可靠度。

　　因《自由與新聞》一書而引發的問題比它所解決的問題還多，也刺激了 Lippmann 的胃口更進一步來深入探討。印刷物太過重要了，尤其是報紙所提供的新聞。他說，新聞與真理有別，新聞的功能是「標出一個事件」(to signalize an event)，經過選擇程序，當中利益團體會輸入消息，檢查員刪減過，記者記載，主編抉擇，最後才見報。讀者所讀的消息是經過高度挑選的資料，也根據該資料而形成意見。他們的集體意見變成公共意見。而真理呢？真理的功能，是「把潛藏的事實予以曝光，事實與事實之間建立關係，然後描繪出實體的圖像以便人們採取行動」。真理是智力組織化的結果，而後系統的予以運用，只有不偏不倚的專家才能找到真理，也才能決定真理。他們長期浸潤在他們的專業領域裡，絕非偏袒任何經濟利益、政治利益、及社會利益的黨徒；專家是專心致志於追求真理者。Lippmann 說，導出真理而獻給大眾的唯一方式，就是聯邦政府應該在內閣中新設「情報部門」(intelligence section)，與其他政府部門平行。該部中的人員都是沒有政治企圖的，長期聘用，退休待遇優厚，大公無私，冷靜沈著，終生為發展並組織出可靠的知識為職志，沒有利益上的考慮，只計及客觀性。則他們可以得出資料，該資料是供給決策人士在形成決策的最佳指導。知識分子與政客不得掛勾，但二者之通力合作是建立在一種新基礎之上，此種新基礎的地基很穩，是良好政府發揮功能之依靠。「情報部門」也應向大眾散播訊息，同樣的，目的在於提供個人作決策的指導，並因而形成健全的

興論。

　　既旨在對大眾的重行教育，使之能獲得並利用訊息，Lippmann 更進一步指陳學校應該扮演的新角色。「學校是社會制度中的一種，教師應該利用學校來使學童精明的了解，學童內心對不熟悉的事如何予以處理。」在這方面，教師的職責非他人可以比擬，即向學生點出那些是宣傳式的訊息，並使學生具備能力來檢驗各種消息的來源。在此種過程中，還應告訴學生，敏於警覺自己的主觀性；同時教導他們，要有前後一致性，理性的、客觀性、且充滿智力的對世界形成自己的觀點。

　　《公共興論》(*Public Opinion*) 一書廣為評論家接受。U. of Chicago 的 Charles E. Merriam 說，該書「亮麗耀眼」(brilliant)，且「不可多得」(indispensable)。Merriam 的同事 Robert E. Park 則指出，沒有其他著作更能提供「為政治學作社會心理學來闡釋的教本」(a text for the social psychological interpretation of politics)。而《春田區共和人士》(*Springfield Republican*) 讚揚該書在「智識上的整合及切入，屬於高水準」(intellectual integrity and penetration of a high order)。《耶魯評論》(*Yale Review*) 則稱該書是一本「先驅作品」(Pioneering work)。不過對該書作深入解析者，莫過於 Lippmann 的朋友 John Dewey, Dewey 對《公共興論》一書幾乎予以最慷慨大方的讚美：「閱讀該書，有一種心中一亮的經驗」；「書中所描繪的圖像冒了出來，表達的方式既『客觀』(objective)，也『凸出』(projective)。讀完本書，幾乎還不能體會到原來本書就是對民主採取最具火力的控告，沒有一個人的手筆曾經如此。」Dewey 非常精明的把該書摘要，分析解說 Lippmann 的指控，然後提出他的補救之道。那就是建立一個機構，聘一群公正不阿的專家，為決策單位提供指導，並為大眾提供公共事務的訊息。這方面，Dewey 完全贊同 Lippmann 的呼籲。但實際效果上，Dewey 認為啟迪公共興論，比啟迪官員，更具重要性。事實上，公共興論的啟迪才是維繫民主的基礎。Dewey 說：「Lippmann 先生在解脫民主的基本困難上，比別人說得更為清楚。不過依我看來，由於困難的深度，因而解決之方應該比他所提的更為大膽。需要是一種驅策力，各種發明及成就乃是回應需要而產生的迷人成果。民主所需要的是一種更徹底的教育，絕不是只止於對官員、行政主管、及工

商管理部門的老板之教育而已，而是對一般人的廣泛且普及的教育。此種
教育的迫切需要性及困難度都比較難以克服，因此民主這種事業就受到挑
戰了。只作旁敲側擊的啟迪行政主管及首長，似乎疏忽了某些層面並失去
了某些挑戰性。」Lippmann 心目中的未來民主，是建立在上位者的民主素
養，因之領導人物的民主式教育，重要性大過於全民的民主式教育；Dewey
則恰好持相反的主張，他認為，全社區的平民皆受民主式的教育，如此才
足夠，也是社會安全的保障。

　　1925 年 Lippmann 出版《公眾的幽靈》(*The Phantom of Public*) 一書，
作為《公共輿論的續編》(*A Sequel of Public Opinion*)，把「局內人」(insiders)
及「局外人」(outsiders) 作了涇渭分明的辨別。「局內人」就是實際執行政
治工作者，「局外人」頂多是把「局內人」的工作時時刻刻作批判。「只有
局內人才作決策，不只因為他承襲著較佳的身分，而是他的職位就是如此，
既能了解也能行動。局外人則必然較無知，通常與決策無關，只是愛管閒
事，試圖把船航離乾的陸地。」到頭來，所有「局外人」的任務就是稽查「局
內人」的工作，偶而也把一個團體的利益來代替別個團體的利益；或把所
有利益團體的利益作相互的調整，來形成公共利益。既認定有此種區分，
Lippmann 對眾人的教育顯然就有別於對官員的教育了，依「自個兒適用的
判斷規律」(With its own usable canons of judgment) 來提供公共輿論的教育。
Dewey 再度表明他欣賞 Lippmann 的深度分析，但卻對「局內人」教育與「局
外人」教育作不同的判斷標準，頗不以為然。他說，大社會已為民主製造
出新問題，Lippmann 解決該問題的方式只是治標而已，對疏緩問題的嚴重
性，並未能作根除工夫。不過，「我片刻都不認為此種評論，否決了 Lippmann
先生的討論具有重大價值」。在《新共和國》的評論上他如此寫道：「我的
評論可能有必要作更深入的解剖，也就是說基本上必須慎重的考慮『大社
會』(Great Society) 所潛存的問題及危險，由此連帶產生的民主缺陷，是果
卻不是因，不能只看表面跡象而已。」

　　1927 年 Dewey 出版《大眾及其問題》(*The Public and its Problems*)，自
作「更深入的解剖」(Further analysis)。一開始，他先提到大社會的實質性，
認為二十世紀的主要民主問題，是把「大社會」(Great Society) 轉型為「大

社區」(Great community)；造成「大社區」所需要的教育動力，就是他先前在《民主與教育》一書中所提出的，將民主作為一種協同生活的模式，彼此共享經驗也互換訊息。他引 Tocqueville 的話說：「公眾政府具有教育性，其他政體則無。公共政府必須體認公共利益的存在，即令公共利益的意涵有所爭議，但經過討論及公開化，就可以釐清公共利益是什麼。穿鞋子的人最清楚鞋子那處夾到了腳，也知道夾腳的痛楚，雖然皮鞋匠是最能治療並解決鞋子夾腳問題的專家。」此種帶有經驗意義的公共教育，使 Dewey 認為「局外人」也有能力作出判斷，也有能力來自治。一種自由且負責任的媒體，由社會科學家來提供內容，可以大幅度改善公共教育的品質，因此可以加速真正共和政體的呈現。Dewey 是準備信任大眾的，他們享有的最後政治力，遠比少數的專家享有的還多。Lippmann 花較多時間在後者的教育上，也較信賴專家。不管理由是什麼，他與 Dewey 對教育基本問題及政治議題，並未見有共識。

1925 年以後，Lippmann 的著作中，不時的再提到教育問題，也常常感嘆於大眾的愚蠢，他們常因消息的不確及不良，而不聰明的給學校作了許多限制。1928 年在《美國的審訊者》(*American Inquisitors*) 中，他把無知的大眾及有知識的專家，二者之案件審訊，作了戲劇化的敘述；他也指責「現代主義者」(modernists) 的錯誤腦袋，把傳統科目從學校課程中刪除。1955 年的《公共哲學論文學》(*Essay in the Public Philosophy*)，他攻擊過「Jacobin 異端」(Jacobin heresy)。早在 1920's 年代他在討論新聞教育上，即對公共教育問題提出清新且深入的評析，地球上的自由政府及自由政府的領導人，皆可運用他的解析作自己的用途。不過，教育工作者卻有意將此種解析予以忽視，認為只要把學校課程好好整理一番，就可以改變整個世界。還好，當時出現「兒童中心的教育論」(Child-centered Pedagogy)，其中有兩大學派，一是「表現主義」(Expressionism)，另一是「佛洛伊德主義」(Freudianism)。二者都顛覆了傳統教育的措施，十足的代表了進步主義的教育模式：

1.表現主義：強調藝術的自我表現，重視創造力。以紐約的 Caroline Pratt (1867 ～？ ) 為主，1914 年在格林威治村 (Greenwich Village) 設遊戲學校 (Play School)，其後改名為城鄉學校 (City and Country School)。帶孩子到

公園、店舖、動物園、及海港等參觀，提供玩物——磚頭、泥土、石塊、箱子等。點燃兒童想像及創造力的火花。

2. 佛洛依德主義：研究此方面者皆是醫生，他們是醫學博士 (M. D.) 而非哲學博士 (Ph. D.) 或科學博士 (Sc. D.)，更不用說是教育博士 (Ed. D.) 了。奧國心理醫生佛洛依德 (Sigmund Freud) 將心性分成三種： 1. id（本我）：本能的、無意識的，有些已被文明社會排斥，被逐為「不當」或「壞」的而予以壓抑，其中之一就是性 (sex)，即是本能的衝動 (libido)。嬰孩即有此衝動，是一種戀母情結 (Oedipus complex)，在夢中會出現。2. ego（自我）：理性的、意識的。 3. superego（超我）： 道德意識。Jung 及 Adlex 比較不言 sex，而用心理上的現象來說明 id，如「內傾」或「外傾」(introverted, extroverted)，內傾者害羞、敏感、沈默、深鎖在內心中，如同紫羅蘭 (violet) 把葉子藏在內一般。外傾者則邁向外在世界、喜愛說話、笑臉常開，團體中有了他，立即生龍活虎起來。Adler 則言及自卑情緒 (inferiority complex)，症候是趨向軟弱、無用、不受重視、挫折、身心缺陷，不管是真的或是幻想的，都易增強此種情緒。當事人時而步上懸崖峭壁，時而趨向於過度自信，如同 Hitler 一般，頤指氣使他的隨員。有人認為此派是解救世俗異外的春藥 (philter)，Hitler 卻將該派人士關在牢裡，且將著作燒成灰燼。

本派重視個案研究，對象是變態及古怪的行為，精神錯亂，心理疾病及情緒反常者。即令是「正常者」(normal)，也不盡然是正常。1909 年 Freud 本人在 Clark 大學闡釋 psycho-analytical theory（心理分析論），包括精神病源的探索，潛意識的挖掘，了解性問題的癥結，夢的解析。在瑞士 Zurich 的 Jung 臨床實驗處的一位美國人 Dr. A. A. Brill 向美國人大力宣揚 Freud 的學說，1909 年之後不只大量翻譯 Freud 的作品且普及該理論於知識學術界中。在紐約 Greenwich Village 的名 Mabel Dodge 沙龍裡，他是受歡迎的座上賓，向同好說明「新心理學」(the New psychology)，影響座上知識精英關於社會思想的看法。一次世界大戰時，「心理分析」已成為格林威治村的談話中最常用的詞。戰後美國社會各界普遍知悉該名詞，學校教育也廣被波及，教師了解潛意識與真正的學習動機有關，把壓抑的情緒予以「昇華」(sablimation)，以便作為個人及社會的用途。這種教育，主旨在於培養

正當的品格，提供儘可能的機會讓學生昇華成功。美國心理分析學會
(American Psycho-analytical Association) 會長 Isador H. Coriat 說，在校內教
師取代父母，在情感上與學生是師徒關係，重振早期親子之間的活力。同
時，老師也應知自己的潛意識，才能警覺自己之所作所為，消除「壓抑性
的權威」(repressive authority)，領會學童的本能、興趣、及傾向。學校不可
只重知識教育，卻應擴及情意層面，神經緊張就可以疏解。

# 第七節　個人中心轉為社會關懷

　　1933 年 PE 的一群人辦《教育邊界》(*The Educational Frontier*)，希望
教師及學校教育扮演更主動積極的角色，開創社會及文化的新紀元，培養
個人明智的處置生活環境。1934 年更進一步朝向「社會」層面，刊物名為
《社會邊界》(*The Social Frontier*)。由於財務危機，加上經濟不景氣，1939
年遂改為《民主的邊界》(*Frontiers of Democracy*)，把偏激主編革除，這三
個刊物，Kilpatrick 都是要角。二次世界大戰方殷時，討論主題已非教育，
最後 PEA 宣佈停刊。「進步教育學會 (PEA) 的成立，Columbia 大學將控制
美國」，《時代》雜誌 (*Time*) 於 1935 年 7 月 17 日竟然出現這種字眼。其實
連全國教育會 (N.E.A.) 都無法影響 Roosevelt 的政治了，更不用說 *The So-
cial Frontier*，有人還指控 *The Social Frontier* 有共黨影子。

　　Dewey 有次曾經這麼說過，他的早年教育作品，是把一般性的社會作
為討論對象，晚年則特指特定時間及特定地點的社會，該種特定的社會，
是指中國、土耳其、墨西哥、及俄羅斯的社會，時間是 1920's 年代，而特
指的美國社會則時間是 1930's 年代。他自己提出一個問題，即一個國家有
可能面臨「本身自我分裂」(a nation divided against itself)，那就是物質文化
及道德文心的作對。前者的表現是集體及合作式的，後者則充斥著個人主
義式的價值及理念，該理念來自於「前科學及前技術時代」(prescientific,
pretechnological age)。Dewey 的問題更見具體，更是有所指。在美國史上，
爭論教育目的及手段最熱門的月刊是《社會邊界》(*Social Frontier*)，Dewey
在該爭論中最居前衛地位，不只觀念強而有力，也最具啟迪性。

　　《社會邊界》因應著經濟大蕭條 (Depression) ⓫ 而起，雖然本刊物的撰稿人，都是一群早期圍繞在 Dewey 四周的傑出教育理論家，也在 1920's 年代時與他的學生 William Heard Kilpatrick 教授過從甚密。這群人就是 Harold Rugg, George S. Counts, John L. Childs 等人。他們都對 Dewey 在《民主與教育》一書中所分析的觀點給予共同的支持，1927 年遂系統的把美國教育經由快速的工業化而產生的重大變遷作一解剖。經濟大蕭條一發生之時，他們自覺義不容辭的擬訂教育及社會的討論題綱，來面對美國危機所產生的教育需求。他們的集體努力有了成果，即由 George S. Counts 領銜出版《學校敢於建構一個嶄新的社會秩序嗎?》(*Dare the School Build a New Social Order ?*, 1932)；他說：「任何教育運動，或任何運動，要能稱為進步的話，就定要有指向 (orientation)，一定要有方針 (direction)，……不能像總統候選人一般，逃避任何有爭議的議題，只想討好眾人。」或來騙取選票。不要以為小孩在玩耍就可以了，反正不吵到大人，大人就安心；其實小孩玩得有什麼意義，才是最重要的。給孩子一個「視野」(vision)，所有可能性的視野，置於兒童眼前。但最理想的視野，就是依民主傳統而建立一種嶄新的社會秩序，教師應積極的為此奉獻，然後盡全力來實現該「視野」。更為精緻的內容，則是在一項座談會中討論過，其後出版在由 Kilpatrick 當主編的《社會邊界》刊物中，時為 1933 年，該刊物其後陸續出現此方面更精采的文章。

　　George S. Counts 是中西部人，在 U. of Chicago 受教於 Albion Small 及 Charles Judd，博士論文是算術量表的製作 (1915)。不久，他放棄教育的科學化，而改行社會因素的解析及批判。1922 年出版《美國中等教育的特色》(*The Selective Character of American Secondary Education*)，研究中輟生問題。配合 Thorstein Veblen 的說法，指責資本主義色彩籠罩在大中學校上，發現中學生的經濟背景是有錢人家甚多，貧窮子弟咸少機會入學。

---

⓫ 美 1920 年汽車九百萬輛，1930 年達 3 千萬輛，1924 ～ 1925 年景氣最佳，但旋即出現不景氣 (boom and bust)。1928 年 8 月 11 日，Herbert Hoover 總統宣佈該年是「美國最接近完美的日子，成功的征服了貧窮，這是地球歷史上從未有過的」。(Thayer, 308) 但馬上接著的是經濟大蕭條 (depression)。

　　1927 年為文指責 Chicago 學校的董事會組織太過貴族化，富商、律師、醫生，及銀行家充斥，學校教育應「超越政治」(above politics)，董事會成員應有工人階級、婦女人士、及教派代表。教師應加強進修，提升素質。

　　Counts 於 1927 年來到哥倫比亞大學的師範學院，在研究美國教育及俄國教育上，早有輝煌建樹。他的小冊著作《學校敢於建構一個嶄新的社會秩序嗎?》電擊了整個教學世界。他的論點與當時傳統的想法有別，認為國家所面臨的危機深淵，乃因資本制度無法維持生產，也不能管理生產；此時，經濟體制就應作基本的變更，且時機迫在眉睫。而教師更應帶頭來進行一種更有智慧、更有勇氣的經濟制度之重建，使國家財富更有平等及公正的分配。即令有人認為學校只是規範或型塑的機構，且也不是這當中最強有力的機構，但教師卻有義務來為美國未來願景著想，然後系統的把該願景灌輸給學生。「教師應該積極有意的善用權力，盡他們最大的征服力，這是我的信念。」「既然他們可以制訂課程，也有權決定學校程序，則他們就應明確的、且積極的影響新生代的社會態度、理想、及行為……。依我的觀察，凡能影響人類事件發生過程的男女，皆毫不遲疑的運用他們到手的力道，他們代表的，不是一時的利益，也非任何一種特殊階級的利益，而是眾人的利益，也是永無終止的利益。教師承攬了沈重的社會責任來保障並增進這些利益。在這方面，他們在這個社會中佔有比較獨特的地位。」

　　Kilpatrick 於 1951 年時回顧 1930's 年代說：「一二十年前，有一種積極的要求，希望學校幫助建立一種嶄新的社會經濟秩序，如果該種說法的意思是教師應該提出一種秩序計劃然後經由特種的灌輸管道，使新生一代為該設計的新秩序奉獻，則吾人無法接受此種說法。」George S. Counts 希望學校帶頭且開始大膽的為新社會秩序來教育下一代，但教育方式要符合真正的民主社會原則，不可只為單一階級的利益而提供教育服務，這是過去的作法，而違反大眾的利益。

　　進步主義教育 (PE) 的價值，是注意兒童及兒童興趣的重要性，活動是教育的核心，生活情境及品德成長作為學習要點，兒童權是自由人格的指標；但此種主義的嚴重缺點，是缺社會導向，變成無政府狀態或極端的個人主義，無社會正義；目睹不公，也無動於衷，或只作壁上觀，袖手不介

入。Counts 等人認為，應該視社會為有機的整體，與己息息相關；不必擔心以灌輸為藉口，來反對「洗腦式的教育」。「灌輸」，事實上是有必要的，反對此論者犯了十大錯誤：

1. 人天生自由。
2. 性本善。
3. 孩童生活於他自己的世界。
4. 教學有一種「純粹又奇妙的本質，代代相傳，永不止息」。
5. 學校要不偏不倚。
6. 教育主旨在於使個人對重要社會議題，採取不可知心態，正反雙方要平衡，如同高明的變戲法一般。
7. 注重過程而非目的。
8. 教育力道無比。
9. 無知，才是通往智慧之道。
10. 教育責任是準備個人適應社會變遷，但不負責引導社會變遷。

　　Counts 並不笨，他倒是太清楚的知道，「治者階級從來不會自動自發的放棄他們所享有的既得特權」。不過他早年在樂觀主義及 Kansas 州邊界的福音傳播氣氛中過活，確信「懷有各種可能性的時代已經快要臨盆，在我們的掌握之內，最為人道、最美的、也是最富麗堂皇的文明已屆，那是前所未有的」。數年之後（1950's 年代早期），有人問他如果可以再重寫一次，他會不會有不同的寫作內容或觀念，他回答道：「我會提及更多的歷史脈絡。」

　　掌美國教育學術界的 Columbia 大學師範學院，及 Ohio 州立大學諸多教授，也對 Counts 的主張有所回聲；他們呼籲教師要起帶頭作用，站出來為美國社會的改造一馬當先。此種社會應適合時代，學校的每一個層面都應與該重建相互配合。不過與 Counts 不同的是，兩大學的教授並不願公開的支持理念上的灌輸，並且也沒那麼屬於樂天派，認為學校教育的結果不會使社會改造產生什麼重大的差別，除非社會這個大環境氣氛有重大改變，而學校是屬於社會之內的。因之先創建一個更友善及更具生產力的世界以便進行教育工作。該種世界還未曾出現時，教育工作者就有責任走出校園

邁入社會，來鼓舞群眾的支持，為該種世界奮鬥不懈。在「教育邊界」及「社會邊界」開疆拓土。

《教育邊界》(*The Educational Frontier*) 在 1933 年春季問世，隨即引發全國一種探查究竟的精神。但由於大蕭條的惡化，對此刊物的批評也日漸增加。《社會的邊界》(*The Social Frontier*) 來延續解析工作，組成一個全國性的董事會，Kilpatrick 當會長，Counts 當主編，第一期在 1934 年 10 月出刊，宣稱美國社會以及全球社會已步入轉型時代，個人主義已讓位，取而代之的是社會生活及經濟生活更為緊密的成為一體，集體性的計畫及控制是必要的。在這個社會及經濟重造過程中，教育無可避免的扮演著重大的角色，這也是十分必要的。該刊物的編輯們，目的就是打開該刊的篇幅，獻給對此有興趣的讀者，以便幫助教育來完全承擔其任務。

這些號稱為「邊界的思想家」(Frontier Thinkers) 雖觀點有異，但也有共識，即美國社會已有危機，解救該危機，教育應肩負重擔，那是在 *Educational Frontier* 及 *Social Frontier* 兩個刊物所傳達的主要訊息。毫無疑義的，兩刊物皆同受兩股勢力的嚴厲批判，一是「極左派」(the radical left)，一是「人文主義右派」(the humanist right)。一位年輕的巴勒斯坦猶太人名為 Zalmen Slesinger，曾就讀於 U. of California, N.Y. U., Dropsie College, 及 Teachers College, Columbia U., 1937 年出版他的博士論文，題目為《教育及階級鬥爭：社會改造中，開明學者教育計畫的批判》(*Education and the Class Struggle: A Critical Examination of the Liberal Educator's Reconstruction*)，該論文經過 Childs、Counts、Kilpatrick、Raup、及 Isaac L. Kandel 的指導，以 Marxist-Leninist（馬列思想）角度將「邊界的思想家」作鉅細靡遺的評論。他說，由於開明派的學者未能知悉美國社會的階級結構，天真的以為經由民主方式就可以將社會進行根本性的重組；又以為學校可以插上一腳，扮演重要角色。因此他們的計劃都告失敗。其實真正的需要是階級經濟必須徹底予以破壞，完全由集體制度取代。Slesinger 呼籲激烈的改革及組織，應該由革命型的知識分子來擔任。社會的主要組成分子中都有此種貨色——專業人員、小商人、作家、藝術家、教師、工人、農夫、學生、及失業者，與「邊界的思想家」不同。對於學校的功能就可以盡到社

會重建的重大貢獻，並沒有多大信心。「以吾人社會的階級性質這個角度來看，將學校制度作工具，使之在現行社會秩序中發生革命性的巨變，吾人倒相當懷疑。」

Dewey 立即在《國家》(Nation) 這個刊物中予以回應，他親切的提到 Slesinger 的論文寫得公正無私，且客觀性十足的指陳自由派的論點，這是他很欣賞之處。不過 Dewey 也直接的描繪出 Slesinger 及自由派學者的不同之處。Dewey 說，二者之差異，顯示出「民主程序與階級衝突程序的對立。Slesinger 的著作中最引人注意的是他的剛性及完全性，他所呈現出來的論點，是絕對的『非此即彼，非彼即此』(either-or)。除了把個人當個人看待之外，還認為個人與經濟階級之間，並無其他空間。各經濟階級彼此對敵，勢同水火。沒有地帶可供雙方作社會交往或修正的場所。」在 Dewey 的看法裡，此種對立衝突會導致一種後果，即一方是過分誇大了權力，另一方則權力潛藏不顯。Slesinger 希望後者應由革命型的知識分子來承擔。Slesinger 看到的社會以階級作基底，Dewey 則看不出知識分子來作為教育工作者，會比學校教師更有力道。不管如何，Slesinger 對學校教師是無所指望的。

在「人文主義右派」方面，嚴苛的批判「邊界的思想家」，聲浪最高的莫過於 Robert M. Hutchins。他是一位早熟且口齒伶俐的教育家，在 Yale 的法學院 (Law School) 接受律師訓練，1923 年時才 24 歲就當 Yale 大學的祕書，1928 年為 Yale 的法學院院長，1929 年是 U. of Chicago 校長 (30 歲)。早在 1935 年，他就開始批判「邊界的思想家」，該年 4 月他向 Pittsburgh 教師協會 (Teachers Association) 說：「在所有的教育努力中，最基本的問題是，我們要作什麼？目前 N.Y. 有一群能力不錯的教育家要我們相信，我們要作的是準備兒童有個集體主義的新時代。」一個月之後，他又向 Los Angeles 的《現代論壇》(Modern Forum) 說同樣的話題：「最近有一個進步主義教育家及社會學家的新學派誕生，他們譴責課程的不是，該種課程是把好多當代各種訊息組合起來。他們想要用未來的訊息而非當代的訊息所組合的課程來予以取代，他們認為那是學童在學校裡將要面對的訊息。他們甚至還說他們知道學童要面對的訊息是什麼，即是他們壟斷的稱呼『集體主義』

(collectivism)」。Hutchins 隨意取用諷刺又嘲弄的幽默，把那些企圖從傳統教育的繫船纜割斷的人指責得體無完膚。

1936 年 Hutchins 出版《美國高等教育》(*The Higher Learning in America*) 一書，系統的呈現出他所認為的傳統繫船纜，嚴厲指責美國教育的「功利主義」(Utilitarianism)、「現時心態」(Presentmindedness)，以及「感性的人道主義」(sentimental humanitarianism)。他要求全民的教育應植基於古典學科上，以文法、修辭、邏輯、及數學為主，研究西方世界的經典名著，精選秀異之士上大學，全心投入於知識的研究以完成智慧的擁有。底下的兩段話，幾乎可以作為他的學說之縮影：

> 教育的一個目的就是引出吾人共同天性的因素，這些因素在任何時空皆同。教育一個人如何生活在某一特定時間或地點，使他適應於某一特殊環境，此種念頭顯然自外於教育的真正觀念。

> 教育蘊含教學，教學蘊含知識，知識是真理。真理是任何地方皆同。因之教育也應任何地方皆同。我並不忽略在組織、行政、地方習慣、及風俗上，有差異的可能性，這些是細節。我建議，為所有學童所設計的任何學科，要是吾人正確的領會教育，則學習的精髓也是任何時間、任何地點、任何政治上、社會上、或經濟上的條件下，皆相同。

Hutchins 強調「智德」(intellectual virtue) 的培育，是通識教育 (general education) 的主旨，本身是目的，也是達到「幸福」的手段。「智德」分成五種，其中三種屬「理論型」(speculative virtues)，二種屬「實踐型」(practical intellect)。理論型的「智」，是「直觀知識」(intuitive knowledge)，由演繹得來；「科學知識」(scientific knowledge)，由「演算」(demonstration) 而來；及「哲學智慧」(philosophical wisdom)，是前二者的總和，也是最高的原理，更是第一因。實踐型的「智」是「藝術」(art) 及「謹慎」(prudence)。Hutchins 的哲學觀是變中有不變，人性有「同」的部分，教育應該引出人性之「同」處，不是要適應某一特別的時空或環境，那不是教育的真諦。古典學科最能代表教育課程的全部，古代及中世紀的古典科目，可以作為今用。如 Socrates 之對話，古今皆管用，且今比古更有迫切需要提出類似的對話內容；

該類巨著，學生不可只知該巨著的作者或片斷，卻要精讀，不可小看學生領會古經之能力。此外，William C. Bagley，也寫一文為學術科目的教育辯護 (In Defense of the Exacting studies)。他說 Essentialist（精粹主義人士）強調基本學科，是不可或缺的教學對象，美國學生在這方面程度越來越低落。傑出學者少，獲取諾貝爾獎獎項，在物理學、化學、生理學、及醫學上的是：Michelson、Compton、Richards、Urey、及 Alexis Carrel 五位，而 Carrel 還是法國出生在法國接受教育者。文學獎有 Sinclair Lewis、Eugene O'Neil、及 Pearl Buck；和平獎有 Theodore Roosevelt、Woodrow Wilson、Charles G. Dawes、Nicholas Murray Butler、Jane Addams、及 Frank B. Kellogg。但從人口比例以及就學於大學而言，人數仍然太少。

教育普及率全球第一，但犯罪率及政治風氣之敗壞卻舉世聞名。少受進步主義 (Progressivism) 影響的地區，如東部的 New England 及大西洋中部各州 (Middle Atlantic States)，治安則較佳。外文及古文，對少數學生來說，不可或缺，可以培養學生攻堅、吃苦、耐勞、毅力，課程內容不可太軟或太鬆；學校系統有組織的教學，總比其後的自學，效果大得多。

1931 年有個研究顯示出：最佳的教師是在中學修過 2 年以上的 Latin，次佳的教師是在中學修過 2 年以上的數學，第三等的教師是在中學修過 2 年以上的自然科學，最差的教師是在中學修過 2 年以上的社會社學 (Gross and Chandler, 392 ～ 399)

Hutchins 對「邊界的思想家」之批評，是認為他們拋棄了許多美國教育的傳統價值，也不滿進步主義學派 Dewey 及他人的努力，定下教育的議程來適應特定社會在特定時間上的特定需要。此種指責，當然立即引來 Dewey 的嚴詞反駁，Dewey 也在《社會邊界》上，把《美國高等教育》指斥得不留情面。Hutchins 致力於經過千挑萬選的大學生之教學，且以傳統科目及永恆真理為教學內容，Dewey 認為此舉並不適合於民主社會所需要的基本改造或重建。「逃避當前現有社會的罪惡，不願去面對它，則所需要的更甚於逃避本身。它需要的是研究社會需要，以及親身體驗一段時間的社會生活。Hutchins 校長的討論，在完全不涉及於教育重建方面，是頗值一述的。不過教育重建是當前的另一選擇。吾人應知悉，沒有社會重建，

則教育重建也難達成。而高等教育應在社會重建中扮演部分角色。」此外，Dewey 還指控 Hutchins 犯了「權威主義」(authoritarianism) 之錯，因為 Hutchins 堅持永恆真理及第一原則。Dewey 甚至有點不快的說：「任何植基於一種說法，以為最終的第一原則是存在的，另有一附屬原則屈居於永恆真理的架構下，此種說法都不能免於被指稱為權威主義，或稱呼該說法就是真理。」「我還不願意明說作者對法西斯主義 (Fascism) 有同情心，但基本上，他的觀念如放在正確的軌道上，恰與自由之不信任相合，因而也可說那是訴諸於『某些』固定的權威且堅不放棄該權威，該權威現在正宰制著世界。」進步主義的自由派與人文主義的右派，雙方脣槍舌劍，直到 1943 年時，Hutchins 出版了《為自由而教育》(*Education for Freedom*) 一書，烽火更是連天。Hutchins重新為他的說法提出辯解，他希望學校應能向美國人生活中的唯物主義、情感主義、及反智論 (materialism, sentimentalism, and anti-intellectualism) 這些主流宣戰；課程應把「觀念、原理原則、以及永恆不朽，放在第一位」。Hutchins 指責大學課程之不當，有桌球課、方塊舞、化粧術 (Cosmetology) 或水管業 (lumbing)；另有博士論文寫有關洗碗盤技術、內衣廣告 (hosiery advertising)、女內衣等。Dewey 也予以反擊，他說 Hutchins 一再的企圖要把職業教育從文雅教育中分家，這是繼承著「早期人類關係的階級構造」之遺毒所造成。Dewey 說，這是對「民主的一種排斥」(denial of democracy)。把 Hutchins 與法西斯同列，這是有點言過其實的指控；但倒有許多證據證明 Hutchins 非常心儀中世紀時代教父哲學的大師 Thomas Acquinas。十六世紀時，天主教最高權力機構 (Council of Trent) 下令把 Thomas Aquinas(the Seraphic Doctor, 六翼天使博士 ) 的《神學大全》(*Summa Theologica*) 置放於上帝的神壇上，與 Bible 併列；1879 年，Leo XIII 教皇下令 Thomas 為天主教神學中最高的權威。

「開拓疆界的思想家」所提的觀念，以及因此而引發的批評，其複雜狀況，有必要提出幾點說明：第一、雙方你來我往但都限定在學術圈內的討論，大中小學教師參與討論者並不多，其他作家、藝人、新聞從業人員、年青工人、及教會人士、或一般社會大眾，雖然他們也對教育有興趣，甚至是專業教育人員，但並不因此引發大風潮。並非該種討論不具意義，而

是並不發生重大的影響。此外，雙方似乎都把美國的教育制度當成是一種國家的制度，無視於實質上美國有成千上萬的學區，數以千計的學院及大學，二十萬以上的基督教會及猶太教教堂，數不盡的報社、雜誌、及其他期刊。並且，雙方都似乎自以為全國的教育可以來決定政府政策，不知聯邦政府只弄個「新政」(New Deal)，就使雙方的影響力道相形見絀。因此對於全國各地是否要立即增加學校稅收及經費的壓力，沒有什麼關聯。

　　1930's 年代以來，另有一股勢力不斷的對 Dewey 等人的教育觀念提出批判，這股勢力也屬人文主義學派。Hutchins 的評論，時間是 1950's 及 1960's 年代。但從 1930's 年代開始，一群知識分子如 Jacques Maritain, Arthur E. Bestor, Jr., 及 Mortimer Adler 等人都加入批評的陣營。有趣的是，並沒有人持續對 Marxist（馬克斯主義）提出批判，1930's 年代 Marxist 的批判者如 Theodore Brameld 到了 1940's 及 1950's 年代，已納入人文主義陣營，而 John DeBoer 在 U. of Illinois 也勢單力孤。當 1960's 及 1970's 年代，教育界出現以人文層面來重新批判 Marxist 時，學者如 Michael B. Katz、Samuel Bowles、Herbert Gintis、Martin Carmy、及 Michael W. Apple，都很少說他們的論點與 1930's 年代的學者有瓜葛，倒是提到 Antonio Gramsci、Jürgen Habermas、及 E. P. Thompson 等人的說法，這些人都是 Marxism 的「修正主義者」(revisionists)。依 Marxism 的說法，是認為在社會重建中，教育只不過是一種「獨立變項」(independent variable)，而非「依變項」(dependent variable)。

　　最後，有關 Dewey 本人的思想演變，有數項值得注意。第一，他有一貫的立場，前後一致，雖然他的門徒曾加以改變或與他的看法有出入。Counts 的質問：學校敢於創建一個嶄新的社會秩序嗎？Dewey 答以不管教師敢不敢作此種嘗試，他們到頭來皆可能無法得逞。在一個現代工業社會中，政治制度及教育機構又那麼繁複，學校最應該作的是當社會秩序已經變了，學生應能領會，採取適應該變遷的心態。Raup 力邀教師作為政治名冊清單之內，Dewey 的回答是他贊成教育應從事社會改造，但此舉並非說學校應投入在政治的鬥技場內，支持某種政治訴求或維護某一政黨而非其他政黨。不過，更為重要的是，Dewey 繼續發展他早在 *The Public and Its*

*Problems* 中所提的民主理念,表明與 Lippmann 的精英主義相對立。1935 年發表《自由主義與社會行動》(*Liberalism and Social Action*) 一書 (本書為紀念 Jane Addams 而作), 他又重提者觀念:「自由主義的復活, 第一個目標就是教育。我的意思是說要幫助心態及性格習慣的養成, 和智育及德育的塑造, 那就與實際事件運動, 近在咫尺了。」其後 (1938) 他在 Felix Adler 講座 (Lecture) 中, 以〈今日世界中的民主與教育〉(Democracy and Education in the World of Today) 為題, 發表演說, 他也再度重申他的基本信念, 即教育應參與民主式的政治運作,「民主本身就是一條教育原則, 一把教育的尺度, 也是一種教育政策。競選活動由於可以教育全國人民, 此種價值高過於外表的立即結果, 這種話已非新論了。」1939 年在《自由與文化》(*Freedom and Culture*) 一書中, 他花了不少文字在敘述他的主張, 認為判斷一個社會是否有價值, 最後一定要憑該社會的活動結果及制度上的設計, 能否提供社會來釋放、擴大、並豐富社會成員的潛力, 或是可以繼續自我教育而定。最後, 他對科學專業價值的肯定, 從來就強調, 當只有科學專家的知識及技能, 與人民日常存在的事務有關者, 且普及於男女的時候, 才能轉換為有效的公共輿論, 那是處理真正民主社會事務中最理想的指導。

　　1911 年, NEA 任命一個節省教育時間小組 (Committee on Economy of Time in Education), 擬系統的把課程中無用的部分刪除。1915 ~ 1919 年分年發表四個重要報告, 引發全國教育界廣泛的討論。縮短時間, 至少有三個途徑, 一、消除非基本的部分, 二、改善教學方法, 三、緊密的配合兒童的發展來組織課程。該小組對第一部分著力最多, 此部分也最棘手。「什麼知識最具價值」, Spencer 的問題, 再度掀起討論熱潮。教育的主旨在培育基本態度、觀念、技能、習慣、及知識, 成為民主社會有效率的分子, 能自立更生, 自我引導, 富合作心態及能力, 負責任來擔當行政職位。

　　分析現有活動狀況, 以作為課程改革的根據, is 與 ought 相混, 將事實當作價值, 卻稱為教改的科學化。其中以 Chicago 大學的 Frankin Bobbitt 教授及卡內基工學院 (Carnegie Institute of Technology) 之 Werrett Wallace Charters 教授為代表。Bobbitt 因在上述小組工作過, 代表性更足。1924 年 Bobbitt 出版《如何編製課程》(*How to Make a Curriculum*), 把「課程編製

者」(curriculum-maker) 視同為「大工程師」(great engineer) ──二十年代視教育為科學者的口頭禪。注重人類生活上的「實際活動」(actual activities)，以「實然」當成「應然」(desirable)，還包括犯罪行為的分析及社會解體的實情。Watson 的 behaviorism（行為主義學派）等一批人大力予以支持。他們不喜如霧般的哲理，也討厭冗長的理論辯證，只擬測驗可測驗者。結果，教育只在作「生活適應」(life adjustment)，變成十足的 scientism（科學萬能說）。

全國教育研究協會 (National Society for the Study of Education) 的 37 年度報告 (Thirty-Seventh Yearbook) 中說：科學的教育學運動已盡力完成學校的改善工作，現在正需要的是重新發現教育的基本價值。「科學已完成最後的努力，目前留下的是哲學該進場了」。Dewey 的上述強調，以及 Dewey 本人一再闡釋的民主教育哲學，正好適時的進場。不過，PEA 的教育家們，在教育理念上到底是注重兒童或偏愛成人，這猶如鐘擺一般，視社會條件而定。Columbia 大學師範學院研究比較教育的權威教授 Isaac L. Kandel，於 1933 年指斥 PEA 過去注重個人，現在轉而強調社會的不定性；過去「強力大叫個人主義，新自由，兒童中心學校，把兒童的自我予以神化──一個字（詞）即『教育上的放任 (laissez-faire)』。現在則高呼「經由學校來做社會重建，強調計劃、合作、及集體意志。」1944 年，配合「英國新教育之友」(Education Fellowship)，PEA 改名為「美國教育之友」(American Educational Fellowship)。除了考慮兒童在教育過程中的重要價值外，成人也應介入當前紛爭的議題，來參與政治及教育活動。

# 第六部 充滿知識訊息的社會

社會的大責任，是將現存世界上的最重要知識，全部宣揚於各地。
(1897)

—— Lester Frank Ward

## 前　言

內戰後約半世紀，美國政治及知識界，都在討論以知識的普及來建構一個嶄新的社會。值得注意的是，在討論當中大家都充滿熱情與期待。一個千禧年即將來臨，詩人兼新聞從業者 Walt Whitman 在《民主的願景》(*Democratic Vistas*, 1871) 中，以狂想式的語氣說:「一種文化規劃已然現形，不光只在某一階級，也不只做演講廳或接客室之用而已；而是展現在實際生活上，更把西部的工人包括在內。看到農田及工匠粗鉋木頭的事實，也目睹一大群中產階級及工人階層的婦女，更要求婦女的完全平等，婦女具有神奇又強有力的婦道。」社會學家 Lester Frank Ward (1841 ～ 1913) 從早年到晚年著作，都以「知識的分配」(distribution of knowledge) 作為社會改革的主旨。依此，其他改革才有著落。「針對建立一個完美的社會所提出的所有萬靈丹中，沒有一樣比知識普及於全民，來得更深且遠又廣的。知識的增加，也就是全部真理的發現，是多麼的令人心迷，卻也得善加珍惜與信賴。因此，社會的大責任，是將現存世界上的最重要知識，全部宣揚於各地。」這是他在 1897 年說的話。Ward 是自學成功的植物學家、考古學家、及社會學家。1883 年被任命為「美國地質考查」(United States Geological Survey) 的考古學代表隊隊長，該年出版《動態社會》(*Dynamic Sociology*)。其中要點是:

　　1. 人不同於物，也不同於動物；人之異於物或動物者，是 consciousness

（意識），intelligence（智力），及 purpose（目的）。人不只是被動的適應環境而已，還應主動的來改變環境。人有新的 factor（因素），即 psychic factor（心靈因素），在人種未出現之前，是適者生存，優勝劣敗，或為命運所安排，但宇宙出了人之後，則人擬主宰命運。

2.物理科學利用物質世界而為人用，同理，社會科學也可利用社會資料而為人用。使用 intelligence，則可減少 natural process（自然程序）中的浪費（減少錯誤）。自然界靠風、水、雨、鳥、或動物來繁衍，人則選擇種子，準備好土壤，拔野草，輪耕，以便有大收成。競爭要予以控制，才能達成進步，否則造成社會成本的耗費及不公不義之事叢生。工廠應注意產品的質與量、分配、及利潤。

3.政府措施，如在王朝體制或寡頭政治之下，Ward 同意採用放任政策，即不干預政策。但全民參與或代表性參與時，則應利用群體智力 (Social intelligence)，以便使立法者通過立法來消除「無知、貧窮、賤役、及難以形容的不幸」，「每一位真正的議員一定是個社會學家。」研究社會的法律，以及人性。除非議員懂得社會科學，否則不能立法來影響眾生命運。

4.「知識不再是靠運氣或天生了」，卻應予以組織與安排；「人為知識大過於自然知識，就如同人為食物多過於自然食物一般。」處境不利者或貧窮者，能力上的條件並不輸給有利條件階級者。後天習得性可以遺傳，如長頸鹿脖子長度之增加一般。

1859 年達爾文的巨著產生的達爾文主義 (Darwinism)，屬於生物學的領域，社會學家把它轉型為社會達爾文主義 (Social Darwinism)。前者的代表人物持被動與靜態觀；在英國，以 H. Spencer (1820～1903) 為該主義的代表，在美國，Willian Graham Sumner(1840～1910) 也依附此陣營。後者持主動及動態觀，健將是美國的 Ward 及俄國的 Peter Kropotkin，「互助合作」是高等動物（人）的生活及文化面貌，不應淪為低等動物之弱肉強食。他們觀察到即令是原始野蠻的，中世紀的，及現代的 (barbarian, medieval, & modern) 生物世界，發現競爭並非是動物及人的法則。強調的卻是「同情、慷慨、仁慈、及手足愛」(sympathy, generosity, benevolence, brotherly love)。

哲學家 John Dewey 一再地提及傳統社會長期壟斷的以讀書為要，在工

業主義時代，革命則頻頻啟動；他在 1899 年的《學校與社會》(*The School and Society*) 一書中即說：「發明了印刷術，馬上作了商業用途。書、雜誌、報紙多又便宜；火車及電報使消息傳遞既快又廉價也平常，郵電的使用已然來臨。旅行也是常事，自由走動，伴隨著觀念的交流，方便多多。這種結果帶動了知識上的革新。讀書的材料暢通無阻，即令到目前為止，可能未來也是，有一個特殊階級以研究探討為專業，手頭上也忙於此種工作。但只有某特定階級的人才讀書，這已是不可能的了，那已是過去的往事。知識不再是一種不動的固體物，卻已變成流體狀，活力十足的在社會裡四下流動。」

不過，致力於知識的普及，卻需考慮何者才是需要分配給眾人了解的「現存最重要的知識」。知識之重要與否，是否也參雜有政治的因素。Ellen Condliffe Ligemann 使用「知識的政治」(politics of knowledge) 一詞，實堪玩味。Dewey 隱喻式的提出知識的「流動化」(liquefaction)，引發一群文化界及學界的菁英開始論戰，每人皆揚言他具有特殊資格來界定何種知識最具價值。文理科學者、醫學家、及法律研究者，大學新興專業科目的技師、研究機構的科學家、工業實驗師、農業試驗站人士，都說他們的身分可以參與該論戰；而負責圖書館及博物館的管理人員，他們多與新興都市的富有家庭結合在一起，希望都市環境稍具人文化，使移民人口文明化，並享受教化的果實。這些個人及團體，認為知識的普及就是盡可能的把真與美擴散到各處，就是這麼簡單。他們評斷的真與美，是無時空性的。

其他人之視知識的普及過程，就更為複雜了。史家 James Harvey Robinson 於 1923 年出版《知識的平民化》(*The Humanizing of knowledge*) 一書，他指出知識的新建構，都與現代科學之興起，密不可分。此種建構有好多層，有學科專家、附屬學科專家及跨學科專家；每一層皆有一群專精研究者、學術組織、以及學報，各階層有必要把知識予以「平民化」(humanizing)，來廣為一般男女領會。因此「顯然地，吾人必須從基本上著手，先把知識重新安排次序，調整一番。如此才可能納入日常生活的想法與行動之洪流裡。有必要再度綜合一下，使之易為常人接受 (re-synthesized and re-humanized)，使知識看起來與吾人之生活發生重大關係，也產生深度的興趣」。

他認為此項任務，既重要但卻難度高。因此他提議應該有一群專家來擔任此職責。換句話說，作者應該「能夠帶給最大多數的讀者徹底了解最多的知識，讀起來最愉快，最有效力，也最不受騙。」

另有一些人則認為，問題不在於使專業知識變成簡易可解，或迎合一般眾人口味。他們懷疑專家那種正式的科學知識，是否就是眾人所要有的，是否也是唯一具有價值的知識，或是值得予以分享的知識。John Dewey 一再地重提一個問題，即科學知識與常識之間的關係；要是科學知識到頭來無法使常識重新予以建構，則科學知識就一無用處。1934 年他發表《藝術如同經驗》(Art as Experience) 一書，指出藝術是平常百姓的一般經驗，而不是抽離經驗又藏於文化機構裡的符號。同理，Jane Addams 也質問，在新興的以研究為主的大學裡，理論與實際的分隔現象是否正確。圖書館及博物館館長 John Cotton Dana 堅稱，圖書館及博物館收藏的東西，是以周遭附近的資源為主；評論家 Gilbert Seldes 主張，通俗藝術、受眾人歡迎的演唱、寫作作品、演技及舞蹈，是表現美國生活中最具價值、最有趣，也令人印象最深的部分；美國大都市裡圖書館、博物館、專業演奏廳、及歌劇院的活動，是不能與之相比的。Dewey 等人擁抱的通俗文學寫作，那才是美國文化及教育的根底。

Herbert Spencer 於 1859 年發表的「何種知識最具價值?」(What knowledge is of most worth?) 是不得不予以注意的。此一問題的解答方式及解答者，以及他們在這一層面上如何期求大中小學、文化機構、工作坊、慈善基金會、及政府組織，乃是二十世紀一百年來，教育與政治的重要話題。

# 第十三章　知識的性質及用途

有知識的人是一個演員，一方面他是真理的相關係數 (co-efficient of truth)，另一方面他把創建的真理予以登錄下來。

—— William James

## 第一節　Harvard 的 Eliot 校長

1869 年 10 月一個陰天下午，三十五歲剛上任為 Harvard College 的新校長 Charles W. Eliot (1834～1926)，在麻州劍橋的教會發表就任演說，他信心十足，嚴肅又力道強勁的在他的聽眾面前，表達美國大學所需要的願景，希望履行大學對即將來臨的都市社會及工業社會所承擔的責任。「是否語言、哲學、數學、或科學可以提供最佳的心靈訓練，通識教育的重點應放在文科還是理科；此種爭論不休的問題對今日的我們來說，都已無實際的教訓可言。」三十多年來學術界一再的辯說各種學科的相對價值，這位名校長以此作為演說的開場：「本大學體認到文科及理科並非敵對，吾人也不把領域限制在只有數學或古典，及科學或形上學，這兩種選項而已。我們應兼容並蓄，且各展所長。」

Eliot 接著就詳述一些步驟，希望把 Harvard 帶入現代世界裡。任何知識領域，Harvard 都要尋求最有效的教學方法。語文學應教得更有系統，科學循歸納法按部就班，數學及歷史要教得更生動，哲學則不用獨斷的語氣來教學。入學應採筆試，依智力表現、品格健全，作為錄取標準；然後提供更多的選修科供學生選修。教授是個「知識及熱誠的活生生源泉」(A living source of learning and enthusiasm)，但薪酬有必要提高，且允許他們更有彈性的教導能力傑出者，以便使他們對學術下功夫。校方有高度責任來保障本學府的學術自由、學術品質、及財經的穩定。校長更有義務來「瞻前顧後。想盡各種辦法來籌款，尋覓名師及學生，影響公共輿論，有利於知

識的提升，這是顧後；至於瞻前，則在預估本大學今後面對問題的討論時，
輿情如何影響本大學的發展。注意從學術學府的進步中，本大學如何獲取
滋養物；在未來的變遷裡，本大學如何提供變遷的條件，注意新學科專業
的興起，以及關心社區民眾在社會及宗教習慣上的更動」。統而言之，大學
需要自我調適；把當地社會的性質納入考慮並與之配合。「任何國家的高等
教育機構，都是一面忠實的鏡子，它明亮的反映出該國的歷史及人民的性
格。處在這個動態的國家中，大學與社會的一般性互動，總比在硬化的社
區較為敏感。」

　　Eliot 的就職演說，一針見血，頓時成了美國高等教育的轉捩點。他的
堂兄 Theodore Lyman 是 Harvard 的 Board of Overseers（校外董事會）成員，
於日記上這麼寫著：「我期待有一篇非常好又健全的講稿，這篇比我所預期
的還佳。體裁清新，文字流暢，切題簡明，內容廣泛且具批判性。他對大
學的理念，不只可以褒獎而已。在從前的老牆壁上從未發射過如此連番的
快擊，他的說詞一點也不偏激。大家都深有同感，絕大多數人還激情的表
示歡迎。」年青的哲學家 John Fiske 早就在該校擬進行大學改造，寫信告訴
他的太太：「我從未聽過一場演講是這麼的有宏觀且印象深刻的。他講了約
一小時又四十五分，全場平息靜氣，針掉地之聲皆可聽聞。除了老拱門內
響起如雷掌聲之外，在 Harvard，我們將有個新的時代。但願不會再有老頑
固了。」

　　推選 Eliot 以接替 Thomas Hill 為校長的 Harvard 大學之 Corporation
（校內董事會），知道他們可以任命任何人當校長，就是不可決定一個頑固
者上任。Eliot 生於 1834 年 Boston 的富有之家，家族與 Harvard 早有淵源，
其父在 1842 ～ 1853 年是大學的財務長，兩位姑姑嫁給 Harvard 教授，他
本人上過 Latin School 後就讀 Harvard，對化學及數學特感興趣。1853 年從
Harvard 畢業，在學校當數學導師 (tutor) 後升為數學及化學的助理教授，立
即對提升學術水平、實驗工作、以及擴充選科制的原則大花心血，致力於
改革。大學之 Corporation 於 1863 年未通過他為 Rumford 教授席位 (Profes-
sorship)，他本覺得有必要離開 Harvard，先赴歐洲旅遊，就在法德兩國的
大學充電，還與名化學家 Hermann Kolbe 學過實驗工作。1865 年被新成立

的 MIT 聘為化學教授，直到 1868 年 Harvard 校長 Hill 辭職為止。許多人立即想到 Eliot 應作為新校長的候選人，但當時情況頗為複雜，一方面保守勢力及改革派在較勁，校友及教職員分成兩派，壁壘分明；一方面由於 Eliot 在 1869 年的《大西洋月刊》(*Atlantic Monthly*) 上，發表兩篇改革立場的文章措辭強烈，除了詳細重審美國大學院校的課程改革所付出的努力外，也發出警告，反對任何試圖將美國高等教育重組在德國模式上的努力。「美國大學還未從本有的土壤上生長出來，美國大學一旦出現，絕不應該是外國學府的翻版。也不應如同暖房裡的植物，卻是從美國社會習俗及政治環境中慢慢自然而形成的產品，提供一般人實現他的人生目的，也滿足英才的雄心壯志。美國的學院是獨特的，美國的大學也將是原創的，沒有類似或相同的學府可以與之平行比較。」Eliot 表明他一生就是要為「美國大學」的建構而奉獻。

　　大學教育史家 Samuel Eliot Morison 曾說 Eliot 的理念是羅馬式而非希臘式或希伯來式。這個意思是說，Eliot 最優秀的才華，表現在羅馬人的組織上，他不是如同希臘的理論家，或像希伯來摩西或希臘梭倫的立法者。Eliot 繪給美國大學的願景，就在他進行 Harvard 改革中朦朧顯現，也經由 Harvard 這個榜樣廣為全國所學習，這是不令人驚訝的。他上任時 (1869) 這所美國最古老的學府，規模小，格局是地方型的，校風也具侷限性，學生數五百，教師數二十三，科目大部分是非修不可，特別強調 Latin、Greek、及數學，摻雜一些哲學、歷史、物理、化學、法文、及德文。以「學院」(college) 作為治校重點所在，選科只有自然科學及現代語文。除了學院本身之外，另有一所「法學院」(law school)，授予 LL.B（法學士）學位，只要學生住校滿 18 個月即可獲取該學位。一所「醫學院」(medical school)，學生只要上過兩學期，跟隨過一個醫生實習，就可獲取 M.D. (醫學博士)；學位考試，是九門主要學科中選擇五門應考，各科口試十分鐘；一所「神學院」(divinity school)，不授予學位；以及一所「理學院」(scientific school)，自誇有名教授駐校，但入校學生程度及畢業時水準都差。Eliot 接篆之後立即擴充校地，以全國性及國際性做規劃，具寰宇性的宏觀。大學部課程大量擴充，理學院併入哈佛學院本身，成立「文理科研究所」(Graduate School of Arts and Sciences)，授予碩士學位及博士學位，但一定要完成修業的學位論文 (earned)。上述三種學院提升到研究所層次，規劃一系列的課程，最後有筆試。為提升教授水平，向全國及全世界網羅一流學者，專職，薪酬高。1894 年時，也就是 Eliot 上任 25 年，他已創出一所美國嶄新的大學，不只廣被稱讚，也大受他校模仿。

有了 Harvard 這個新模式供他校學習之外，Eliot 還在報章雜誌上大量為文發表主張，吸引閱讀群眾，廣被他所說的「受過良好教育階層者」所研究。政治上他對民主的理念極為堅持。民主是美國新大學的支柱，美國新大學也為民主而服務，這是美國大學與德國大學最大不同的所在。學 Tocqueville 的口氣，他慶賀國人對投票權普及化的奉獻，眾人參與公共事務的教育，平民學校教育的普及，使眾人有能力參與公共事務（他當時知悉普及教育還未普及徹底，但他從未針對此點發表看法），宗教信仰的寬容，不同宗教、族群、及階級背景者皆能融合在一起，這是史無前例的。資料訊息的傳佈於全民大眾，才幹者有出人頭地機會（尤其透過教育），以及對全民持樂觀心境來迎接變遷及革新，更是空前。他也讚美美國人準備由「最好的人」(best men)、宣教師、教員、法學家、醫生、先知、及詩人來作領袖。改造過的 Harvard，要挑選學生來訓練並灌注公共服務的精神。他的好友 James Bryce 問他為何要挑選「最好的人」從政，Eliot 說美國真正的領袖，並不一定是大家選出來的公職人員，卻是宣教師、教員、法學家、醫生、先知、及詩人。當時名大文豪 Ralph Waldo Emerson 在 Eliot 於教會發表就職演說時，坐在前一排，一聽校長這些話，他「注意聆聽，臉露微笑，深表同意」。人們可能會想到這位來自 Concord 的大老聖人於 1838 年發表的〈美國學者〉(American scholar)，就是受過大學訓練的專家 ❶。

在多次演說及寫作中，Eliot 常特別提及民主政治及學校制度兩者之間的關係，且比他同輩的人更特別指出學校制度是全程的學制，從幼兒園到大學，都應考慮。什麼才是指導民主式學制發展的原則呢？Eliot 認為，第

---

❶ Eliot 很少討論種族問題，且遲不承認女子高等教育之價值。Bryn Mawr College 校長 M. Carey Thomas 指責 Eliot 在 1899 年發表的女子教育主張，是他「其他精明智慧中染上了中古作風的一個黑點」。

一，「外在世界的基本知識，應積極主動的去獲取。」先研究大自然，然後
了解地理、氣象、植物、及動物。第二，注重「人體部分」(the human part)，
如人種演變故事，包括文學及學術的想像作品。第三，手工訓練及道德陶
冶，為職業做預備；不只工作精細，且注意工作氣質，如耐性、預先慎思、
喜愛生產勞動、及良好的判斷。第四，以格言、範本、及閱讀為手段，來
教導學生領會任何個人的崇高成就，都具有堅強的品格及可親的個性。最
後，一種民主式的教育，必須在兒童心中種下某些「重大的真理，取之作
為民主社會理論的基礎」。這些真理，就是人人之間的相互獨立性，及民主
社會的共識性；後者在移民潮時外國人之美國化尤為重要。服務他人，可
以心滿意足，更要敬重各行的專業。「對專家有信心，樂意藉助且遵照他們
的決定，是受過良好教育者顯現智慧的最重要標記，也是受過教育的社區
應該有的象徵。」在一個活力旺盛的民主社會裡，此種敬重及信心，應該有
絕大多數的人民感受到這種需要。換言之，民主教育的一項主要功能，就
是促使社會來了解美國新大學的價值，美國新大學也要付出特別的承諾。
在新大學裡，教導學生重要語文及文學，所有的人類歷史，所有人類重要
機構的發展及功能，大自然的各種領域，及科學專業上的各種層面，都是
新知的探查者，也是新真理的儲藏者。還得使盡全力來使全社會上的人，
共同步向公共的、廣博的、福祉的、及團結的途徑邁進。此種理念，正如
John Dewey 在 1899 年發表的《學校與社會》(*The School and Society*)，二
者不謀而合，也代表當時教育改革家的主流思想。這也就是為什麼 1919 年
「進步主義教育學會」(Progressive Education Association) 成立時，請求 Eliot
作首任會長的原因。不過 Eliot 與 Dewey 原有極不同的見解，尤其在民主
社會及專業領域的關係上，Eliot 的看法是要求社會大眾接受專家的啟發，
深信不疑；其友 Walter Lippmann 也持此種觀念。Dewey 則希望專家的理念
應由眾人來分享與瞭解，其友 Jane Addams 也加入 Dewey 的行列。

　　Eliot 的觀念，反映了當時一些人把教育當成是「受過教化的人」(the
cultivated man) 的活動，此種觀念也應用在女子教育上。對象是指特定的人
而非眾民。他深悉此種主張與十九世紀的主流思想格格不入。差異有二：
第一，人類智能的經緯度，十九世紀以來，因科學探究方法之進步，已「神

奇的放寬」(widened wonderfully)；第二，與肉體活動有關的手工、繪畫、或彈鋼琴，如同對自然界予以精湛研究一般，都變成文化的重要成分。Eliot這麼說，是依 Emerson 的主張而來。「過去，文化是指對人的明快又廣泛的同情，現在則也應該包括對自然的同情，尤其是對有生命的東西。此種同情，建立在對自然的精確觀察上。」因此文化這個概念，強調對世界的參與，有能力以正確又流暢的方式作自我表達，熟悉「知識儲藏中的任何一部分」。文化或知識既無法包山包海，因而有些「建構式的想像」(constructive imagination) 及其應用，二者應相互搭配。「吾人必須擴張想像力的訓練範圍，除了文學及藝術之外，還包括歷史、哲學、科學、政治（政府）及社會學。」「一定要體認到想像力的豐富果實，那是上一世紀所遺留下來的文化資產。」

　　把這些說法，拿來與他自己的「五尺高書架 (five-foot shelf)」的書籍內涵相比，是頗有趣的話題。1909 年 Eliot 退休，不久他精選 50 本左右的書冊，做為一個年輕的學子在校接受文雅教育的閱讀對象，此種作法似乎與他的餘生生涯不搭調，尤其與他晚年的商業化環境格格不入；不過這卻也如同他把 Harvard 予以重新造型一般，換裝 Harvard 成為最好的大學。年輕人要成為最有教養的人，就要透過「五尺高」的經典書的洗禮。作者是古代的 Homer、Plato、Plutarch、及 Virgil；以及現代名著的作者 Benjamin Franklin、Adam Smith、Charles Darwin、Michael Faraday、Louis Pasteur、及 Edward Jenner。編輯「五尺高書架」經典書的出版商 Collier 賣出三十五萬套，共一千七百五十萬冊，這並不包括打上「Eliot 校長推薦書」的廣告在內。

　　Eliot 接任 Harvard 校長，立即成為有力的人士，首先影響在教育界，後來連公共事務也不例外。Johns Hopkins 大學成立之初，他是被這所新學校董事會列為請益的重要對象，他也直接向美國第一所現代化的大學推薦 Daniel Coit Gilman 當校長，常與 Gilman 保持聯絡，協助他在 Hopkins 的努力工作。事實上他經常覺得 Harvard 不改革不行，否則會被 Hopkins 趕過。這兩個名學府的改革努力型態，為多所學府所模仿，一些著名大學也步他倆之後。NEA 設十人委員會 (Committee of Ten)，他當主席，撰寫該委員會的 1893 年報告書，對於規劃中學課程，樹立了里程碑，使現代語文及新興

科學科目在課程內同受重視。擬就業與升學的中學生都可以修習各種不同的學科，地位無分軒輊。後來他又在「大學入學考試委員會」(College Entrance Examination Board)，「通識教育委員會」(General Education Board)，「卡內基國際和平捐獻會」(Carnegie Endowment for International Peace)，及「卡內基提升教學基金會」(Carnegie Foundation for the Advancement of Teaching) 擔任要角工作。此外，向 Wilson 總統獻言，如何在一次世界大戰之初維持中立國地位，向參議院推薦 Louis D. Brandeis 做最高法院法官，還向中國政府建議如何獲取外國專家的指導，而不淪入西方世界的控制。除了他所說「最好的人」(best men) 之觀念外，「五尺高書架」也使他的名氣響透全美。不管他是羅馬心而非希臘情或希伯來意，他的觀念倒有許多人尋求及聆聽。

　　Eliot 本人是建立美國式大學的最重要建造者。在他的那一代裡，投入此種工作者，創建出來的大學形式也有異。Daniel Coit Gilman 的 Johns Hopkins 遠比 Eliot 的 Harvard 更走純學術研究路線；Andrew Dickson White 的 Cornell 大學則步著注重實際研究的路子，Nicholas Murray Butler 的 Columbia 大學較偏於更廣博的專業學科的研究，而 James McCosh 的 Princeton 則較守古風，維持較傳統的文科領域，至於 Charles Van Hise 的 Wisconsin 大學則發展出一套服務觀念，Timothy Dwight 的 Yale 還是拘謹如昔。無論如何，從美國土壤上孕育出美國的大學，是大家的共識；異中有同之處，即在大學組織上，大學部的文科，與研究所專業學府及學術化的學府，二者合一；以及體認到大學的三合一功能，即教學、研究、及服務。Eliot 把這些共同點說得淋漓盡致。不過，教育對象僅限於「受過良好教育那類階級者」，且該階級也只由 Anglo-Saxon 的白人所組成。Eliot 本人出生於新教家庭，經他改造過的 Harvard 及上述理念，影響深遠。

# 第二節　社會達爾文主義

　　1896 年時，美國教育工作者分成兩大陣營，一是 Spencer 和 Sumner，一是 Ward 及 Small；也誠如 Eric Goldman 所說，一是保守的達爾文主義

(Conservative Darwinism)，一是改革式的達爾文主義 (Reformed Darwinism)。

　　1910 年，Eliot 為出版社「人人文庫」(Everyman's Library) 寫一篇序，因為該新成立的出版公司擬出版 Herbert Spencer 的名著《教育：智育、德育、及體育》(*Education: Intellectuall, Moral, and Physical*)，該書於 1859 年問世，在美銷售則是隔年的 1860 年。在序言中，Eliot 以溫暖之情，充分讚美 Spencer 的觀念，認為該書影響他的思想頗深。「處在劇烈的工業變遷及社會興革之洪潮裡，教育有必要做大幅度及深度的改造。」Spencer 本人看出，他的想法在美國反而比在英國獲得更大的市場及精神上的鼓勵，該書在英付梓時，是以四篇刊登在期刊的文章出現，在美則匯集成一冊。Spencer 在其後的《自傳》(*Autobiography*) 中提到，他的觀念在英國遭遇到敵意及冷漠的對待。他另外的著作如 1850 年的《社會靜態學》(*Social Statics*) 以及 1855 年的《心理學原理》(*Principles of Psychology*)，銷路甚差，出版商虧本。但在美國，卻暢銷無比。1970's 年代時，擬在哲學、自然科學、或社會科學從事嚴肅研究的人，不與 Spencer 較勁者，已是不可能之事。

　　英美兩國之所以有上述的不同，主因在美國得到 Edward Livingston Youmans 的大支助。這位自動說教者 (autodidact) 寫許多化學及家用科學書，每年巡迴演說，向大眾解釋現代科學，與出版家 William H. Appleton 有深交，兩人還於 1840's 年代晚期共組出版社，獲利不少。依 Youmans 的建議，Appleton 成為出版新科學的美國重要出版家。Youmans 感謝 Appleton 的大力支助，出版了《現代生活所需的文化》(*The Culture Demanded by Modern Life*)，是一本論文集，主要內容是在科學教育上。1867 年成立一家雜誌社，出版 *Appleton's Journal*，來流傳社會重要又具價值的資料。1869 年，又負責主編「國際科學叢刊」(Internation Scientific Series)，出版名科學家的作品。1871 年時，共出版 50 冊。同時，《大眾科學月刊》(*Popular Science Monthly*) 也在做宣揚科學知識之用，希望 Spencer 能寫幾篇文章，也樂意出版 Spencer 的全部作品。1882 年 Spencer 來美，Youmans 作東道主，陪他四下旅遊，安排到各地參觀 ❷。

---

❷　1863 年 Youmans 寫信給 Spencer：「我相信為了文明，此刻有必要做些大事，我們所需要的是觀念，大的、有組織的觀念。除了閣下之外，無人的思想比閣下更具

　　Spencer 在美國聲名大噪，除了 Youmans 之支助外，另有許多因素。美國在內戰期間，由於工業化及都市化，使得社會解體，經 Darwinism 的挑戰，學術界也有脫序現象。Darwin 的發現及理論，經過多次在報章雜誌上刊登之後，對傳統的特殊創造說及恆久的生命型態不變說，都是既清楚又迎面而來的巨大挑戰，美國人不得不在科學知識及基督信仰二者之間，掙扎理出頭緒予以協調。Spencer 所提供的全面性哲學觀點，認定兩者關係是正面的，科學家所研究出來的宇宙世界，絕不會違反宗教的特有界域，也不會對「不可知界域」(the Unknowable) 予以盲目的崇拜。此外，他所提及的哲學觀，可以為好多好多的個人所領會及鑑賞，學識淵博的科學家自不用說，喜歡自吹自擂 (cracker-barrel) 的知識分子亦然。Oliver Wendell Holmes 曾說，Spencer「比較接近 Bacon 的說法，Bacon 揚言以全部的知識作為他研究的範圍，此種說法，在 Spencer 時代無人能出其右。」John Fiske 說 Spencer 的著作，超越了 Aristotle 及 Newton，好比「鐵路超越轎車 (sedan chair)，電報快過信鴿一般。」他把科學精神嵌入於時代中。此外，科學精神一方面貫穿於個人主義上，懷疑了政府的威信；另一方面，斷定進步正是自然界不可更改的路程。研究社會達爾文主義的名史家，Columbia 大學歷史系教授 Richard Hofstadter 曾這麼下過評語，當時的人以 Grant 將軍（美第十八任總統）為英雄，以 Spencer 為思想家，這是沒麼疑義的。

　　他也認定第一代的 John D. Rockefeller，就是社會達爾文主義（Social Darwinism）的充分代表：「大公司的成長只不過是適者生存而已。美國漂亮的玫瑰長得爭奇鬥艷，花香撲鼻，擁有者興高采烈，雖然犧牲了早日孕育它的花苞。這不是商業的壞傾向，只不過是自然法則及上帝神規的完成而已。」(social Dominion in America Thought)

　　「進一步是一種必然，而非偶有，這是自然的一部分。」

　　Spencer 的《教育》(Education)，內容夾雜著對當時大中小學的嚴厲指責，也對 Anglo-American（英美）的高等文明之價值有過指摘。四篇論文涉及英國維多利亞 (Victoria) 時代大家對教育問題所爭辯不休的議題，如古典語文及文學的價值，及現代科學之方法及內容的價值，二者軒輊如何釐

價值，也是吾人所需要的觀念。」

清；雙方語氣鏗鏘有力，增加了彼此的火藥味。Spencer 說：「準備過完全的生活，是教育應履行的任務。評斷任何教育課程的唯一理性的方法，就是以該種功能完成多少來斷定。」什麼是「完全的生活」(complete living) 呢？Spencer 把它分成五個範疇，即：直接安排處理自我生存的活動，獲取生存必須的活動，養兒育女的活動，維持正當的社會關係及政治關係之活動，以及致力滿足品味及感受的活動。理想的教育，只不過是完全的準備這五項領域而已。按這些標準來衡量，Spencer 覺得傳統教育都缺乏，令人沮喪。五項當中有四項，大中小學所提供的都嚴重不足，而養兒育女幾乎毫無準備。補救之道，Spencer 簡單的說，就是要靠「科學」。維護健康，謀生求職，扮演家長角色，盡公民職責，美藝作品之製作及鑑賞，以及德育、智育、和宗教上的所有陶冶形式，科學皆可作為最有效、最具生產力、也最經濟的科目。

當時美國文化界早有功利主義傾向，那是自 Benjamin Franklin 以來的主流思想。Spencer 的著作對大中小學教育的影響力，就是加強功利文化的聲勢與力道，也確實影響到 Eliot 代表「新教育」(new education) 的努力。「新教育」植基於現代語文科目，而自然科學及數學之加強教學，也顯然在 Eliot 於 NEA 的「十人委員會」(Committee of Ten) 所形成出來的結論。Spencer 在教育上的著作，當然影響美國教育界很大，且他的一般性哲學作品，更左右了美國的教育思潮及實際。作為美國人民高唱進化論的代表人物，Spencer 在他的書裡，描繪出歷史是一種進步的調適過程，個體適應環境；人種的演變是很不確定的，心靈的發展也按演化的過程。而演化的過程，已有一段很長的時間，不受人類的當下活動所左右。因之，在社會進步中，教育必然是一個舉足輕重的因素。教師所能夠做的，就是提供知識使人們能夠適應環境。至於情境條件本身，都依進化的步驟，那是絕不會變遷的。

在《教育》一書中，隱含有改革的意味，教育的目的就是為生活作準備。教學應該先以具體實物開始，而非抽象的觀念；道德教育也應討論到行動的前因後果，健康的肉體與健全的心靈二者密不可分。這些格言，是自 Bacon, Locke, 及 Pestalozzi 以來的改革傳統，Spencer 對這些改革者的

著作都極為熱衷，也是依自然法則而來。教育的最終目的，就是使個人適應環境。在《社會靜態學》(Social Statics) ❸ 一書中，他說：「改造一個人的行為而不改進人性，這是不可能的」；而「期望人性之改變，卻不考慮那些外力如何慢慢的教化人們，這是一種虛幻的想法」。製訂一套陶冶或文化策略，也只能在整個國格做有機的改變時，方能發生效用，但效用也不見得大。「人類自己發明的機構，在這方面再怎麼好，也比不上環境不休止的作用。也就是說，環境經常有新狀況，會給人類造成壓力，因此，改變遂勢所必然。」許多要求改革的努力，也只不過是一種不切實際的空談，當中最不切實際的莫過於由政府主動贊助的努力。Spencer 強力主張自由放任政策，不希望政府過問。在 Spencer 的眼光裡，社會組織的每個機構，就如同人體中的各種機體組織，最好還是把自己的特有功能扮演好即可。而國家的功能，乃是在執行正義，並非在於改革世界，也非透過教育來改造世界。

　　美國那個時代的思想家，都知悉 Spencer 哲學的梗概，受他的影響頗深；與他唱反調或意見紛歧者仍有，但不是主流，其中也產生不同的見解，自內戰之後的半個世紀，出現在教育理論及文化理論上。舉例來說，1872 年 William Graham Sumner (1840 ～ 1910) 在擔任 Yale 的政治及社會科學教授 (Professor of Political and Social Science) 時，讀了 Spencer 的《社會學研究》(The Study of Sociology)。Sumner 於 1863 年畢業於 Yale，後赴 Geneva、Göttingen、及 Oxford 深造，1886 年秋季返母校任教，在閱讀 Spencer 的政治經濟學之後，認為那形同是一種「天啟」(revelation)。多年之後，他作了如下的回憶，記載當時心靈的震盪：

　　　　這些論文立即給了我想要的指針，在我腦中五六年的迷糊及粗略想法裡帶給我確定的概念，尤其是當我在 Oxford 的時日。有關社會的

---

❸　該書比 Darwin 於 1859 年所出版者早九年間世。強調人類歷史是漸漸適應環境的結果，人是歷史的產物。教學應從具體實物開始，然後才抽象。道德應注意行為效果，身先於心，兒童期是遊玩期。學校教育在社會進步的過程中，是無能為力的，是被動的；要等社會進化，教育才亦步亦趨。在進化的過程時，人不要插手。1903 年他去世之前，他只重視私人教育，非常反對公辦學校。在社會演化的緩慢過程中，如人力予以運作，沒耐性，那就「呷緊弄破碗」了。

概念，社會力的概念，以及社會科學的概念，是我多年來盡力想釐清但卻無法達成的。傳統上社會科學與歷史的關係，這個老問題獲得解決了，社會科學從怪譚胡說的宰制中獲得解救，成為一門明確又壯麗莊嚴的學科。藉此研究，吾人可以來解決社會問題，也可獲致明確的結果。

從此，Sumner 歸隊於 Spencer 的陣容，同時也以社會學作終身研究的學科。

《社會學研究》一書中到底被 Sumner 找到了什麼，足以促使他從本來擬履行教會職，現在改變為學術研究。他在 Yale 教書，該書是教本，也因此導致 1879～1880 年他與 Ntah Porter 校長發生聞名的摩擦，導火線就是該書是否適合於 Yale 的學生。基本上，他看出一種真正的社會科學存在著，社會進步的推動力就是靠著它，並非仰賴神意的介入，也非靠男女個人的行動；而過程是演進式的，這是千古不變的鐵律。「此種論證，適用於每種社會，也適用於演化過程中的每個階段。這之中會衍生出恰當的感受及思想模式；但沒有一種感受及思想模式，不與演化程度以及周遭環境相呼應，而模式之建立也非永恆不變。」Spencer 作了如此的結論，所有公私的努力，都不能逃避此結論。

　　雖然社會演化的過程，就其一般性質而言，從來就是事先早已命定的。演化階段不能提早發生，因此任何的教導或政策的制訂，也無法踰越某一正常的速度之外，必須受限在人類有機體的調整速度之內。不過在演化過程中予以攪亂、延遲、或不按次序，這倒是十分可能的……。雖然與其提供良好情境，不如就讓社會的進步在毫無窒礙的條件下進行，不過在政策的執行上所遵照的概念如果有錯，因而造成進化過程中的干擾、扭曲、及壓抑，也會帶來重大的災害。因此，即令第一次的出現是反其道而行，但一種社會現象的真正理論仍然扮演著重大的角色。

教育是否可以淑世，他與 Spencer 相同，持悲觀的立場，不過卻同意課

程應該大修。

總之，社會科學的主要任務，是預防性的，即免於受傷害。

Sumner 自此即花了餘生時間來宣揚 Spencer 原則，依此來處理當前美國社會的主要社會問題，反對當時所有的社會改革。其次，廣泛的作社會科學的研究，收集各種資料，了解全人類的社會制度演變史，從原始民族到現代，結果發表一系列引起熱烈爭論的文章。在〈社會各階級彼此受惠〉(What the Social Classes Owe to Each Other) 一文中，他認為個人應自求多福，公眾才會挑起同情，相互撫慰委屈，擴充改善生活機會等責任。〈改變世界，何其荒謬〉(The Absurd Effect to Make the World Over)，則尖銳的譴責一種擬議，想要依民主原則來重組工業制度，卻不知資本主義與民主有密不可分的關係。在教育上，他也發表一本重要著作，書名為《社會的科學》(The Science of Society)，但未完稿，即於 1910 年去世。寫了一長序在著作本文之前，探討習俗在人類機構的發展中扮演的角色，書名為《民俗：一種社會學的研究，探討民俗、儀態、風情、習尚、道德之重要性》(Folk-ways : A Study of the Sociological Importance of Usages, Manners, Customs, Mores, and Morals, 1906)。論點是，「民俗」(folkways) 並非是「人類有意靠才智所創造出來的」，卻是「自然力的產物，人類有意無意之間的運作所生」。民俗在本質上是「真實的」(true) 也是「正確的」(right)，因為它是傳統上既有的事實，任何人皆無法否認。民俗如又佐以「正義及真理」的理論 (doctrines of rightness and truth) 就變成 mores（習尚）。任何人應接受的最基本教育，就是學習習尚，從小持續到老；終生更要學習習尚，且在自自然然的氣氛之下學習。所謂的普及學校教育，並非教導全民，而是精選「天才學生」(men of genius) 予以訓練。強迫教育是有限度的，目的在穩定社會秩序而非成為社會地位提昇的槓桿。他也反對教育的時尚風潮。政治家的責任，不必刻意的來改變習尚，卻是注意習尚的演化過程，然後利用各種機會將習尚的演化過程轉化為有用的社會政策。他更反對普及知識及於大眾。除了注重科學及選科制之外，他不支持進步主義，攻擊公共教育，不滿州立大學，認為投票自由權之獲得並不等於人人有權可以免費入校。《民俗》是他的成名代表作，認為學校是傳延種族遺產的重要機構，「傳遞要忠實但

並非不可以批評，如此才能使民風清新又有活力。學校如能明智的研究人類過去的活動，就變成一塊再生的場所。」可見他的悲觀並非無限制。

　　Sumner 讀了 Spencer 的書，且把 Spencer 的「維護自然演化的現狀」(conservation) 這粒種子，完全栽在他自己的社會哲學理論之內，讓它開花結果。Lester Frank Ward 也讀過 Spencer 的作品，卻完全持相反的論點，把 conservation 轉化為進步主義時代最具影響力的改造派哲學 (reformist philosophy)。1841 年出生於 Illinois 州的 Joliet，是個徹底的自學成功典範。雖然他也求學於 George Washington 大學 (當時叫做 Columbia College)，獲三個學位及一張醫學文憑，不過他的真正知識卻來自於自我廣泛的閱讀，及無休止的觀察自然現象。他精通七種語言，另有四種語文在閱讀上並無大礙；熟悉當時幾乎所有重要的科學論著，不用說也完全透徹領會 Spencer 的觀點。Ward 觀察演化的現象得到一種結論，認為演化比積極的適應環境更有過之而無不及。他說 Spencer 所描述的，只是肉體上的，或動物性的，或遺傳上的演化而已；其過程是毫無規劃過的。Spencer 忽視一項重要的事實，即心一旦出現，則演化的性質立變。心是「含有目的的」(telic)，有定向也有計畫，如此則演化過程中的一種動態觀就呈現了。「心的功能，是引導社會步入無障礙的管道，促使心的功能繼續自由的運作，在演化的管道通路上防止受阻、受撞、力道沖淡、或成為空檔。換句話說，心在文明社會裡的功能，就在於保存這股動力能源，掃除社會力的靜態條件，不要因為社會力受到外在的自然力之挫折，而回復到寧靜不動的狀態。」心如能運作，演化就不會走入盲途，倒應變成有意旨、有目的、且意識到要往有價值的社會理想邁進。

　　《動態社會學》(Dynamic Sociology) 於 1883 年出版，內容就與 Spencer 及 Sumner 不同。教育具有人類活動的醒目地位，也是政府的一項最重要工作，更是治療社會所有病症的「萬靈丹」(great panacea)。本來早在 1869 年春，為該書起草草稿時，他就打算寫一本「有關教育方面的書」，雖然該書的最後一部分才討論到教育。其實，他的草稿中卻把教育列在第一部分，照邏輯立場而言，第一部分主控其後部分。既主張演化過程中一旦出現了心，則在世界史上就展現出動態的新面目。又依法國社會學大師 Auguste

Comte(1798～1857) 的說法，更認為政府型態也有演化現象，其過程是專制政體 (tyranny) 到貴族政體 (aristocracy)，到十八世紀自由放任式的專家政體 (physiocratic) 到十九世紀普羅式民主政體 (plutocratic democracy)。當代的問題，是把普羅式的民主演化到下一型態，即 Comte 所說的社會政體 (sociocracy)，這是民主國家演化過程中的最後一站，也是政治史的終點。該時，千禧年到來，呈現的是完全的平等，完全的和睦，公民心甘情願的效忠。這些都要仰賴教育。Ward 的理由很簡單：進步要仰賴動態式的社會行動，動態式的社會行動原之於群眾意見皆充滿知識；而群眾意見之充滿知識，又依正確知識的普及於大眾，這就非靠恰當的教育不為功了。此點與主張教育萬能說的 Claude-Adrien Helvetius 之說法同，教育是「進步的主要源泉」(mainspring of progress)，是「文明的活塞」(piston of civilization)，也是「進步的具體表現」(embodiment of all that is progressive)。

那麼，什麼才是恰當的教育呢？其特色是什麼？Ward 的意思是，要把現存世界中的知識挑出最重要的，推廣到社會上的每一成員。教育絕非僅從經驗來，恰當的教育是規劃好的知識傳遞活動，與以訓練或陶冶為主的教育不同。品德及聰明才智都應以知識奠基，而非倒轉過來；傳統文化側重形式上的裝飾，恰當的教育則注重實用。有的教育強調研究創新，恰當的教育要集中火力，把已發現的知識及資料宣揚給未知者了解。總而言之，恰當的教育有三項主要原則，第一，心靈能力的差別可以忽略，只要集中注意心靈內容的增加即可，且潛能不可限量，心靈能力差者或只是表面，不是實質。第二，全然為社會而工作，也就是關注公共領域。第三，普及化使全民受益，無知者不冒犯知者，同時知者也不侵害無知者。至於什麼人才能決定「今日世界上現存的知識」當中，哪一部分才對一般公民最重要，他似乎沒有方方正正的面臨此一問題，不過他大概也會遵循 Comte 的主張，把責任委託於不自私的一群社會科學家，他們被精挑細選來執行社會政體的工作。

當 Spencer 的書吸引了大批讀者時，Sumner 的論文也有一群保守派的菁英精讀。《動態社會學》第一版，只賣出 500 本而已，但 1890 年之後，情況有了改善，Colby College 校長 Albion W. Small 宣稱該書是兩個世紀以

來診斷宇宙及社會問題的最重要著作。1896 年出第二版，銷售量大增，Ward
贏得了「美國社會學之父」(Father of American Sociology) 之美名。其後他
又陸續出版重要的社會學著作，1893 年的《文明的心靈因素》(*the Physic
Factors of Civilization*)，1903 年的《純粹社會學》(*Pure Sociology*) 及 1906
年的《應用社會學》(*Applied Sociology*)。1906 年他辭去 Washington 的教職，
及美國地質考查 (Geological Survey) 的古生物學研究工作，到 Brown 大學
當社會學教授，直到他於 1913 年去世為止，其後的著作，都在於修飾他的
觀念。但《動態社會學》一直是他的精心著作，也預示了其後作品中的要
項原則。首先標示平等主義，無種族及性別在智力上的差別。其次，根據
個別差異性，有些人的能力可以獲得比現有知識更多的知識。第三，主張
女權主義 (Feminism)，女生在社會及智力上與男生平等。Ward 其後甚至說，
女優於男。第四，實際行動性 (praticalism)：動態式的行動是正確知識的成
果，普及知識是國家的主要職責及功能，且視普及教育為提供理性化社會
進步的最大泉源。這就帶有革命色彩了。進步主義時代，許多改革家都有
類似的科學主張。除了 Spencer 及 Sumner 之外，美國人多年來在爭辯教育
的論點中還可挑選 Ward 來加油添料。《動態社會學》第二版出現時，Ward
是時代的寵兒，與第一版問世時受人忽視大為不同。社會學界同仁並不維
持沈默的予以批判，但從未表示保留他們對該書的敬意，大家公認 Ward 為
美國建立起社會學的發言地位。1905 年「美國社會學學會」(American So-
ciological Association) 成立時，Ward 即被推為首任會長，這不是一種名位
上的榮譽而已。他的年輕同僚，即令在社會學的研究上，也有超過他的，
但他的著作，倒設定了社會學研究應該討論及解決的問題。換句話說，教
育的理論與實際，應該是社會科學研究的核心。

　　兩位年輕的學者特別努力來實現 Ward 對社會的分析，對美國其後社
會學學說及教育思想產生某些程度的影響。這兩位是 Chicago 大學的 Al-
bion Small 教授及 Wisconsin 大學的 Edward Alsworth Ross 教授。Small 畢
業於 Johns Hopkins 大學做過 Colby College 校長，1892 年赴 Chicago 大學
教書，設立美國第一個社會學學系，透過《美國社會學雜誌》(*American Jour-
nal of Sociology*) 發展 Ward 的理念，把教育作為改善社會的主力。1896 年

向 NEA 發表演說（於 Buffalo），題目就是「社會學所要求的教育學」(The Demands of Sociology upon Pedagogy)❹。Small 認為新生一代的學子之教育，應該培養現代生活中的三種價值，即相互依賴性 (interdependence)──要體認在都市及工商社會裡，無人能離群索居；合作性 (cooperation)──與相互獨立性息息相關；及進步性 (progress)──新的個體及新的情境必須要有新的社會安排。為達此目標，積極主動是勢所必然。「若是我的說法無誤，則一種共識已在教育學界及社會學界二者之中快速形成，行動一定要與具體的實在性聯繫，而非只注重那些人為挑選出來的抽象面，這才是個人發展到最極致、也最勻稱的正常狀況。社會學應與教育學搭配，旨在使學生於學校內外盡可能的與具體環境直接接觸，以便使人格的全部功能施展出來，也從中控制人格的發展。光是此種條件，就足以使行動獲得平衡，那是教育學及社會文化最感需要的 (desideratum)。」他的結論是，社會學「所知悉的社會改造或淑世工具當中，絕不比教師所握住的槓桿更為激進」。次年，他的大學同事 John Dewey 在《學校雜誌》(School Journal) 發表他的教育信條：「教育是社會進步及改造的基本方法」。Chicago 大學把 Small 的演說及 Dewey 的信條發表在同一本冊子裡。Small 是個名嘴，富幽默感，喜愛新理念。教師決不可安於現狀，更祈求學生有個較好的未來。

　　Ross 也是 Johns Hopkins 的大學畢業生，在 1906 年赴 Wisconsin 大學任教之前，在 Indiana, Cornell, Stanford, 及 Nebraska 教過書。於 Stanford 教學時，發表《社會控制：秩序的基礎研究》(Social Control : A Survey of the Foundations of Order, 1901)，一方面提及教育有助於社會進步，另一方面，雙親、社會人士、學校教師、政黨、及「倫理上的菁英」(ethical elites) 之習慣及價值觀之傳遞，則有利於社會安定。他將「階級控制」(class control) 及「社會控制」(social control) 截然予以二分，此種釐清頗為重要。「階級控制」是指一群自封的精英來帶頭領導，結局是造成社會極深的裂痕，此種控制的性質是非道德的，寄生蟲式的，也不生效力的 (immoral, parasitical,

---

❹　Small 於 1894 年與 George E. Vincent 共同出版《社會研究導論》(An Introduction to the Study of Society)，觀念仍保守，指責師資差，教學方法錯誤，課程老舊，內容不科學。他說教育應該只限於把老一代的智慧傳給新一代的人即可。

and ineffectual);「社會控制」則不然，社會的穩定度達成了，當中個人的自由及平等活動可以盡情發揮，此種穩定性可以使「新的未來有高貴感，才華者可以出人頭地，機會平等，世襲階級從此解體」。上述兩種控制之最大不同點，在於控制的工具及手段有別；「階級控制」使用武力、詐欺、及迷信來得逞，「社會控制」則仰賴說服及教導。Ward 讚美他的論文，把他捧上天，「卓越又具深度」(at one's brilliant and profound)；Small 則歡呼無已，肯定該書，「幾近上帝的啟示」(something approaching a revelation)；Theodore Roosevelt 總統及 Oliver Wendell Homes 大法官也寫信致意，Ross 的學術地位早在 1900 年已經建立。當年他離開 Stanford，因為創校老闆娘 Jean Stanford 授意教授團將他予以解聘，理由是 Ross 對鐵道管理有意見，又提倡自由銀幣制；與 Ward 不同，他不是個平等論者，也非女權主義者，更不認為種族平等，但仍堅持社會改造及經濟革新，也一再支持工人及農民與大工廠的老闆對抗。《社會控制》使他在教育領域中建立了地位，以進步為指標，此種看法，一直影響教育理論與實際，直到二次世界大戰開始之時。

另外一位人物也有必要一提，雖然她不是學術圈內人，但在進步主義時代，作為 Ward 的一位門生，也算是社會理論家，她叫 Charlotte Perkins Gilman。生於 Frederick Beecher Perkins 家族，早就秉承 Beecher 家教傳統的革新獨立性及古怪性，雖然上過 Rhode Island 的設計學校 (School of Design)，也在 Hull House 住過數月，但她的知識是自學而來。她閱讀胃口奇大，常與她的男女同伴們鬥嘴，磨銳智慧。在逼迫之下的婚姻，使她與丈夫分居而後離婚，為了養育一女，不得不從事教學及寫作，強力推動女權主義及婦女投票權，視 Ward 的著作是從天而降。1896 年第一次與他私人見面於「婦女投票權會議」(Woman's Suffrage Convention)，她立即供稱他是她的英雄。其後她寫了如下的書：《婦女與經濟》(Women and Economic: A Study of the Economic Relation Between Men and Women as a Factor in Social Evolution, 1898)，《關懷兒童》(Concerning Children)，《家庭》(The Home: It's Work and Influence, 1903)，《男人世界》(The Man-Made Worlds; or Our Androcentric Culture, 1911) 送給 Ward：「致上敬愛及感謝」(with reverent love and gratitude)。1923 年又出版《他的宗教及她的宗教》(*His Religion and Hers*: *A Study in the Faith of Our Fathers and the Works of Our Mothers*)，發展出她的社會學說，把激烈的女權主義納入，深深的為教育改造而奉獻。因此，兒童的養育，教會及學校的訓練，工作的性質及工作的地點，都急需做徹底的改變。一生為婦女運動而付出，她的觀念，在二次世界大戰後的女權運動復活時，都發生重大的影響力。

## 第三節　Hall、James、及 Mumford

　　Henry D. Sheldon 於 1932 年提及 G. Stanley Hall (1846 ～ 1924) 時說：「在他的那一代教育而言，Hall 的影響力深遠。由於他的人格特質及他的理念，他給美國學校的影響力，除了 William Torrey Harris 及 John Dewey 之外，沒有人超過他。」但從 1965 年的角度去看，Sheldon 的評價，倒引發不少意見，三人之中，Dewey 還是大家最熟悉的，且他直到 1952 年仍積極投入於教育界。至於其他兩人則在二十世紀前半期的實驗主義大行其道時，就息影失色了。

　　Hall 有過人精力，公共演說極具魅力，組織力超強，著作編寫不眠不休。在兒童養育上，他的自然觀點及教學看法，影響力廣闊、追隨者眾。在他領導之下，Clark 大學變成兒童研究的國際性大學。但他的心理學說，依 Edward L. Thorndike 述及 Hall 生平時，不免說：「Hall 在基本上是個文人而非科學家」。當教育學在理論與實際兩方面更步入精確化時，Hall 在這兩方面都有較偏激的言論，使後人很難認同。

　　此外，Hall 的哲學觀又與美國教育的主軸格格不入。他既非保守派也非開明派，既對現狀之保存不存希望，也對民主路程缺乏信心，他倒喜愛一種不祥的徵兆，即二十世紀的極權主義 (totalitarianism)。以英才的領導來穩定社會秩序，太強調體力及活力，而比較輕視智力及成熟的判斷；緬懷往昔，生活在過去的輝煌歲月裡。數十年來他很風光，但今日卻未受垂愛，不過就是這一點，也值得今人之懷念。有人稱他為「心理學上的 Edison」，認為先天的「健康、生長、及遺傳如有一磅，總比後天的教學一噸還更具

價值」(health, growth, & heredity, a pound of which is worth a ton of instruc-
tion)。有人則評他是「零下」(below zero) 的心理學家，卻是「兒童中心學
校」(child-centered school) 的發起者，在心理學界的地位，僅次於 William
James。

　　青少年時就想「在世界上出人頭地」(to do & be something in the world)，
本來喜歡當傳教士，可以免除農家生活之狹窄性，受到媽媽的鼓舞，上了
William College(1863)，1867 年還在紐約市的 Union 神學院 (Theological
Seminary) 待了一年，但一位資深的神學教授竟然跪下來為這位年輕人的心
靈禱告，而忘了指正 Hall 的講道練習稿，頓時使他的宗教熱情之火熄了。
其後他說，他實在對教區工作沒有胃口，也沒有心理準備，也不具備講道的
口才；一年要編輯約五十或一百篇講道稿，他說這是他力所未逮之處。尤其
他對教義的根本解釋充滿懷疑，他倒希望成個大學教授，一心想把德國大學
這種不走傳統之路的真相，挖掘出來。恰有個熱心又慷慨的教徒供他經費，
Hall 乃於 1868 年春天到德，在 1868 ～ 1871 年的留學生涯中，使他從神學
轉到哲學、生理學、物理學、及人類學。由於費用拮据，乃束裝回國，先在
Antioch College 教英文學及哲學，熱中於進行德國實驗心理學的研究工作，
對實驗心理學的開山祖師 Wilhelm Wundt 佩服得五體投地。1876 年有個機
會使他到 Harvard 教英文，乃跟 William James 學心理學，二年後獲美國第
一位心理學的 Ph.D.，但此學位阻止不了他再度赴德的決心，第二次在德時
間是 1878 ～ 1880 年，於 Leipzig 與 Wundt 及其他德國科學家共事。

　　1880 年返國後，在新成立不久的美國第一所現代化大學（成立於 1876
年）也是德國式的大學，即 Johns Hopkins 大學擔任一種新開的課，即心理
學與教育學 (pedagogy)。他設置了實驗室，教過的出色學生有 John Dewey、
James McKeen Cattell、及 Joseph Jastrow。1887 年又發行《美國心理學雜誌》
(*American Journal of Psychology*)，是心理學的開創性刊物，成立美國心理
學會 (American Psychological Association)。

　　Wundt 之注重意識研究，他認為太窄，Hall 希望心理學的地位應提升
到足以與哲學與宗教相對抗的地位，轉而對 Darwinism 感到興趣。經由演
化論，可以對任何學科包括心理學的深度及廣度有所幫助，從阿米巴

(Amoeba) 開始，因果關係之探討，不可只側重那種最接近的因及最接近的果（時、空二者），而應遠溯過去並預見未來。從心理學角度來看，要注意個體的先代遺傳，以及行為的非理性層面。1916 年發表一文，描述今人虧欠了猿猴及過森林生活時刻的祖先 (What We Owe to the Tree-Life of Our Ape-Like Ancestors)。因此心理學家應研究本能、情緒、潛意識，這三領域皆是以前忽略的，經由 Hall 之鼓吹，應該改為心理學研究的焦點。此觀念，使美國學界可以把 Darwin 及 Sigmund Freud 二學派接軌。雖然 Hall 本人對心理分析學說的基本觀念有不少異議，但 1909 年他也在 Clark 大學校長任內，聘 Freud 來演講。遺傳研究變成 Hall 的最愛，他認為最先適應環境的行為，即變成習慣，該習慣也就是本能。換句話說，後天習得性是可遺傳的，但此說法在二十世紀之後，為學界所棄。

其次，Darwin 提供給 Hall 一個為學方法，即自然觀察法，不只可觀察身的功能，也可觀察心的運作，更可了解人及低等動物在情緒表現上的相似性，Hall 因此比較不喜人為的實驗法。在 Johns Hopkins 自建的一個心理實驗室，於 1888 年離開該大學後，即不再注重該法。

精神（文化）生活的復演論 (theory of psychic recapitulation)，是 Darwin 影響學界的第三部分，Hall 強調如此，卻因而使他的學術聲望受損。但此說在十九世紀末期極為得勢，個體與群體的兩相平行發展，在教育理論、詩詞、及哲學界當中，支持此說者不計其數。Lessing、Rousseau、Herder、Goethe、Fichte、Hegel、Pestalozzi、Froebel、及 Spencer，皆屬此派。Hall 堅持低等動物演化成為高等動物，與叢林文化演變為高等文化，二者息息相關，這是文化人類學 (cultural anthropology) 的課題。此說為其後的 Thorndike 所推翻，認為證據不足。原住民的生活，代表人類文化最早期的生活；觀察原住民，不必到外國，美國本地即多得是。並且在文明社會裡，看看幼兒或嬰孩的長大成人過程，就可了解人類文化的演進，何必捨近求遠呢？

觀察自家孩子，自從他有生命開始的情形，即可領會人類在史前時候的身心狀況。嬰孩 (infancy)、兒童 (childhood)、及青少年 (youth) 三階段的狀況，是了解人種史的三把 key。

　　美國的兒童研究，1880's 年代以後才開始。1881 年，美國社會科學學會 (American Social Science Association, ASSA) 開始用問卷來了解兒童的身心發展，Charles Darwin 也發表一文，敘述其子之發展，作為他對該會的支持。但由於缺乏恰當的領導人，因之勢力無法上漲。此刻 Hall 由德返美，正在找工作，極希望 Harvard 能開哲學或心理學的課，當時 Hall 新婚不久，夫人已懷孕，1880 年秋天的一天早上，Harvard 校長 Charles W. Eliot 騎馬到他家，未下馬以免打擾，即邀請這位身無分文的年輕人利用週六來講授教育學 (pedagogy)。

　　教授教育學本非他所願，但也因此使他與兒童研究搭上邊。Boston 的公立學校教師及學校主管來聽他的課，經由他們的合作，Hall 可以作一系列的調查來認識入國小一年級新生的兒童，還雇用四名該市幼兒園教師當助手，向兒童問一些大家習以為常的問題。問題內容包括是否看過牛，能否解釋什麼是牛奶、奶油、或木製器物。結果發現，這些小朋友在此三項問題上的無知，令他震驚，城市小孩並無農村社會所具備的常識。同理，教師（成人）也不能要求學生（小孩）擁有教師在童年時的經驗，尤其在都市化及工業化快速進行時，此種要求更不適合。因此，如果兒童不識牛，這是教育上的醜聞，去除此醜聞，學校就有責任向小孩教導牛的種種。

　　1883 年 5 月發表問卷結果後，立即引發全國學界及社會各層人士的廣大注意。受過專業訓練的兒童研究調查者，在他於 1888 年上任 Clark 大學校長時，有了職業上的著落。他希望該大學比 Johns Hopkins 更像個德國式大學，該大學初期不設大學部，因此兒童研究都在研究所進行。1891 年發行《教育學研討雜誌》(The Pedagogical Seminary)，該大學成為兒童研究及心理學（發生心理學，genetic psychology）的重鎮。一群熱心十足的男女蜂湧而至，如 Lewis Terman 及 Arnold Gesell。由校長主導，以「文化期說」為理論根據，以問卷法為技巧，二十年之間，產生一大堆有關兒童情緒及身心發展方面的資料，且擴充到青少年階段。1904 年出版《青少年》(Adolescence) 一書，更是他在學術界的代表作，也因此使他享有盛名。

　　依自然及據身心發展來教育，是 Hall 的兩大重點。發展是漸進的，不似 Rousseau 描述 Emile 之步入青春發動期時是「突然的」，從「村野」(savage) 兒童，邁入「文明」(civilized) 的青少年，屬「暴風雨且壓力重重」(storm & stress)，是「新生」(new birth)。

8～12歲的學童，表現一種野性，在室外應准許他們去狂奔、丟擲、打獵，並形成一種「可以作日後繼承的野性集結」(savage reversionary combination)。室內則要遵守規矩，如同軍營一般的接受鍛練，如此比較適合於青少年 (adolescence) 的成長。青少年有兩大特徵，一是敏感 (sensitive)，二是帶理想性 (idealistic)；需要大人特別關照。

小孩異於大人。如果小孩的頭、身、及四肢之發展，都按小孩狀況時的比例生長下去，而成為成人，則這個成人將是個怪物。單憑大人的內省法來追憶童時生活，並非獲悉童時生活全貌或真貌的正確途徑，那種追憶，猶如棄船時漂浮物 (flotsam) 的堆積或棄物 (jetsam) 場一般而已。

青年期是從利己 (egoism) 變為利他 (altruism) 的時期，要好好運用，也是個體納入群體的好時機，且也是超人 (super-man) 的萌芽期。他對中國教育有意見，批評為重教導 (instruct) 而非發展 (develop)。原文在《北美評論》(*The North America Review*，CXL，1885 年 2 月號，144～147) 發表。其實教師向兒童學習的，多於教師期望教給兒童的 (The best of us teachers have far more to learn from children than we can ever hope to teach them.)，孩子需要更多的媽媽，而不是教師。傳統教育在青少年時期過分重視拉丁文之教學，徒增青少年狂風暴雨期的威力。但廢除古文，困難重重。

文藝復興的懷古，使日耳曼地區 Sturm 的古文學校 (gymnasium) 學生，如有機會到羅馬及希臘時，能了然於古代希羅文化。

古文重要，人文學科價值高，這皆是事實。但中學生人口比前十年 (1890～1900) 加倍，拉丁文之增加授課比重，是從 34% 增加到 50%，而入大學之比例卻從 14% 降為 11%。

拉丁文之所以得勢，乃因久受尊崇。中學即是拉丁文學校，家長及孩子如入拉丁學校，身分較高，尤其是天主教 (Catholic) 的地區為然。拉丁又是必修科，教拉丁較便宜，也最不費力 (背而已)；其他科目則不然，要教具、設備，且教師要受專業訓練。大學入學試要考，中學變成依附在大學之下的寄生蟲，失去自主地位。拉丁文具德育功能，權威性強，學生震悚

於「傳統文化」之下，不得不景仰祖先。但「從前一度是一支大軍，後退時，拉丁文變成真正的後衛。從文化墳墓來掌控的這隻死硬的手，也必須要放鬆了」。廢古文是進步主義教育學者一致的努力，Hall 亦不例外。

　　G. Stanley Hall 為人所熟知的性格有許多，但謙虛似乎不是其中之一。1895 年出版的《美國心理學雜誌》(*American Journal of Psychology*)，他列舉一大堆共同推動心理學研究的人，其中不是他在 Johns Hopkins 大學的學生就是他在 Clark 大學任教時的門徒；他認為這批人才是真正把心理學予以科學化的人，也是他們才影響了 Harvard、Yale、Columbia、Wisconsin、及其他美國名大學的心理學研究。William James 讀到該文後，寫了一封長信給 Hall：「作為一個安坐於椅子上的教授，我坦誠的承認在實驗及探究方面是低劣的，不過我倒蠻盡心力，我的本性也逼我作了一些實際工作；其中之一，舉個例，就是引導你進行實驗研究。用非常質樸的方法，這是事實，但你應該記得，除了 Harvard 之外，這些年來沒有他處進行過該種方法，你也可在該處找到該種方法。」

　　William James 開始接觸 Spencer 的作品，是在 1860's 年代早期，先讀《第一原理》(*First Principles*)，該書是一章一章的在英國期刊出現。他的觀感是「覺得有一股熱潮，看出知識界中的遠景將要出現」。但是他「較成熟的友伴」(maturer companion) Charles Sanders Peirce 對 Spencer 却提出尖銳的批評，使他油然而生的一股熱潮頓時冷却不少。他回憶著說：「我感到精神上受了不小的傷，一幅聖潔的形像或圖版受損了。不過，我也無法在字面上為 Spencer 提出辯護來反對 Peirce 的批評。」同意 Peirce 的主張，認為「知」一件事，是知該件事的「關係」(relations)。James 立即強力反駁 Spencer 的哲學：「雖然展現出偉大的真理，表示萬物皆在演化中；也不管任何此種普遍的現象帶給多大的激勵影響，我却覺得 Spencer 所教導給我們的，頂多可以儲存於博物館中，因為其推理犯了毛病，且是大錯特錯。」

　　James 所最反對的，就是 Spencer 一再的堅持，生命存在著一種普通的演化法則，即「內在關係向外在關係的調適」；若將此種原則應用於心的發展上，則心的主要功能，好像只是一面鏡子反映了外在環境的一切圖像而已，只在於要求有機體向環境採取適應措施罷了。依 James 的看法，Spencer

此種堅持，把人的主動性排除了。其實，第一，環境實體界的真正組成成分，心具有決定作用；第二，心扮演一種角色，不只使有機體能夠適應環境，並且還有改造環境的功能。Spencer 把「心」(mind) 定義為與環境「取得一致」(correspondence)，James 為文予以批駁，在 William T. Harris 主編的《思辯哲學雜誌》(*Journal of Speculative Philosophy*) 發表 (1878)：「我的立場是無法逃避一種考慮的，我不得不一再的說，作為知的主體者 (knower) 不是只像一面鏡子而已，毫無立足點的東飄西盪，被動的把他所處的環境秩序予以反映出來，或把存在的一切找出來而已。作為知的主體者是個演員，一方面作為真理的相關係數，一方面也把自己創造出來的真理予以調整。」注重心的動態「功能」(functions)，而非只研究心的靜態「結構」，這是 James 的「功能說」(Functionalism) 心理學，與「結構論」(Structuralism) 的最大不同所在❺。

　　同年的 1878 年，James 與 N.Y. 出版商 Henry Holt 簽了合同要寫一本心理學教科書，12 年之後才完稿付梓，書名《心理學原理》(*The Principles of Psychology*)，共 1400 頁。把他的反對意見予以具體化，且將 Spencer「在推理上所犯的大錯特錯」(blundering reasoning) 予以導正過來❻。書的首頁即如此寫著：「任何科學，在發展到某一階段時，某些程度的曖昧性，却最含有意義的豐饒性。整體而言，最近在粗糙的心理學上，所形成的一些程式，比 Spencer 所制訂的，較具真正的實在意義。Spencer 認為心靈生活及肉體生活相同；換句話說，Spencer 以為心靈生活與肉體生活都是「內在關係向外在關係的調適」。這種公式就太曖昧了。此公式還應考慮到一件事實，即心寄存於環境，環境也作用於心，而心也對環境有回應。簡言之，心介於所有的具體關係中。此種說法總比舊式的「理性心理學」(rational psychol-

❺　「結構論」的健將是 Wundt 的門徒，也是 Cornell 大學教授 Edward Bradford Titchener；英籍，有英人之高傲及嚴肅，除聚會拉小提琴之外，虔心鑽研他的專業──心理學。著作多，譯成外文，幾乎是英文心理學著作中第一把交椅；法、日的心理學讀本採用他的，俄擬設心理實驗學校時，也接受他的指導。

❻　美國心理學的源頭來自歐洲，如同混血的小孩一般，父親是德國人，有 Gustav Fechner、Hermann von Helnoholtz、及 Wilhelm Wundt；母親則是英國人，有 Darwin、Francis Galton、及 Spencer。但這個孩子却生活在美國這種特有的環境。

ogy) 更饒富意義。「理性心理學把心靈 (soul) 當作是一種隔離式的存在，本身自足，只計及本身的性質及分量的比例多寡而已。」取 Spencer 用字遣詞的曖昧性作襯托，突顯出 James 的說法之明確性，步入了行動主義 (activism)、經驗主義 (empiricism)、多元主義 (pluralism)、及自由意志 (free will) 的哲學。

1892 年他應邀向麻州 Cambridge 地區的教師作一系列的演說，說明心理學與教育之關係；James 認為心理學是科學，教學則是藝術，二者不相干。以「意識流」(stream of consciousness) 來說明心 (mind)，及其功能，與神經系統緊密聯合並與生活實際需要發生關係，意識之原來及基本功能是生理上的，也與生存有關，心的功能並非如傳統哲學家之所言，只在作冥想或沈思，卻是與日常生活息息相關。

只有透過「心」的活動或作用（功能），吾人才能領會心；至於心的本質是什麼，此領域超越吾人的知識領域。Francis Wayland 在《知識哲學元素》(*Elements of Intellectual Philosophy*, 1854) 中就指出：「心的本質，吾人一無所知，吾人能確信的是『有些東西』吾人可以知意 (perceives)、反思 (reflects)，記憶 (renembes)，想像 (imagines)，及要求 (wills)，至於到底是『什麼東西』，才能啟動這些能源，則吾人也一無所知，吾人只意識到這些能源有所行動，依此才意識到心的存在。」(Thayer, 145)

只有意識在繼續行動時，個人的體認自我及回憶，才有可能。這種學校，表明了：

1. 心的主動性，人之為惡或作錯決定，人本身要負責。

2. 心的功能，可以形成概念或通則，超出個別經驗之外，那是抽象概念，非屬具體經驗。因果、完美、力道 (force) 等觀念，皆由心「思」得來，「不朽」觀念亦然。「心」異於「物」。

生於 1842 年的 N.Y. 市，家境富裕，是個大家族中的長子。其父是作家，撰寫宗教上的題材，從早年孤單的精神旅遊，沈迷於嚴肅的長老教正統派想法，演變為較慈愛和祥不屬任何教派的基督教信仰；母親是個意志堅強的家庭「精神堡壘」(Protective Spirit)，夫唱婦隨，提供道德及物質上的資助使丈夫能從事文筆耕耘工作。夫婦共同認為子女之教育是他倆的中

心職責，常旅遊各地，並不擔心因此使正規上學受到中斷。William 本人早年就展現出科學才華，但也有藝術興趣，1860 年曾從師 William Morris Hant 學畫一年，發現他本人不可能是個一流的畫家。1861 年入 Harvard 的 Lawrence 理學院 (Scientific School)，從此一生就在該校度過，直到 1910 年去世。1864 年畢業，又入 Harvard 的醫學院 (Medical School)，因參加 Louis Agassiz 教授的動物標本收集團工作，到 Amazon 河流域而中斷學業，還遠赴歐洲。1869 年獲醫學博士 (M.D.)，然後有一段時間再度赴歐，却情緒陷入低潮，無力感甚深，苦悶發瘋、懼怕，幸而因採納法國哲學家 Charles Renouvier 對自由意志的看法而恢復正常。1870 年 4 月 30 日，在日記裡寫道：「我想昨日是我生命中的一種危機，我看完 Renouvier 第二《論文》(Essais) 的第一部分，發現他對自由意志的定義不能解釋為一種錯覺，這是沒有道理的。當我可能有另種想法時，仍維持原有想法，因為那是我所挑選的，這就是自由意志。不管如何，我對自由意志的第一個動作，就是相信自由意志。」把這段話寫到日記裡，就是一種戲劇化的行動。情緒低潮依然存在，他其後接受一種心理治療的觀點，認為發瘋，並不全是遺傳，也不是完全命定的，這才疏解了他的苦惱。1872 年，他被任命為 Harvard 的生理學講師；1875 年教心理學，1879 年教哲學，1885 年升為哲學教授，1890 年因出版《心理學原理》而成為全國及國際知名的學者。

　　從各種角度來看，《心理學原理》是頗具意義的著作。取許多日常生活的例子，把當代歐美生理學及心理學的研究結果作一總結，編織得很有體系且論題完整，也如同 Spencer 的《心理學原理》一般，但方針、資料、及論證却有天地之別。Spencer 把人當作是生物的一分子，在演化之中，其行為反應的次數一再重覆，習慣於焉形成；這可由人類神經系統的可塑型來檢證。一旦習慣形成，就一直操控著人類的行為，最後就變成一股壓倒性的因素來型塑社會性格及個人性格。習慣這個名詞倒有點弔詭，如果連生活細節也都變成習慣，心的高層能力就越可免除其正當任務。James 的主旨則在探究「意識」(consciousness)，或是「思想之流」(stream of thought)。他堅持以「生活」(life) 本身作為心理學研究的出發點，而非以「心」(mind) 或「靈」(soul) 那種正規的觀念為開頭；James 把「意識」描繪成一種對當

前感受到的經驗之粗糙資料，強力主動的進行注意、強調、忽視、及闡釋的現象。他說心只是一個「舞臺，使全部的可能性同時出現」；也是每一位個體在吉凶命運中經常作的選擇，看到的是什麼，知道的是什麼，以及一個人在眾多可能性中最後會變成什麼。知者也是動者，由知而行，可以改造世界。自然的演化過程中，教育工作者不要妄圖干預，這是 Hall 的觀點，也是「自然命定論」(natural determinism) 的說法，James 不以為然。Darwin 早就說過，心受環境影響，其實心也影響環境。採自變自動主義 (voluntarism) 的主動性觀點，心並非如同被動的鏡子來反映外物而已。❼

　　當時流行的「官能心理學」(faculty psychology)，提出「學習遷移」(transfer of learning) 說，且認為此說不只在古文科目管用，且現代科目如繪畫，也適宜。繪畫科可以使視力及心力合一，眼睛可因此訓練來看得仔細，判斷精確；心用來思考、手則記錄所看的一切，或心中所形成的概念。發明創造及想像力也因此激發出來，在設計活動中獲得增強，圖像記憶也在記憶繪畫中加深印象；而美的判斷也開始有用途了，美的鑑別、符應、比例、勻稱，力道更強；美的喜愛，這種多多少少是人所特有的，也大為增加。(Thayer, 149)

　　James 本人自作實驗，花 $131\frac{5}{6}$ 分鐘背 Victor Hugo 的《希臘神話》(Satyr) 詩 158 行，然後每天花 20 分鐘學《失樂園》(*Paradise Lost*) 第一冊，依此訓練後回頭來背 Victor Hugo 詩的另 158 行，卻花 $151\frac{1}{2}$ 分鐘。他的學生 Edward L. Thorndike 及 R. S. Woodworth 於 1901 年發表《心理學的評論》(*Psychological Review*)，毀了訓練遷移說。另有一種實驗，要受訓者刪去字中的 e 及 s 字母，訓練有成效之後要求受訓者刪去 a 及 n，結果證明速度並不見增快。Boyd H. Bode 說，汽車擋泥板的嘎嘎聲，各車皆同，一者車因用久了，擋泥板的嘎嘎聲較吵人，難道可以說該嘎嘎聲的功能大為發展嗎？即令兩個 rattles（嘎嘎聲）的「成因完全相同」(identical elements, Thorndike 提出的字眼)，但「心」(mind) 是個複合觀念，猶如「林」(woods) 一般，心由好多種官能 (faculties) 組成，好比林由好多樹 (trees) 組成。(Thay-

---

❼　行為一再重覆，就變成為習慣，教育工作者的任務，就是儘早塑造一種好又有用的習慣；懷習慣則使吾人深入地獄中，此地獄比吾人其後要忍受的還糟。

er, 152 ～ 153) 嘎嘎聲越來越「增強」，正表示性能的老化與無用。

Dr. Benjamin Rush 早在費城於 1786 年就發表《道德官能中的物理因》(*Physical Causes upon the Moral Faculty*) 一書，認為腦部疾病影響學童的記憶力、想像力、及判斷力，同時也對道德行為產生不利的後果；「神經熱」(nervous fever) 易導致喪失記憶力，也容易不說真話，疾病也易產生道德判斷失常。心意憤怒時把人殺死者，就應處以死刑，就好比外科醫生因為病人之手腳亂動擾亂化妝臺或踢翻茶桌，因此應該把手腳割掉嗎？

心意之病態，後果可能是作竊盜或殺人犯。應予考慮的，不是罪惡，卻是一種病徵。廢除死刑、鞭笞、烙記、或公眾鞭打，而代以監禁、勞動、簡單的飲食、清潔、及溫情的對待，才是治本之道。

打雷與下雨有關，Franklin 早認為亮光 (lighting) 與電 (electricity) 相連。A 本來與 B 相連，突然 A 與 C 相連，而非 B，James 說，這是吾人困惑卻徒勞終年的問題。一天「走在街上，與該問題一點也無涉，兩者相距好幾英里，但答案卻靜悄悄的漫遊進來，吾人從未招引該答案的出現，可能是由於眼前淑女帽上的羽毛，或由於沒有任何原因吧！」由「心」所生的「聯結律」(laws of Association)，也可以用來說明發高燒、休克、失眠、老年等等嗎？吾人之心，好比無邊的毛毯織物，也類似戴上變化萬千的面具，或如萬花筒中的一小塊玻璃，形狀及方式莫測。

完成了《心理學原理》之後，James 漸對哲學問題感到興趣。自 1878年開始，他即斷斷續續的思考哲學問題，結果在其後的二十年，誠如 Ralph Barton Perry 所說的，使「美國個人主義最完美的哲學表達」，到了花朵盛開的地步。1897 年出版《信仰的意志》(*The Will to Believe*) 一書，強力的把他內心深處的「自發主動主義」(voluntarism) 發揮得淋漓盡致。他對社會滿懷信心的提倡道德上的個人，每個個人都按希望、可能性、以及抱負來勇敢的過生活。1904 ～ 1905 年發表一系列的文章，去世後也在 1912 年出版《論極端的經驗主義》(*Essays in Radical Empiricism*)，提出「純經驗」(pure experience) 的形上觀念，反對古代的二元論 —— 主體及客體、知者及被知者 —— 二者分離，而主張二者合一的觀點。「經驗的所有部分都結合在一起，下一個經驗與下下一個經驗，都彼此有關連，本身都是經驗的一部分。」1907

年又發表《實證主義》(*Pragmatism*)，1909 年出版《真理的意義》(*The Meaning of Truth*)，表明現在常被引用的一個論題：「一個觀念之所以是真理，並非它有個內在自存或停滯不變的資產。真理『碰巧』成為一種理念，它之成為真，乃依事件而定。」真理之印證，要賴事件呈現的事實而定；它本身是一種過程，以過程本身來證實真理，也就是真理的檢驗。(The truth of an idea is not a stagnant property inherent in it. Truth happens to an idea. It *becomes* true, *is made* true by events. Its verity *is* in fact an event, a process; the process namely of its verifying itself, its verification) (William James, *Pragmatism*. N. Y. 1907, 201) 因此真理帶有人味、冒險性、民主意，且是常樂觀的。

　　James 認為思想在本質上是具有目的性的，常涉及於行動，或涉及行動的可能性。思而行，然後，由實際來檢驗觀念，才能產生知識；並且他也看出知識的發展是一種程序，所有的個體皆參與其間，每個個體皆是單一的，也是單一經驗當中的一部分。「在此，過程常常是相同的」。他解釋道：

> 個人早有一大堆舊看法，但面臨新經驗時，那些舊看法就有了緊張。有人持反對意見，自己反省一下，也發現舊看法彼此矛盾；看看事實，更發現與舊看法並不相容。他出現了其他念頭，舊看法既無法滿足，結果就滋生內在的操煩，內心想自己似乎是個陌生客了。解脫之道就是修正他先前的許多看法，儘可能的自己拯救自己。在這方面的信念中，吾人大都是保守的。因之個人首先試圖要做的，就是改變這個看法，然後又改變另一個看法，不過抗拒蠻強的。直到最後有些新觀念冒出來了，他可以把它收過來而接枝在老幹上，但擾亂老幹到最低的程度。有些觀念介於老幹新枝之間，而成為另一種最適當也最權宜的看法。
>
> 此種新觀念被採用了，也成為真的看法了，它保存了真理這棵樹的老幹，修改最少，向外擴張到可以迎新的地步，也儘可能的步上熟悉之途……。新真理常是個中間路線者，在轉換過程中滑潤平順，新舊事實提親聯姻，以免造成顛簸震搖，使持續性達到最高點。

　　James 也同時解釋，在這個世界裡新知識的發展，以及個人如何學習該

種新知的過程。

　　過程是連續不斷的，尋常的男女都參與，共同來創造且相互融入在內；最後就是共同生活中一般所謂的常識。一方面 James 驚奇於英雄人物在共同生活中貢獻出既豐富又多樣的經驗，一方面百姓也有能力為公共生活付出己長；不過人盡其才者不多，如同 Lester Frank Ward 一般。他知道個體在性情及智力方面有遺傳上的差異，但也深信個人「只用出能力當中的少部分而已，其實在恰當的條件之下，都可以把他擁有的能力盡情發揮出來。」有人 (Benjamin Grmenberg) 在 1910 年時估計，在十九世紀結束之前，十分之九的老師唸過 James 的《心理學原理》❽。

　　James 的作品，是美國哲學家當中最廣被閱讀的，但謗亦隨之。批評者深覺遺憾的是認為 James 的學說，不是「質樸的主觀性主義 (naive subjectivism)」，就是「狹隘的功利主義」(narrow utilitarianism)；但是他却深獲好多進步主義派者之心，從他的觀念裡取得巨大的資源，無窮的期盼，對未來充滿憧憬。James 的年輕同事 George Santayana 有一次這麼說：「James 感受到未來的召喚，且信心十足的確認，未來一定比過去好，且好很多。」不過，即令 James 的哲學提升了個人的尊嚴，却少有人讀他的書，只有學界人士、知識分子、以及與職務有關的男女才展書閱讀他的作品。Ward 影響了其他的社會學者，影響力遍及大眾；James 則直接向大眾提出訴求，範圍包括全部知識，有科學的也有宗教的。「一種追問探知的文化」，就是檢測、創造、及知識組合的過程。他在《實證論》(*Pragmatism*) 一書中如此說。

　　John Dewey 是知識分子中熱心讀 James 的著作且深受影響的一位，事實上他之所以閱讀《心理學原理》是當作個案研究，擬了解 James 的說法，

---

❽ *Principles* 出版後 2 年 (1892)，Harvard 校內董事會 (Corporation) 邀 James 向 Cambridge 地區的教師作一系列演講，七年之後編輯成書，即 *Talks to Teachers on Psychology: and to Students on Some of Life's Ideals* (1899) (對師生說心理學)，認為兒童是動態的，興趣應予以激起並擴大，以便作為教學的基點；意志應堅定，更是奠定集中注意學習及倫理道德的基礎。在第七講 (Lecture VII) 中說：「認為教育上的每一步驟都能夠產生興趣，這種說法，是了無意義的。」培養榮譽感、羞恥感、及好鬥性 (pugnacity)，是一種好品德。在第十一講中提到「注意」(attention) 時說：「面對不感興趣的苦差事，是人生工作中的好事。」(Rippa, 336～337)

認為新知識是由個人之介入所組合而成的。當時 Dewey 的哲學思路，正由他在 Johns Hopkins 大學所吸取的黑格爾主義 (Hegelianism)，漫遊到他自己獨創的「工具主義」(Instrumentalism) 之中。James 的作品對 Dewey 的學說提供許多「新的方向及新的品質」，尤其採取一種客觀的心理學理論，植基於生物學演化論。此種轉變，誠如他自己所說，慢慢的進入他的思想裡頭，且深深的影響了他的觀念。1904 年時，James 就毫無疑問的看出他自己的想法，已反射到 Dewey 任教的 Chicago 大學上，寫了一封讚美式的評論刊登在 Dewey 及其同事合寫的書上，書名為《邏輯理論研究》(Studies in Logical Theory)，率直的稱讚在 Chicago 這個昌隆的學府裡，「激進的經驗主義」(flourishing school of radical empiricism)，已製造出「傑出的實證學說產品」(masterly pragmatic production)。六年之後在紀念 James 去世的場合，Dewey 也說，James 為美國哲學界貢獻出「彌足珍貴的禮物」(precious gift)。「我愛這麼想，美國人深深的了解到，他的哲學與生活打成一片。他真誠的把科學事實融入於知識裡，對未來充滿希望。他勇氣可嘉的相信，我們有能力向不可知的未來進軍。當我們的國人開始有所自覺，觀念轉為清楚明晰而拋棄曖昧及盲目掙扎時，有兩個人站出來作為先知，在價值的信條中作了吾人的前驅，這兩個人就是 Emerson 及 William James。」

　　杜威在知識論及文化學說上提出的「工具主義」，基本上就是道道地地的植基於美國傳統，歌頌常識及日常經驗；此種傳統包括 Emerson 及 James 在內。當然，還有他人。Dewey 在《邏輯理論研究》一書中，早已為文說明清楚；1910 年的《思維術》(How We Think) 更踵事增華。思考之源頭，乃因「有了某些困擾、混亂、及疑惑」，思考歷經許多步驟，先是界定問題的性質，又提出一些建議、看法、假設，來設法解決該問題，然後是把各種擬訂的建議予以推演一番，即「若……則」式的論證；最後，挑出其中一項擬議來檢測、採取行動、而後予以評價。訓練人民思考，最有效的方法，莫過於從經驗中，經由「個人的反省思考及實驗」來解決問題，也從此可以獲得具體的知識，並建立在具體知識之上來導致更「專門的知識」(more specialized knowledge)。1916 年在《實驗邏輯》(Experimental Logic) 一書裡，用較專門的學術用語來界定「工具主義」的定義、知識的本質、

及實際活動的研判；在 1938 年的《邏輯：探究的理論》(*Logic : The Theory of Inquiry*) 一書裡，更把工具主義與邏輯傳統的標準教材及成分建立正式的關係，且闡釋二者之關係。Logic 作為一種科學的探究，必須與日常常識經驗相互搭配，把「形式研究」(formal research) 與「普通的反省思考之探討」(ordinary reflective inquiry) 二者之界線消除；也要把研究予以社會化及平民化。因為研究、或知識探討、或邏輯的形式思考，其本源都來之於常識，也在時間上有「社會關係」(social relations)。「科學的題材及程序，是從直接面臨的問題中產生；也利用常識的方法，注重實際上的應用及欣賞。然後才經由常識的處置，把常識予以大幅度的精緻化。擴充其內容，且釋放其成因及代理機構」。把思考定義為如此，隱藏的是把知識的概念予以重組，使之比傳統更具包容性與動態性。Dewey 發展此種說法，為 Paul Monroe 的《教育百科全書》(*Cyclopedia of Education*, 1911 ～ 1913) 寫其中有關知識的條目（他負責條目超過 100）。依杜威的看法，「知識」(knowledge) 至少包括四種不同的意思： 1.經過心智能力所獲得的技巧，如如何走路、說話、溜冰、或與鄰居相處； 2.認識或熟悉人、地、及情況，如知道鄰居是誰、知悉工作地點； 3.間接靠學習而來者，如各種訊息或資料； 4.理性的或科學的知識。前三種知識，杜威認為是次要的，「是一種取之作為控制事務的方法，擴大認識事務的手段，也是領會及了解事務的工具；但因都要根據別人的傳授，這都不是為知識而知識。」資料搜集了，也予以系統化，有些人開始對它發生興趣，並非只是好玩，却是一種理性的展現及新知識的發明，也因此有了第四種知識的出現，即理性知識，那就是科學。杜威說，如同資料一般，此種知識也是間接的，但却有新義，它要仰賴邏輯及前提。「從這一觀察而言，知識與科學二者合一，除非知識技能及獲得資料的方式，可以歸約為一般通則，形成為系統，且彼此相關聯，否則吾人無合理權力來定名這些是知識，頂多只能夠說是代表信念或看法而已。」

　　Dewey 對知識的見解是如此，對文化的定義亦頗類似。Thorstein Veblen 曾與 Dewey 一度同是 Chicago 大學的同事，二人都尖銳的抨擊傳統對文化的定義。傳統文化植根於古代及文藝復興的文明及文學，且在十九世紀的歐洲，因反十八世紀的自然主義而再度復活。文化的傳統定義，助長

了階級意味，把世界分成有閒階級，他們享受精緻文化；以及勞工階級，他們不能分文化一杯羹。此種分野早已過時，只存懷古色彩。當工商時代來臨，社會及經濟的相互依賴，加上政治民主，則文化的觀念，就有必要作極不同的定義。「文化是對社會的洞識，也是社會的精神；這當中，所有有用的技巧，事實的知識，以及受過訓練的心智能力，都應助一臂之力。若沒有積極的參與，文化與活動又隔離，則技巧不是變成固定常規，就是形成為純粹自私自利的追求；資料訊息也變成只是一種堆積，記憶一大堆瑣碎事實，與行為毫無相關；訓練或紀律也變成官能或特殊性心智習慣的形式操練而已。相反的，孤離的文化易流於純粹外表式的裝飾與精緻化，變成一種易引發反感的標記，因為它帶有差別性。」1916 年的《民主與教育》一書，更發揚此種觀點。任何一種知識體，在內在的本質上都賦有文化力道或自由解放力道；任何材料如帶有文化意，就要看該文化是否在追求及領會時，含有最大範圍的意義性。文化的定義，「莫過於是它帶有一種能量，可以恆久的在意義性的概念上擴充範圍並在正確性上有所增長。」最後在 1934 年的《藝術如同經驗》(*Art as Experience*) 一書中，也把美的界域予以民主化；美是一種在經驗中含有「行動」(doing) 及「承受作為」(undergoing) 的性質，尋常經驗皆如此；「一方面與智力行為有關，另一方面則與特定社會的實際生活有關。」

　　思想、知識、及文化，Dewey 在定義這些字彙時，皆因不同程度的聽眾，而使用不同的說詞。在《哲學雜誌》(*Journal of Philosophy*) 上所寫的，比較專門；《邏輯》(*Logic*) 一書較具深邃奧義，《哲學重建》(*Reconstruction in Philosophy*, 1920) 則較平易可讀；在《國家》(*Nation*) 及《新共和國》(*New Republic*) 雜誌裡則寫些通俗作品；向勞工工會及政治集會演說時，更用他們所可聽懂的詞句；對教育及文化團體的演講亦然。原先 James 把文化的追求探尋，置於一群廣大的群眾中，有知識分子，也有討生活的眾人。杜威的對象更廣，更具社會面，他把文化的追求探尋，放在美國同胞全體身上，橫切面及縱斷面皆有。他在許多方面都借自 Carlyle 及 Emerson，代表當時的美國人，把當時國人最渴望的想法予以具體化出來，同時又清楚的把那些渴望道出來，讓大家明確的意識到該種渴望。

James 及 Dewey 成功的把美國一般人心中的渴望講清楚，說明白；但却也留下一種把柄，評論家質疑且譴責該種心中的渴望。Santayana 寫了不少東西，諷刺 James 的主張：James 感受到未來的呼喚，保證未來比過去好，且絕對好。他看出來，James 在宗教觀點上的膚淺性，十足的表現出道德的空虛、及徹底的文化唯物論、天真的千禧概念。Santayana 在 1921 年出版的《美國性格及輿論》(Character and Opinion in the United States) 中，指責得毫不容情，立刻在一次世界大戰之後新生一代的年青人中成為英雄。這批年青人具獨立心態，對文學社會都有所不滿。當時的美國社會最令年青人無法忍受的，就是兩種觀念的決裂，一種是「舞文弄墨喜愛風雅之士」(Highbrow)，熱中哲學及文學；一種是「目不識丁肚子無墨水之徒」(Lowbrow)，汲汲營營於生活者。前者是「觀念主義派」(idealism)，後者則是「機會主義派」(opportunism)。實證主義要調和這兩者，徒勞無功。知識界、文化界、及學術界，不可眼光只及於美國，更不可只重功利主義、或唯物論，却應從古代文化傳承中來定位美國文化的角色。

此種觀念的掌大旗者，莫過於 Lewis Mumford。1895 年他生於 N.Y. 市，出身中下階級貧窮家世，本擬作工程師，後來改唸新聞，上 College of the City of N.Y. 夜間部，主修哲學，未得學位；曾服役於海軍，退伍後到過 London，返美後立即投入一種工作，想重整美國文化遺產，使之發揚光大；善用美國的過去，才能榮耀美國文化且有活力。

三本代表作皆發表於 1920's 年代：

1. 《烏托邦故事》(The Story of Utopia, 1922)。

2. 《棍子與石頭：美國建築及文明之研究》(Sticks and Stones: A Study of American Architecture and Civilization, 1924)。

3. 《黃金時辰：美國文學及文化之研究》(The Golden Day: A Study of American Literature and Culture, 1926)。

第一本書描述人類住在兩種世界裡，一是內在理想世界，Mumford 稱為 "idolum"；一是外在的真實世界。內在世界作為外在世界的避風港，或是改造外在世界的工具。西方世界的烏托邦人士之想法，提供一種遠景，鼓勵美國人發展出一套未來淑世的計畫。

「建築」之演變，影響他其後著作頗深。他說，住在中世紀時代的草寮村莊裡，生活的一切是整體性的；建築、機構、制度、及人民都整合在一起，相互有關，共同在宗教理念下過活，宗教信仰又完全一致。但現代化之後，此種統整性解體。新教的離心力、資本主義、科學、及民主等，都把統整性撕裂開來；當新大陸穩定下來之後，這些勢力上揚。不過，New England 的移民定居者，仍然還是生活在一種整體性的觀念裡。「在新世界的村舍中，搖曳起中世紀秩序所留下來的最後但奄奄一息的灰燼。」由於墾荒開拓者四下奔走，如同猶太人於紀元前 538 年被放逐之後，散居於世界各地而處在非猶太人中一般 (Diaspora)，他們住在濱海地區，因而也毀了原有的紐帶；卻開啟了大門，把新教主義 (Protestantism)、資本主義 (capitalism)、科學 (science)、及民主 (democracy) 迎了進來，當作勝利的佳賓奉侍；又隨著機器時代的來臨，原有的願景已褪，領導角色也落入於「忙人」(busy people) 手中：這些「忙人」擁有的只是「機器操作的靈巧」(mechanical ingenuity) 及「低能者的力道」(inbecile power) 而已。現在亟需的是要作價值重造工作，以注重社區生活品質的關懷，代替機器之破壞或掠奪財產。Mumford 說：「墾荒礦工所繼承的遺產，配合獵者戰士所繼承的那種帝國主義式遺產，以搶佔贓物為主。這些遺產臥藏於當前社會組織的根部，除非礦工及戰士都能接受文明的洗禮陶範、生活文化的關懷、不求壓榨及破壞，否則建築界在這種環境之下要能有大變，這種期待是不管用的。」

　　在《黃金時辰》中，Mumford 先把文學作一番回顧，也與前書相呼應。他說美國文學界的「黃金歲月」，以 Emerson 為首，那是反映出 New England 市鎮一致性的生活；但其後「實證的默許」(pragmatic acquiescence) 却緊隨而至；機器文明的強取豪奪，也是大眾默許的典型代表，那就是 James 哲學。James 的理念既狹窄又膚面，也淺薄。「唸過 James 的書，找不到一頁寫著 Weltanschauung（寰宇性的生活哲學），雖把美國觀點描繪得盡善盡美，但缺乏 Emerson 思想中的豐富性，也未涵蓋存在界的全貌。James 的文字，了無趣味 (singularly jejune)；Dewey 的著作更為不雅，枯燥又不動人。」「深探 Deway 先生的哲學，當把探錘沈於底處，沒有人不把它抽回來，感到形影不明 (shapelessness)，只是對時潮尤為關注，流露出 Chicago 功利主義的

觀念思想」。實證主義道出美國生活的特質、功利、機器技術的喜愛，却忽略了想像性、藝術性、及詩詞性：「Dewey 先生的哲學之缺陷，就是美國這一場景本身的缺陷」。當前最應補偏救弊的，就是要有個「人類整體生活的願景」，也就是要有個新的 idolum，即内在世界的理念。

一生致力於新的 idolum，Mumford 把它實現在下述兩系列的著作裡：

1.「生活再生」(The Renewal of Life) 系列：1934 年的《技術及文明》(*Technics and Civilization*)，1938 年《城市文化》(*The Culture of Cities*)，1944 年的《人的條件》(*Condition of Man*)，及 1951 年的《生活行為》(*The Conduct of Life*)。

2.《機器的迷思》(*The Myth of the Machine*) 共分兩冊，一是 1967 年的《技術及人類發展》(*Technics and Human Development*)，及 1970 年的《權力的五邊形》(*The Pentagon of Power*)。

二者都對文化進行橫掃式的大膽檢驗，前者追溯到 1000 ～ 1750 年新技術曙光期，後者更遠溯至 Sumer 及埃及「看不見的機器」(invisible machine) 時代；二者都帶有教訓式的闡釋，尋求教育機構的重新調適，也涉及圖書館、戲院、博物館、及閱覽室，甚至工廠及實驗室；凡任何有關日常生活的美藝表現都包括在内。並促進人們發展且分享他們各自的美藝概念，使社會重新擁有生機力，預測未來的男女都有完人發展，過人味的生活，文化是整體不分裂的。

不過依上述的說法，Mumford 一開始是反 James 及 Dewey 的，到後來也步入 James 及 Dewey 的哲學圈。

## 第四節　Gilbert Seldes

1921 年冬，一次世界大戰遺留下來的戰爭陰影已除，Warren G. Harding 總統保證美國人恢復「正常」(normalcy) 的速度也加速，作家 Harold E. Stearns 慫恿 Van Wyck Brooks 與他共同集合一群年青的評論家，來把美國文化作廣泛的評論；1929 年經過一次聚會後，出版了《美國文明：三十位評論家的研究成果》(*Civilization in the United States: An Inquiry by Thirty A-*

*mericans*)，把科學、哲學、詩詞、美術、戲劇、政治、醫學、法律、及教育等等成就，作一種似乎無異議的判決。「美國有什麼純正且經久的傑出文化?」，答案是「很少」。Mumford 負責該項目當中的一條「城市」(The City)。為該項目寫文章的多半是年青的一代，他們都讀過《Adams 的教育》(*The Education of Henry Adams*) 一書;他們的回答，代表十九世紀末的回音，認為教育是失敗的，因為維繫文化的教育，已解體成為一團糟。「文化及文明當中必然出了大錯，年輕人背離了文化與文明。」Stearns 感嘆不已，與許多同輩人一樣，他到巴黎尋覓真正的純樸性及傑出性，最後也一事無成。不過其他人不管在國內或在國外，倒是成果豐碩，其中一位是年輕的報人 Gilbert Seldes。

Seldes 生於 New Jersey 的一個烏托邦式社區（位於 Alliance），那是依俄國名小說家 Count Tolstoy 及 Prince Kropotkin 原則而組成的。在 Harvard 受過正式教育，作過記者及音樂評論家，也擔任雜誌社的副總編;在享有「假日」(holiday) 期間，赴 Paris 寫一本有關美國大眾文化的書，1924 年出版，書名為《七種生動的藝術》(*The Seven Lively Arts*)，認為美國文化不只價值崇高，並且不是贋造式的模仿歐洲傳統精英派藝術作風，却是創新式的美國新大眾藝術。他花了不少文字來評論電影、爵士音樂、報紙諷刺文體、時事諷刺劇 (revue，包括音樂喜劇及舞廳舞蹈)、綜藝雜耍、馬戲團、及滑稽連環圖畫後，作了總評，認為能被大眾所接受的藝文活動，價值最高;馬戲團的表演藝術，比「大都會歌劇院」(Metropolitan Opera) 還優。

其實專家藝術及大眾藝術，二者並不敵對，二者皆有最優秀的作品。這些作品與「平庸作品或贋品」(middle or bogus arts)，二者之間才有對立。美國的生活美術，受過高等教育的成人對之感到興趣，這種興趣遠非高度文化社會的成人聊表一下或比附風雅可比。「上流社會傳統」(genteel tradition) 在藝術上反而阻止了讓大眾藝術能夠獲得恰當欣賞的地位，有時甚至還助長了濫予批評之風，而非對大眾藝術提出令人深思的批判，這種批判才能提昇大眾藝術的水平，作品也才能上臻完美境界。對於《美國文明》一書的作者，Seldes 認為他們在純正性及傑出性方面走錯了路，大眾（民主）文化產生純真性及傑出性的新形式，適合於此的恰當標準應該發展出

來。純正性及傑出性的新形式，不只值得批評，且更值得廣為宣揚、普及、及鑑賞。

其後半世紀，有關美國文化的優劣，爭論頗多。1938～1945 年 Seldes 曾為 CBS（Columbia Brocasting System，哥倫比亞廣播公司）的電視節目作導播 (director)，雖譴責製片者迎合下級口味，但電視、電影、廣播等都屬於人民，在散播訊息上已產生重大革命，在娛樂上也產生大改變，不過吾人有責任來掌控該種改變。公眾有義務為公眾藝術負起責任，因為公眾藝術可以型塑國人的品味及文化。履行此種義務，教育的角色就凸顯出來。他樂觀的說，大眾有能力也有權責透過大眾藝術來掌控教育。真正的文化，與宗教是離不開的，也只能在有機的社會結構裡才能萌芽且開花結果。祖先財產經由精英予以普及於大眾，美國如無法回返到此種過去有機組織的社會，則真正的文化就註定要衰退。

無疑的，有人則持異議。High culture（高文化）及 Folk Art（民俗藝術）總有差別。大眾文化（mass culture，又稱 masscult），既不大眾，也不是文化。民俗藝術 (Folk Art) 從下而起，滿足了平民的需要；大眾文化 (Masscult) 則從上而下，夾雜不少專門技術或詞彙在內。二次世界大戰後，也出現一種 midcult（中間文化），即把高文化予以世俗化以取悅於百姓。

媒體掌控的時代，知識的性質發生變化；知識壟斷的產生及毀滅，也同時變成知識權力的產生與毀滅。現代的文化，尤其是廣告文化，使男女都在作「集體的夢」(collective dream)，除非把批判性的智慧 (critical intelligence) 大力發揮出來，否則大家都無所逃。處在此種境況中，傳統性的教室對於批判性智慧的形成，已無能為力。在資訊電腦化的世界裡，整個地球村已變成最基本的教師，整體性及一般性有必要重新復活；以藝術觀點出發，是人人日常生活裡創造知識及鑑賞知識當中最重要之事。

二十世紀中葉之後，文化評論家特別將「知識」發展成一單獨專門領域，屬於社會科學，旨在把知識作性質上的分析。將知識的產生、知識的特質、知識的分佈、及知識對社會的影響，皆作一番研究。這方面，加拿大經濟學家 Harold A. Innis 是典型的代表。他本來研究工業組織，1940 年特致力於探討加國的紙張及果肉工廠史，後轉而閱讀有關印刷及新聞史，

也涉及傳播業、訊息溝通 (communication)、媒體研究、知識的性質、以及社會權力的結構。在 Chicago 大學獲博士學位，受 Thorstein Veblen 的影響甚深。

奧地利的經濟學家 Fritz Machlup (1902 ～ 1983) 也值得一提。1923 年在 Vienna 大學獲博士學位，在該國報業上頗有成就。但 Hitler 當政使他移民美國，從事學術講學生涯，先在 Harvard、後到 Buffalo、Johns Hopkins、Princeton、及 N.Y. 大學，研究重點放在資本的形成、國際貿易及財政、壟斷及競爭的經濟。1925 ～ 1962 年發表一系列的書，用德文、法文、義文、西班牙文、及英文發表，重點先放在專利制度，這與競爭有關；進而又有志於探討知識之產生及普及。1962 年出版《美國知識的生產及分配》(*The Production and Distribution of Knowledge in the United States*)，這是他一生致力的所在。本書不只影響到經濟學的研究，且也對公私立教育的政策發生影響。知識的產生具有社會效益，這不只是有了新知，且對無知者也盡了普及舊有知識的功能；新知的產生包括發明、設計、計畫，也包括散佈及溝通。知識分成五類：

1.實際上的知識 (Practical Knowledge)：「對工作、決定、及行動有用」，包括專業知識、作生意知識、工作知識、政治知識、管理知識等。

2.智力上的知識 (intellectual knowledge)：「滿足智力上的好奇，屬於文雅教育、人文及社會研究、一般文化的知識」。

3.消遣聊天的知識 (small-talk and pastime knowledge)：閒談、說話、娛樂。

4.精神上的知識 (spiritual knowledge)：與上帝有關的宗教知識，也與靈魂的拯救知識有關。

5.不急著要的知識 (unwanted knowledge)，通常是在意外或無意中獲得。Machlup 認為這一項對經濟專家而言是極有用處的。因為就是由於有此種知識，知識才能普及於社會。

產生知識的機構也有下述五種：

1.教育機構：如家、工作職業單位、教堂、軍隊、大中小學、公共圖書館。

2.研究及發展單位或機構。

3.傳播媒體：如印刷、出版、相片、留聲機、舞臺、講壇、影帶、收音機、TV、廣告、電話、電報、郵政服務、及聚會。

4.訊息儀器：如印刷機、樂器、電影機及裝備，電話及電報裝備、信號設計、度量衡儀器、打字機、電子計算機、其他公司用機器。

5.訊息服務：如專業服務、商務服務、政府部門服務。

　　教育的面非常廣，教科書、期刊、影片、收音機及 TV 節目，都具教育性，甚至醫生也向病人教育——包括處方、醫療、預防疾病；聚會也具知識交換及創新效果；凡與知識之創建及傳播有關者，皆可說是教育。他說 1958 年美國花了近一千三百六十四億在知識的生產及分配工作上，其中 28% 來自政府，31% 來自工商界，41% 來自消費者。這些錢佔全國生產毛額的 29%，其後還會增加，且「投資」會大於「消費」，對經濟成長有莫大的幫助。教育開銷變成最具教育意義的經濟投資。教育與經濟發展，人力投資與國家財富，也是經濟學者及教育學者努力研究的領域。1776 年 Adam Smith 在《國富論》(The Wealth of Nations) 中強調：「社會當中的所有成員，學習到的能力及實用的能力」，乃是固定資本之一項因素。獲得這種才華所需要的教育，學生或者門徒當然要有些許的花費，但對個人而言，却是一種移走不掉的資本，也是社會的資本。二十世紀的美國人，已正在這方向上，下了苦工夫。

表一　美國 1958 年知識之產生、分配、及花費表

| 教育 | 60,194 million (44.1%) | 六百零一億九千四百萬 |
|---|---|---|
| 研究及發展 | 10,990 million (8.1%) | |
| 大眾傳播 | 38,369 million (28.1%) | |
| 資訊儀器 | 8,922 million (6.5%) | |
| 資訊服務 | 17,961 million (13.2%) | |
| | 共 136,686 million (100%) | |

| 花費來之於 | | |
|---|---|---|
| 政府 | 37,968 million (27.8%) | |
| 廠商 | 42,198 million (30.9%) | |
| 消費者 | 56,520 million (41.3%) | |
| | 共 138,686 million (100%) | |

| 投資或消費，已完成者 | 109,204 million (80%) |
|---|---|
| 投資或消費，未完成者 | 29,232 million (20%) |
| | 共 138,436 million (100%) |

# 第十四章　結　語

　　美國教育思想家對「教育」一詞較取寬廣的定義，「教育」可以與「文化」等同範圍。如果說教育具有啟迪民智、普及知識、強化道德、健全民主社會，並促進國際和平的功能，則一切的文化現象，都含有教育意義。在殖民地時代的教會，扮演的教育任務，最為吃緊，當時不少宗教家就是教育家，神學家就是教育思想家；其後，正式教育中的學校快速發達，大學林立，高等教育的科系蓬勃發展，不只自然科學家的著作含有教育思想的成分，且社會科學家及人文學者的文章，更以教育思想為其具體內容，更不用說大學出現了教育學系及教育學院了，後者的成員，以教育思想為研究的對象，更是責無旁貸。美國是自十七世紀殖民地時代開始迄今，最注重教育的國家之一，教育資料汗牛充棟，教育思想家輩出，教育哲學理念又散佈在各種專書、雜誌、期刊、會議、演說、交談裡；換句話說，教育思想的理念，在美國歷史上，是無所不在。

　　這種美國教育思想的特色，也影響了本書撰寫的章節安排。傳統上以教育思想家為主的教育思想史寫作，以及以學派為核心的教育哲學論述，比較不出現在本書中，卻散見在各章節裡；而時間（史）的次序，也常有重疊現象。此外，尤值一提的是，美國人的教育理念，原先都幾乎取自歐洲，尤其是英倫，不少西洋教育史上的重要教育思想家，他們的觀念與著作，在歐洲大為流行，在美國更受偏愛；有些教育學者在他們的祖國受盡排斥，卻在新大陸大為走紅。從這個角度來說，美國根本沒有道道地地的「美國」教育思想家。不過，不管是由歐移民來美的教育界或學術界巨擘，或是美國其後土生土長的「美國公民」，都因美國這塊新土地的一切，而孕育出一種道道地地的美國式的教育思想；照單全收或全盤美國化的思想理念，完全不符合變動社會的需求。在原先「靜態」社會中，美國教育思想容或有成分極高的歐洲風味，但自美國在政治上獨立成功後，美國人也在

教育及文化上一展美國特有的學風。此股學風，不只支配了美國的全面發展，且更擴張其影響力，結果也左右了全球教育的走向。

深入了解美國教育思想史，有必要伴讀西洋教育史、西洋教育思想史、美國教育史、美國高等教育的發展、哈佛大學史、及美國高等教育哲學等。這些著作，本書作者都有專書出版，可供參考。把美國教育思想史放在全球的文化、學術、教育思想史上來評量，在美國近四百年的歷史演變中，所出現的世界級一流學者，大概要等到十九世紀晚期的 John Dewey。Dewey 的教育哲學及教育思想，不只成為美國學術界最受注目的對象，且也是世界教育改革的借鏡。二十世紀結束之前，美國教育思想仍籠罩在 Dewey 的思想潮流裡。由於 Dewey 思想的廣博性，因此在二十一世紀可預見的未來，有可能仍是 Dewey 哲學的天下，教育思想也是如此。

# 第一節　「美國」文教理念的萌芽

讓我們補綴數語來重溫「美國教育思想」的發展點滴：

在美國歷史上，「美國」意識的萌芽，從而滋長出「美國教育」的觀念，1776 年的獨立革命戰爭是關鍵因素。世界史上第一次的「民主革命」，引發美國人的一股信心，美國註定不只在學術上從歐洲獨立，也將成為全球的文化王國，稱雄於世界。Bishop Berkeley 於 1731 年早有預言，美將在藝術、文學、及科學上取代歐洲而成為霸權。1778 年，Joel Barlow (1754 ～ 1812) 牧師於 Yale 的畢業典禮演講上，也大膽的指出此點，這位名詩人並不擔心在這個國度裡，有人警告他，作詩並不能溫飽，文人也可能潦倒終生。德人 Johann Schoeph 於美獨立革命時，為英王 King George 服務，認為美國人的才華終將與舊世界看齊。在美住三年的法人 the Marquis de Chastellux 於 1782 年說：「先生，無疑的，美國將會在科學上大展身手，如同美國軍隊及政治一般，美國土地遼闊，上天下海都可作觀察。」

政治自由孕育了知識的天才，使他們有發揮長才機會，美國是個樂觀進取開放的園地，美國文化終將獨樹一幟，其鮮艷非老世界可比。1771 年，

詩人 Philip Freneau (1752 ~ 1832) 及 H. H. Brackenridge 在 College of New Jersey 的畢業典禮上，聯合唱出下面的詩歌，那是「詩神」(Muses) 的預言：

> 此地吾人可以大言不慚的說
> 　一位 Franklin，是所有哲學之王子，
> 　這是一塊佳地，歡樂齊唱，到處聽聞。
> 　贊美自由，享受生活，甜美的自由啊！
> 　失去自由，無自由之助，最高貴的天才也會斷送，
> 　科學也不能免於死亡。

　　美國可以比美古希臘及羅馬，古代有「文教樂園」(*paideia*)，現代的文教樂園就在美國。「脫歐入美」❶，正是美國人一心一意努力的目標；政治上如此，教育理念也如此。Noah Webster（康州學校教師）也在同時宣稱：「歐洲已老呆了，腐化又敗壞，法律遭扭曲，儀態驕縱過度，文學消沈，人性墮落，美國還只是個幼兒，若採用古世界的老調，則如同把體弱多衰的皺紋，印在嫩嫩的少年皮膚上一般，也在強有力的國家體制上植下腐朽的種子。」

　　但是，美國文化及教育之建立，並非輕而易舉。Simeon Baldwin（康州）在 1788 年 7 月 4 日的演說中早已指出：「根除那些非自然性的預先偏見（即人為的誤解），把人及外來產物予以偶像化，特別鍾情於自己的謙卑優點，這比打破政治壓制的鎖鍊還要困難。揮舞一把利劍就足以消滅後者，但拋棄後者，則需理性的緩慢進步及心靈的漸漸發展。」這種成果，都需仰賴高明的教育思想家來啟迪後生。

　　1.以美國為研究的重心，美國地理漸受重視：美國地圖的繪製，其中尤以 Thomas Jefferson 所作的《維吉尼亞記事》(*Notes on Virginia*) 最為詳盡；包括地質學、自然史、及自然資源，且更為重要的是他反駁歐洲名學者如 Depauw 及 Buffon 等人的見解，後者認為美洲大陸天然環境較為不利，因此美洲大陸所出現的一切，品質一定劣於老世界。

　　對美國領土的歌頌：1794 年在紐約的 Tammany 協會 (Society) 有一演

---

❶　日本人在十八及十九世紀時，希望「脫亞入歐」，一切以歐洲為榜樣，造成明治維新，使日本擠入世界強國。

說者即說：美國東大西洋洗刷了一大片寬大的海岸，西部有廣闊又水流湍急的 Mississippi 河，源遠流長，北方有 St. Lawrence 河，一群連鎖式的湖泊，構成天然的疆界，……氣候多變，土壤各異，產物種類指不勝屈，足供富裕生活及方便用途。」此外，領土完整、山川秀麗、景色優美；白山 (White Mountains) 之壯觀及氣派，致使 Yale 校長 Dwight 於 1797 年旅遊 New England 及 N.Y. 時誇口說他從未去過有類似風景秀麗及變化之處。「詩人及畫家在此地，一定省不下他的筆來描繪景色之美」。地理教科書就以此為內容。

2.學者開始撰寫各地及各州的歷史，由 Jeremy Belknap 的 *History of New Himpshire* (1784) 開其端。

3.語文：1781 年 College of New Jersey 校長 Witherspoon 指出，美式英語與英式英語之別，使用 "Americanism" 來指明 American English。而美國英語字典的編纂名家 Noah Webster 的貢獻最大，這是本書第七章第三節早已詳述過的。

4.思想文化，是獨立之後的首要努力目標。愛國者 Dr. Benjamin Rush 說，革命尚未結束，也尚未成功；1787 年這種口吻猶如孫中山在 1923 年一般。這位精神科醫生指出：「尚未完成的革命工作，是完備的政治組織新形式，且在新政治組織形式完成且完善之後，使公民準備過此種形式的原則、道德、及儀態」。換句話說，革命之後應革心。除此之外，還要把美式革命推廣到全球去。當時英國開明學者 Richard Price 樂見美國革命之成功，認為美國獨立，開了一個新的遠景，使自由及人道主義結合在一起，應廣被於世界。

法 Condorcet 於 1786 年發表《美國革命對歐洲的影響》(*Influence of the American Revolution on Europe*)，讚美美國之把教會及政府分離，政府架構採共和政體，以及反黷武主義 (antimilitarism)，相信美國人的義舉會加速美國的進步，以及全球的改善。

5. 1784 年，《理性，人類的唯一神諭》(*Reason the Only Oracle of Man*) 出版，名義上是「青山」(Green Mountain) 的叛將 Ethan Allen(1738 ～ 1789) 所寫，其實是一位愛國醫生 Dr. Thomas Young (1773 ～ 1829) 的手筆。該書

出版後由於火災，僅剩下 30 本，正統人士說那是上帝對該書的譴責。該書抨擊正統及天啟，只相信自然神論 (deism)，深信只要理性就已足夠，反對神蹟 (miracle)。舊約所述之創造，不只含有可笑的怪譚，且前後不一，應受嚴厲批判。該書並非原創性高，也難免禁不起哲學思辨的考驗，但 Ethan Allen 把 deism 視同為「美國精神」(Americanism)。遠離封建敗壞的歐洲，將王室制度及貴族階級、崇拜絕對、任性武斷的統治，臣民叩頭如同奴僕等陋俗敗風完全排除；相反的，這位「青山」的領導人要求美國應依法而治，共和國的宗教根據理性而非怪想 (whims)，人的尊嚴及自由第一，卑躬屈膝不是人的本分。

Thomas Paine 的 *The Age of Resson* (1794) 更道出美國獨立的論調，描述法國巴黎地區宗教之虛構及斷頭臺的陰影（作者曾當過兵）。根據理性，可以領會上帝創造宇宙，掃除宗教中的一些無稽之談的神話，且在政治上與宗教隔絕，才能發揮高貴的功能。也只有如此，人在擺脫枷鎖以獲自由及博愛上，才會從宗教中獲取助力而非阻力。傳統歐洲學術思想的主力是神學，宗教信仰之力道左右一切學說，包括教育學說；但理性因素漸淡的神學，造成舊大陸的黑暗，新大陸的曙光就有賴「理性」的照耀。

本書風行全美，廣告特多。配以保守分子的反擊，民主俱樂部或社團取之為教本，大學生生吞活剝，導師勸阻無效，四面八方的人聚在客棧的燭光下討論其內容，反對者之抨擊更助其火勢。Paine 被指控為醜惡的無神論者，無可救藥的酒鬼，邪惡的褻瀆神明犯，虛矯身段的說理者，向大眾傳播異端邪說。正統之士忽略了 Paine 早年為美國自由的奮鬥，卻無所不用其極的攻訐他。1802 年返美時受到徒眾的歡迎，但反對陣營的聲勢更大，他的晚年極為蕭條，貧病交加，孤單不幸又可憐。

法學者 C. F. Volney 於 1791 年著《毀滅》(*Ruins: Or A Survey Of The Revolution Of Empires*)，是比較宗教的著作，反對以超自然來闡釋一切。因為此舉無助於宗教真理的了解，對新約中的神學及倫理規範議題，皆予以指斥。T. Jefferson 及 Joel Barlow 譯該書介紹給美國人，他本人也到美宣揚其論點。

Elihu Palmer 本人目盲，是個浸信會的牧師；他是 Dartmouth 出身，站

在愛國立場，不滿正統的超自然主義；認為美國的共和精神 (republicanism)
如果染上貴族政治、獨裁政治、及啟示宗教，就會深受其害。1802 年又出
版《自然原則》(*Principle of Nature*) 一書，主張自然主義的倫理觀，告別
那種荒誕不經的天啟基督教主義，嘲笑聖經所說的洪水泛濫說，那只不過
是迷信，破壞了宇宙的秩序、美感、及和諧。

　　1800 年總統大選，Jefferson 被攻擊為一旦他當選，將會沒收所有的
Bible。其實，Jefferson 雖認同法國的自然宗教精神，他的見解比較接近唯一
神教 (Unitarianism)，認為 Jesus 的教學勝過一切的教會教育，教會應純淨化，
不應與政治掛鉤，才能善用教會功能。「教會與政府」(church and state) 二者
各有分際，正是美國立國精神；此種精神，也支配了美國人的教育思想；此
種教育思想，遂形成為美國教育思想史上的特色。

# 第二節　開明的包容

　　十八世紀末期有一群開明派的神學家於 New England 追隨 Locke，相
信進步的理念，不可如同老 Calvinists 一般的蔑視人本身，卻應予以讚美；
因人有理性、有智慧來充分運用或改善他的本有能力，如此才能駕馭萬物，
作為萬物之靈，並應與天使結合，人就接近上帝了。上帝是仁慈的、寬大
為懷的。此種理念滋生出普世教 (Universalism) 及唯一神教 (Unitarianism)，
宣稱上帝是天父 (Fatherhood of God)，人人皆是兄弟 (Brotherhood of Man)，
反對恆常的處分 (eternal punishment)。普世教成立於費城 (1794)；唯一神教
有英國味，英學者 Joseph Priestley 抵費城與三一神教 (Trinitarianism) 作對。
人性本善不可予以詆毀，反對宗教上的權威至上主義及恐怖作風 (authori-
tarianism 及 terrorism)，Priestley 因主張較偏愛美國，遭政治迫害；抵美後
在賓州作實驗，發現一氧化碳 (carbon monoxide)，從水中抽氣等，使費城
成為美國科學中心。他說：初生孩童的心靈，竟然與鐵鍊連鎖，災難與折
磨莫過於此。解放兒童，變成美國教育思想家的思考重點。

　　美國教育學者，雖與舊世界思想家的思考途徑有別，但他們心胸開闊，
並非一切都反歐，也沒有全然拒絕古典。相反的，他們對新舊是兼容並蓄，

美歐並存。Franklin 及 Jefferson 在年紀越大時，越覺得經典的價值，從古書中可獲靈感的火花，也可採擷智慧的果實；不過，不可耗在古典的時間太多。Dr. Benjamin Rush 在 1791 年寫道，希臘文及拉丁文如果佔太多時數，則對普及知識以作為改善社會及生活之用，就不太可能。「在此種狀況之下，花四五年工夫學兩種死語文，好比是我們背對著一個金礦，目的只在於抓蝴蝶來自娛！」不如把四五年時光來學科學及人文。

　　Franklin 於革命戰爭期中下令美國戰艦不准騷擾英國船長 James Cook 的探險船隊，Franklin 說 Cook 的人不是敵人，卻是「人類的共同友人」(common friends to mankind)。英美雙方為敵，但彼此也有友人及正義之士，青紅皂白，也得分清楚。

　　「民主」式的教育思想開始醞釀，其中一個觀點，就是寬容異己，對不同言論，應該容許存在。1789 年，法國大革命發生，造成暴民事件。不少美國人反對騷動及流血戰爭，破壞秩序，侵劫私人財產，也不滿平等觀念，認為人天生就不平等，人性並非本善，卻是以自私為動機。J. Adams 說：「依自然法而言，人是人，不是天使，不是獅子，不是鯊魚，不是老鷹，後者是同一類的，但人之異於人，也如同人之異於禽獸一般……體力上的不平等，智力上的不平等，造物主早已建立了這個不變的原則，為了社會之良好及必要，社會有權力去讓不平等存在。」

　　擔心法國大革命的惡劣影響，會重現於美；他還以為民主政治體制是最壞的體制。

　　其次，不少人反對婦女享有政治、經濟、法律、及社會上的平等權（基於宗教上的懷疑主義立場）。Joseph Dennie 反對婦女的新服飾，走法國的流行，娶黑白混血女，Jefferson 公然承認與黑人傭女有親密關係而受盡詆毀，正統教士謾罵那些不皈依正統教會者 (infidels) 是色欲、不潔、褻瀆神明之士，「理神論」(deists) 者被譴責為縱情性慾者，放蕩尋歡作樂的敗家子，把婚姻制度從根拔起，將貞潔擺一邊。

　　Jedidiah Morse 更揚言所謂的「啟蒙者」(*Illuminati*) 簡直就是將「我們的太太及女兒視同為法律上作賣淫娼妓的犧牲者 (the victims of legal prostitutions)」（發表於 1798 年 7 月 4 日）。美國是當今最重視女權的國家之一，

但在以往，大男人沙文主義充斥。雜音及異見存在，這是民主社會的常態，接受外來人的批評與指責，尤其英美交惡後，英之冷嘲熱諷最多。

英國人旅美後回英在報上批評美者不少，當英與 Napoleon 作殊死鬥時，更助長英人之詆毀美國；英人認為美國一無是處，嘲笑美國人可恨的品味，低俗的儀態舉止、自大無知、虛妄、鞭打奴隸、唯物觀、粗鄙、人民無教養、信仰不虔誠、民主成暴亂、政治污染公共生活、政客當道、財產不保險、唯一的天才是 Franklin，但他是在大英國旗下接受教養的，其後的發明家，只不過是盜取英國人的想法而已。

作家更是膚淺，內容黯淡無光，皆抄襲英作家（在臺灣仍有一些文人認為歐洲大作家的作品，皆剽竊中國作家的內容）。

Rev. Sydney Smith 在 *Edinburgh Review*（1820，一月～五月號）有如下的一段話：

> 他們獨立之後的三四十年之間，美國人在科學、文學、美術，甚至政治或經濟上完全一無貢獻……地球上四周，又有誰在讀美國書，或去看一場美國人的戲劇，或去欣賞一幅美國人畫的圖或雕像？世人見過美國醫生或手術師嗎？他們的化學家發現過什麼新元素，或解剖過什麼舊元素？美國人的望遠鏡又看到什麼新星球？他們在數學上又作了什麼？最後，在歐洲的專制政府之下，曾有過 $\frac{1}{6}$ 的人是奴隸，人們又可以買賣也可以鞭打嗎？如果這些問題能夠獲得公正又有利於他們的回答，則吾人就同意把讚美的標籤貼在他們身上……。

美國人身材再怎麼高，也是枉然，因為欠缺德性上的高。這些令人啼笑皆非的口誅筆伐，美國人都認了。

類似上述的負面評論，在美國學術著作中，非但不予刪除，反而公開的引述。有些國家的歷史教科書，只歌頌該國祖先的偉大，神化他們的功蹟；一有瑕疵的事實，則盡量予以掩飾。就如同一個人有病但諱疾忌醫一般；結果病情愈來愈重，終至變成次殖民地的地步仍然渾不自知。真正的民主國家之教育精神，不可有鴕鳥心態，卻要面對現實。美國教育及文化史，有負面的部分，那是不必隱瞞的，其實也無法隱瞞。依史實予以剖陳，

正足以惕勵今人，這正是歷史之具有教育作用的所在。

# 第三節　享受歐洲文教努力的成果

美國是自由及民主的象徵，百花可齊放，萬家可齊鳴。在歐洲的異議之士及不滿之徒，「祖國不留人」，自有留人處。美國自殖民地時代開始，原是文教昌明未及他地，但也因為美國有藏納天資秀異之優點，可以不必耕耘，自有豐碩的成果可以收穫。這當中除了英國的資產之外，歐陸的寶藏也不少。教育家、教育思想家、哲學家的陸續抵美自不用說，其他文化活動由歐轉美者也陸續於途。比如說：

德移民將古典樂帶給美國人，Bach、Beethoven、Handel、Hayden、及 Mozart 由 Johann Heinrich Weber 帶到 St. Louis (1834)，德人組成交響樂團，團名叫做「日耳曼團」(Germania) 首演 Beethoven 的第九交響曲給波士頓的人聽，六年之內演奏 800 場音樂會。Voltaire 的一位門徒，名叫 Hans Barlien，在 Norway 是小耕農的領袖，與貴族搏鬥多年，抵美後說：「現在我首度可以呼吸自由空氣。」

但美國人不是坐享其成而已，美國人的自尊，促使他們要自成一格。1847 年 Yale 大學的 Benjamin Silliman 於 1818 年發行《美國科學雜誌》(*American Journal of Science*) 旨在「提升吾國的格調」(national character)，驕傲的說，科學在美國已快速進步，引發歐洲人的興趣，認為美國人的研究是一種事實的寶藏。

1854 年，Dey Bow 在《評論》(*Review*) 中說：讓我們在整個國家的廣度及深度上都散播知識，把資訊作數倍擴充，送學校教師到各個小屋，每個山丘上都點綴有學府及校舍。印刷不停，日夜不斷的灌注知識之水流。培育文學、技術、及科學，讓所有機器文明及具上帝信仰者之影響力，不受干擾的發揮出來。則吾國的未來將更為開放，無止境強大，史無前例。他國無法匹敵，不能比較，永世都浸享此福音，且光輝常存。

內戰後，美國人發現「國」(nation) 比「州」(state) 高。

Elisha Mulford（Episcopal 牧師）以 Hegel 哲學來闡釋美國的「國家理

論」，認為國是個有機體，是慢慢（漸漸）演化而成。戰前的國家理論，認定州放棄一些權給國，州與國形同一種契約關係，此種學說已被 Hegel 的國家「歷史」觀所取代，其中最具代表性的是 Francis Lieber，他認為國是「歷史現象」(Historic phenomenon)，同質性的人口住在一整體性的地區，有共同的語言文字，共同制度及傳統，是個有機整體 (organic unity)。美「國」的國家一出現，有責任來解決史上的權力結構問題——權力與自由、地方權及中央權，國家整體福祉與家庭福祉。

　　美國的未來，是「天命的展現」(Manifest Destiny)。北美完全置於美國人手中，有人激動的說：「美國這隻鷹，展雙翅從大西洋飛翔到太平洋，鷹爪抓住 Isthmus of Darien（巴拿馬地峽），鳥喙伸展到北極 (Northern Pole)。美國鷹除了生活在美國特有環境之外，還飽食了由歐洲移來的食品。上帝並不是要英語民族及條頓民族一千年的時間毫無事事，只作虛擲時光之舉、空幻的虛想或自我讚美而已。不，上帝要我們成為世界組織的主人，把亂區整理得井然有序。上帝給我們一種進步的精神，在全球上把反動勢力壓服下去。上帝使我們精於治理來管理蠻人及衰老的民族，若無此種力道，世界就淪為蠻荒之地，也落入黑暗之域。上帝使美國人成為選民，美國是上帝挑選的國來使世界重生。

　　就教育思想的傳承而言，歐洲從文藝復興之後，人們覺醒了，再生了；宗教改革後，信仰的個人性，地位大增；緊隨而至的是唯實論的來臨，一流的教育改造理論，紛紛出世。由歐移民來美者，多半帶著此種歐洲新文明來墾殖新天地。加上定居於新大陸者，每多仿自學成功的 Franklin 之榜樣，勤奮刻苦，去除迷信，又有哥白尼及牛頓的宇宙觀念。道德行為上，謹記下述 Franklin 的格言：

An idle man is a Burden to himself, to his Family and to the Publick.（懶人對他自己，他的家庭，以及社會大眾，都是一種負擔）

God gives all things to Industry.（只要勤勉，上帝就會給一切）

A fat Kitchen makes a lean Will.（廚房太豐盛，意志會薄弱）

Industry and frugality make a Poor Man Rich.（勤勉加勤儉，窮漢也會有錢）

If you would thrive, first contrive & then strive. (興隆之道，首要動腦筋，其次是努力打拼)

Many complain of bad Times, but take no care to become better themselves. (厄運來時埋怨，有所改善時反而噤聲)

Adversity makes a Man Wise. (逆境可使人聰伶)

Let the Poor be Content with their present Lot, for when they come to make Brick without straw, their case will be yet Worse. (窮人要知足，若作無米之炊，則情況將惡化)

Pain's our Inheritance; Pleasure is lent to Man upon Hard Usury. (痛苦是我們所繼承的遺產，享樂則使人藉高利貸過活)

All men are by nature equal, But differ greatly in the sequel. (人出生平等，但其後即有區別)

'Tis as truly Folly for the Poor to ape the Rich, as for the Frog to swell, in order to equal the Ox. (窮光蛋擬模仿大富翁，其蠢猶如青蛙膨風，以便自以為是一頭牛)

Get what you can, & what you get hold. (盡己力而為，就能有所得)

'Tis the Stone that will turn all your Lead into Gold. (石頭可使鉛變金)

民歌及民謠 (ballads & folk songs) 描述勇敢、敏捷的行為，指陳戰爭的慘酷、愛情的失望、雙親的嚴厲，對婦女的有禮，對貧者的仁慈，對受害者的正義。善惡皆深深的表現在民間歌謠中，Sidney Lauier 說：「任何人如果按民間歌謠去走，則打拼時必有男人氣概，作生意公正，愛情忠誠，對貧苦者慷慨，家居生活親切，樸素，說話清晰，處事愉悅，行為單純且以誠信待人接物。」民歌民謠的教育影響力，不小於教育「巨著」。

美國是正式教育最發達的國家，學校教育的普及化也最早，且不只初等教育及中等教育大眾化，連高等教育也全民化；並且學科之種類又早已擺脫歐洲的老傳統，新科目之作為選科，已是教育史上的大事。「教育學」是新科目之一，教育哲學、教育社會學、教育心理學、及教育史這四大「教育學」的基礎科目，早在各大學開設，因此培養了這四大領域的教育思想家，數量比世界上任何國家還多。又由於美國是個自由民主的大本營，全

世界的精英學者也聚集在美國，他們都變成美國人了，他們發表有關於教育思想的作品，也屬於美國的資產。這種史實，在本書中都有詳盡的敘述。

# 參考書目

1. 林玉体，《西洋教育史》，臺北：文景，1980。

2. 林玉体，《西洋教育史》，臺北：師大書苑，1999。

3. 林玉体，《西洋教育思想史》，臺北：三民，2002。

4. 林玉体，《教育哲學》，臺北：文景，2002。

5. —— (Boston U.), *The Use of Explosive Ideas in Evolution. Culture, Class, and Evolution.* U. of Pittsburgh Press, 1965.

6. ——, *Cultural Foundation of Education, An Interdisciplinary Exploration.* Greenwood Press, Conn., 1957 (1973).

7. ——, *Education for the Emerging Age, Newer Ends and Stronger Means.* N.Y.: Harper & Row, 1950 (1965).

8. ——, *Ends and Means in Education*: *A Midcentury Appraisal.* Connecticut: Greenwood Press, 1969.

9. ——, *Philosophies of Education, in Cultural Perspective.* N.Y.: Henry Holt., 1955.

10. Bailyn, Bernard, *Education in the Forming of American Society.* Chapel Hill: U. of North Carolina Press, 1960.

11. Barnard, Henry, *School Architecture or Contributions to the Improvement of School-House in the United States.* N.Y.: A. S. Burnes, 1848.

12. Bestor, Arthur, *The Restoration of Learning, A Program for Reading the Unfulfilled Promise of American Education.* N.Y.: Alfred A. Knopf, 1956.

13. Brameld, Theodore, (N.Y.U.), *Toward a Reconstructed Philosophy of Education.* N.Y.: The Doyden Press, 1956.

14. Brameld, Theodore, *Patters of Educational Philosophy, Divergence and Convergence in Culturological Perspective.* N.Y.: Holt, Rinchard & Winston, 1971.

15. Brameld, Theodore, *The Climatic Decades, Mandate to Education.* N.Y.: Praecer, 1970.

16. Brubacher, John S. *On the Philosophy of Higher Education.* San Francisco: Jossey-Bass, 1990. 林玉体譯，《高等教育哲學》，臺北：高等教育出版公司，2002。

17.Cremin, Lawrence A. (ed.), *The Republic and the School, Horace Mann on the Education of Free Men.* N.Y.: Teachers College Press, Columbia University, 1957.

18.Cremin, Lawrence A. and Butts, Freeman, *A History of Education in American Culture.* N.Y.: Holt, Rinchart & Wilson, 1953.

19.Cremin, Lawrence A., *American Education: Matropolitan Experience, 1876 ～ 1980.* 1986.

20.Cremin, Lawrence A., *American Education: National Experience, 1783 ～ 1876.* 1980.

21.Cremin, Lawrence A., *American Education: The Colonial Experience, 1607 ～ 1783.* 1970.

22.Curti, Merle (Frederick Jackson Turnor Professor of History, U. of Wisconsin), *The Growth of American Thought.* (3rd ed.) N.Y.: Harper & Row, 1964.

23.Curti, Merle (Frederick Jackson Turnor Professor of History, University of Wisconsin), *The Growth of American Thought* (3rd ed) N.Y.: Harper and Row, 1964.

24.Curtis, S. J., & Boultwood, M. E. A., *A Short History of Educational Ideas.* London: University Tutorial Press, Ltd., 1970.

25.Dewey, John, *Art as Experience.* N.Y.: Capricorn Books, 1958.

26.Dewey, John, *Democracy and Education.* N.Y.: The Free Press, 1966. 林玉体譯，《民主與教育》，臺北：師大書苑，2000。

27.Dewey, John, *Human Nature and Conduct.* N.Y.: The Modern Library, 1930.

28.Dewey, John, *My Pedagogic Creed.* In *Dewey on Education, Selection.* Martin S. Dworkin (ed.). N.Y.: Teachers College Press, Columbia University, 1979.

29.Dewey, John, *Reconstruction in Philosophy.* Boston: Beacon Press, 1972.

30.Dewey, John, *The Child and the Curriculum, The School and Society.* Chicago: The University of Chicago Press, 1971.

31.Gross, Carl H., (Michigan State U.) & Chandler, Charles C., (Kent State U.), *The History of American Education Through Readings.* Boston: D.C. Heath and Company, 1964.

32.Hofstadter, Richard, *Social Darwinism in American Thought.* Boston: Beacon

Press, 1971.

33. Jaeger, Weiner, *Paideia*: *The Ideals of Greek Cultures*. 3 vols., Oxford: Oxford University Press, 1973.

34. James Monroe Hughes, *Education in America*. (3rd ed.) N.Y.: Harper & Row, 1970.

35. Jones, H. M., *Emerson on Education, Selections*. N.Y.: Teachers College Press, Columbia University, 1966.

36. Jorcich, Geraldine M. (ed.), *Psychology and the Science of Education, Selected Writings of Edward L. Thorndike*. Teachers College Press, Columbia University, 1967.

37. Lannie, V. P., *Henry Barnard*: *American Educator*. N.Y.: Teachers College Press, Columbia University, 1974.

38. Mann, Mary Peabody, *Life of Horace Mann*. Washington, D.C.: National Education Association of the United States, 1937.

39. McCluskey, Neil G. S. J. (ed.), *Catholic Education in America, A Documentary History*. Teachers College, Columbia University, 1964.

40. Messerli, Jonathan, *Horace Mann, A Biography*. N.Y.: Alfred A. Knopf, 1972.

41. Meyer, Adolpher Erich, *An Educational History of American People*. N.Y.: Mc-Graw-Hill, 1967.

42. Miller, Perry, *Errand into the Wilderness*. N.Y.: Happer Torchbooks, 1956.

43. Rippa, S. Alexander (U. of Vermont), *Educational Ideas in America, A Documentary History*. N.Y.: David McKay Company, 1969.

44. Schneider, Herbert W. (ed.), *Benjamin Franklin, the Autobiography and Selections from His Other Writings*. N.Y.: The Liberal Arts Press, 1952.

45. Straickland, Charles E. (Emory 大學教育史教授，Texas 人，1930 年生) and Burgess, Charles (Washington 大學教育史教授，1932 年生), *Health, Growth, and Heredity, G. Stanley Hall on Natural Education*. Teachers College, Columbia University, 1965.

46. Thayer, V. T., *Formative Ideas in American Education*: *From the Colonial Period*

*to the Present*. N.Y.: Doad, Mead & Company, 1969.

47. Ulich, R., *History of Educational Thought*. N.Y.: American Book Company, 1968.

48. Yarrington, Roger (ed.), *Junior Colleges: 50 States of 50 Years*. N.W. American Association of Junior Colleges, 1969.

# 索　引

# 教育叢書書目

| 書　名 | 作者 | | 服務機關 |
|---|---|---|---|
| 西洋教育思想史 | 林玉体 | 著 | 臺灣師範大學 |
| 西洋教育史 | 林玉体 | 著 | 臺灣師範大學 |
| 美國教育史 | 林玉体 | 著 | 臺灣師範大學 |
| 美國教育思想史 | 林玉体 | 著 | 臺灣師範大學 |
| 教育社會學 | 宋明順 | 著 | 臺灣師範大學 |
| 課程發展 | 梁恒正 | 著 | 臺灣師範大學 |
| 教育哲學 | 楊深坑 | 著 | 臺灣師範大學 |
| 電腦補助教學 | 邱貴發 | 著 | 臺灣師範大學 |
| 教材教法 | 張新仁 | 著 | 高雄師範大學 |
| 教育評鑑 | 秦夢群 | 著 | 政治大學 |
| 高等教育 | 陳舜芬 | 著 | 清華大學 |